고대 로마인의 24시간

고대 로마인의 24시간

일상생활, 비밀 그리고 매력

알베르토 안젤라

주효숙 옮김

UNA GIORNATA NELL'ANTICA ROMA :
Vita quotidiana, segreti e curiosità

by Alberto Angela
Copyright © 2007 Rai Radiotelevisione Italiana, Roma
Copyright © 2007 Arnoldo Mondadori Editore S.p.A., Milano
Illustration copyright © 3ntini Service, Luca Tarlazzi
All rights reserved.
Korean translation copyright © 2012 by Kachi Publishing Co., Ltd.
This Korean translation published by arrangement with Arnoldo Mondadori Editore S.p.A. through Milkwood Agency.

이 책의 한국어판 저작권은 밀크우드 에이전시를 통한 Arnoldo Mondadori Editore S.p.A. 사와의 독점계약에 의해서 (주)까치글방에 있습니다. 저작권법에 의하여 한국 내에서 보호를 받는 저작물이므로 무단전재 및 무단복제를 금합니다.

역자 주효숙
이탈리아어 전문통번역사.
한국외국어대학교 이탈리아어 전공 비교문학박사.
이탈리아 외무부 번역상 수상.

편집, 교정 _ 권은희(權恩喜)

고대 로마인의 24시간 : 일상생활, 비밀 그리고 매력

저자/ 알베르토 안젤라
역자/ 주효숙
발행처/ 까치글방
발행인/ 박종만
주소/ 서울시 용산구 서빙고로 67, 파크타워 103동 1003호
전화/ 02 · 735 · 8998, 736 · 7768
팩시밀리/ 02 · 723 · 4591
홈페이지/ www.kachibooks.co.kr
전자우편/ kachisa@unitel.co.kr
등록번호/ 1-528
등록일/ 1977. 8. 5
초판 1쇄 발행일/ 2012. 1. 10
    5쇄 발행일/ 2017. 4. 10

값/ 뒤표지에 쓰여 있음

ISBN 978-89-7291-505-8 03920

차례

	서문	11
	과거 세계	15
	새벽녘	18
	탐구‖숫자로 본 영원한 도시 로마	
6시	부자들의 저택, 도무스	25
6시 15분	로마풍의 실내장식	33
6시 30분	집주인의 기상	39
7시	로마식 의상	42
7시 10분	여성의 패션	47
7시 15분	로마 남성의 몸단장	51
7시 30분	2천 년 전의 화장비법	53
8시	로마식 아침식사	60
8시 30분	문을 여시오!	63
	아침 안개에 싸인 로마의 영공 비행	66
	실례지만, 몇 시죠?	71
8시 40분	이발사와 첫 번째 노역	74
	동떨어진 세상, 인술라	78
	탐구‖로마의 고층 빌딩들	
8시 50분	인술라의 인간적인 측면	85
9시	인술라의 비인간적인 측면	92
	탐구‖거대한 캠핑 촌 같은 로마?	
9시 10분	로마의 거리	105

9시 20분	상점과 작업장	110
9시 40분	신(神)과의 만남	118
9시 50분	로마인들의 이름은 왜 그렇게 길까요? 탐구∥로마인들의 이름	129
9시 55분	로마인들의 놀이	134
10시	로마 거리의 라틴어	139
10시 10분	거리의 학교	142
10시 20분	가축 시장, 포룸 보아리움	148
	로마, 온갖 재물의 거대한 보고(寶庫)	157
10시 30분	로마 거리의 인도풍	162
10시 45분	평화와 예술의 오아시스에서의 짧은 휴식	169
	다양한 신원의 로마인 : 제3세계와 같은 로마? 탐구∥로마의 인구	173
	로마의 8대 문제(현대의 문제와 동일)	179
11시	노예 시장	183
	베스타 신전의 수련 여사제와의 짧은 만남 탐구∥로마의 포룸에 대한 짧은 이야기	199
11시 10분	로마 포룸에 도착하다	206
11시 30분	로마의 법정으로 사용되는 바실리카 율리아	214
	로마 원로원	223
	한편 콜로세움에서는 탐구∥콜로세움의 맹수들	226
11시 40분	제국의 포룸들, 대리석 사이에서의 산책 탐구∥대리석에 새긴 로마 토지대장, 포르마 우르비스	231
11시 50분	로마의 "화장실"	241
12시	로마에서 태어나기	247

12시 20분	타키투스와의 만남	253
12시 30분	콜로세움, 처형의 순간 탐구 ‖ 공연과 같은 죽음	258
13시	바에서 간단한 간식으로 때우는 점심 탐구 ‖ 세스테르티우스의 가치는 얼마일까?	268
13시 15분- 14시 30분	모두 공중목욕탕으로 탐구 ‖ 로마 최대의 공중목욕탕은 어떻게 만들어졌을까?	279
15시	콜로세움에 들어가자 탐구 ‖ 콜로세움의 비밀	300
15시 30분	검투사들이 도착하다!	312
16시	연회에 초대받다 탐구 ‖ 로마인들의 금 장신구	330
20시	흥청대는 파티 시간이다 탐구 ‖ 재료, 특색 그리고 레시피 몇 개	356
	로마의 성(性) 혁명	365
21시	로마인의 성(性)	369
24시	마지막 포옹	388
	감사의 말	391
	역자 후기	392
	인명 색인	395

모니카, 리카르도, 에도아르도 그리고 알렉산드로에게.
그리고 나에게 생명을 주신 부모님께.

서문

고대 로마인들은 어떻게 살았을까? 로마의 거리에서는 무슨 일들이 벌어졌을까? 누구나 한번쯤 이런 질문을 해보았을 것이다. 그리고 여러분에게 이 책을 펼치도록 한 것도 바로 그런 궁금증일 것이다.

실제로 고대 로마는 형언하기 어려운 매력을 가지고 있다. 로마 시대의 고고학적 유적지를 방문할 때마다 그 매력을 느낄 수 있다. 그러나 안타깝게도 지도와 안내책자는 유적의 건축양식과 그것이 만들어진 시대에 집중하는 탓에 그 지역의 일상생활에 대해서는 대략적인 윤곽만 언급할 뿐이다.

사실 이러한 유적지를 통해서 당시의 실상을 이해하기 위한 "비책"이 있다. 그 세세한 특징들을 살펴보는 것이다. 허물어진 계단, 굉장히 두껍게 회칠을 한 벽에 새겨진 낙서(특히 폼페이에는 낙서들이 많다), 길을 오가던 마차의 흔적, 지금은 사라지고 없는 문이 움직일 때 집의 대리석 문지방 위에 남긴 긁힌 자국 같은 세밀한 특징에 주목하는 것이다.

만약 여러분이 이러한 특징들에 집중한다면, 그 어떤 폐허라도 순식간에 생명력을 띠면서 당시 사람들의 모습을 여러분에게 전해줄 것이다. 이런 점에 주목하여 수많은 소소한 이야기들이 전하는 위대한 역사를 이해하려는 것이 바로 이 책의 정신이다.

나는 몇 년간 고대 도시 로마의 유적을 시작으로 로마 시대의 유적을 주제로 한 텔레비전 방송 제작에 참여했다. 그 덕분에 나는 수 세기 동안 망각된 채로 있다가 고고학자들에 의해서 재발견된 제국 시대의 로마의 삶에 대한 많은 일화와 세부사항들을 알 수 있었다. 오래 전에 사라진 로마 제국 당시의 사회규약이나 관습 혹은 일상의 삶에 대한 궁금증을 풀어줄 유물들이 다시 모습을 드러낸 것이다. 또한 유적 발굴현장에서 고고학자들과 이야기하고 그들의 저서를 읽고 그들의 논문을 연구함으로써 나는 당시 로마에 대한 내용을 알 수 있었다.

나는 고대 로마에 대한 이 값진 정보가 사람들에게 잘 알려져 있지 않고, 주로 전문서적이나 고고학 사이트에만 제한적으로 실려 있음을 알게 되었다. 그래서 나는 그 이야기를 하기로 마음먹었다.

이 책은 일상생활에 대한 이야기를 통해서 유적과 유물로만 남아 있는 고대 로마를 마치 눈앞에서 보는 것처럼 생생하게 재현하는 데에 그 목적이 있다. 이를 위해서 다음과 같은 단순한 질문들을 풀어나가고자 한다. 길에서 산책을 할 때는 무엇을 느꼈을까? 길을 가는 사람들의 얼굴은 어땠을까? 발코니에서는 무엇이 보였을까? 음식은 어떤 것이 있었고 맛은 어땠을까? 길에서는 어떤 라틴어들이 오고갔을까? 태양이 막 떠오를 때, 카피톨리누스 신전은 얼마나 눈부시게 빛났을까?

어떤 의미에서 나는 비디오 카메라를 들고 2,000년 전의 그때 그 장소를 그 모습 그대로 탐색하듯이 전하고 싶었다. 독자들이 고대 로마의 거리를 걷고, 거리에서 풍기는 냄새와 향기를 맡고, 사람들과 시선과 웃음을 교환하고, 가게와 집 그리고 콜로세움에 들어가는 듯한 느낌을 가지도록 하기 위해서 말이다. 이런 경로와 방법을 통해서 우리는 제국의 수도에서 "당당한" 로마 시민이 실제로 어떻게 살아갔는지를 체험하고 이해할 수 있을 것이다.

내가 로마에서 살고 있는 덕분에 태양의 움직임에 따라서 하루에도 시시각각 다양한 모습을 보여주는 거리와 유적지의 모습을 묘사하는 것은 쉬운 일이었다. 몇 년 전에 방송에서 보여준 장소와 그 이외의 장소들에 대한 내용을 글로 옮기는 데에 필요한 수많은 소소한 사항들을 기록하기 위해서 직접 그곳을 방문하는 일 역시 마찬가지였다.

당연히 이 고대 로마를 방문했을 때, 여러분의 눈앞에 펼쳐진 광경은 상상에 의한 것이 아니라, 이미 언급했듯이 고고학 연구와 발굴의 결과로 그리고 유물과 유골에 대한 분석, 고대 문서의 연구를 통해서 직접 얻은 내용들이다.

이 모든 정보를 정리하는 최고의 방법은 하루의 여정을 따라가는 것이다. 제각각의 시간에 각양각색의 활동이 영원한 도시 로마의 특정 장소와 광경에서 펼쳐진다. 그렇게 함으로써 한순간도 놓치지 않고 고대 로마의 일상생활을 발견할 수 있을 것이다.

마지막 질문이 남는다. 왜 로마에 대한 책일까? 이탈리아인의 현재 생활방식에서 고대 로마인의 후손임이 고스란히 드러나기 때문이다. 로마 시대가 없었다면 오늘날의 이탈리아인은 지금 이대로의 모습이 아닐 것이다. 생각해보자. 로마 문명이 단지 황제들의 얼굴과 행진하는 로마 군단과 신전의 높은 기둥들에 대한 이야기에 불과한 것일까? 그렇지 않다. 로마의 진정한 힘은 다른 데에 있다. 상상할 수 없을 정도의 긴 시간 동안 로마가 지속될 수 있었던 힘 말이다. 서로마 제국은 천 년 이상 그리고 동로마 제국은 콘스탄티노플에서 비잔틴 제국으로의 변혁을 거쳐 르네상스 시대가 꽃을 피울 때까지 2천 년 이상 지속되었다. 그 어떤 군단이나 정치체계 혹은 사상도 그처럼 오랜 지속성을 보장할 수는 없다. 고대 로마의 비밀은 일상을 살아가는 방식에 숨어 있었다. 집을 짓는, 옷을 입는, 식사를 하는, 가정 안팎에서 다른 이들과 어울리는 등의 방식들은 사회법규와 정확하고 체계적인 규범 안에서 질서 정연하게 유지된다. 이러한 특징은 점진적인 변혁을 거치면서도 수 세기 동안 근본적으로 변함없이 남아 있었다. 이것이 로마 문명을 오랫동안 존속시킨 특징이다.

그런데 고대 로마 시대가 완전히 사라졌다고 확신할 수 있을까? 로마 제국이 훌륭한 조각상과 유적지만을 우리에게 남겨준 것은 아니다. 하루하루를 살아가는 데에 필요한 소프트웨어 역시 우리에게 남겨주었다. 로마자는 인터넷은 물론이고, 현재 서양인 대부분이 사용하는 알파벳이다. 이탈리아어는 라틴어에서 유래한다. 게다가 스페인어와 포르투갈어, 프랑스어, 그리고 루마니아어 역시 라틴어 계열에 속한다. 심지어 영어에도 라틴어를 어원으로 하는 단어들이 수없이 많다. 법률체계뿐만 아니라 도로망, 건축, 회화, 조각 등은 로마인들이 없었다면 지금과 같지 않았을 것이다.

실제로 곰곰이 생각해보면, 현재 서양 사람들이 누리는 대부분의 생활방식은 고대 로마인들의 삶이 현대적으로 변화한 것에 불과하다. 이제 우리가 매일 로마 제국의 거리와 집에서 보게 될 모습 그대로인 셈이다.

나는 고대 로마 세계에 대한 나의 궁금증을 풀기 위해서 항상 서점에서 찾고 싶던 책을 직접 쓰려고 시도했다. 여러분의 궁금증 역시 해결될 수 있기를 기대한다.

모든 이야기는 기원후 115년 로마의 골목길에서 시작된다. 이때는 트라야누스 황제가 집권하던 시기로 로마는 가장 강력한 힘을 과시했으며 어쩌면 최고의 아름다움을 뽐내고 있었을 것이다. 어느 날 동트기 전에 이야기는 시작된다…….

알베르토 안젤라

과거 세계

트라야누스 황제(53?-117)가 집권하던 기원후 115년에 로마 제국은 가장 넓은 영토를 영유하고 있었다. 제국의 국경선은 지구 원주의 4분의 1에 달하는 1만여 킬로미터를 뻗어 있었다. 스코틀랜드부터 이란의 국경까지 그리고 사하라부터 북해까지가 로마 제국의 영토였다.

북유럽의 금발 인종, 지중해 인종, 아시아 인종, 북아프리카 인종에 이르기까지 외관상으로도 매우 다른 민족들을 로마 시민으로 끌어안았다.

오늘날의 중국과 미국 그리고 러시아 사람들을 모두 합쳤다고 상상해 보라. 당시 로마 제국의 인구가 전 세계 인구에서 차지한 비중은 오히려 그보다 더욱 높았다.

그리고 제국은 전혀 다른 자연환경을 가진 방대한 영토를 다스렸다. 로마 제국의 한쪽 끝에서 다른 한쪽 끝까지 걸어가다 보면 바다표범이 사는 꽁꽁 얼어붙은 바다, 끝이 보이지 않는 전나무 숲, 초원, 눈 덮인 산꼭대기, 거대한 빙하를 만났을 것이다. 그리고는 지중해의 따뜻한 바닷가와 이탈리아 반도의 화산에 다다를 때까지 수많은 호수와 강을 건넜을 것이다. 지중해의 건너편 연안을 따라 계속해서 가다 보면 눈앞에 끝없이 펼쳐지는 모래언덕 사막 사하라를 만나게 되고 홍해의 산호초 장벽을 마주하게 될 것이다.

모든 역사를 통틀어 그 어떤 제국도 자연환경이 이토록 다양한 영토를 소유하지 못했다. 어느 곳에서나 공식 언어는 라틴어였고, 세스테르티우스 동전으로 거래가 이루어졌다. 그리고 법규는 단 하나 로마 법률이 적용되었다.

불가사의하게도 이렇게 거대한 제국의 인구는 상대적으로 그리 많지 않았다. 주민 수는 5,000만 명 정도로, 오늘날 이탈리아의 전체 인구와 비슷한 수준이었다. 사람들은 무한하다고 여겨질 정도로 넓은 영토에 흩어져서 살아갔다. 마치 커다란 식탁보에 떨어진 빵부스러기처럼, 인접한 작은 마을이나 성 밖 교외지역에 혹은 외딴 농가에 흩어져서 살고 있었다. 그러다가 몇몇 큰 도시들이 불쑥 나타나곤 했다.

당연히 모든 중심지는 효과적으로 놓인 8만에서 10만 킬로미터에 달하는 도로망으로 연결되어 있었다. 오늘날에도 여전히 자동차를 타고 다닐 수 있는 도로들이다. 이 도로가 어쩌면 로마인들이 우리에게 남겨준 가장 위대하고 영원한 유적일 것이다. 그러나 이 길을 벗어나자마자 늑대, 곰, 사슴, 멧돼지가 뛰노는 전혀 손상되지 않은 자연이 무한하게 펼쳐져 있었다. 경작한 들과 공장으로 뒤덮인 경관에 익숙한 우리는 황폐한 "국립공원"이 펼쳐져 있다는 느낌을 받게 될 것이다.

이 세계를 지키기 위해서 고대 로마 군단이 있었다. 그중 다수가 제국의 국경을 따라서 방위상의 요소에 세워진 요새, 즉 리메스(limes)에 배치되었다. 트라야누스 황제 치하에 로마 군단은 15만 혹은 19만의 병사를 거느렸다. 역사적인 인물의 이름을 딴 30여 군단으로 조직되었다. 라인 강의 울피아 빅트릭스 30군단, 다뉴브 강의 아디우트릭스 2군단, 유프라테스의 플라비아 피르마 16군단처럼 말이다. 유프라테스는 현재 이라크의 접경지역에서 멀지 않은 곳이다.

고대 로마 군단에 그 지방에서 사는 주민으로 구성된 보조 병사들이 추가됨으로써 군인의 수는 배가 되었다. 그로 인해서 황제의 명령에 따르는 무장 병사는 전체 30만을 넘어 40만에 육박하게 된다.

로마는 모든 것의 중심지였다. 로마는 정확하게 제국의 중심에 자리하고 있었다.

로마는 당연히 권력의 중심지였다. 문화와 예술, 법률, 철학이 발달한 도시이기도 했다. 무엇보다 뉴욕이나 런던처럼 세계적인 도시였다. 이곳에는 아주 다양한 문화권의 사람들이 섞여 있었다. 거리의 군중 속에서 가마를 탄 상류층 여인, 그리스인 의사, 갈리아 출신의 기병대 장교, 이탈리아인 원로의원, 스페인 뱃사람, 이집트 성직자, 키프로스 출신의 매춘부, 중동 지방의 상인, 독일인 노예 등을 마주치게 된다.

로마는 이 땅에서 가장 사람들이 붐비는 도시가 되었다. 주민 수는 거의 150만에 이르렀다. 호모 사피엔스가 나타난 이래로 이렇게 많은 사람들이 모여서 산 적은 없었다. 그 많은 사람들이 다 함께 사는 일이 어떻게 가능했을까? 고대 세계를 지배하며 최고의 영화를 누리던 시기에 로마 제국의 수도에서 매일 벌어지던 일상의 삶이 어떠했는지 이 책이 밝혀주기를 바란다.

제국에서 사는 수천만 명의 삶은 결국 로마의 결정에 달려 있었다. 그렇다면 로마인의 삶에서 중요한 것은 무엇이었을까? 바로 그물망처럼 얽힌 사람들 사이의 관계였다. 역사적으로 믿기 어려울 정도로 어마어마하고 반복될 수 없는 세계를, 그곳에서 벌어지는 일상의 어느 하루를 탐험함으로써 알게 될 것이다. 말하자면, 지금으로부터 1,900여 년 전의 어느 화요일이다.

새벽녘

깊은 생각에 빠진 사람처럼 그녀의 시선은 아득히 먼 지평선을 향해 있다. 어슴푸레한 달빛이 희미한 미소를 머금은 그녀의 창백한 얼굴을 비춘다. 이마 둘레에는 띠를 둘렀고 머리는 묶었다. 묶인 머리 몇 가닥이 어깨 위에 헝클어져 있다. 갑자기 불어온 바람이 그녀 주변에 먼지바람을 일으킨다. 그런데 그녀의 머리는 전혀 미동도 없다. 심지어 머리카락 한올 흔들리지 않는다니 그럴 리가 없다. 대리석 조각상이다. 맨살이 드러난 팔도, 옷자락에 잡힌 수많은 주름도 대리석으로 만들어졌다. 조각가는 가장 값비싼 대리석을 가지고 이 조각상을 만들었다. 로마인들이 가장 숭배하는 여신의 모습을 돌 위에 새겨넣은 것이다. 자애로운 어머니이자, 풍요의 여신 그리고 하루의 시작을 알리는 여신, 즉 새벽의 여신인 마테르 마투타(Mater Matuta)이다. 지금 그 여신의 조각상이 저기에 서 있다. 그녀는 수년간 웅장한 대리석 조각 받침대 위에 서서 마을 길목을 내려다보고 있다. 여신의 조각상 주변에는 어둠만이 깔려 있다. 그러나 달빛이 그녀의 대리석 팔 앞에 펼쳐진 넓은 길 양쪽으로 길게 늘어서 있는 많은 가게들을 비추고 있다. 밤이 물러가고 있는 이 시간에 가게들은 무거운 나무 빗장과 단단한 자물쇠로 잠겨 있다. 길 끝에 있는 가게들은 짙은 어둠 속에 잠겨 있다. 어두운 건물의 윤곽만이 사방에 깔려 있다. 마치 별이 반짝이는 밤에 깊은 계곡에 있는 듯하다. 그 건물들에는 서민들이 살고 있다. 우리가 사는 공동주택과 비슷하지만 훨씬 덜 편한 공동주택이다.

로마의 거리 대부분과 건물들에서 전혀 불빛이 새어나오지 않는다는 사실에 깜짝 놀란다. 어쩌면 우리가 현대의 삶에 너무 익숙해져 있기 때문인지도 모른다. 수세기 동안 어둠의 장막이 드리워지면 온 세상의 도시들은 어둠 속에 빠져들었다. 보통 밤에도 길을 떠나는 여행객을 위해서 일부 광장이나 골목길 혹은 십자로 부근에 밝혀놓은 등불 이외에는, 몇몇 주점이나 신전에 켜진 등불만이 드물게 빛나고 있었다. 로마 제국 역시 예외는 아니다. 얼마 되지 않는 이 불빛 덕분에 혹은 집 안에 켜둔 등불이 비추는 빛 덕분에 희미하게나마 주변 지형을 분간할 수 있다.

또다른 한 가지 놀라운 사실은 바로 정적이다. 길을 걸어가는 내내 비현실적으로 느껴질 정도로 사방이 조용하다. 10여 미터 정도 떨어진 곳에 있는 마을 샘터의 물소리가 유일하게 이 정적을 깨트릴 뿐이다. 샘터는 소박하게 만들어졌다. 짧은 기둥이 있고 그 앞에 놓인 정사각형 모양의 물통은, 두꺼운 트래버틴 대리석(물에 녹아 있던 탄산칼슘이 가라앉아 생긴 석회암/역주) 판 4개로 만들어졌다. 두 건물 사이로 간신히 비치는 한 줄기 달빛이 돌 위에 조각된 신의 얼굴을 비춘다. 투구 양쪽에 날개가 달린 메르쿠리우스(Mercurius)이다. 그 입으로부터 물줄기가 뿜어져 나오고 있다. 낮이면 집으로 길어 나를 물을 받기 위해서 여인들과 아이들 그리고 노예들이 이 물줄기에 나무 양동이를 번갈아 가져다댄다. 그러나 지금 인적이 없는 이곳에서는 흐르는 물소리만이 우리와 벗해주는 유일한 존재이다.

이러한 정적이 신기하다. 존재하기 힘든 정적이다. 사실 150만의 거주민이 살고 있는 도시 한복판에 있는데 말이다. 늘 그렇듯이 밤은 주점들이 활기를 띠는 시간이다. 포장도로 위를 달리는 마차 바퀴의 금속이 부딪치며 내는 소리, 고함소리, 시끄러운 말의 울음소리, 그리고 빠질 수 없는 거친 욕설이 난무하기 마련이다……. 그리고 바로 그 소리들이 저 멀리서 아득하게 들려온다. 개 짖는 소리가 메아리를 친다. 로마는 절대 잠들지 않는다.

앞에 있는 길이 살짝 넓어지면서, 빛의 오아시스가 만들어진다. 달빛이

새벽녘 19

그물망처럼 길을 덮고 있는 현무암 돌 판을 비춘다. 돌로 만든 거대한 거북이의 등껍질을 보는 듯하다.

거리가 끝나는 길목 너머에서 뭔가가 움직인다. 사람의 형체이다. 잠시 머뭇거리더니 다시 앞으로 나아간다. 그러다 비틀거리더니 벽에 기댄다. 술에 취한 사람임에 틀림없다. 뭔가 알아들을 수 없는 말을 중얼거리고는 쓰러질듯 비틀거리며 골목길로 향한다. 그가 무사히 집에 도착할 수 있을지 모르겠다. 사실 로마의 밤거리는 밤손님들로 인해서 위험하다. 도둑과 범죄자들 그리고 몇 푼 안 되는 돈벌이를 위해서 상대를 가리지 않고 서슴없이 주먹질을 하는 어리석은 자들로 가득하다. 만일 내일 아침에 누군가 칼에 찔리고 강도를 당한 사람의 시신을 발견한다고 해도 이렇게 혼란스럽고 복잡한 도시에서 살인자를 잡아내기란 솔직히 어려울 것이다.

골목길로 접어들기 직전의 거리 모퉁이에서 술에 취한 사람이 보따리에 걸려 넘어질 뻔 한다. 알아들을 수 없는 몇 마디 말을 웅얼거리며 투덜댄다. 그리고는 계속해서 걸음을 옮긴다. 그런데 그 보따리가 꿈틀거린다. 살아 있다. 조용히 잘 만한 곳을 찾아다니는 수도 로마의 수많은 노숙자들 중의 한 명이다. 방값을 치르지 못해서 쫓겨난, 허름한 방의 주인이었던 그는 며칠째 길에서 생활하고 있다. 그는 혼자가 아니다. 근처에는 들고 나올 수 있는 짐이란 짐은 모조리 들고 나온 일가족이 함께 있다. 임대 계약서를 갱신하는 매년 상반기와 후반기 말에 로마의 거리는 이런 사람들로 가득 찬다. 오늘부터 내일까지는 길에서 생활하면서 새로운 잠자리를 찾아다니는 수많은 사람들과 마주치게 된다.

갑자기 무슨 소리가 일정한 리듬으로 들려온다. 처음에는 불분명했지만, 나중에 점점 더 확실하게 들려온다. 건물의 벽면에 반향되는 소리여서 그 소리가 어디에서 나는 것인지는 정확하지 않다. 시끄러운 자물쇠 소리가 나더니 등불 빛이 정체를 드러냈다. 도시 야경꾼(vigiles)의 순찰이다. 도시 야경꾼을 어떻게 설명해야 할까? 그들은 직책상 소방관이며, 효율적인 화재 예방을 위해서 지속적인 감시는 물론이고 공공질서를 유지하는 역할도 수행한다.

　도시 야경꾼은 군대조직의 일부이며, 그 점은 보는 즉시 알 수 있다. 8명의 훈련병과 1명의 상관으로 이루어진 9명이 한 조를 이룬다. 그들이 큰 회랑의 계단을 다급하게 내려온다. 그들은 화재 발화지점, 위험한 상황이나 참사를 불러일으킬 만한 사소한 단서를 찾아내기 위해서 거의 어디든 들어갈 수 있는 권한을 가지고 있다. 순찰을 막 끝낸 그들에게 상관이 뭔가를 지시하는 중이다. 상관은 8명의 훈련병들이 자신을 잘 볼 수 있도록 램프를 높이 들었다. 상관은 쉰 목소리에 잘 어울리는 단단한 체격과 거친 외모를 가졌다. 설명을 끝내고, 가죽으로 만든 투구 아래로 검은 눈을 반짝이며, 마지막으로 다른 훈련병들을 쳐다본다. 그리고는 큰 소리로 명령을 내리자 훈련병들이 행진을 시작한다. 막 훈련병에 입문한 사람인 티가 나는 전형적인, 지나치게 군기가 바짝 든 행진이다. 상관은 멀어지는 그들의 모습을 지켜본다. 그리고 머리를 절레절레 흔들고 그들을 따라간다. 샘터의 물소리에 덮여 들리지 않을 정도로 발소리는 점점 더 멀어진다.

　고개를 들어보니 하늘의 변화가 눈에 띈다. 여전히 어두웠지만 더 이상 별은 보이지 않는다. 별을 볼 수 없게 떼어놓으려는 듯이 눈에 보이지 않는 섬세하게 펼쳐진 장막이 살며시 도시를 뒤덮어버린 것 같다. 몇 시간 후면 새로운 하루가 시작될 것이다. 그러나 고대 세계에서 가장 강력한 수도에서 맞이하는 여느 날과는 다른 아침일 것이다.

탐구 ∥ 숫자로 본 영원한 도시 로마

기원후 2세기에 로마는 영화의 정점을 누리고 있었다. 로마를 방문하기에 가장 좋은 시기이다. 제국의 영토 확장과 더불어 로마 시의 면적 역시 최대 규모였다. 넓이는 1,800헥타르, 둘레는 약 22킬로미터에 달했다. 뿐만 아니라 100만에서 150만에 이르는 주민이 살았다. 몇몇 통계는 당시의 인구를 200만으로 추정하기도 한다. 현대의 로마 인구에는 약간 못 미치는 정도이다! 고대 세계에서 가장 사람들로 붐비는 도시이다.

사실 로마는 지속적인 발전을 이루며 번성해왔기 때문에 이러한 인구 증가와 건축 붐이 놀랄 일은 아니다. 황제마다 새로운 건축물과 조각물로 로마를 장식하며 도시의 면모를 점진적으로 변화시켰다. 뿐만 아니라 로마는 무척 빈번하던 화재로 그 모습이 바뀌기도 했다. 이처럼 수 세기에 걸쳐 이어져온 끊임없는 로마의 변신은 로마가 이미 고대에서 가장 아름다운 예술과 건축 분야의 야외 박물관이 되는 결과를 낳았다.

이러한 측면에서 콘스탄티누스 황제(274-337) 시대에 만들어진 건축물과 조각품 목록을 살펴보는 일은 그것이 얼마나 경이로운 규모였는지를 이해하는 데에 도움이 된다. 당연히 그 목록 전체를 언급하지는 않을 것이다. 그러나 주요 작품만 열거해도, 당시의 로마 시가 현재보다 훨씬 더 작았음을 염두에 둘 때, 너무 많아 입이 다물어지지 않을 정도이다.

개선문 40
포룸 12
도서관 28
바실리카 12

대형 공중목욕탕 11, 일반 공중목욕탕 약 1,000

신전 100

유명한 인물의 청동상 3,500, 금과 상아로 만든 신의 조각상 160

기마상 25

이집트 오벨리스크 15

유곽(遊廓) 46

수로(水路) 11, 길가 샘터 1,352

이륜 전차 경주를 위한 원형경기장 2(가장 큰 원형경기장인 대[大]원형 경기장은 거의 40만의 관중을 수용할 수 있다)

검투사를 위한 원형투기장 2(가장 큰 원형투기장인 콜로세움은 좌석 5만에서 7만 석 규모)

극장 4(가장 큰 극장인 폼페이 극장은 좌석 2만5,000석 규모)

대형 모의해전장(模擬海戰場, 즉 해전을 위한 인공 호수) 2

운동 경기를 위한 경기장 1(도미티아누스 스타디움은 좌석 3만 석 규모)

기타 등등.

당시 로마에는 숲이 있었을까? 기념물과 집으로 빽빽한 이 도시에 풍부한 숲이 함께 어우러져 있었다는 사실을 알게 되면 경이로움은 배가된다. 초목은 로마 도시 전체 면적의 약 4분의 1을 뒤덮고 있었다. 이는 450헥타르에 맞먹는 크기이다. 공공 정원과 사유지 정원, 작은 숲, 귀족 저택의 열주로 둘러싸인 중정 등을 포함한다.

한 가지 궁금증이 생긴다. 로마를 상징하는 색상은 무엇이었을까? 멀리서 로마를 바라볼 때 두드러지는 색은 무엇이었을까? 아마 핵심적인 색상은 두 가지였을 것이다. 진흙을 구워 만든 기왓장의 붉은색과 집 현관과 신전의 대리석 기둥의 밝은 흰색이다. 여기저기 널려 있는 붉은 기왓장 사이에서, 햇볕에 반짝이는 황록색의 지붕도 눈에 띈다. 신전과 일부 황제의 궁전에 사용된 청동으로 만든 기와의 색이다. 이것이 시간이 지나며 녹이 슬면서 고색창연한 초록빛을 띠게 된다. 물론 기둥이나 신전 꼭대기에 장식된 몇몇 조각상들도 인상적이다. 흰색, 붉은색, 초록색 그리고 황금색으로 눈이 부시다. 이 네 가지 색이 바로 로마의 색상이다.

6시
부자들의 저택, 도무스

고대 로마인들은 어디에서 살았을까? 그들의 집은 어떻게 만들어졌을까? 우리는 영화나 텔레비전을 통해서 기둥, 내부 정원, 프레스코 화가 그려진 방, 작은 분수와 침대의자가 딸린 식탁을 갖춘 화려한 집 안에서 생활하는 로마인들을 익히 보아왔다. 그러나 현실은 무척 다르다. 부자들과 귀족들만이 노예가 시중을 드는 크지 않은 저택에서 살 수 있다. 그리고 그런 저택에 사는 이들은 소수에 불과하다. 로마 거주민의 압도적인 대다수는 커다란 공동주택에 무리를 지어 산다. 봄베이의 빈민가를 연상시키는 어려운 환경에서 살아가는 사람들도 적지 않다.

그러면 로마의 최상류층 사람들이 사는 집부터 순서대로 살펴보자. 부자들의 집은 소위 도무스(domus)라고 칭한다. 콘스탄티누스 황제가 다스리던 로마에는 1,790여 채의 도무스가 있었다. 분명 적지 않은 수이다. 게다가 그 크기 역시 제각각이었다. 트라야누스 황제 시대의 로마는 고질적인 공간 부족 현상으로 인해서 각양각색의 크기로 저택을 지을 수밖에 없었다. 우리가 막 방문하려는 도무스는 전통적인 고대 양식으로 지어졌다. 집주인이 자랑할 만한 집이다.

이 도무스에서 가장 인상적인 특징은 그 외관이다. 마치 조개처럼 스스로 굳게 닫혀 있는 모양이다. 외인부대의 작은 요새 같은 모양을 상상하면, 로마의 전형적인 도무스를 이해하는 데에 도움이 될 것이다. 창문은 보이지 않는다. 창문이 있다고 해도 아주 작고, 드물게, 한결같이 높은 곳에 나 있다. 발코니도 없고 외부 세계로부터 집을 격리시키는 외벽으로 둘러싸여 있다. 사실 이런 모양의 집은 라틴 문명과 로마 문명의 여명기에 나타난 방호벽으로 둘러싸인 농가의 고풍스런 구조를 답습한 것이다.

시끄러운 거리와의 단절은 길에서 거의 눈에 띄지 않게 나 있는 문에서부터 분명하게 드러난다. 저택의 양옆으로는 이 시간에는 아직 닫혀 있는 수많은 상점들이 늘어서 있다. 저택의 큰 목조 대문 양쪽에는 청동으로 된 두툼한 양각 장식이 달려 있다. 양쪽 대문의 한가운데에는 초인종처럼 사용되는 커다란 고리를 입에 문 청동으로 만든 늑대 머리가 달려 있다.

대문 너머로 짧은 복도가 시작된다. 무시무시한 개 형상의 모자이크가 깔려 있고 개 조심이라고 적혀 있는 복도 바닥에 첫 걸음을 내딛게 된다. 특히 폼페이에 있는 저택의 것이 잘 알려져 있지만, 로마 제국에서는 이러한 모자이크가 많이 사용되었다. 사실 로마 시대에 이미 도둑과 거지는 골칫거리였다.

몇 걸음 못 가서 복도 한쪽에 있는 작은 방이 눈에 띈다. 한 남자가 그 방 의자에 앉아 졸고 있다. 그는 이 집의 수위로 출입구를 지키는 노예이다. 그 옆에는 한 소년이 마치 개처럼 바닥에서 자고 있다. 그 남자의 조수임에 틀림없다. 집안 식구들은 다들 자고 있다. 덕분에 방해를 받지 않고 저택을 둘러볼 수 있다.

복도를 따라서 조금 더 걸음을 옮기자, 그 끝에서 널찍한 공간이 나온다. 저택 중앙에 있는 아트리움(atrium, 中庭)이다. 새벽의 여명 덕분에 장방형의 넓고 화려한 홀에 있는 프레스코 장식을 볼 수 있다. 창문도 없는데 도대체 이 여명이 어디에서 비춰지는 것일까? 위를 쳐다보니 그 이유가 금세 이해된다. 천정 중앙에 지붕이 전혀 덮여 있지 않다. 마치 정원처럼 커다랗게 정방형으로 열려 있어 빛이 스며든다. 폭포처럼 수직으로 곧장 떨어지는 빛은 옆에 있는 방으로까지 퍼져나간다.

그 열려 있는 천장은 빛만 통과하도록 고안된 것이 아니다. 다른 뭔가도 통과시킨다. 바로 물이다. 사실 비가 내리면 중정 위에 있는 주변 지붕이 마치 깔때기처럼 빗물을 모아 뚫려 있는 중정 안으로 흐르게 한다. 허공에서 장관을 이루며 떨어지는 빗물은 중정 가장자리에 세워진 테라코타로 만든 조형물들의 입을 통해서 작은 시냇물이 되어 흘러나와 중정 안으로 요란한 소리를 내며 떨어진다. 폭풍우라도 몰아치면 그 소리에 귀가 먹먹해질 정도이다.

빗물을 그냥 다 흘려버리지는 않는다. 떨어지는 물은 정확하게 중정 가운데에 있는 커다란 정방형의 통에 모인다. 대단히 합리적인 고대의 지혜를 엿볼 수 있는 물통이다. 모인 빗물은 지하 저수조로 옮겨진다. 가정용수를 보관하는 셈이다. 대리석으로 만들어진 빗물 통에서 일상에 필요한 물을 퍼서 쓸 수 있다. 이 우물은 여러 세대에 걸쳐 사용되고 있다. 그렇다 보니 두레박을 끌어올리느라 우물 가장자리가 전부 닳았다.

이 빗물받이 수조는 장식용으로도 쓰인다. 집 안에 있는 작은 연못처럼 구름이 떠가는 푸른 하늘을 비추기도 한다. 바닥에 놓인 한 폭의 그림 같다. 초대받은 손님이건, 우연히 들른 방문자이건 집 안으로 들어서는 사람은 누구든지 첫눈에 무척 아름다운 시각적 충격을 경험한다.

우리 앞에 놓인 수조에는 그 이상의 뭔가가 있다. 수면에 꽃들이 떠다니고 있다. 어제 저녁 이 집에서 열린 연회의 흔적이다.

우물 안의 물은 마치 거울처럼 아침 햇빛을 고스란히 반사한다. 가벼운 산들바람이 불면서 생긴 작은 물결은 벽에 그려진 프레스코 위에 반사되며 술래잡기를 하는 듯한 빛의 파도를 만들어낸다. 잘 들여다보면 이 중정의 벽에서 색이 칠해지지 않은 곳은 전혀 보이지 않는다. 사방을 둘러싼 벽은 신화 속 인물, 상상 속의 풍경 혹은 기하학적인 무늬가 그려진 사각형으로 덮여 있다. 그림은 푸른색, 붉은색, 황갈색으로 강렬하게 표현되었다.

이를 통해서 우리는 중요한 결론에 도달하게 된다. 고대 로마인이 살던 세상은 우리가 살아가는 세상보다 훨씬 더 컬러풀하다. 집 안이나 조각상은 물론이고 중요한 일이 있을 때면 과시용으로 입는 사람들의 옷까지도 형형색색으로 화려하다. 반면에 현대의 우리는 짙은 색상이나 회색의 옷을 우아함의 정점이라고 평가한다. 특히 흰색으로 칠해진 벽이 대부분인 우리의 집 안에서 그 모든 색상이 사라져버린 것은 무척 안타깝다. 현대인의 집을 본 로마인은 하얀 천 위에 액자만 끼워놓은 빈 그림 같다고 평가할 것이다.

계속해서 집 안을 둘러보자. 중정 옆으로 다른 방들이 보인다. 쿠비쿨라(cubicula)라고 불리는 침실이다. 우리가 자는 침실에 비해서 굉장히 좁고 어둡다. 침실이라기보다는 작은 밀실에 가깝다. 우리 중 어느 누구도 이곳에서는 선뜻 잠잘 생각을 하지 못할 것이다. 창문도 없고 희미한 등불만이 유일한 빛이다. 그래서 그 방 안에 애써 장식해둔 걸작의 프레스코나 모자이크가 잘 보이지 않는다는 점이 충격적이다. 현대의 박물관에서 휘황찬란한 빛의 연회 속에 빛나는 작품들인데 말이다. 로마인들은 그 작품들을 밝은 빛 아래에서 본 적이 없었다. 오히려 그들의 시선은 약간 어두운 밀실 안에서 그 작품들을 보는 데에 익숙했다. 등불의 빛은 그림 속 풍경과 인물의 얼굴 윤곽을 돋보이게 하면서, 이 작품들을 무척 매혹적으로 보이게 한다.

중정 한구석에 계단이 보인다. 노예들과 가족 중에서 여성들의 공간인 위층으로 향하는 계단이다. 1층은 주요 층으로 남성들, 특히 가장의 영역이다.

우리는 앞으로 걸음을 옮겨 중정을 가로질러 반대쪽 벽에 도착한다. 접이식 문처럼 열고 닫는 커다란 나무판으로 그 공간의 대부분이 막혀 있다. 문을 열자, 집주인의 집무실이 나온다. 여기에서 집주인은 손님을 맞는다. 중앙에는 대형 테이블과 의자들이 위풍당당하게 놓여 있다. 한쪽 옆에는 등받이와 팔걸이가 없는 의자들이 죽 늘어서 있다. 모든 의자에는 균형 잡힌 다리와 상아와 청동으로 만든 견고한 장식이 달려 있다. 긴 가지가 달린 촛대 위에 켜놓은 등잔불, 방 안을 훈훈하게 해줄 바닥에 놓인 화로, 테이블 위에 놓인 의심할 여지없이 과시용인 값진 은제품들과 필기도구들이 보인다.

이 방을 지나간다. 그 너머로 커다란 커튼이 보인다. 커튼을 들추자 집 안의 가장 은밀한 곳이 드러난다. 지금까지는 외부인들도 볼 수 있는 개방된 곳이었는데, 이 커튼은 사적인 공간으로 통한다. 열주(列柱)로 둘러싸인 안마당이 나온다. 즉 집 안의 작은 녹지대인 내부 정원이다. 매우 아름다운 열주로 둘러싸여 있다. 기둥들 사이의 천장에는 신화 속 인물들을 조각한 대리석 원반들이 매달려 있다. 이것은 오스킬라(oscilla)라고 불리는 일종의 추인데, 이것을 매달아둔 이유는 짐작할 수 있다. 바람이 불면 고정된 기둥에 동적인 움직임을 가미하며 부드럽게 흔들린다.

이른 아침 이 시간에 기둥들이 나란히 서 있는 회랑은 상쾌한 분위기를 선물한다. 정원에서 가꾸는 장식용 식물, 향신료 작물 그리고 약초들이 뿜어내는 엄청난 양의 향기가 진동한다.

사실 집집마다 이 내부 정원에는 집주인의 기호에 따라서 은매화, 회양목, 월계수, 서양협죽도, 담쟁이덩굴, 아칸서스 등을 심는다. 사이프러스와 플라타너스와 같은 큰 나무도 있다. 게다가 화단을 꾸미는 제비꽃, 수선화, 붓꽃 혹은 백합 같은 꽃들도 피어 있다. 포도나무 넝쿨도 종종 보인다. 정말 집 안의 평화스런 오아시스, 예술품으로 가득한 오아시스이다. 식물들은 마구잡이로 퍼져 있지 않고 기하학적인 방법으로 배치되어 있다. 작은 오솔길, 화단, 가끔은 작은 미로도 만들어진다. 이외에도 정원에는 동물 모양으로 다듬어진 나무도 심심찮게 눈에 띈다. 뿐만 아니라 이곳에서는 꿩, 비둘기나 공작 같은 진짜 동물도 종종 볼 수 있다.

새벽의 여명 속에 움직임이 없는 두 사람의 모습이 보인다. 정원 구석을 장식하는 작은 청동상이다. 거위를 팔에 안고 있는 어린 소년들이다. 가까이 다가가자, 한 동상에서 졸졸거리는 듯한 이상한 소리가 들린다. 두어 번 물이 튀기는 소리가 들리더니 갑자기 거위의 주둥이에서 물줄기가 뿜어져 나온다. 분수의 조각상이다. 분수에서 뿜어져 나온 물줄기는 작은 물방울을 튀기며 주변 수조 안으로 정확하게 들어간다. 그뿐만이 아니다. 정원에는 또다른 3개의 작은 분수가 물줄기를 뿜어내고 있다.

저택에서는 물을 단지 빗물 통에서만 공급받는 것이 아님이 분명하다. 얼마 전부터 다른 방식으로도 물을 대고 있다. 바로 수로를 통해서이다. 집주인은 아는 사람과 암거래 시장 덕분에 집 안으로 개인 수도관을 끌어들일 수 있었다. 한마디로 말해서 그는 집 안에서 수돗물을 쓰는 행운을 잡은 소수에 속한다. 로마에서는 매우 드문 행운이다. 이 작은 분수로 자신의 방문객들을 깜짝 놀라게 하기도 한다.

이제 마디가 굵은 손 하나가 나무 사이에 감추어진 수도꼭지를 잠근다. 수도관이 막힘없이 잘 흐르고 있음을 점검한 노예의 손이다. 키가 크고 약간 건들거리는 걸음걸이와 검은 피부, 검은 곱슬머리로 보건대, 그는 분명 중동이나 북아프리카 지역 출신일 것이다. 이제 그는 나뭇잎과 시들어버린 꽃을 모은다. 정원사임에 틀림없다.

기둥 쪽으로 나 있는 작은 방에서 다른 소리가 들려온다. 바닥을 쓰는 소리이다. 가까이 다가가보자. 소리는 식당에서 들려온다. 어제 저녁 이곳에서 연회가 열렸다. 손님들이 비스듬히 누워 있던 침대의자는 벌써 말끔하게 정리되었다. 얼룩이 묻은 시트도 갈았다. 또다른 남자 노예가 지난밤의 마지막 흔적들을 치우는 중이다. 그는 가재의 집게발을 모은다. 사실 연회가 베풀어지는 동안에 음식 찌꺼기를 접시가 아닌 바닥에 버리는 것이 당시 로마의 관습이다.

부엌에서는 누군가 벌써 일하는 소리가 들린다. 여자 노예이다. 허름한 두건을 머리에 쓰고 있지만 그녀의 머리가 금발임을 알 수 있다. 긴 목을 따라서 금발의 곱슬머리가 찰랑거린다. 독일이나 트라야누스 황제의 최근 점령지인 다키아(현재의 루마니아)에서 왔을 것이다. 부엌은 무척 좁다. 신기하게도 연회로 유명한 로마인들은 부엌을 부차적인 공간으로 보고 그다지 중요시하지 않는다. 우리가 사용하는 조리대 정도가 있을 뿐으로, 특별히 정해진 자리조차 없다. 때로는 복도 끝 구석이나 층계참 아래에 부엌을 배치하기도 한다. 정말 이상하지만 그다지 놀랄 일은 아니다.

부자들의 집 안에 가정주부라는 인물은 존재하지 않는다. 부엌은 일하는 노예들만의 공간이므로 장식이나 편리함 혹은 공간에 대한 배려는 없다. 반대로 더 소박한 서민들의 집에는 요리하는 여성이 있다. 오늘날과 비교할 때 가정에서 여성의 존재는 부인보다는 가정부에 가까웠다고 할 수 있다.

한편 로마인의 부엌에서 우리에게도 무척 친숙한 것은 청동으로 만든 냄비와 솥이 벽에 걸려 있는 장면이다. 여기저기에 마치 수를 놓은 듯이 정교하게 만든 구멍 뚫린 체와 대리석으로 된 절구, 고기 굽는 꼬챙이, 테라코타로 만든 프라이팬이 있다. 게다가 아주 진귀한 음식을 담는 물고기나 토끼 모양의 접시도 있다. 이런 물건들의 모양을 관찰함으로써 당시의 메뉴를 읽을 수 있다.

음식은 벽돌을 쌓아 만든 작업대인 조리대에서 데운다. 이 위에는 우리가 바비큐를 할 때 쓰는 것 같은 불붙은 숯불이 평평하게 펼쳐져 있다. 숯불 위에 금속으로 된 삼발이를 놓고 그 위에 냄비와 단지를 올린다.

벽돌로 쌓은 작업대는 중량을 줄이기 위해서 점차 아치 형태로 개선되었고, 그로 인해서 생긴 공간은 나무를 넣는 장소로 사용되었다. 당장 사용할 수 있도록 준비된 현대의 가스통에 해당하는 장작들이 쌓여 있다.

여자 노예가 화덕에 불을 지피고 있다. 당시 로마인들은 어떻게 불씨를 만들었을까? 가까이 다가가 그녀의 어깨 너머로 관찰해보자. 그녀는 부싯돌을 이용한다. 그녀는 작은 말발굽같이 생긴 것을 마치 물병 손잡이를 쥐듯이 움켜잡는다. 다른 손에 쥐고 있는 석영 조각에 이것을 내려친다. 불꽃이 튕기자 불씨를 지필 때 쓰는 얇게 자른 버섯 조각 위에 가져다댄다. 매개물로 쓰이는 이 버섯은 나무에서 자라는 나무 버섯이다. 그녀가 그 위로 조심스레 입김을 불자, 버섯이 뜨거워지면서 불이 붙기 시작한다. 이때 버섯의 열기로 불을 지피기 위해서 지푸라기를 넣는다. 다시 한 번 입김을 분다. 지푸라기에서 연기가 뿜어져 나오더니 갑자기 불꽃이 인다. 불꽃 지피기 놀이는 끝이다. 이제 숯불을 준비할 차례이다.

우리는 잠시 걸음을 멈춘다. 이 저택 방문을 통해서 우리는 로마인들의 거주지에 대한 몇 가지 사실을 이해할 수 있었다. 무척 아름다운 저택이지만 현대인의 집과 비교할 수는 없다. 겨울에는 춥고 여기저기서 들어오는 외풍이 심해서 우리의 전기 난방기에 해당하는 화로를 이곳저곳에 놓아서 실내를 덥혀야 한다. 또한 집에는 빛이 충분하지 않기 때문에 방들도 대부분 어두컴컴하다. 드물게 창문이 있지만 한결같이 작아서 우리의 창문처럼 빛이 환하게 들지 않는다. 당시에는 활석이나 운모 경우에 따라서는 유리가 창문 가리개로 사용되었다. 반면에 가난한 이들은 나무로 직접 만들거나 그렇지 않으면 반투명의 가죽으로 틀어막았다.

결론적으로 우리가 지금까지 살펴본 로마 상류층의 저택을 포함하여 고대 로마의 주택 분위기를 이해하려면 현대 서양의 시골 주택을 떠올리는 것으로 충분하다. 커다란 침대와 두툼한 이불, 문틈으로 스며드는 빛, 장작 타는 냄새와 먼지 그리고 거미들……

6시 15분
로마풍의 실내장식

집 안에서는 하루의 일과가 시작되었다. 매일 아침 가장 먼저 일어나는 이들은 노예들이다. 이 도무스에는 11명의 노예들이 있고, 그들은 파밀리아(familia)를 구성한다. 한 집에서 부리는 노예가 11명이라니, 많아 보일 수도 있지만 이는 일반적인 숫자에 불과하다. 사실 로마의 부유한 가정은 평균적으로 5명에서 12명의 노예들을 소유하고 있다!

그런데 그 많은 노예들은 어디에서 잠을 잤을까? 따지고 보면 축구단 한 팀을 집으로 초대하는 것에 맞먹는 수이다. 노예들에게는 개인 방이 없다. 복도나 부엌 혹은 한 방에서 무리를 지어 잠을 잔다. 특히 가장 충직하다고 신뢰를 받는 노예 한 명은 집주인의 침실 앞 바닥에서 잔다. 마치 주인을 지키는 개가 그렇듯이.

노예들의 생활에 대해서는 나중에 하루의 여정을 따라가는 과정에서 상세하게 다룰 예정이다. 그들은 누구이고 어떻게 노예가 되었으며 집주인으로부터 어떤 취급을 받는지 등을 말이다. 일단 잠에서 깨어나고 있는 저택을 계속해서 둘러보자.

여자 노예가 건물 입구에 달린 두툼한 자줏빛 차양을 걷어내고 돌고래 모양의 다리가 달린 커다란 대리석 테이블에 다가간다. 그 테이블은 수조의 가장자리에 놓여 있다. 여자 노예가 먼지를 털어내려고 그 테이블에서 조심스레 들어올리는, 은으로 만든 손잡이가 달린 무척 아름다운 암포라(**Amphora**)를 보건대 장식용 테이블임이 분명하다. 테이블 주위를 둘러본다. 나머지 가구들은 어디에 있을까?

로마인들의 집 안에서 가장 인상적인 것은, 프레스코 화가 그려진 벽장식이나 모자이크로 장식된 바닥의 화려함에 비해서 간소하기 그지없는 가구의 대조이다. 따지고 보면 현대의 주택과는 정반대이다.

이곳에는 우리의 거실을 채운 소파, 안락의자, 카펫 그리고 선반이 모두 빠져 있다. 필수적인 최소한의 가구만 남은 휑한 장소라는 인상을 받게 된다.

물론 그럴 만한 이유가 있다. 로마인들은 우리와는 전혀 다른 방식으로 실내를 장식한다. 가구와 내부 설계를 부각시키는 대신에 대체로 감추고 눈에 띄지 않게 한다. 실제로 침대와 의자는 종종 이불이나 쿠션 밑으로 사라진다. 반면에 벽에 그려진 프레스코 화로는 가짜 문, 가짜 커튼, 심지어는 가짜 풍경까지 만들어낸다. 이런 프레스코 화가 정원으로 향해 있는 벽에 난 진짜 창문과 번갈아가며 그려지기도 한다. 이런 면에서, 토레 안눈치아타에 위치한 그 유명한 오플론티스의 저택—네로 황제의 부인인 포파이아 황후의 소유였을 것으로 추정된다—은 진정한 걸작이다.

한마디로 말해서 많은 저택 안에는 이처럼 물건들을 사라지게 하고, 대신에 다른 것을 만들어내면서 현실과 환상 사이에서 숨바꼭질하는 듯한, 심지어 가끔은 벽 전체에 풍경을 그려 장식하는 로마인 특유의 취향이 숨 쉬고 있다. 그 시대를 고려할 때 상당히 섬세하고 현대적인 취향이다.

로마의 저택 안에서 눈에 띄는 가구는 비록 몇 점에 불과하지만 무척 값진 것이다. 아마도 테이블이 가장 흔한 품목일 것이다. 여러 가지 유형의 테이블이 있다. 가장 선호된 것은 고양이 다리, 염소 다리 혹은 말 다리 모양으로 만든 다리 3개가 달린 둥근 테이블이다. 테이블 다리가 3개인 것은 우연이 아니라 테이블이 흔들리지 않도록 하기 위한 가장 단순한 해결안이기 때문이다.

로마 시대에 이미 현대적인 해결안이 사용되었다는 점이 놀랍다. 예를 들면 접이식 테이블이나 벽에 맞닿게 놓을 수 있는 반원형 테이블처럼 말이다.

반대로 의자는 충격적이다. 전혀 편하지 않다! 사실 로마인들은 오늘날 우리의 소파나 안락의자에서 볼 수 있는 것처럼, 충전재를 넣어 사용하는 기술을 알지 못한다. 이 점을 보완하기 위해서 쿠션이 사용된다. 쿠션들은 어디에나 있다. 침대 위에, 식탁 옆 침대의자 위에, 다른 일반 의자 위에.

이 저택 안에서 구석에 세워진 장롱을 보는 것은 자연스런 일이라고 생각할 수도 있다. 그러나 장롱은 그 시대에 새로운 발명품이다. 실제로 로마인들은 최초로 장롱을 쓰기 시작한 사람들이다. 그리스인들이나 에트루리아인들은 장롱을 몰랐다. 신기하게도 그들은 우리처럼 장롱에 옷을 보관하지 않는다. 그 안에는 유리잔처럼 깨지기 쉽고 값진 물건, 화장용품, 잉크병, 저울 등을 넣어둔다.

옷이나 시트는 아르카에 베스티아리아라는 특별한 가구 안에 넣어둔다. 우리가 선반을 만들 때처럼 나무로 만든 궤짝의 일종이다. 사자 다리 모양의 짧은 다리가 달려 있고 위에 뚜껑이 있다. 중세와 르네상스 시대를 거쳐 수 세기 동안 사용될 가구 유형이다.

당연히 부자들이 사는 저택에서는 항상 커튼이 다용도로 사용된다. 햇볕과 바람 가리개로, 겨울의 온기와 여름의 냉기를 유지하는 데에 쓰이고 먼지나 파리 그리고 뻔뻔한 구경꾼들의 시선을 차단하는 데에도 쓰인다. 지진으로 폐허가 되어 수 세기 동안 묻혀 있던, 터키의 에페소스에서 발굴된 로마인의 집 유물로 인해서 이러한 목적에 부합하는 용도로 커튼이 사용되었음이 재확인되었다. 유적 발굴 중에 고고학자들은 로마의 실내 장식에 관한 수많은 소소한 궁금증을 해결할 만한 단서들을 찾아냈다. 이 귀족적인 저택의 정원을 둘러싸고 있는 기둥들 중에서, 나란히 서 있는 회랑의 한 기둥과 다른 기둥 사이에 커튼을 걸어두려고 청동으로 만든 봉 장치의 잔해가 아직 남아 있는 기둥을 볼 수 있다. 커튼으로 기둥 사이를 가려놓은 탓에, 에페소의 뜨거운 여름 동안에도 시원하고 그늘진 회랑을 지나다닐 수 있다. 문설주 위에 걸린 또다른 청동 봉은 커튼이 다용도로 사용되었음을 분명히 드러낸다. 마치 오늘날 발 혹은 상점 출입구에 걸린 것과 같은 쓰임새이다. 그리고 로마의 커튼들이 가느다란 형형색색의 천 조각이나 여러 개의 매듭이 달린 가느다란 끈으로 만들어졌다는 점도 주목할 만하다.

로마인들의 저택 안에는 아름다운 장식용 태피스트리와 짚으로 엮은 깔개, 양탄자까지도 사용되었다는 사실을 언급해야겠다. 이것들은 분명 중동에서 기원한 유행이었을 것이다.

은제품, 보석상자 그리고 골동품

부자들의 저택에서 몇 가지 실내장식품들은 신분을 상징하는 가치를 가진다. 이 물건들 중에는 흉상이나 대리석상 혹은 항상 눈에 잘 띄도록 놓아둔 은제품도 있다. 실내용품과 손잡이가 달린 암포라 그리고 잔들이 특별한 전시용 테이블 위에 늘어서 있다. 그 테이블은 저택을 찾은 손님들이나 고객들이 감상할 수 있도록 배치되어 있다.

은제품을 사용할 여유가 없는 가정에서는 청동 제품, 유리 제품 혹은 고급 도자기 제품으로 방향을 돌린다. 어쨌든 항상 뭔가를 진열해야 한다. 일종의 사회규칙이다. 따지고 보면, 우리 시대까지 전해져오는 관습이다. 고급 식기 세트를 유리 진열장에 수납하여 응접실에 놓아두는 것은 지금까지도 각지에 널리 퍼져 있다.

부유한 가정을 상징하는 또다른 물품은 보석상자이다. 우리가 집 안 깊은 곳에 금고를 감추는 데에 비해서 로마인들은 정반대로 한다. 그들은 보석상자를 모든 사람들이 쉽게 감상할 수 있도록 중정 같은 곳에 놓아두었다.

윤택함과 부를 드러내는 상징이다. 물론 바닥이나 벽에 단단히 고정되어 있을 뿐만 아니라 이것을 지키는 아트리엔시스라는 노예도 있다. 그는 특히 낯선 이가 집주인과 일 문제로 상담하러 오거나 파티나 연회가 있을 때 이 홀을 드나드는 사람들의 움직임을 감시하는 경비병인 셈이다.

보석상자는 일반적인 금고와는 느낌이 조금 다르다. 철 못과 철사가 달린 마치 두꺼운 갑옷으로 덮은 듯한 상자를 떠올리게 한다. 제임스 본드나 열 수 있을 정도로 아주 정교한 잠금 장치가 달려 있다. 사람 머리 모양의 청동으로 만들어진 손잡이를 잡아당기거나 레버를 누르거나 고리를 돌리거나 해야 한다. 그 안에는 무엇이 들어 있을까? 당연히 집에서 가장 값나가는 금과 은이 들어 있다. 뿐만 아니라 상속이나 계약서, 재산과 관련된 가장 중요한 문서들도 들어 있다. 나무판이나 파피루스에 작성한 모든 서류에는, 오늘날의 "로고(logo)"에 해당하는 소유주의 반지 문양의 봉인이 빠짐없이 찍혀 있다.

한 가지 궁금증이 생긴다. 로마 시대에 골동품에 대한 관심이 있었을까? 즉 집 안에 전시할 과거의 소소한 걸작이나 오래된 물건에 대한 관심이 높았는지 궁금하다. 그런데 이 시대에는 어떤 물건이 골동품으로 평가되었을까? 고고학자들이 해답을 제시했다. 사실 그들은 유적지에서 에트루리아 시대의 작은 조각상과 거울, 잔들을 발굴했다. 로마인들은 이것을 값진 골동품이라고 생각했다. 게다가 고대 이집트의 물건들도 발견되었다. 실제로 트라야누스 시대의 로마인들에게 고대 이집트 문명의 유물은 진정한 골동품으로 평가될 만한 것이었다. 예를 들면, 람세스 2세(기원전 1279-1212)는 1,400년 전에 살았다! 우리가 지금 이야기하고 있는 로마와 우리 사이의 시간차이와 별로 차이가 나지 않는다.

우리가 살고 있는 공동주택의 기원

마지막으로 한 가지 짚고 넘어가야 할 것이 있다. 우리가 방금 찾아갔던 도무스는 폼페이에서 발굴된 수많은 고고학 유적지를 방문한 관광객들이 감상할 수 있는 것과 흡사한 전형적인 구조를 가지고 있다. 그러나 건물의 밀집도가 높은 고대 로마와 같은 도시에서는 넓은 공간을 확보하는 일이 불가능했으므로 모든 도무스들을 이런 형태로 지을 수는 없었다. 카를로 파볼리니 교수가 이끄는 고고학 연구 팀은 오스티아 안티카 인근 유적지 발굴작업을 통해서 한 가지 놀라운 사실을 밝혀냈다. 로마 시내에서는 수 세기에 걸쳐 새로운 건물이 증축되었기 때문에 주거 유적이 지면 아래로 묻히고 말았지만, 교외인 오스티아 안티카에는 당시의 구조(지금 우리가 둘러보고 있는 트라야누스 황제 치하에서 도시 정비계획이 진행되었다)가 아직도 잘 보존되어 있다.

이곳에서는 빗물을 받아놓는 일종의 수조가 있는 넓은 아트리움이 없는 도무스를 볼 수 있다. 집주인은 도시의 고질적인 공간 부족과 수로 설치 때문에 이 공간을 없애야 했다. 수로가 설치된 덕분에 집 안에 수조를 만들 필요가 없어진 것이다.

폼페이 등 다른 지역에서는 집마다 독립된 현관이 딸린 3층 건물이 발견되었다. 유복한 가정에서 자기네 집 위층에 낯선 이들이 묵는 것을 꺼려할 이유가 없었던 점은 당연하다. 어쩌면 약간의 사생활은 희생해야 했겠지만, 대신 임대료로 돈을 벌 수 있었다.

어느 시점에 이르자 상류층 사람들은 더 이상 이런 집에서 살지 않게 되고 중산층과 하층 계급의 사람들이 모여 살게 된다. 한마디로 말해서 도시에서의 삶은 제대로 된 진짜 공동주택이 등장할 때까지, 더 많은 사람이 살 수 있는 점점 더 높아지는 고층 주택을 더 많이 세우도록, 몇 세대에 걸친 본질적인 집의 혁명에 불을 붙였다.

따라서 대다수의 우리가 살고 있는 현대식 공동주택은 약 2,000년 전 제국의 주요 도시와 로마에서 일어났던 이러한 변화에 그 뿌리를 두고 있다.

6시 30분
집주인의 기상

도미누스(dominus), 즉 집주인의 침실에서 깊이 잠들어 코를 고는 소리가 들려온다. 문을 천천히 열어보자. 방 안을 가로지르는 한줄기 빛이 벽을 파서 만든 벽감에 놓인 침대를 밝힌다. 물결모양의 주름을 만들며 바닥까지 이어지는 자주색, 푸른색 그리고 노란색의 화려한 줄무늬 이불을 뒤집어 쓴 집주인이 자고 있다.

우리는 침대 크기에 놀란다. 전통적인 침대는 무척 높아서 침대 위로 올라가려면 작은 도구가 필요할 정도이다. 이불 뒤로 단 같은 것이 보이고, 그 위에는 이불 속으로 들어가기 전에 집주인이 벗어놓은 샌들이 놓여 있다.

세 방향에 쿠션을 댄 구형 침대로, 현대의 소파를 연상시킨다. 나무로 된 침대 다리는 금칠을 한 청동으로 장식을 하고 상아를 박아 만들었다. 비스듬히 비치는 빛에 침대 모서리에 조각된 고양이와 숲의 신 사티로스의 머리가 두드러진다. 스프링이 들어 있지 않은 침대이다. 침대 매트 위에는 무두질이 된 가죽을 올려놓았다. 우리가 사용하는 것보다 확실히 불편해 보이는 침대이다.

집주인이 뭐라고 중얼거리며 몸을 뒤척이더니 양손으로 베개를 다시 고정시킨다. 그의 머리가 완전히 파묻힌다. 거위 털 베개이다.

로마인들은 무엇으로 침대 속을 채웠을까? 오늘날 우리가 알고 있는 바에 의하면, 몇몇 매트는 지푸라기로 채워지기도 했다. 다른 매트들은 이 침대처럼 양털을 집어넣기도 했다.

이탈리아 캄파니아 지방의 고대 도시 헤르쿨라네움에서 발견된 믿기지 않을 정도로 투박한 요람처럼 예외도 있다. 베수비오 화산이 폭발할 당시 사망한 아기의 유골 아래에서 나뭇잎으로 채운 매트의 잔해물이 발견되었다. 나뭇잎에는 신생아의 건강을 보호하고 기생충을 막는 기능이 있었을 것으로 추정된다.

집주인은 방 안에 혼자 있다. 그의 아내는 어디에 있을까? 현대 사회에서 아내와 남편은 같은 침대에서 자지만, 로마 시대에는 늘 그렇지는 않았다. 사실 갓 결혼한 신랑과 신부는 실질적으로 한 침대에서 자는 데에 반해서 부유한 부부는 서로 다른 방에서 자는 것이 품위 있는 행위로 간주되었다. 그래서 집주인의 아내인 도미나(domina), 즉 여주인은 자신의 개인 침실에서 잔다.

이제 잠자리에서 일어날 시간이다. 로마인들은 새벽 동이 틀 무렵에 기상해서 일찍 잠자리에 든다. 전기가 없으므로 사람들은 태양의 주기에 맞추어 살아간다. 그리고 수 세기 동안 그렇게 살아갈 것이다. 따지고 보면 우리가 예외적으로 살고 있는 셈이다.

가장 신뢰를 받는 남자 노예가 아주 조심스레 주인을 깨운다. 몇 분 후에 아직 잠이 덜 깬 집주인이 방에서 나온다. 하얀 머리에 푸른 눈을 가진 키가 크고 건장한 남자이다. 눈에 잘 띄는 그의 코는 얼굴의 귀족스러움을 돋보이게 한다.

우아한 푸른색 의복을 걸친 그는 벽에 기대어 지은 작은 목조 건축물을 향해서 천천히 걸음을 옮긴다. 마치 작은 신전 같아 보인다. 삼각형의 팀파눔을 2개의 기둥이 지탱하는 구조로 만들어졌다. 이곳은 저택의 신성한 장소로 가정을 수호하는 신인 라르 신(Lar)을 모시는 신전이다. 신전 한가운데에 작은 신상(神像) 2개가 있다. 조각상은 춤을 추는 긴 머리의 소년들을 떠올리게 한다. 그 옆에 또다른 2개의 조각상이 있다. 메르쿠리우스와 베누스(Venus) 상이다. 남자 노예가 제물이 담긴 접시를 주인에게 내민다. 의식 문구를 읊으며 그가 조심스런 손길로 그 접시를 제단의 작은 조각상 앞에 놓여 있는 받침대에 놓는다. 그리고는 향유를 태운다.

　매일 아침 이 의식과 함께 하루가 시작된다. 수많은 다른 집에서도 이 의식이 거행된다. 로마인들은 이 작은 신의 힘을 절대 과소평가하지 않는다. 이 신은 로마인의 집 안에서 벌어지는 일상의 문제들을 관리한다. 이 의식은 절도나 화재 혹은 가족 구성원의 악운을 막아주는, 한마디로 말해서 보험과 같은 것이다.

7시
로마식 의상

옷을 입을 때가 되었다. 로마인들은 어떻게 옷을 입을까? 텔레비전이나 영화 속에 그려진 로마인들은 다양한 색상의 긴 천 같은 것으로 몸을 감싸고 있었다. 항상 그렇게 입을까? 실제로 이 옷은 달리거나 층계를 오르내릴 때 혹은 단순히 어디 접히는 부분이 없도록 신경 써서 앉아야 하는 번거로움 때문에 활동하는 데에 거추장스러워서 불편할 것이라는 생각이 든다. 그러나 실제로는 편하다. 오늘날에도 여전히 그런 옷을 입는 사람들이 있다. 인도나 다른 많은 아시아 지역, 아랍 지역에 가보면 근본적으로 로마인들의 의복과 크게 다르지 않은 전통의상을 볼 수 있다. 긴 의복인 튜닉과 샌들을 기본으로 하는 복장이다. 이것은 단지 습관의 문제에 불과하다.

속옷에서부터 시작해보자. 로마인들은 팬티를 입을까? 물론이다. 사실 제대로 된 팬티는 아니다. 아마천으로 된 일종의 샅바 같은 것으로 수블리가르라고 불린다. 천으로 허리둘레를 감고 은밀한 부분을 감싼다.

의외라고 생각할지도 모르지만, 로마인들은 아침에 일어나자마자 옷을 입지는 않는다. 사실 자러 갈 때 옷을 다 벗지 않고 반 정도 입고 자는 습관이 꽤 널리 퍼져 있다. 망토를 벗어 의자 위에 던져놓거나 망토를 마치 이불처럼 사용하기도 하고, 수블리가르와 튜닉만 걸친 채 침대 속으로 들어가기도 한다. 낮 동안에 걸쳤던 튜닉이 잠옷 대용으로도 쓰이는 셈이다. 위생적이지는 않아 보이지만, 따지고 보면 바로 지난 세기까지도

농촌에서 하던 습관이다. 한 가지 차이는 있다. 매일 공중목욕탕에서 목욕을 하는 로마인들이 농부들보다 훨씬 더 깨끗했다. 그들은 자러 가기 몇 시간 전에 구석구석 씻었다. 다만 더러워진 옷을 그대로 입었다는 것이 유일한 문제이다.

고대 로마 패션에서 가장 기본적은 옷은 그 유명한 튜닉이다. 튜닉이 얼마나 실용적인지는 XXL 사이즈의 무릎까지 오는 긴 스웨터를 입고 허리를 벨트로 조여 매보면 실감할 수 있다. 비록 미세한 차이는 있을지언정 튜닉과 아주 비슷하다. 고대에 만들어진 의복과 큰 차이가 없는 것이 "티셔츠"라고 이름만 바뀌어서 현대에도—특히 여름에—폭넓게 사용되고 있다는 것은 정말 흥미로운 일이다.

물론 소재는 다르다. 현대의 우리가 면을 사용한다면, 반대로 고대 로마인들은 대체로 아마천이나 모직을 사용한다. 염색하지 않은 모직은 짙은 베이지 색이다. 얼룩이나 먼지를 가리기에 적당한 색상인 셈이다.

아마천은 특별하다. 특히 이집트에서 생산해서 산지에서 직접 천으로 짠 후에 로마 제국 전역으로 들어온다. 따라서 로마인도 어느 정도는 현대인과 마찬가지로, 먼 나라에서 생산된 의복을 입는다. 이것이야말로 지중해에서 이루어진 역사상 최초의 거대한 세계화의 결실이자, 로마 제국의 업적이다. 제국의 주요 시장을 방문할 때에 이 내용에 대해서 상세히 알아볼 것이다.

튜닉은 그 어떤 경우에든 착용이 가능하다. 잠옷으로 입기도 하고, 토가 아래에 받쳐 입기도 하고, 가장 검소한 계층에서 즐겨 입는 옷이기도 하다. 사실 가난한 이들은 튜닉만 걸친 뒤에 샌들을 신고 외출한다. 그러나 부유한 이들은 로마 시민으로서 더 격식을 갖춘 의복, 즉 토가를 입었다.

그 당시의 재킷과 넥타이라고 토가를 정의내릴 수 있을 것이다. 즉 대중 앞에 나서거나, 매우 중요한 모임이 있을 때에는 반드시 착용해야 하는 의복이다.

오래 전부터 입어온 토가는 정말로 다양한 변천과정을 거쳤다. 초기에

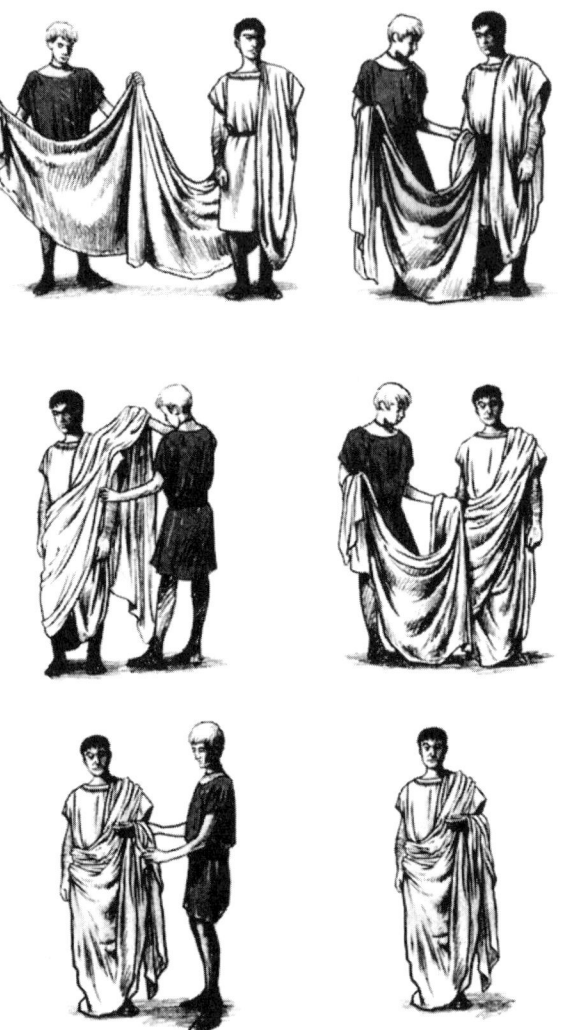

토가를 걸치지 않은 채 외출할 부유한 로마인은 한사람도 없을 것이다. 6미터에 달할 정도로 긴 탓에 그것을 입으려면 종종 노예의 도움이 필요하다. 토가를 우아하게 입기 위해서는 주름 정리가 필수이다.

는 짧았지만, 시간이 흐르면서 점점 더 길어졌다. 이 시대의 토가는 평균 지름이 6미터인 반원형 형태였고, 소재는 모직이나 아마천으로 바닥에 끌릴 정도였다! 그래서 토가를 걸치기 위해서는 종종 노예의 도움이 필요하다. 지금 우리의 집주인처럼 말이다. 그리고 이 광경을 지켜보면 토가를 어떻게 입는지 알 수 있을 것이다.

주인은 움직이지 않고 앞을 바라보고 서 있다. 노예가 주인의 어깨 위에 마치 담요처럼 토가를 얹는다. 그러나 토가의 정중앙이 어깨에 오지 않도록 주의한다. 토가 한쪽 끝이 바닥에 닿을 정도로 한참 더 길게 내려뜨린다. 조심스럽게 이 늘어진 한쪽을 잡고 등 뒤로 돌려 겨드랑이 아래를 지나, 마치 어깨에 걸치는 끈처럼 가슴에서 목까지 한 바퀴 돌린다. 그리고는 머플러처럼 목에서 넉넉하게 한 바퀴 돌리고 쇄골 높이에서 브로치로 고정시킨다. 여기서 끝이 아니다. 여전히 토가가 길게 남아 있다. 앞에서 했듯이 남은 부분을 말린 부분 아래에 끼워넣으면서 몸에 한 번 감는다. 마지막으로 노예가 멀리 떨어져서 잘 입혀졌는지 살펴본다. 노예는 흡족해한다. 그의 주인은 무척 우아하다. 특히 주름이 잘 잡혀서 주인의 고귀함이 돋보인다. 한쪽 팔은 자유로운 반면에 다른 한쪽 팔은 늘어진 토가 자락으로 반쯤 덮여 있다. 집주인은 팔에 걸린 토가 자락이 바닥에 끌려 더러워지지 않도록 항상 그 팔을 살짝 들고 있어야 한다. 조금 불편하지만 금방 익숙해진다.

토가는 로마 문화와 문명의 진정한 상징이다. 로마 시민들만이 토가를 입을 수 있었고, 외국인이나 노예 혹은 해방노예는 토가를 입는 것이 금지되었다. 거의 제복이나 마찬가지인 토가는 실질적인 사회규약을 드러낸다. 무슨 토가를 어떻게 입는지에 따라서 그 명칭이 다양하다. 예를 들면 자주색 줄무늬로 테두리를 두른 흰색 토가는 일종의 보호 가운인 프라에텍스타 토가이다. 원로원 의원과 열다섯에서 열여섯 살 정도의 소년들이 입는다. 열여섯 살이 넘은 소년들은 중요한 의식을 치르고 더 이상은 그 옷을 입지 않는다. 사춘기의 종말을 의미하는 통과의식으로 이 순간부터 소년은 공식적인 성인이 된다. 즉 무기를 가지고 공적인 사회생활을 인정받게 되는 것이다.

그렇다면 고대 로마인들의 바지는 어떠했을까? 로마 시대에는 바지를 입는 관습이 없었다. 로마 거리에서 바지를 입은 사람은 별로 눈에 띄지 않는다. 바지는 로마와 지중해 문화권 밖에서 입는 의복이다. 트라야누스 시대에는 군단의 병사들만이 바지를 입었다. 그것도 무릎 바로 아래 길이의 짧은 바지에 불과했다. 사실 이 시대에도 바지가 있었지만 바지를 발명하고 입은 사람들은 로마의 적들이었다. 북쪽에서 사는 켈트족과 게르만족 그리고 현재의 이란인과 아시아 일부 지역에서 사는 민족인 야만인들이 바지를 고안했다. 그러나 이 상태가 계속 유지되지는 않는다. 150년의 시간이 흐르는 동안 로마인들은 바지의 편리함에 정복당한다. 그러면서 바지가 로마 패션의 대부분을 장악하게 된다.

이제 집주인은 앉아 있고 노예는 그에게 신발을 신겨준다. 신기하게도 로마인들은 추운 날씨 때문에 발을 보호해야 하는 북부지역 사람들을 제외하고는 양말을 신지 않는다. 그래서 신발을 벗자마자 맨발이 드러난다.

샌들에는 여러 가지 종류가 있다. 부츠처럼 발을 덮는 샌들, 발이 고스란히 드러나는 샌들, 가죽 줄이 많이 달려 있거나 최고의 착화감을 위해서 신발 바닥에 진짜 작은 징들이 박힌 미끄럼 방지용 밑창을 단 샌들(로마 병사들이 신는 군화로, 그 유명한 칼리가이[caligae]이다) 등이다.

현재의 모카신처럼 발등을 덮는 샌들인 칼체이(calcei)가 수많은 부유한 로마인들이 거리를 다닐 때에 즐겨 신던 신발임이 분명하지만, 집 안에서까지 그것을 신고 있지는 않는다. 그 이유는 무엇일까? 길에서 신던 신발을 신고 집 안으로 들어가는 것은 점잖은 몸가짐이 아니기 때문이다. 집 안에서는 가죽이나 부드러운 나무로 만든 간편한 샌들을 신고 다닌다. 친구의 집을 방문할 때는 그 샌들을 가지고 간다. 친구의 집 안에서도 똑같은 규칙을 지켜야 하기 때문이다.

7시 10분
여성의 패션

 현대와 달리 고대 로마의 의복은 남성용과 여성용이 상당히 비슷하다. 여성도 튜닉과 유사하지만 발까지 덮을 정도로 더 긴 옷인 스톨라(stola)를 입는다. 여성의 모습이 훨씬 더 우아하다. 그 옷은 하늘하늘하고 그리스인들이 입던 키톤(kiton)과 꽤 비슷하다. 하나가 아닌 두 개의 끈으로 꼭 죄어 맨다는 점이 스톨라의 특징이다. 허리 이외에 가슴 바로 아래의 흉부를 감싸는 또다른 끈이 있다. 이런 방식으로 몸매를 강조한다.
 이론상 로마의 여성 역시 토가를 입을 수 있지만, 그 모습을 실제로 보기는 어려울 것이다. 사실 여성에게 토가는 간통 선고를 받은 여인이나 매춘부의 의상을 의미한다. 그래서 여성은 일반적으로 튜닉 위에 무릎까지 내려오는 직사각형의 긴 숄을 둘러 우아하게 주름지게 해서 입는다. 그 숄의 명칭은 팔라(palla)이다. 팔라는 상당히 넉넉했으므로 여성들은 길을 걸어갈 때 머리를 가리는 용도로도 사용했다. 지금껏 대수롭지 않게 넘겨온 이것에 주목해보자. 영화부터 교회 그림에 이르기까지 예수가 탄생한 마구간에서부터 예수의 생애를 보여주는 모든 장면에서 성모 마리아를 비롯한 대부분의 여인들은 바로 팔라와 흡사한 숄로 머리를 가리고 있다.
 남성용 의복과 달리 여성용 의복은 훨씬 더 색상이 다양하고 대개는 그 위에 수를 놓았다. 원색의 의복 탓에 여성은 사람들로 붐비는 길에서도 금방 눈에 띈다. 의복뿐만 아니라 신발도 남성용보다 우아하고, 주로 흰색이어서 이목을 끄는 데에 한몫을 한다.

로마 시대에 여성들은 직사각형의 커다란 숄을 걸친다. 이 숄을 팔라라고 부르는데, 공을 들여 모양을 잡고 주름을 만들어서 무릎까지 내려오게 걸친다. 종종 길에서 머리를 가리는 데에도 사용한다. 헤어스타일, 금 장신구 그리고 우아한 태도는 이 중년의 부인(왼쪽)이 귀족 출신임을 보여준다. 모든 로마 여성은 긴 튜닉을 입는다. 얇고 색상이 화려하고 바닥까지 길게 내려온다. 가슴 높이에 맨 끈은, 이 서민 여성(오른쪽)의 경우에서 알 수 있듯이, 몸매를 돋보이게 한다.

로마 여성들의 속옷에 대한 궁금증이 생긴다. 그녀들은 겉옷 안에 무엇을 입을까? 남성용 하의 속옷과 유사한 아주 단순하지만 훨씬 더 우아한 슬립을 입는다. 그리고 브래지어도 존재한다. 브래지어라고는 해도 실제로는 천이나 부드러운 가죽 끈 같은 것으로, 스트로피움 혹은 맘밀라레라고 부른다. 이름은 다양하지만 그 본질은 매한가지이다. 즉 가슴을 보호하고 지탱하여 커 보이게 하는 목적으로 사용되었다. 고대 로마의 시인 오비디우스(기원전 43-기원후 17)는 자신의 저서에서 가슴이 풍만하지 못한 여성은 이것 내부에 충전물을 사용하라고 조언했다.

고고학자들은 고대 유적지에서 브래지어를 그린 그림을 다수 찾아냈다. 폼페이의 사창가에 있는 그 유명한 에로틱한 그림에서 볼 수 있듯이 말이다. 그러나 가장 인상적인 것은 시칠리아의 아르메리나 광장 인근에서 발굴된 카살레의 빌라 로마나(Villa Romana del Casale)에 있는 유명한 모자이크이다. 이른바 현대적인 비키니 스타일의 수영복을 입은 소녀들이 그려져 있다. 공중목욕탕에서 목욕을 하거나 운동을 할 때에 로마 여성들은 그런 옷을 입는다. 비키니는 의심의 여지없이 로마의 발명품이다.

로마 거리에서 마주치는 여성들은 대개 아마천이나 양모로 만든 옷을 입고 있다. 그러나 부유한 여성들은 매우 귀한 직물로 만든 옷도 입는다. 아주 부드러운 면과 비단으로 만든 옷이다. 이 두 가지 옷감은 진정한 신분의 상징이 되었고 여성들은 기회가 있을 때마다 그것을 과시했다.

잘 알려져 있듯이 비단은 오랫동안 중국의 독점 물품이었으며 비단의 원료인 누에의 존재는 비밀에 부쳐졌다. 비단은 대상들이 몽골의 스텝 지대와 아시아의 사막을 가로지르는 아주 긴 여정을 거쳐 지중해 연안에 도착한 후에야 로마 제국으로 전해졌다. 따라서 그 가격은 무척 비쌌다. 많은 귀족들은 비단으로 옷을 해 입거나 실내를 장식하는 데에 엄청난 재산을 탕진했다. 그런 상황이 가중되자 무엇보다 로마의 숙적인 페르시아인에게 엄청난 양의 돈이 흘러가게 되었다. 사실 대상들은 이란과 이라크 사이에 끼어 있는 지역을 포함하여 페르시아인의 영지를 지나야만 했다. 이를 방지하기 위해서 법으로 시장을 규제하려고 한 황제들도 있었으나 무의미한 시도에 불과했다. 실제로 비단의 비밀은 나중에 로마인들에 의해서 밝혀졌다. 누에가 콘스탄티노플에 수입되었지만 이미 너무 늦었다. 로마와 서로마 제국은 야만인의 침략으로 몰락한 뒤였다. 이익을 차지한 것은 유스티니아누스 1세(483-565)가 집권하는 비잔틴 신생국인 동로마 제국이었다.

7시 15분
로마 남성의 몸단장

하루를 시작하면서 또다른 사실 하나가 궁금해진다. 로마의 집 안에서 아침에 세수를 하거나 몸을 씻는 사람은 거의 없다. 노예가 들고 있는 대야의 물을 찍어 대충 씻는 것도 그저 잠에서 깨기 위해서이다. 게다가 비누는 아직 발명되지 않았다. 비누라는 뜻의 라틴어 사포(sapo)는 염색이라는 뜻으로 사용 중이다!

로마의 집을 둘러봐도 샤워기(아직 아무도 그것을 발명하지 않았다)는 보이지 않고 욕조가 있는 집도 매우 드물다. 잘 알다시피 로마 문명은 모든 고대를 통틀어 가장 위생적인 문명이었는데도 말이다. 씻는 데에 필요한 물 사용량이 고대 로마의 수준과 비교가 가능해진 것은 근대에 들어서였다. 왜 이런 모순이 발생했을까? 이 역설적인 상황에 대한 대답은 널리 알려져 있듯이 모든 로마인의 욕실이 얼마 떨어지지 않은 집 밖에 따로 있다는 것이다. 즉 커다란 공중목욕탕이다. 사람들은 그곳에서 충분히 씻고, 마사지도 받는다. 그러나 이 모든 일은 점심식사 이후에 한다. 바로 이런 이유에서 아침에는 아무도 씻지 않는다.

물론 몇몇 부자들은 집 안에 개인 목욕탕을 만들기도 하지만, 이는 극소수의 상류층에 한정되어 있다. 우리가 지금 둘러보고 있는 도무스의 주인은 그런 부류의 상류층은 아니다. 그렇다 보니 집주인은 개인 욕실이 없어서 좀더 이따가 공중목욕탕에 가야 할 것이다.

이제 그는 쿠션이 놓인 편안한 의자에 앉는다. 그리고 한 노예가 그에게 면도를 해준다. 부자들에게만 허용된 가내 이발사이다. 아프다. 면도할 때 쓸 부드러운 비누나 이중 면도날이 달린 면도기는 아직 없다. 단순히 숫돌로 연마한 청동이나 단단한 철로 만든 반달 모양의 면도기와 물을 사용할 뿐이다. 그러나 주인을 괴롭히는 진짜 고문은 이제 겨우 시작에 불과하다. 면도를 끝낸 노예는 주인의 눈썹, 목 그리고 뒷덜미에 난 불필요한 털을 한가닥 한가닥 족집게로 뽑아낼 참이다.

남자들이 그렇게 꼼꼼하게 외모를 단장하는 것이 의외일 수도 있다. 고대 로마 세계에서는 남자들도 몸을 치장하는 데에 상당히 공을 들였다. 예를 들면 면도에 자연 원료로 만든 탈모 왁스를 사용하는 것이 남자들 사이에 널리 퍼져 있었다. 로마 시대의 역사가이자 작가인 수에토니우스(69?-140?)에 따르면, 율리우스 카이사르(기원전 100-44)는 몸의 털을 제거했고 아우구스투스 황제(기원전 63-기원후 14)도 다리에 더욱 부드러운 솜털이 자라도록 뜨거운 호두 껍데기로 살갗을 문지르는 습관이 있었다고 한다.

이미 이 시대에 남성 대부분의 가장 큰 골칫거리는 머리카락이다. 흰머리가 되면 많은 이들이 검은색으로 염색을 한다. 게다가 머리가 벗겨지는 것은 끔찍한 비극이다. 해결 방법은 다양하다.

머리숱이 얼마 남지 않은 부분을 가리도록 머리를 올려서 빗기 시작한다. 카이사르도 벗겨져서 점점 도드라지는 앞이마를 가리려고 뒤에 있던 머리를 앞으로 가져왔다.

이윽고 머리가 훤히 드러나거나 듬성듬성 머리털이 난 상태가 되면 많은 남성들은 검댕으로 두피를 검게 칠했다. 그렇게 하면 멀리서 보았을 때는 검은 머리카락이 있는 것처럼 보이기 때문이다.

더 이상 머리카락이 한올도 남지 않은 대머리가 된 남성들은 이미 다양한 색상으로 시중에 나와 있던 가발이나 남성용 부분 가발을 사용한다.

심지어 그 당시에도 머리카락을 자라게 하는 기적의 로션이 존재했지만, 당연히 효과는 없었다.

7시 30분
2천 년 전의 화장비법

집주인의 방에서 털을 뽑을 때마다 고통스러워하는 작은 비명소리가 들려온다. 고통스러운 듯 질러대는 주인의 비명소리를 들은 두 노예의 얼굴에 언뜻 미소가 번진다. 그러나 곧 다시 엄숙한 표정을 짓는다. 행여 미소 지은 것이 누군가의 눈에 띨까 싶어서 그들은 더욱더 몸을 굽히고 최대한 열심히 바닥을 닦는다. 그런 그들의 모습은 마치 범선의 갑판을 전력을 다해 닦는 두 명의 견습 선원 같다. 그들은 화산의 용암이 갑자기 식으면서 만들어진 다공질의 가벼운 돌인 속돌로 아주 멋진 모자이크 바닥을 문지르는 중이다. 돌로 만들어진 걸작 모자이크를 깨끗하고 눈부시게 유지하기 위한 최고의 청소법이다.

집 안은 어느새 아침 일과로 부산하다. 특히 어느 한 방으로 여자 노예들이 끊임없이 드나든다. 집주인의 아내, 즉 도미나의 방이다. 한 명이 커튼을 걷어올리자 우리 눈앞에 특별한 광경이 펼쳐진다. 세 명의 노예가 여주인에게 화장을 해주고 있다.

등을 곧게 편 여주인이 고리버들로 만든 안락의자에 앉아 있다. 지금은 섬세한 손길이 필요한 단계이다. 얇은 목탄 막대기로 여주인의 눈썹을 그리는 중이다. 약간의 재를 이용하여 거기에 음영을 줄 것이다. 아주 섬세하고 조심스레 화장에 공을 들인다. 앞에는 또다른 여자 노예가 여주인이 화장의 진행과정을 지켜볼 수 있도록 청동 거울을 들고 서 있다. 외과수술을 할 때와 맞먹는 긴장감이 흐른다.

우리는 주변을 둘러본다. 옆에 있는 사자발 모양의 다리가 달린 작은 테이블 위에 덮개가 열린 화장품 상자가 있다. 상아를 조각하여 장식한 우아한 나무 상자이다. 그 안에는 유리, 테라코타와 설화석고로 만든 작은 항아리인 암포라에 담긴 크림, 향수, 화장용 향료 등이 들어 있을 것이다. 뼈로 만든 아주 가느다란 빗 두 개도 눈에 띈다. 상아를 조각해서 만든 머리핀, 핀셋 그리고 피부 미용을 위한 팩과 크림을 펴 바를 때 쓰는 은 브러시도 있다. 상자 주변에는 다양한 향유가 담긴 작은 병들이 뚜껑이 열린 채 흩어져 있다.

화장을 하는 몸짓과 도구는 우리가 지금 알고 있는 것과 매우 유사하다. 속눈썹을 올리고 눈꺼풀에 아이섀도를 바른다. 다만 화장품의 재료가 조금 다를 뿐이다. 특히 섬세한 주의를 필요로 하는 눈 화장에 사용되는 재료가 그러하다. 당시에도 이미 아이라인을 그렸는데, 안티몬의 유화물을 가루로 만든 화장용 먹인 콜을 이용하여 눈언저리를 검게 칠했다. 또한 오징어 먹물, 합금을 만들 때 주로 쓰이는 금속원료인 안티몬 혹은 볶은 대추야자 열매로 만든 검은 물감도 사용된다. 우리 여주인은 깜짝 놀랄 만한 뭔가를 활용하는 중이다. 테이블 위에 놓인 작은 접시대용으로 사용된 조개껍질 안에 짙은 색감을 띤 소량의 반죽이 아직 남아 있다. 그 안에 담긴 반죽의 주요 내용물은 살짝 볶은 개미이다!

이제 화장을 담당하는 시녀는 마지막 단계를 준비하는 중이다. 여주인의 입술을 칠할 것이다. 오비디우스에 의하면 로마의 중년부인은 다양한 색상을 선택할 수 있지만, 가장 선호하는 색상은 현대와 마찬가지로 홍조를 띤 붉은색이다. 그것은 진홍색 안료인 연단(鉛丹)이나 진사(辰砂)라고 불리는 광물에서 추출한 재료로 만든다. 안타깝게도 둘 다 독성이 있다.

이제 여주인은 입술을 다물고 거울을 바라본다. 시선은 마음속을 꿰뚫어보는 듯하고 피부는 빛이 난다. 만족스럽게 잘 끝났다. 여주인은 시녀에게 잘했다는 눈짓을 한번 보낸다. 겁이 많은 시녀가 고개를 숙인다.

사실 우리는 아침 화장의 마무리 단계만을 보았을 뿐이다. 만약 우리가 몇 분 더 일찍 들어갔더라면 특별한 파운데이션을 조합하는 과정을 지켜볼 수 있었을 것이다.

파운데이션의 목적은 단순하지만 미묘하다. 어느덧 40대(당시에 존중받을 만한 연령)에 가까운 여주인의 얼굴을 다시 젊어 보이게 만들기 위해서이다. 어떻게 했을까? 시녀는 우선 꿀을 얇게 편 뒤에 그 위에 지방 성분과 소량의 백연을 넣는다. 백연은 얼굴을 환하게 해주는 하얀 색소이다. 발그레한 색조를 띠어 젊어 보이게 하기 위해서 붉은 색소를 첨가한다. 그리고는 그것을 얼굴에 고르게 펴 바른 뒤에 적철광 가루를 양쪽 볼에 뿌렸다. 이런 방법으로 피부는 특별한 광채를 띠게 된다.

부유한 로마 여인의 아침 화장은 한마디로 말해서 굉장히 복잡한 과정이며 요리 레시피와도 닮은 구석이 있다.

몸의 나머지 부분에도 가끔 색조화장을 한다. 발바닥과 손바닥은 붉게 그리고 가슴 위는 금가루로 치장한다. 물론 그러한 호사를 누릴 만큼의 여유가 있을 때의 이야기이다.

게다가 정말 놀라운 화장술은 점을 찍는 것이다. 이미 로마 시대에 여성들은 일정한 규칙에 따라서 얼굴에 가짜 점을 그렸다. 입 끝, 뺨 등 점의 위치에 따라 다양한 메시지를 전달한다.

미용 팩

미용 팩과 피부용 크림에 대해서 간략하게 설명을 하고 넘어가자. 로마 시대에 이 두 가지는 크게 유행한다. 갈레노스(129-199)부터 대(大)플리니우스(23-79)에 이르는 수많은 작가들은 물론이고 오비디우스도 이것의 사용을 권장했다. 종류는 다양하다. 놀라운 것은 재료와 특히 피부에 문제가 있는 사람에게 작용하는 그 효능이다. 예를 들면 피부 궤양에는 암소의 태반을, 얼굴 반점에는 황소의 쓸개즙을 그리고 얼굴 이외의 피부 반점에는 렌즈콩을, 종기에는 버터를, 진정 효과와 미백을 위해서는 수선화 줄기를, 흉터에는 중탄산나트륨을, 미백에는 멜론 뿌리와 쿠민을 사용한다. 게다가 피부염에는 송아지의 생식기 추출물을 권한다.

파라오식 헤어스타일

여주인이 가장 신뢰하는 여자 노예가 손뼉을 친다. 그러자 화장을 담당하는 노예가 방에서 나가고 다른 두 명의 젊은 노예가 들어온다. 여주인의 머리 담당자들이다. 그녀들 중에서 한 명은 가발 담당 미용사로 작은 보관장에서 3개의 가발을 꺼내 작은 테이블 위에 올려놓는다. 제각기 금발, 흑발(黑髮) 그리고 적발(赤髮)의 가발이다.

로마 시대에는 가발이 있었을 뿐만 아니라 여성들 사이에서 큰 인기를 끌었다. 가발은 진짜 머리카락으로 만들었다. 금발과 적발 가발은 독일에서 들여온다. 흑발은 인도를 포함한 동양에서 들여온다. 엄청난 관세를 지불해야 하기 때문에 가발은 사치품이다.

여주인이 빨강머리 가발을 선택한다. 오늘 저녁 연회에서 이 가발을 써야 할 것이다. 다음 몇 시간 동안 여자 노예가 해야 할 일은 저녁 시간까지 가발이 흐트러지지 않고 완벽한 상태로 유지되도록 관리하는 것이다. 이렇게 화려하고 컬이 많은 가발을 다시 손질하는 것은 힘든 작업이기 때문이다.

다만 낮 동안에 여주인은 가발을 쓰지 않고 자신의 진짜 머리로 지낸다. 그러므로 여주인의 머리를 잘 빗질하고 다듬을 필요가 있다. 이 때문에 또다른 두 번째 시녀가 불려온 것이다. 그녀는 상아로 된 여러 종류의 빗, 머리 핀, 머리 끈 그리고 작은 빗을 가지고 다닌다. 꽤 한참 동안 머리를 손질할 것이다. 사실 원래는 살짝 컬이 있는 여주인의 머리카락을 곱슬곱슬하게 만들어야 한다. 그녀는 현대에도 전해지는 기술을 사용할 것이다. 그녀는 다른 남자 노예에게 불씨들이 담겨 있는 작은 화로를 가져오도록 시켰다. 그 화로로 머리채를 곱슬곱슬하게 만들어줄 두 개의 쇠막

트라야누스 시대의 여성들은 파라오식 스타일을 따라했다. 몇몇 헤어스타일은 이와 같이 화려하고 교황의 왕관처럼 뾰족하다(왼쪽).

중년 부인의 헤어스타일은 무척 복잡하다. 땋은 머리를 동글게 말아 시뇽을 만들고 수입한 머리카락으로 만든 부분가발을 이마 위 머리에 붙여 불룩한 머리장식을 만든다. 새로운 패션을 시작하는 사람은 대개 황후이다(오른쪽).

대기인 칼라미스트라를 달군다.

트라야누스 황제 시대에 여성의 헤어스타일은 점진적인 혁신을 거치며 인상적일 정도로 복잡해진 스타일이 유행하게 된다.

여러분은 현대의 패션 경향과 비슷한 무엇인가를 상상해야 한다. 즉 시대에 따라서 헤어스타일은 근본적으로 변화한다는 것이다. 새로운 헤어스타일을 시작하는 사람은 대개가 황제의 부인이나 황실의 여인들이다. 로마 제국의 모든 여인들은 공공장소에 세워진 황실 여인들의 조각상이나 동전에 새겨진 그녀들의 얼굴을 보고 그 헤어스타일을 따라한다. 한마디로 말해서, 로마 세계의 위대한 패션 디자이너는 황실의 여인들인 셈이다.

그리고 권력을 쥔 왕조가 바뀔수록 헤어스타일은 점점 더 복잡해진다. 예를 들면 아우구스투스 황제의 누이는 자신의 이름을 딴 옥타비아식 헤어스타일을 유행시켰다. 관자놀이 위의 머리카락은 컬을 주어 물결모양으로 다듬고 이마 위에다 작은 머리 다발을 올린 헤어스타일이다. 이마 위의 작은 머리 다발에서 시작하여 머리의 한가운데를 가로질러 땋은 머리는, 목 뒷덜미에서 시뇽(chingon)과 합친 뒤 볼록하게 돌출된 머리장식으로 마무리된다. 시뇽 역시 땋은 머리를 동그랗게 말아 만든다.

이 헤어스타일도 충분히 복잡하지만, 네로 황제(37-68)의 시대와 특히 플라비우스 왕조, 즉 베스파시아누스(9-79), 티투스(39-81) 그리고 도미티아누스 황제(51-96) 시대가 되면 더욱 복잡다단해진다.

곱슬곱슬한 머리카락 왕관으로 얼굴을 감싸며 장식하는 스타일이 등장한다. 이것은 점차 과장되기 시작했다. 이제 진짜 머리카락으로는 충분하지 않았다. 마치 영화관 좌석처럼 줄줄이 겹쳐진 부분가발이 사용되었다. 부분가발은 점차 높이를 더해가서 분수처럼 보일 지경에까지 이르렀다. 르네상스와 바로크 시대의 헤어스타일과 유사해 보이는 목 뒷덜미에 땋은 머리를 둥글게 말아 만든 시뇽이 빠지지 않는 이 헤어스타일은 약간 경박한 화려함을 뽐냈다. 이러한 헤어스타일 이면에는 여자 노예인 오르나트리체의 길고 긴 작업이 숨겨져 있다. 마치 요리사가 결혼식 케이크를 만드는 것과 같은 작업이었을 것이다.

이 장대한 머리는 키가 작은 여성들이 자신의 존재를 과시하려고 자주 했던 것으로 보인다. 그리고 앞으로 설명하겠지만, 로마 시대의 여성들은 그다지 키가 크지 않았다.

고대 로마의 부유한 중년부인의 헤어스타일은 트라야누스 황제 시대에 진화의 정점을 찍었고 그 형태와 높이도 믿을 수 없을 정도로 화려했다. 한 쪽 귀에서 다른 쪽 귀까지 수직의 부채꼴 머리를 만들고, 귀걸이처럼 보이는 우아한 웨이브로 마무리를 한다. 의자 등받이를 머리 위에 얹은 것 같아 보이는 여성도 있고, 우러러볼 정도로 뾰족한 교황의 왕관을 연상시키는 머리를 한 여성도 있다. 이 새로운 유행을 주도한 사람은 트라야누스의 아내인 플로티나 황후(?-121)이다. 이 때문에 그것을 플로티나식이라고 부른다.

머리에 대한 설명은 이제 끝내기로 하자. 지금까지 살펴본 것이 로마에서 유행한 헤어스타일 혁신의 수많은 단계들 중 한 단계임을 밝혀두겠다. 이후 세대에는 멜론 스타일, 거북이 스타일 그리고 투구 스타일과 같은 새로운 유명한 헤어스타일이 출현할 것이다.

마지막으로 언급할 것이 있다. 로마 여성들은 당연히 머리 염색을 즐긴다. 특히 금발이나 빨강머리를 섞어서 염색하기도 한다. 까마귀같이 검은 색으로 염색을 하려면 양의 지방과 안티몬을 섞어야 한다. 푸른색이나 주황색도 있지만 이 색상은 매춘부나 덜 정숙한 여인들이 주로 하는 염색이다. 오랫동안 염색을 계속하면 결국 머릿결이 상하고 만다. 이런 이유에서 색상이 다양하고, 전혀 다른 헤어스타일 연출이 가능한 여러 가지 가발 사용이 증가하게 된다.

8시
로마식 아침식사

고대 로마인은 아침에 무엇을 먹을까? 로마인의 아침식사는 푸짐한 영양식으로 오늘날의 미국식 아침식사와 비슷하다고 말할 수 있다. 당연히 모든 식탁이 우리가 설명하게 될 음식으로 한상 가득 차려지지는 않는다. 가난한 사람들은 간신히 끼니를 때울 수밖에 없기 때문에 늘 음식이 충분한 것은 아니다. 반대로 귀족은 훨씬 더 다양한 선택을 할 수 있다. 로마인들은 아침식사를 이엔타쿨룸이라고 불렀다.

아침 식탁 위에는 늘 포카치아, 빵, 꿀을 넣은 스프 한 접시, 그리고 우유가 차려진다. 현대의 이탈리아인들은 코르넷토(크루아상을 이탈리아에서는 작은 뿔이라는 의미인 코르넷토라고 부른다/역주)와 구운 빵에 잼을 발라 우유에 적셔 먹는 아침식사의 원형을 고대 로마에서 찾을 수 있다. 이것이 끝이 아니다. 과일, 치즈, 포도주에 적신 빵과 고기도 먹는다. 사실 그 전날 저녁에 남은 음식으로 아침 식탁을 차린다. 그래서 로마인들에게 아침식사는 하루 중 든든한 한 끼 식사가 되는 셈이다. 반대로 점심식사는 간소하다.

그런데 호화스럽게 차려진 아침 식탁에는 현대 이탈리아인들의 아침식사에 빠지지 않는 두 가지 내용물이 보이지 않는다. 커피와 핫초콜릿이 빠져 있다. 고대 로마인들은 이 음식을 모른다. 사실 당시에 커피는 에티오피아에서 야생 식물로 자라고 있었다. 커피는 기도와 긴 야간 명상 중에 잠을 쫓는 효능이 있다고 하여 은둔하는 수도자들에 의해서 몇 세기 이후에나 발견될 것이다. 그후 중세와 르네상스 시대를 거쳐 커피는 주로 이슬람 세계와 인접한 지역에서 보급되기 시작했다. 오랫동안 홍해에 있는 모카 항구에서 커피 원두가 출하되었다. 현재 우리의 부엌과 아침식사 중에 언급되는 모카커피의 유래이다.

초콜릿에 대한 이야기는 커피 이야기와는 다르다. 로마인들은 초콜릿을 알지 못했다. 카카오가 아메리카 대륙에서 자랐기 때문이다. 1,300년이 훨씬 지난 후에 크리스토퍼 콜럼버스에 의해서 발견될 것이다. 트라야누스 시대에 카카오는 메소아메리카 지역의 사람들에게는 잘 알려져 있었다. 그러나 그들이 카카오 열매로 만든 음료수는 로마인들이, 그리고 현대인들도, 쉽게 좋아하기 힘들 정도로 무척 쓴맛이 났다. 우리가 초콜릿이라고 부르는 것을 얻으려면 누군가 카카오에 설탕이나 다양한 종류의 향료를 첨가하여 섞어 마실 생각을 떠올릴 때까지 수 세기를 기다려야 한다.

아침식사를 마친 상류층 로마인은 하루를 시작할 준비를 갖추었다. 약속과 대담으로 바쁜 하루일 것이다. 그래서 개인적으로 중요한 치장 하나를 더 해야 할 필요가 있다. 즉 치아와 구취 관리이다.

구취 관리에는 향이 가미된 약용 드롭스가 이미 사용 중이다. 그 전날 저녁에 과식을 했다면 진짜 특효약이다. 치아에 대한 이야기는 훨씬 더 복잡하다.

로마인들은 치아에 많은 신경을 쓴다. 우선 식탁에서는 이쑤시개를 사용한다. 귀족들의 연회에서 사용되는 이쑤시개는 종종 은으로도 만들어졌다. 식탁용 포크에 맞먹는 길이로, 한쪽 끝은 치아를 닦는 데에 사용하도록 평평하면서도 끝이 약간 굽어 있다. 이쑤시개의 다른 한쪽 끝은 작은 티스푼같이 생겼다. 이쪽은 귀 청소를 위해서 쓰인다. 다용도 이쑤시개인 셈이다.

로마 시대에 중탄산나트륨을 기본으로 해서 만든 치약이 이미 존재한다. 남자 노예가 주인의 치아에 치약을 골고루 바른다. 치아를 깨끗한 상태로 유지하기 위한 정말 민망한 또다른 방법을 선호하는 사람도 있기 마련이다. 바로 소변으로 이를 닦는 것이다. 스페인과 북부 아프리카에 제법 널리 퍼져 있던 방법이다.

8시 30분
문을 여시오!

집주인이 가장 신뢰하는 남자 노예가 주변을 둘러본다. 중정은 깔끔하고, 방문들은 잠겨 있으며, 모든 것이 제자리에 있다. 그가 문지기 노예에게 신호를 한다. 그러자 문지기 노예는 고개를 끄덕이고 문으로 향하는 복도를 미끄러지듯이 걸어간다. 밖은 이미 사람들이 내는 작은 소리로 술렁인다. 많은 이들이 문 양쪽으로 놓여 있는 돌 벤치에 걸터앉아 있다. 다른 이들은 서서 기다리고 있다. 그들은 누구일까? 옷차림으로 봐서는 집주인보다 계급이 훨씬 낮은 가난한 사람들인 것 같다.

그들 모두가 소위 집주인의 고객들이다. 그러나 오늘날 우리가 알고 있는 의미에서의 고객은 아니다. 실제적인 예를 들자면 정치인이나 유력 인사를 만나려고 대기실에 앉아 있는 사람들에 가까울 것이다.

그들은 부탁이나 조언, 친척의 일자리, 지인의 이익에 관련된 일 혹은 추천장을 부탁하러 왔다. 물론 그들 중에는 동업자들, 영세 사업가들도 있다. 사실 우아한 토가를 입은 두 젊은이는 사업에 관련된 이야기를 하려고 온 듯하다. 역시나 그들은 무리와는 조금 떨어져 있다. 그런데 이 작은 무리 중에는 먹고 살 돈을 몇 푼 얻으러 온 정말 가난한 이들도 있다. 방문할 때마다 집주인이 그들에게 베푸는 일종의 동냥을 얻으러 온 것이다. 가끔은 동전 대신 음식물 꾸러미를 받아가기도 한다. 이런 자선 물품을 스포르툴라라고 부른다.

해결해야 할 다양한 문제를 들고 찾아오는 이 불쌍한 사람들을 맞아들이는 집주인은 무슨 이익을 볼까? 당연히 그 대가가 있기 마련이다. 그들은 집주인을 위해서 대수롭지 않은 용무를 처리해주기도 하고 사업의 성공을 위해서 협력을 요구받기도 한다. 그러나 그의 진짜 목적은 다른 데에 있다. 바로 권력이다. 사실 이런 방법으로 그는 지지자들, 동조자들을 규합하게 되고, 그가 어떤 직책에 입후보할 때 그를 뽑게 될 지역주민이나 몇몇 단체에 대한 영향력을 확보하게 된다.

후원을 통한 동맹이라는 클리엔텔라(clientela)라는 말은 집주인의 목적을 잘 규명해준다. 클리엔텔라의 치밀한 조직망은 어디에든 퍼져 있다. 오히려 그것은 로마 사회 조직망의 실체를 이룬다. 로마에서 자유인 남성의 대부분은 후원자라고 불리는 자신보다 부유하고 지위도 높은 사람과 존경, 경우에 따라서는 복종으로 성립되는 관계를 맺고 있기 때문이다.

매일 아침 이런 만남이 반복된다. 소위 권력가를 알현하는 아침 문안인 셈이다. 대문이 살짝 덜컹 하더니, 빗장이 청동 고리를 통과하는 둔탁한 소리가 들린다. 문 밖에 있던 사람들이 입을 다물고 다가온다. 이윽고 한쪽 대문이 열리고 문지기 노예의 얼굴이 보인다. 그는 모여 있는 사람들을 조심스런 시선으로 꼼꼼히 살피며 둘러본다. 다들 그가 아는 사람들이다. 그가 한쪽으로 물러서자 순식간에 사람들이 어두운 복도 안으로 빨려 들어간다.

중정 안에서 다들 제각기 편한 자리에서 질서정연하게 서서 기다리고 있다. 그리고 주인의 심복 노예가 호명하는 대로 한 명씩 주인의 집무실로 불려간다. 그 안에서는 굉장히 인상적인 광경이 그들 눈앞에 펼쳐진다. 방 한가운데에 작은 왕좌 같은 의자에 집주인이 앉아 있다. 의자에는 높은 등받이와 정교하게 장식된 다리가 달려 있다. 의자의 일부는 쿠션과 시트로 덮여 있다. 집주인은 작은 사자의 발 모양으로 장식된 발판 위에 발을 올려놓았다. 신의 동상이 놓여 있는 사원에 와 있는 듯한 인상을 받게 된다. 따지고 보면 틀린 말은 아니다. 눈앞에 있는 저 남자는 엄청난 부자이고 막강한 영향력을 행사하는 귀족이다. 게다가 무엇보다도 이 집안의 가장이다. 그리고 여러분은 그의 영역 한복판에 있다.

집주인은 저기에 앉아 집주인이라는 자신의 위치를 강조하려는 듯이 턱을 높이 들고 여러분을 응시하고 있다. 바로 그러한 그의 시선에 여러분은 안절부절못한다. 이렇게 그의 아침이 시작된다. 아마도 여러분의 아침 일과는 긴장을 풀어보고자 목청을 가다듬는 일로 시작될 것이다.

아침 안개에 싸인 로마의 영공 비행

집 밖에서는 로마가 비현실적인 분위기 속에서 깨어나기 시작한다. 사실 로마는 평상시보다 더 무겁고 차가운 공기에 싸여 있다. 숨을 쉴 때마다 폐 깊숙이 매우 습한 공기가 가득 스며든다. 그 탓인지 간간이 모습을 드러낸 사람들은 다들 두툼한 옷으로 감싸고 회랑 아래에서 걸음을 재촉한다. 이른 아침의 안개로 뒤덮인 도시는 현대에 로마에서도 이따금 볼 수 있는 광경이다. 자욱하게 덮인 안개 때문에 넓은 길의 끝도, 포룸의 기둥도 식별이 불가능하다. 모든 것이 안개 속으로 사라진 듯하다.

이제 지상에서 떠올라 이 안개의 장막을 벗어날 때까지 위로 천천히 솟아오른다고 상상해보라. 몇백 미터 상공의 공기는 신선하고 맑다. 로마 제국의 수도의 눈부신 광경이 여러분의 눈앞에 펼쳐진다.

우리 앞에는 마치 폭풍우 치는 바다의 섬처럼 자욱한 안개 속에서 일곱 개의 언덕이 모습을 드러낸다. 고층 주택들과 더 높은 기념물들이 드문드문 보인다. 태양이 아직 떠오르지 않아 어둡고 선명한 건물의 윤곽은 무심히 퍼져 있는 안개와 대조를 이루어 완벽할 정도로 두드러져 보인다. 영원한 도시 전체가 주민들과 함께 송두리째 사라진 것 같다. 완전한 고독에 둘러싸인 가운데 판테온의 장대한 원형 돔이 안개 속에서 모습을 드러낸다. 그리고 바로 옆에는 파라오 프삼티크의 거대한 오벨리스크가 보인다. 이집트의 헬리오폴리스에서 로마로 가져온 것으로, 아우구스투스 황제의 거대한 해시계 안에서 시간을 가리키는 데에 사용된다.

당시의 로마는 습기로 인해서 현재보다 훨씬 더 오염되어 있었다. 사실

도시는 수많은 녹지와 숲으로 둘러싸여 있었다. 테베레 강 역시 빈번하게 범람했다. 콜로세움 일대를 포함한 로마 한복판에는 과거에 습지였던 곳이 여러 곳이 있었다. 오늘날에도 매년 콜로세움을 방문하는 400만 명에 달하는 관광객의 발아래에는 엄청난 양의 물이 고여 있다. 그중 몇 군데는 스쿠버다이버에 의해서만 탐험이 가능할 정도로 깊은 지하도이다. 다른 곳의 상황도 그다지 다르지 않다. 6월 2일에 이탈리아 공화국 선포를 기념하여 가두행진이 벌어지는 거리에서 불과 몇 미터 떨어지지 않은 곳에 있는 아우구스투스 포룸 안의 저지대 협곡에는 게가 무리를 지어 살고 있다. 이 모든 것을 통해서 제국 시대에 로마의 땅과 공기가 특히 도시의 저지대가 얼마나 습했는지를 알 수 있다. 이로 인해서 로마에는 종종 아침 안개가 끼었으며, 모기와 건강에 해로운 탁한 공기가 늘 발생했다.

아침 안개는 일곱 개의 언덕 중 한 군데에서 다른 곳으로 옮겨다니며 높은 상공에서 제국의 수도를 흘낏 돌아볼 수 있도록 하려고 로마의 가장 중요한 지역만 잘라낸 듯하다. 갑자기 한줄기 태양 빛이 대기를 뚫고 안개 속에 솟아오른 로마의 유적지를 황금빛으로 물들인다. 아주 짧은 순간이지만 설명할 수 없는 신기한 마술 같다. 그 짧은 찰나에 영원한 도시를 상징하는, 즉 로마를 건국하고 그 힘을 키운 토대가 된 몇몇 장소들에 환한 빛이 밝혀진다.

처음으로 빛을 머금은 장소는 카피톨리누스 언덕이다. 파르테논 신전을 떠올리게 하는 유피테르 신전이, 도시의 등대처럼 갑자기 반짝거리기 시작한다. 일렬로 늘어선 흰색 원주(圓柱)가 빛을 받아 환하고, 신화 속 인물들을 새겨넣은 금도금을 입힌 청동제 페디먼트(pediment)는 거의 불타는 듯이 보일 정도로 매혹적으로 빛을 반사한다. 눈으로 보면서도 믿기 힘들 정도로 아름답다.

바로 그 너머에, 카피톨리누스의 두 번째 꼭대기에 있는 더 작은 신전인 유노 모네타(Juno Moneta) 신전에 불이 밝혀진다. 유노 모네타는 경고하는 유노 여신이라는 뜻이다. 이 신전 근처에 로마의 화폐를 주조하는 곳이 있었는데, 이곳을 가리켜 유노 모네타 신전 근처라는 의미로 아드 모네툼(ad monetum)이라고 통상적으로 부르게 되었다. 언제부터인가 화폐 자체도 "모네타"라고 부르는 습관이 생겨났다. 이것이 현재까지 전해져서 스페인어의 moneda, 영어의 money, 프랑스어의 monnaie 등과 같이 다른 언어권으로도 퍼져나갔다.

카피톨리누스 언덕의 측면은 가파른 절벽이다. 마치 안개 속에 떠 있는 절단된 배의 이물처럼 보이는 수직의 가파른 절벽이 있다. 이 절벽은 수세기 동안 로마인들의 삶에서 확고한 역할과 의미를 차지한 타르페아 절벽이다. 고대 로마 초기부터 중대한 반역을 저지른 죄수들을 던져 처형하던 장소이다. 로마 법의 상징이자, 무엇보다 고대 로마 전통의 상징이다.

범상치 않은 이 아침에 로마에서 부리처럼 뾰족하게 솟은 곳이 잇따라 태양에 빛나기 시작한다. 유명한 퀴리날리스 언덕이다. 그 근처에 비미날리스가 있다. 비미날리스는 고대 로마 시대에 그곳에서 자라던 비미네, 즉 등나무에서 유래한 이름인 것으로 추정된다.

고래의 등뼈 같은 또다른 언덕의 일부가 안개 속에서 모습을 드러낸다. 에스퀼리누스 언덕이다. 언덕에 세워진 집들의 지붕과 광대한 정원, 열주로 둘러싸인 중정을 갖춘 아름다운 저택들이 보인다. 수많은 로마의 주요 인사들이 이곳에서 살고 있다. 그 주요 인사들 중에는 아우구스투스 황제 시대에 집정관을 지낸 가이우스 마이케나스(기원전 70-8 : 베르길리우스와 호라티우스를 지원했으며, 지식인과 시인 그룹을 결성하여 예술을 옹호하는 데에 앞장섰다/역주)도 있다. 근처에는 또다른 유명한 주거지역인 카일리우스가 있다.

드디어 이곳을 벗어나 좀더 남쪽으로 가자, 서민의 신전이 있는 아벤티누스 언덕이 나온다. 그러나 나중에는 귀족계급이 이곳에 거주하게 된다. 이곳은 기원전 494년에 평민이 신분투쟁을 일으킨 곳으로 유명하다.

팔라티누스 언덕이 빠져 있다. 모든 이탈리아인은 이 이름을 들어본 적이 있을 것이다. 그러나 왜 이곳이 중요한지, 그 이유를 아는 사람은 소수에 불과하다. 무엇 때문에 팔라티누스가 그렇게 특별할까?

팔라티누스는 황제가 살던 언덕이다. 황제는 바로 이곳에서 살면서 자신의 거대한 궁궐에서 명령을 내린다. 로마인들에게 이곳은 현대의 이탈리아 대통령 궁인 퀴리날레에 해당한다. 그뿐만이 아니다. 로마인은 여러분에게 로마의 건국신화에 등장하는 암늑대가 로마의 시조인 로물루스(Romulus)와 레무스(Remus) 형제를 키운 동굴이 이 언덕 언저리에 있다고 이야기할 것이다.

물론 이 이야기는 신화에 불과하다. 그러나 고고학자들은 이곳에서 철기 시대까지 거슬러올라가는 움막의 흔적을 발굴했다. 이는 팔라티누스 언덕이 로마에서 가장 오래 전부터 사람이 거주하던 최초의 장소들 중의 한 곳임을 증명해준다. 오늘날에도 고대 로마 제국 시대의 건물 잔해 사이로 이 움막의 기둥 때문에 바닥에 파인 홈을 볼 수 있다.

한마디로 말해서 팔라티누스 언덕은 역사와 전통 그리고 권력이 응축된 장소이다. 이곳에서 유럽과 지중해 일대 그리고 아시아 일부 지역의 역사를 좌우한 결정들이 내려졌다. 그러나 오늘날에는 그 중요성을 알고 그 궁궐의 놀라운 잔해를 보러 오는 관광객은 극소수에 불과하다. 수많은 사람들이 찾는 로마 포룸 바로 옆에 있는 계단을 올라가기만 하면 그곳을 찾을 수 있는데도 말이다. 대단히 멋지고 조용하고 장엄한 장소가 녹음에 둘러싸여 있다. 그곳에는 황제들이 집권하던 시대의 분위기가 그대로 남아 있다.

우리는 바로 그곳, 트라야누스 시대에 로마 제국의 그곳을 지금 둘러보는 중이다. 사실 팔라티누스 언덕은 아침 안개 속에서 요새처럼 모습을 드러낸다. 별도의 또다른 도시 같다. 이른 아침의 부드러운 여명 속에서 깜깜하고 어두운 안뜰과 몇 층의 열주들, 긴 회랑이 있는 그러나 아직은 어둠 속에 잠들어 있는 건물들을 짐작할 뿐이다. 우리는 여전히 정적 속에 잠겨 있는, 제국의 각 지역에서 가져온 값진 대리석이 깔려 있는 눈부시게 아름다운 복도와 찬란한 조각상들을 상상해본다. 그러나 우리는 이것들을 절대 보지 못할 것이다. 수 세기에 걸쳐 모두 사라질 것이기 때문이다. 주랑 근처에서 근위병들의 발자국 소리가 반향을 일으킨다. 어쩌면 궁전의 하루 일과가 벌써 시작되었을지도 모른다.

한 가지 궁금증이 생긴다. 현대 이탈리아인이 사용하는 궁전이라는 의미의 팔라초(palazzo, 다른 언어권의 경우, 영어의 palace, 프랑스어의 palais 등에 해당)는 라틴어로 팔라티움(palatium)이라는 바로 이 팔라티누스 언덕의 이름에서 유래되었다. 사실상 로마인들에게 이 언덕은 수 세기 동안 황제의 호화스런 거주지와 동의어였다. 이곳에서 군주의 저택을 가리키는 새로운 단어가 탄생하기까지는 그리 오래 걸리지 않았다. 그렇게 팔라티움에서 현대에도 사용되는 궁전을 의미하는 단어들이 태어났다.

그런데 지금까지 살펴본 영원한 도시의 아침 서곡에 가장 유명한 유적이 빠져 있다. 바로 콜로세움이다. 콜로세움은 어디에 있을까? 도시 위에 우뚝 서 있어야 하지 않을까? 그러나 어디에도 보이지 않는다. 안개에 반쯤 가려져 있는 것일까? 사실 콜로세움은 로마 한복판의 무척 습한 저지대에 있다. 안개 속에서는 콜로세움의 가장 높은 부분만 보일 뿐이다. 상층의 연속 아치, 그리고 그 위에 해당하는 최상층에는 240개의 거대한 봉들이 완벽한 타원형을 그리며 서 있다. 이 봉들은 관중들을 햇볕으로부터 보호하기 위해서 장막들을 이어붙여 만든 차일을 펼치는 데에 쓰인다. 수십 명의 남자 노예들이 오늘 하루에 열리게 될 공연을 위한 막바지 준비 작업을 하고 있다. 우리도 그 공연을 관람할 것이다. 검투사들 간의 시합도 물론 있을 것이다. 그밖에도 엄청난 놀라움이 우리를 기다리고 있다.

이미 태양 빛이 도시 위에 퍼진다. 안개의 축축한 수증기는 더 이상 버티지 못한다. 로마는 제 모습을 갖추기 시작한다. 우리의 눈앞에 색상과 소음 그리고 활기를 띤 로마 전역이 생생한 제 모습을 서서히 드러낸다. 안개가 옅어지기 시작하더니 마치 150만 명의 배우와 엑스트라가 등장하는 공연의 시작을 알리는 무대의 막처럼 천천히 걷힌다. 트라야누스 황제가 집권하는 로마에서의 하루라는 공연이다. 때는 기원후 115년이다.

실례지만, 몇 시죠?

여러분이 로마에서 지나가는 사람들에게 지금이 몇 시인지 묻는다면, 그들은 제각기 다른 대답을 들려줄 것이다. 소(小)세네카(기원전 4-기원후 65)의 말에 의하면 로마에서 정확한 시각을 알기란 불가능하다. 오히려 시간을 맞추는 것보다 철학자들 사이에 의견 일치를 도모하는 일이 더 쉬울 것이다.

사실 로마인들은 그다지 정확하지 못한 방식을 이용하여 시간을 측정한다. 가장 많이 쓰인 방식은 해시계이다. 온갖 종류와 크기의 해시계가 사용된다. 로마의 가장 큰 해시계는 아우구스투스 황제의 희망에 따라, 캄포 마르초에 세워졌다. 큰 광장(60미터 × 160미터)만 한 크기의 이 해시계는 중앙에 거대한 기둥을 세우고 해의 움직임에 따라서 만들어지는 그림자를 측정하여 시간을 계산했다. 그 기둥은 이집트의 헬리오폴리스에서 가져온 오벨리스크로, 해시계의 바늘로 쓰였다. 로마에 가본 적이 없는 사람도 이 오벨리스크를 텔레비전에서 여러 번 보았을 것이다. 지금 몬테치토리오 궁전 앞에 있는 오벨리스크는 이탈리아 국회에 대한 기사가 나갈 때마다 빠지지 않고 텔레비전 화면에 잡히기 때문이다. 2,000년 전에는 새하얀 트래버틴 대리석으로 포장된 넓은 광장 위에 오벨리스크의 그림자가 드리워졌다. 광장 바닥에 새겨진 청동 눈금으로 시간과 날짜를 알 수 있었다. 이 거대한 해시계를 설계한 사람은, 밤낮의 길이가 똑같은 날인 9월 23일 추분에 이 해시계의 그림자와 그 유명한 아라 파키스(Ara Pacis, 평화의 제단)가 선으로 이어지도록 고안했다. 9월 23일은 사실 아우구스투스 황제의 생일이기도 했다. 그 날짜에 오벨리스크의 그림자는 제단을 향해 길게 늘어지며, 황제와 태양의 움직임 그리고 로마의 평화시대인 팍스 로마나(Pax Romana)를 상징적으로 연결한다.

지금 우리가 둘러보고 있는 트라야누스 시대의 로마에는 다른 평범한 해시계들도 많다. 수많은 공공건물 위와 부자들의 집 안마당에, 심지어는 해시계를 휴대한 행인들도 있다. 행인의 어깨 위에 달린 해시계는 지름이 3센티미터 정도에 해당하는 작은 사각형이며 솔라리아(solaria)라고 불리는데 현대의 회중시계에 해당한다. 이것은 삶은 달걀을 담는 작은 그릇을 연상시키는 오목한 모양이다. 한쪽 면에 작은 구멍이 뚫려 있어서 그곳을 통과한 태양 광선이 오목한 형태 안에 그려진 일련의 표시와 선의 한 지점을 비춰서 시각을 알려준다. 이 시계의 문제점은 로마에서만 작동된다는 것이다. 그 선과 표시가 로마의 위도에 맞추어져 있기 때문이다. 위도가 바뀌면 쓸모가 없으므로 여행할 때 챙겨가야 소용이 없다.

시간을 알려주는 특별한 물시계도 있다. 모래시계처럼 작동하는 것으로, 유리 항아리 위에 있는 용기에서 물방울이 떨어지는 구조이다. 유리 항아리에 모인 물의 수면이 상승하면, 거기에 새겨진 눈금을 읽어서 어느 정도 시간이 경과했는지 알 수 있다. 해시계에 비해서 이 시계는 밤이나 구름 낀 흐린 날에도 시간을 알려준다는 장점이 있다. 트라야누스 시대에는 그 편리함 때문에 부자들의 집에서 흔히 사용되었다. 그중에는 현대의 뻐꾸기시계나 괘종시계처럼 시간을 알려주는 것도 있었다. 사실 아우구스투스 황제 시대의 위대한 건축가인 비트루비우스에 의하면, 물시계는 날카로운 소리를 내거나 공기 중으로 돌 혹은 달걀을 쏘아올리는 등의 특별한 장치에 부유물을 연결하여 활용했다고 한다. 반대로 페트로니우스(20-66)의 이야기에 따르면 더욱 간단한 방법도 있다. 그의 유명한 소설 『사티리콘(Satyricon)』에 등장하는 그다지 취향이 고급스럽지 못한 벼락부자인 주인공 트리말키오는 집 안에 매시간 뿔피리를 불어 시간을 알려주는 연주자를 두었다.

그런데 고대 로마인들의 하루는 몇 시간일까? 낮 12시간 그리고 밤 12시간이다. 새벽부터 시작되는 시간은 첫 번째 시간, 두 번째 시간, 세 번째 시간으로 이어지며, 해질녘의 열두 번째 시간까지 계속된다. 그후 해가 떨어지는 순간부터 밤의 또다른 12시간이 그 다음날 새벽까지 이어진다. 그리고 이 순환이 반복된다.

그렇다면 고대 로마의 시간은 현대의 시간과 똑같을까? 똑같지는 않다. 무엇보다도 로마 시대에는 정확한 시계가 없기 때문에 분이나 초 단위의 시간은 셈하지 않는다. 게다가 시간이 항상 똑같지는 않았다. 계절에 따라서 당연히 시간의 길이는 달라졌다!

사실상 로마인들은 태양이 가장 높이 떠 있는 정오를 중심점으로 삼았다. 바로 그 순간에 시각은 정확히 하루의 절반을 가리킨다. 새벽에서 6시간이 지났고 석양까지 6시간이 남아 있다. 그런데 낮은 여름에는 길고 겨울에는 짧다. 그래서 여름의 시간은 겨울의 시간보다 더 지속된다. 그 차이는 적지 않다. 예를 들면, 정오와 오후 1시 사이에, 여름에는 75분이 지나야 하지만, 겨울에는 거의 절반에 해당하는 44분에 불과하다.

반대로 글자 뜻 그대로 군대 용어로 경비병의 순찰을 의미하는 비질레(vigile)가 이루어지는 시간대인 야간 시간대에도 똑같은 일이 발생한다. 그래서 매일 밤은 3시간마다 4차례의 순찰로 나뉜다.

정확한 시계가 없고 시간이 유동적인 탓에 로마인은 일상생활에서 약속 시간에 대해서 현대인보다 덜 엄격하며, 약속 시간에 늦는 이들에게도 무척 관대하다. 그렇지만 약속 시간을 정확하게 맞추는 방법도 있기는 하다. 예를 들면 "태양이 가장 높이 떴을 때" 포룸에서 만나기로 약속하는 것이다. 매일 시계를 가지고 살펴본다면 우리가 대체로 늘 같은 시간대에 같은 일상을 반복하는 생활 패턴을 가지고 있음을 알 수 있을 것이다. 그래서 로마인들의 시간을 가리키는 진짜 시곗바늘은 실제로 벌어지는 규칙적인 활동인 셈이다. 그러나 고대 로마를 둘러보는 우리의 여행은 편의를 위해서 우리에게 더 익숙한 현대의 시간관념에 따라서 계속될 것이다.

8시 40분
이발사와 첫 번째 노역

어느새 거리가 활기를 띠기 시작한다. 쉼 없이 사람들이 특히 남자들이 오간다. 정확히 말하면 남자 노예들이다. 그들이 입은 낡고 얼룩진 볼품없는 튜닉에서 신분을 알 수 있다. 몇몇은 머리도 깔끔하게 밀었다. 그들은 산책을 나온 것이 아니다. 그들은 해결해야 할 업무, 즉 하루의 첫 번째 노역이 있는 것이 분명하다. 아침나절 중 이 순간은 한마디로 말해서 노예들의 "출근 정체시간"이다. 뒷굽이 딱딱거리는 소리는 들리지 않고 샌들이 끌리는 소리만 들리는 것이 정말 신기하다. 사실 로마 시대의 신발에는 굽이 달려 있지 않고 바닥은 평평하다. 단지 병사들이 신는 군화인 칼리가이만 예외로 착화감을 높이고 미끄러지는 것을 방지하기 위해서 축구화처럼 작은 징들이 신발 바닥에 잔뜩 박혀 있다. 그 시대에도 굽이 있었지만, 특별한 신발에 특히 여성용 신발에만 사용되었다.

한 남자 노예가 홑이불로 둘둘 만 커다란 빨래 꾸러미를 옆에 끼고 우리 옆을 지나간다. 십중팔구 세탁할 토가 몇 벌과 식탁보를 가지고 가는 길일 것이다. 그런데 로마 시대에는 어디에서 세탁을 할까? 풀로니카(fullonica, 세탁소)에 가져가면 된다. 빨래는 이곳에서 우리가 코를 찡그릴 만한 세탁과정을 거치게 될 것이다. 사실 튜닉, 토가, 홑이불은 소다 같은 알칼리성 물질과 규산염 점토광물의 일종인 스멕타이트 혹은 사람의 소변이 섞인 물이 가득 차 있는 통 안에 담근다. 사람의 소변이라니! 수많은 골목길 모퉁이에, 특히 풀로니카 근처에는 한쪽 면에 구멍이 뚫려 있는 거대한 항아리가 있다. 지나가는 사람은 누구든 그 항아리에다 급한 볼일을 자유롭게 해결한다. 노예들이 풀로니카에서 사용하도록 정기적으로 소변을 퍼서 나를 것이다. 만일 이 일이 불쾌하게 여겨진다면 구역질 나는 냄새에 둘러싸여 우리의 세탁기가 할 일을 대신 하느라고 소변이 들어간 통 안에 담겨 있는 빨래를 몇 시간 동안 밟고 있을 노예들의 일감에 대해서 생각해보라. 빨래는 나중에 헹구어지고 치대지고 또다른 물질인 세탁용 점토 같은 것으로 처리될 것이다. 뽀송뽀송하고 최대한 구겨지지 않도록 하기 위해서 말이다. 일단 한번 물기를 짜낸 뒤에는 우리가 집 테라스에 빨래를 널듯이, 뜰에 넌다. 로마 시대에는 빨래를 길에다 널어 말릴 수도 있다. 그리고 빨래가 다 마른 후에는 특별한 다리미로 다림질을 한다.

신기하게도 이 시대에도 일종의 표백제가 이미 존재한다. 세탁을 마친 흰색 세탁물은 높이가 1미터가 채 안 되는 나무로 만든 아치 형태의 둥근 구조물 위에 펼쳐 말린다. 이 구조물 밑에는 뜨거운 유황이 담겨 있는 화로를 놓는다. 로마인들의 표현에 의하면, 유황은 세탁물을 "더 이상 흰색일 수 없을 정도로 희게" 만들어준다. 이어서 노예가 빨아서 다림질한 세탁물을 다시 집으로 가지고 갈 것이다.

빨래 꾸러미를 든 노예가 바삐 걸음을 옮긴다. 옆길에서 튀어나온 가마 뒤로 그의 모습이 갑자기 사라진다. 이 "인간 마차"가 잠시 거리의 시야를 가로막는다. 내부가 장막으로 가려져 있어서 안에 누가 타고 있는지 알아보기가 불가능하다. 남자 노예가 앞서 걸으며 인간 마차가 갈 길을 확보한다.

우리는 길을 따라 걷는다. 우리의 눈은 벌써 문을 연 상점에서 들려오는 한바탕 웃음소리에 사로잡힌다. 좀더 걸어가자, 로마의 전형적인 아침 풍경이 펼쳐진다. 이발사 혹은 면도사라고도 불리는 사람이 손님을 상대하고 있다. 이 가게에서 풍기는 유쾌한 분위기와 잡담은 수도 로마뿐만 아니라 제국의 다른 모든 도시들에서도 이른 아침에 펼쳐지는 전형적인 분위기를 고스란히 전해준다.

우리가 이미 살펴본 부유층 집주인 도미누스처럼 집에 이발하는 노예를 둔 소수의 행운아들과 달리 대부분의 사람들은 면도를 하고 머리를 자르려면 이 가게로 와야 한다.

그리고 이발소는 대화의 장이 펼쳐지고 농담이 오가는 만남의 장소이다. 정말 아담하고 편안한 만남의 장소인 이발소에서는 최근 소식은 물론이고 다른 사람에 대한 험담이 오가기도 한다.

가만히 살펴보면 이 가게는 현대의 이발소와 공통점이 많다. 기다리고 있는 손님들이 벽에 등을 기댄 채 의자에 죽 늘어서 앉아 있다. 벽에는 거울이 달려 있다. 중앙에 있는 의자 위에 차례가 된 손님이 앉는다. 커다란 수건으로 손님의 어깨와 상체 일부를 덮는다.

다행스럽게도 이 시대에 유행하는 스타일은 단순하다. 이마 언저리에서 꽤 짧게 머리를 자르고 앞으로 빗질을 한 트라야누스 황제의 스타일을 많은 이들이 따라한다.

한 남자가 거울을 들여다보며 막 끝난 이발 상태를 살펴본다. 가위가 지나가면서 남긴 우둘투둘한 흔적이 선명하다. 기다리고 있는 손님들 때문에 서두른 탓일까, 아니면 오늘날에 비해서 무척 투박한 가위 탓일까? 어쨌든 네로 황제까지도 층이 있는 헤어스타일을 한 것 같으니, 로마인들 사이에서는 가장 보편적인 스타일임에 틀림없다.

옆 의자에서는 조수가 면도를 하는 중이다. 면도용 비누는 없다. 면도날을 대기 전에 얼굴 위에 바르는 단 하나의 로션은 물이다! 첫 손님들이 빠져나가자 면도사는 면도날을 가느라 분주하다. 침을 뱉어 면도날을 가는 숫돌을 촉촉하게 만든다!

면도날을 손님의 목에 조심스럽게 가져다대고 면도를 시작한다. 면도날에 베이는 것은 정말 위험하다. 숨 한번 잘못 쉬거나 삐끗 하는 단 한번의 행동으로 충분하다. 애석하게도 빈번히 일어나는 사고인지라 아우구스투스 황제 시대부터 변호사들은 이 일에 벌금이나 심지어 형벌까지 규정할 정도이다. 면도날에 베었을 때에는 어떻게 할까? 미미한 출혈을 막기 위해서 대(大)플리니우스는 기름과 식초에 절인 거미집을 권했다.

이 정도라면 수염이 자라도록 내버려두는 편이 더 낫지 않을까? 따지고 보면 그리스인들과 과거의 로마인들은 그렇게 했다. 그러나 안타깝게도 이 당시 로마 시대에는 군인이나 철학자가 아니라면 면도가 거의 의무이다. 그런데 이 의무는 얼마 가지 않아 곧 끝난다. 아직까지는 아무도 그 사실을 모르고 있지만 2년 정도 후에 트라야누스 황제의 죽음과 함께 고대의 수염 기르기가 다시 유행하게 될 것이다. 수염을 다시 유행시킨 사람은 바로 하드리아누스 황제(76-138)이다. 어쩌면 그는 흉터를 가리기 위해서 수염을 길렀을지도 모른다. 어쨌든 로마인들은 황제를 따라할 것이다. 많은 이들은 매일 반복되던 면도의 고통을 피할 수 있어서 다행이겠지만, 면도사는 나락으로 떨어지는 자신의 돈벌이 때문에 안타까워 할 것이다.

이제 우리는 길게 뻗은 길이 교차되는 거리의 끝에 도착했다. 클리부스 수부라누스라고 알려진 이 사거리는 트라야누스 황제의 공중목욕탕에서 그리 멀지 않은 곳에 있다. 길은 끝에서 두 갈래로 갈라지고 그 중앙에는 오르페우스 분수가 있다. 무수히 많은 공동주택들이 줄지어 서 있는 길이다. 길에서 벌어지는 광경을 구경하려는 듯이 집의 수많은 창문들이 열려 있다. 길 한편에는 이미 사람들이 몰려들고, 땜장이의 망치소리마냥 귀가 먹먹해질 정도로 시끄러운 소리가 들리기 시작한다.

우리로부터 몇 미터 떨어진 곳에서 바닥으로 쏟아지는 시끄러운 물소리가 들려온다. 한가득 찬 소변 양동이 하나가 막 비워졌다. 그런데 어디서 쏟아부은 것일까? 시선을 들어 위를 보니, 셀 수 없을 만큼 수많은 발코니와 창문이 달려 있는 높은 건물 하나가 눈에 들어온다. 정말 거대한 건물이다. 로마인들은 이 건물을 인술라(insula)라고 부른다. 자신만의 고유한 세계를 품고 있는 이곳을 탐험할 차례이다.

동떨어진 세상, 인술라

인술라(insula)는 로마의 공동주택이다. 현대의 이탈리아인들이 사용하는 도시의 한 구역, 즉 블록을 의미하는 단어인 이솔라토(isolato)는 바로 인술라에서 유래되었다. 이 뜻을 통해서 인술라의 규모를 짐작할 수 있을 것이다. 만일 여러분이 그곳에서 살고 있는 사람들의 숫자만 본다면, 그곳을 도시 외곽에 있는 오래된 마을이나 수직으로 세워진 마을이라고 정의할 것이다. 고대 로마의 진정한 고층 빌딩이다. 우리 앞에 솟아 있는 공동주택 인술라의 높이를 가늠하기란 쉽지 않다. 아우구스투스 황제는 주거 건물의 높이가 21미터를 넘지 않도록 정했다. 이는 현대의 기준으로 볼 때도 상당한 높이로 7층 건물에 가까운 높이에 해당한다. 우리가 지금 둘러보고 있는 트라야누스 황제 치하의 시대에는 높이 규제에 관한 법률이 한층 더 엄격하다. 최대 18미터 높이로 제한하고 있다. 즉 평균적으로 6층 높이에다 진정한 펜트하우스에 해당하는 다락방을 더한 건물을 의미한다. 그런데 이 높이 제한이 늘 지켜지지 않는 탓에 피할 수 없는 구조적인 허술함과 붕괴 위험이 분명히 존재한다. 우리가 막 둘러보려고 하는 인술라는 이 제한 높이를 훨씬 더 뛰어넘는다. 처음에 보자마자 정방형의 형태와 지붕까지 일정하게 나 있는 창문 탓에 이 건물이 막사같이 크고 볼품없는 건물이라는 인상을 받는다. 다시 찬찬히 들여다보니, 상당히 우아해 보이는 많은 세부장식들이 눈에 띈다. 무엇보다 색상이 그러하다. 벽돌로 지어진 건물이지만 안정된 밝은 크림색이 조화를 이루며 건물 전체를 뒤덮고 있다. 아주 환하고 선명한 빛이 골목과 주변 회랑을 비추고 있기 때문에 이 색상의 선택이 이렇게 잘 어울릴 수가 없다. 건물의 토대에는 폼페이의 벽화에 많이 사용된 선명한 붉은 색상의 우아한 띠가 150미터 높이로 둘러져 있다. 무슨 쓸모가 있어서 두른 것일까? 미학적인 측면과 실용성을 겸비한 것이다. 건물 보호 차원만큼이나 장식적인 목적도 가지고 있다. 진흙이 튀기고 손자국이 남고 벽에 물건이나 사람이 기댔을 때 남는 얼룩을 가리는 데에 효과적이다. 우아함을 겸비한 치장은 이것이 다가 아니다. 모든 창문 위에는 작은 아치가 달려 있다. 아래에서 보면 창문 위에 붉은 눈썹이 달려 있는 것처럼 보인다. 뿐만 아니라 인술라의 2층에는 층 전체를 따라 여러 집들을 서로 연결하는 폭이 좁은 발코니도 달려 있다. 로마인들은 이 발코니를 가리켜 극장 2층의 발코니 석이라고 불렀다. 일종의 정원이나 테라스 역할을 하며 집주인에게 작은 사치를 누리게 해준다. 특히 다른 사람들에게는 없는 발코니에서 신선한 공기를 마시고 햇볕도 좀 쬘 수 있다. 어쩌면 화분을 놓을 수도 있을 것이다.

사실 로마인들은 우리처럼 집 안에서 식물을 키우는 것을 무척 좋아한다. 인술라의 발코니와 창문에 다양한 꽃 화분이 놓여 있는 광경을 볼 수 있다. 마치 우리가 사는 공동주택에서처럼 말이다. 대(大)플리니우스의 글에서 알 수 있듯이 화분 키우기에 열중하는 몇몇 사람들은 화분들을 매달아 종종 작은 정원처럼 가꾸기도 한다.

식물에 대한 애정은 고대 로마와 현대 로마를 아우르는 공통적인 특징이다. 수많은 인술라는 발코니 난간을 타고 감싸거나 창문 주변을 감싸는 덩굴나무로 뒤덮여 있다. 거리에는 인술라의 벽면을 어루만지듯이 자라거나 경우에 따라서는 벽을 지지해주는 나무들도 있었다. 한마디로 말해서 로마 제국은 녹음이 푸른 자연도시이다. 거의 21세기의 시간이 흘렀다는 것이 믿기지 않을 정도로 오늘날의 로마에서도 변함없어 보이는 특징이다. 소소한 것이지만 당시 로마인들과 현대의 이탈리아인들이 얼마나 닮았는지 이해할 수 있다. 특히 그들의 일상생활을 살펴볼 때, 어떤 의미에서 현대 로마인들은 고대 로마인들의 현대판이라고 할 수 있다. 그들을

로마의 거리에는 고층의 공동주택 인술라가 빼곡하게 들어서 있다. 그 수는 약 4만 6,000채에 달했다! 정부의 승인 없이 지어진 건물은 상당히 흔하다.

갈라놓고 있는 수 세기에 걸친 역사를 통해서 걸러진 현대판인 셈이다.

고대 로마에 관한 석학인 제롬 카르코피노가 강조했듯이, 로마의 카펠라리 거리의 집 한 채나 나폴리의 트리부날리 거리의 집 한 채를 오스티아의 인술라와 비교해보면, 그 집들은 근본적으로 유사할 뿐만 아니라 가끔은 평면도조차 완벽하게 일치한다는 사실을 알게 된다. 현대 로마나 나폴리의 구시가지에 있는 공동주택 단지를 보면, 고대 로마인은 십중팔구 자신의 집이라고 생각할 것이다. 2층에 난 긴 발코니만 유일하게 닮은 것이 아니다. 위층에 있는 크기가 작고 나무로 만들어진 발코니들도 동일하다. 건물 밖으로 튀어나온, 나무를 조각해서 만든 로지아(loggia)는 운이 좋은 소수만이 누릴 수 있는 작은 혜택이다. 고대 로마인들은 이 구조물을 페르굴라이라고 불렀다. 중세 도시와 중동 혹은 멀리 떨어진 인도와 카트만두의 골목길에서 이러한 페르굴라이를 볼 수 있다. 그러나 이것은 로마 제국을 대표하는 그림 엽서의 소재로 이미 사용 중이다. 이것의 용도는 단순하다. 아파트를 넓어 보이게 하는 효과를 내고 더 많은 빛이 들도록 하기 위해서이다. 그리고 남들 눈에 띄지 않고 거리를 훔쳐볼 수도 있게 한다.

탐구 II 로마의 고층 빌딩들

당시에 공동주택 인술라는 지구상에서 가장 높은 거주지였다. 그런데도 우리는 그 높이에 놀라지 않을 것이다. 현대 도시에서 볼 수 있는 공동주택의 높이와 별반 다르지 않다. 물론 예외는 있기 마련이다. 기원후 100년부터 200년 사이에 로마 한복판에 진짜 거대한 건물이 세워졌다. 당시의 사람들 모두가 그 크기에 놀랐음에도 불구하고 그 건물이 얼마나 높았는지 모른다. 마치 고층 빌딩처럼 로마의 지붕 위에 우뚝 서 있었다고 전해진다. 그 건물은 고대 로마의 창공을 압도한다. 그리고 그 이름은 인술라 펠리클레스이며, 로마인들의 마음에 벅찬 감동을 주었다. 이 이름은 입소문을 타고 제국의 구석구석에까지 퍼져나갔다. 아무튼 유일무이한 경우였다. 로마의 이 작은 엠파이어스테이트 빌딩만 빼면 6층 이상인 건물은 드물었다.

수 세기가 흐른 오늘날에도 여전히 서 있는 몇몇 인술라의 잔해를 감탄하며 구경할 수 있다는 것은 실로 경이로운 일이다. 이따금 도심의 교통체증 구간의 한복판에 유물처럼 우뚝 서 있지만 가던 길을 멈추고 그 건물을 감탄해 마지않는 이는 소수에 불과하다. 베네치아 광장에 있는 거대한 비토리오 에마누엘레 2세 기념관 옆에 인술라가 남아 있다. 기념관 오른쪽의 산타 마리아 인 아라 코엘리 교회로 이어지는 계단에 조금 못미처서 이름을 알 수 없는 여러 층으로 된 부서진 벽돌 건물의 잔해가 눈에 띈다. 안타깝게도 그 건물은 높은 가치를 인정받고 있지만, 사람들의 주목은 끌지 못한다. 그저 잠시 머무는 관광객이 탄 버스가 끊임없이 설 뿐이다. 관광객들은 여행안내원의 간단한 설명을 듣고 기념품 판매점으로 급히 걸음을 옮긴다.

고고학은 순식간에 잃어버린 세계를 여러분 앞에 다시 살아나게 하는 마술을 부린다. 여러분에게 더 이상 존재하지 않는 이들을 만나게 해주고, 수 세기 전의 일상생활 속으로 여러분을 초대한다. 그 어떤 특수효과로도 이렇게 강렬한 감동을 줄 수는 없다.

어쩌면 차들로 붐비는 나치오날레 거리에서 몇 걸음 떨어지지 않은 곳에 있는 트라야누스 시장의 인술라가 한층 더 인상적일 것이다. 여러분은 지붕까지 솟아 있는, 그래서 장엄한 느낌을 전해주는 그 건물을 보게 될 것이다. 디아나 인술라를 포함하여 다양한 인술라의 잔해가 남아 있는 오스티아에서는 이런 건물 안에서 산다는 것이 어떤 의미인지를 실제로 이해할 수 있게 된다. 둘러볼 만한 가치가 있다. 층계를 오르고 로마 시대의 층계참에 서보고 2층이나 3층의 방 안으로 들어가는 경험은 정말로 감동적이다. 로마인들이 어떻게 살았는지 제대로 실감할 수 있다. 왜냐하면 로마의 거주민들 대부분이 바로 공동주택 인술라에서 살았기 때문이다.

로마에는 얼마나 많은 인술라가 있었을까? 다행히도 귀중한 토지 대장을 발굴한 덕분에 그 정확한 숫자를 우리는 알고 있다. 기원후 2세기에 셉티미우스 세베루스 황제(146-211) 치하에, 인술라는 정확하게 46,602채였다. 어마어마한 숫자이다. 무엇보다 폼페이의 도무스처럼 로마의 전형적이고 고급스러운 주택인 도무스가 1,797채였던 것을 고려하면 엄청난 숫자이다. 즉 전통 가옥인 부자들의 도무스 1채당 서민들의 공동주택은 26배나 더 많다는 의미이다. 왜 이런 불균형이 생겼을까?

과거에 제롬 카르코피노가 무척 흥미로운 계산을 했다. 로마의 당시 면적은 1,800-2,000헥타르였고 최대 번성기에 약 120만 명의 주민이 살고 있었다. 당연히 이 많은 사람들이 살 공간이 부족했다. 공간 부족의 가장 큰 이유로는 법으로 거주가 금지된 지역이 있었음을 염두에 두어야 한다. 황제가 살고 있던 팔라티누스 언덕 전체와 신전, 회랑, 체육관 그리고 묘지가 있던 캄포 마르테의 200헥타르의 대지가 거주 금지지역이었다. 여기에다 40여 개의 공원과 정원 게다가 원형투기장인 콜로세움, 극장들, 바실리카, 공중목욕탕, 포룸, 여러 개의 신전들, 모든 행정기관 건물과 같은 넓은 공간을 차지하는 공공건물들도 있었음을 덧붙일 필요가 있다.

해결 방법은 단순하고도 효과적이었다. 즉 여러 층의 건물을 지어 위로 높이 올라감으로써 새로운 공간을 찾아내는 것이었다. 수도 로마의 대부분의 주민들은 한마디로 말해서 일단 집으로 들어가게 되면, 땅에 발을 딛지 않은 채 "공중에서" 잠을 잤다.

도시 전역에서 세워진 건물의 수가 정말로 어마어마했음에 틀림없다. 당대의 웅변가 아일리우스 아리스티데스(117-181)는, 모든 집이 지반 위에 지어졌더라면 로마는 아드리아 해까지 순식간에 뻗어나갔을 것이라고 주장할 수 있었다!

오늘날에는 아무도 공동주택이나 고층 빌딩을 보고 놀라지 않는다. 그러나 수많은 작은 마을들과 중심가라고 해야 대체로 2층 혹은 3층을 넘지 않는 건물이 대부분이던 고대에, 로마에 처음 온 이방인에게 인술라처럼 "거대한" 건물에 사람들이 모여 사는 도시를 본다는 것은 정말 충격적인 경험이었을 것이다. 이방인이 느꼈던 감정은 십중팔구 오늘날 뉴욕을 거닐 때 떠오르는 다음 두 가지 궁금증에서 비롯된 감정과 무척 유사했을 것이다. "어떻게 저렇게 높은 건물이 안 무너지고 서 있지?" 그리고 "어떻게 사람들이 이 엄청난 건물 안에 층층이 모여 살지?"

8시 50분
인술라의 인간적인 측면

만약 우리가 살아가고 있는 도시의 중심가를 산책한다면, 무엇을 보게 될까? 수많은 상점들이다. 고대 로마에서도 그러하다. 공동주택 인술라의 1층에는 상점이 들어서 있다. 한 가게와 다른 가게 사이에 인술라의 특징 없는 대문이 열리며, 위층으로 나 있는 계단 난간이 보인다. 그리고 우리는 바로 그곳을 향해 가고 있다.

우리가 입구를 향해 다가가는 동안 한 남자가 멀리서 우리를 지켜본다. 문지기 중 한 명이다. 그는 작은 키에 뚱뚱한데다가 지저분한 튜닉을 입고 있고 그의 두툼한 턱은 면도를 하지 않아 뻣뻣한 수염으로 덮여 있다. 그는 소박한 접이 의자에 앉아 있다. 그리고 손으로 올리브 나무로 만든 마디가 많은 방망이를 천천히 돌리고 있다. 그 방망이는 그의 역할뿐만 아니라 그의 전직을 짐작하게 한다. 군대에서 명령을 전할 때 사용하는 방망이와 똑같다. 아마 그는 과거에 군인이었을 것이다. 어쩌면 고대 로마의 백인대장이 형편없이 퇴락하여 지금은 이 일을 하며 입에 풀칠을 하고 있는지도 모른다. 집에 세를 들어 사는 사람들 간의 말다툼이나 싸움을 말리기 위해서, 무척 재빠른 몸놀림과 완력을 필요로 하는 이 일을 하면서 말이다. 우리를 한참 동안 빤히 쳐다본 뒤, 그의 시선은 다시 거리와 지나다니는 사람들의 얼굴로 향한다. 무표정하니 그의 속을 알 수 없다. 심지어 문턱을 넘는 우리를 못 본 척한다. 우리가 첫 걸음을 딛는 곳은 어두운 복도이다. 유일하게 알아챌 수 있는 것이라고는 점점 더 소란스러워진다는 점이다. 우리가 지금 막 들어가려는 곳은 사실 외부와는 동떨어진 세상으로, 자신의 논리와 규율과 거주민들로 구성된 또다른 작은 우주이다. 다양한 인간군을 모아놓은 일종의 동물원인 셈이다.

우리의 눈앞에 펼쳐진 첫 번째 광경은, 복도 끝에 서 있는 한 소녀이다. 소녀는 큰 계단 난간 아래에 놓인 돌리움이라는 커다란 항아리 옆에 서 있다. 소녀는 나무로 만든 도구 위에 한 발을 올려놓고 테라코타로 만든 몇 개의 항아리 안에 담긴 내용물을 염소 가죽 자루의 주둥이 안에 들어붓는 중이다. 무슨 일을 하고 있을까? 살펴보려고 몇 걸음 앞으로 나아간다. 곧 구역질나는 악취에 휩싸인다. 소변이다. 노예가 분명한 소녀가 주인들의 지난밤 요강을 비우는 중이다. 그녀는 지독한 악취에는 전혀 개의치 않는 것처럼 보인다. 몇 년째 매일 아침 눈을 뜨자마자 하는 일인지라 이미 악취에 익숙해졌다. 조금 이따가 세탁에 쓰이는 이 "값진" 액체를 가져갈 누군가가 들를 것이다.

주변을 둘러보니 지저분한 주거환경이 눈에 띈다. 잔뜩 긁힌 벽은 눅눅한 얼룩, 기름에 찌든 얼룩, 심지어는 손자국으로 덕지덕지 얼룩져 있다. 낙서도 있다. 특히 우리의 시선을 끄는 낙서는, 두 명의 검투사가 싸우고 있는 그림 낙서이다. 짧은 칼과 둥근 방패를 들고 투구를 뒤집어 쓴 세쿠토르와 그물과 삼지창을 든 레티아리우스가 싸우고 있다. 묘사가 서툰 그림 솜씨로 보아 분명히 어린 아이가 한 낙서이다. 검투사들의 이름도 적어놓았다. 세둘루스와 텔로니쿠스이다. 아이들의 상상력을 불태우는 이 두 검투사는 아이들로부터 열광적인 사랑을 받는 것이 분명하다. 마치 오늘날 아이들이 축구선수나 만화영화의 주인공에 열광하는 것과 마찬가지로 말이다. 그림 옆에 또다른 낙서가 눈에 띈다. 뭔가 수수께끼 같은 내용이다. "레스티투투스는 많은 여성들을 자주 속였다"라고 라틴어로 적혀있다. 인술라에 사는 세입자 중 한 명에게 유혹을 당했다가 버림받은 한 소녀가 인술라의 다른 여성들에게 일종의 경고문처럼 적어놓았음이 분명하다. 그리고 오늘날 공중화장실에서 볼 수 있는 것과 유사한, 수많은 외설적인 낙서도 빠지지 않는다. 아무튼 이 많은 외설스런 낙서 가운데 "마르쿠스는 도미티암을 사랑한다"라는 순수한 사춘기의 사랑의 연시가 돋보인다. 바로 옆에는 균형을 맞추려는 듯이 "아주 세련된 몸가짐의 그리스 여인 에우티키스는 2아스에 몸을 내어준다"라고 외설스런 낙서가 적혀 있다. 아스(as)는 많이 사용되는 동전으로 2아스는 굉장히 헐값에 해당한다.

고고학자들이 로마의 담벼락에 새겨진 성, 사랑, 욕설, 논쟁에 대한 낙서들을 찾아냈다. 거의 2,000년이 지난 지금도 담벼락에 적힌 낙서 내용은 전혀 달라지지 않았다!

이제 소녀는 힘겹게 다시 층계를 오르기 시작한다. 우리는 그녀의 뒤를 쫓는다. 기껏해야 열두세 살 정도 되어 보이는 소녀의 금발 머리는 그녀가 북유럽 출신이라고 착각하게 한다. 독일 어느 구석에서 왔는지 누가 알겠는가? 어린 나이에도 불구하고 그녀에게는 분명히 비극적인 기운이 감돌고 있다. 어쩌면 그녀의 부족이 로마 군대에 패하고 고향 마을의 모든 주민들이 노예 신세가 되었을지도 모른다. 그러나 더 그럴듯한 추론은 그녀가 근처 부족의 다른 독일인들에게 사로잡혀 노예시장에서 팔렸을 것이라는 것이다. 끔찍하게도 이런 일은 다반사로 일어났다. 당연히 눈 깜짝할 사이에 그녀의 인생은 영원히 바뀌었다.

이제 2층의 계단에 올라선 그녀는 반짝거리는 청동 고리 2개가 달린 우아한 문을 연다. 우리는 그 아파트 안으로 들어선다. 무척 부유한 가족이 사는 집이라는 것을 한눈에 알 수 있다.

로마 제국 시대의 아파트는 어떻게 지어졌을까? 우리의 상상 속의 이미지는 고대 오스티아에 솟아 있던 건축물에 근거한다. 사실 고대 오스티아는 우리가 지금 둘러보는 시대의 전형적인 도시 건축설계를 고스란히 보여준다. 뿐만 아니라 수많은 일상생활의 특이점들을 발견할 수 있게 해준다. 카를로 파볼리니 교수가 이 놀라운 장소에 대한 몇 년간의 연구와 발굴을 통해서 얻은 자료 분석으로 궁금증이 해소되었다.

만약 우리가 로마 제국 시대에 "아파트"라는 단어를 사용한다면, 아무도 우리의 말을 이해하지 못할 것이다. 로마인들은 이 아파트를 체나쿨라라고 부른다. 이름은 다르지만 현대의 아파트와 무척 유사하다. 특히 평면도가 닮았다. 사실 현대의 아파트는 고대 로마 시대의 체나쿨라가 현대적으로 발전한 셈이다.

우리가 가장 먼저 들어선 공간은 손님 접견실이다. 가운데에 둥근 대리석 테이블이 놓여 있다. 고양이 발 모양의 다리가 달려 있는 테이블 위에는 작은 베누스 여신상이 올려져 있다. 한마디로 손님을 환영하는 이 예술작품은 교양 있는 집주인의 안목을 드러낸다. 물론 집주인이 그렇게 원하건 혹은 우리가 그렇게 생각하건 그것은 중요하지 않다. 아파트는 크지 않다. 둘러보면 한눈에 다 보인다. 오른쪽에는 거실 공간인 타블리니움이 그리고 왼쪽에는 식당인 트리클리니움이 펼쳐져 있다. 우리의 어깨 너머로 3개의 침실 문이 보인다. 우리가 오늘 아침에 방문했던 부유한 로마인의 저택인 도무스와 엄청난 차이가 나는 것이 충격적이다. 도무스는 닫혀 있는 공간이었다. 창문도 없고 모든 방들은 빗물을 모아 담는 수조가 놓여 있는 중정을 향해 나 있었다. 아파트는 도무스와 정반대이다. 마치 원심력에 반하기라도 하듯이, 모든 방이 집 중심에서 뻗어나가 있다. 왜 그럴까? 이유는 간단하다. 빛이 잘 들도록 넓은 창문이 열려 있는 건물의 정면을 따라서 방이 배치되기 때문이다.

유리창이 이 아파트에서 가장 중요한 것임이 확실하다. 유리는 비싸고 귀한 재료이지만 이 화려한 체나쿨라의 부유한 세입자들은 모두 사용하고 있다. 앞으로 살펴보겠지만 위층에서는 사정이 좀 다르다.

가구는 별로 없다. 의자 몇 개, 궤짝 몇 개, 접이 의자 몇 개 그리고 다양한 형태의 테이블 몇 개가 전부이다. 이방 저방 돌아다니다 보니 일상 생활용품이 놓여 있는 테이블이 눈에 띈다. 빗, 밀랍을 칠한 필기용 나무판들, 테라코타로 만든 저금통(우리의 저금통과 똑같다!), 청동 램프, 작은 보석함, 열쇠 꾸러미, 특히 그중에서도 우리의 시선을 잡아끄는 신기한 열쇠고리, 즉 반지처럼 손가락에 끼고 다닐 수 있게 만든 작은 열쇠고리가 눈에 띈다.

우리는 문지방 하나를 넘어선다. 방 한가운데에 잘 보이게 놓아둔 커다란 화병 2개가 시선을 잡아끈다. 집 안에 꽃을 두는 것은 현대적인 취향이 아니다. 이미 로마 시대부터 일반적이었다. 이 꽃꽂이는 형형색색의 꽃의 승리처럼 방 전체를 압도한다. 당연히 아파트에서 가장 멋진 테이블 위에 화병이 놓여 있는 것도 우연은 아니다. 반사되는 빛을 받아 물결모양이 어른거리는 이국적인 나무로 만든 테이블이다.

실내는 단색으로 장식되어 있지 않다. 부자들의 도무스처럼 다양한 색으로 꾸민 집에 대한 로마인들의 사랑을 증명하듯이 이곳에도 화려한 색상의 벽이 있다.

아직 굳지 않은 회반죽에 주황색, 푸른색 혹은 폼페이의 벽화에 많이 쓰인 것 같은 붉은색을 섞어 벽을 칠한다. 그 외의 색깔은 회반죽이 마른 후에 칠한다. 벽면에 사각형으로 틀을 만들고 그 안에 멀리 풍경이 내다보이는 듯한 착각을 불러일으키는 그림, 트롱프뢰유(trompe-l'oeil, 실물로 착각할 정도로 정밀하고 생생하게 묘사한 그림/역주)로 쭉 뻗은 기둥이나 우아한 건축물을 그려넣는다. 이따금 한가운데에 사람의 형상을 그리기도 한다. 어느 방에는 아폴로가 이끄는 그 유명한 9명의 무사이(신화에 등장하는 예술가에게 영감을 주는 여신들/역주)가 그려지기도 한다. 현대의 가정에서 벽에 걸린 액자 같은 역할을 하는 그림이다.

갑자기 오른쪽 다리에서 열기가 느껴진다. 화로이다. 아직 불씨가 타고 있다. 미처 생각하지 못했는데 이제 보니 아파트 어디를 둘러봐도 방열기는 고사하고 벽난로도 보이지 않는다. 이 시대에 유일한 난방기구는 화로뿐이다. 특히 이 화로에는 작은 바퀴가 달려 있어서 이동이 가능하다. 필요한 곳으로 옮길 수 있다. 마치 우리가 전기 스토브를 사용할 때처럼 말이다.

집 전체에서 강한 향기가 진동한다. 나무가 타면서 나는 냄새이다. 어디에서 나는 냄새일까? 베누스 상이 놓여 있는 중앙 홀을 다시 가로지른다. 지나가는 도중에 아름다운 은 접시 2개와 온통 문양이 새겨진 유리 물병이 눈에 들어온다. 이 집안의 높은 사회적 신분을 드러내는 또다른 물건들이다. 우리는 식당인 트리클리니움 안으로 들어간다. 이제는 식당 안 전체를 휩싸고 있는 연기가 보이기까지 한다. 연기는 식당 한구석에 있는 창문 아래에서 들어오는 것 같다. 거기에 아까 계단에서 마주친 그 소녀가 있다. 정사각형의 커다란 화로처럼 보이는 물건 위로 몸을 굽히고 있는 그녀는 지금 막 불을 피웠다. 갑자기 우리는 그녀가 무엇을 하고 있는지 알아챘다. 이 집 안에서 우리는 부엌을 보지 못했다. 그 부엌이 바로 이곳이다. 그리고 저것은 청동으로 만든 화덕이다. 사실 이런 아파트에서 부엌은 거의 캠핑용 조리기구라고 할 만큼 최소한의 설비만 갖춘 초라한 공간이다! 게다가 특이하게도 이동이 가능하다. 부엌을 원하는 곳에 펼쳐놓을 수 있다. 실질적으로는 연기 때문에 창문 가까운 공간에 부엌을 마련한다. 아무튼 매일 아침식사 시간 무렵이면 아파트 전체가 장작 타는 냄새부터 음식이 익는 냄새까지 각양각색의 냄새로 꽉 차는 것을 피할 도리가 없다. 아파트마다 전부 그런 것은 아니다. 이 캠핑용 조리기구 같은 부엌의 문제와 위험을 피하고 다양한 음식을 풍족하게 즐기기 위해서 많은 이들은 가장 가까운 작은 음식점에 음식을 배달시킨다.

사실 여부를 밝혀야 할 전해져 내려오는 이야기들 가운데 하나는 고대 로마인들이 집 안에서 식사하는 방법이다. 그들은 연회나 휴일 파티가 열릴 때에만 침대의자에 드러눕는다. 매일 반복되는 일상생활에서는 고대 로마인들도 우리처럼 식탁에 앉아 식사한다.

우리는 아파트의 출구를 향해 간다. 우리의 시선이 처음으로 바닥을 향하자, 우리는 작은 경이로움을 느낀다. 사실 바닥은 흑백의 우아한 모자이크로 덮여 있다. 마름모꼴 무늬, 별 모양, 정사각형 모양이 제각기 뒤섞여 있다. 옆방 바닥은 또다른 모자이크로 덮여 있다. 왜 다양한 색상이 아닌 흑백의 모자이크일까? 그 대답은 간단하다. 돈을 아끼기 위해서이다. 사실 인술라 2층에는 거의 항상 모자이크가 장식되어 있다. 그곳에는 대체로 부유한 가족들이 세를 들어 살고 있다. 물론 안락한 생활을 하는 사람들이지만 그렇다고 아주 부자는 아니다. 따라서 아파트는 저택처럼 엄청난 돈을 들이지 않고 이런 방식의 모자이크로 우아하게 마무리 장식을 한다.

사실 종종 사람이나 동물의 형상을 표현한, 다양한 색상의 모자이크 장식은 높은 수준의 숙련공의 손길을 거쳐야 한다. 인술라의 건축업자에게 정말로 많은 비용 부담을 주는 장식일 것이다. 반대로 흑백의 모자이크 장식은 경제적으로 훨씬 부담이 덜 되는 단순 장식업자들을 통해서도 할 수 있다. 무늬들을 서로 뒤섞어 기하학적인 무늬만 만들면 되기 때문이다. 이외에도 모자이크를 고정시키는 데에 사용되는 색유리 반죽이나 다양한 색상의 대리석과 달리, 원자재인 백색의 석회암과 흑색의 현무암은 구하기 쉽고 가격도 저렴하다.

한마디로 말해서, 흑백 모자이크의 선택은 마치 우리가 집 안에 쪽모이 세공을 한 마룻바닥을 까는 것과 마찬가지 이유를 가지고 있다. 저택의 대리석 바닥처럼 비용을 들이지 않고도 우아하고 격조 있는 멋을 낼 수 있다. 어쨌든 과하지 않은 것이 더 낫다. 실질적으로 모자이크 장식은 주인이 사용하는 공간에 한정되어 있다. 노예들이 사용하는 공간의 바닥은 두 발을 올려놓을 정도의 크기인 단순한 테라코타 석판이나, 헤링본 무늬 벽돌이나 석회 회반죽으로 만든 벽돌 조각이 섞인 진흙으로 덮여 있다. 이러한 바닥의 차이는 여러분이 고고학 현장을 방문했을 때 다양한 주거 환경을 이해하는 데에 도움이 될 것이다.

9시
인술라의 비인간적인 측면

우리는 다시 층계참에 서 있다. 그리고 계단을 오르기 시작한다. 잘 생각해보면 우리가 방금 본 집에는 뭔가 이해되지 않는 점이 있다. 사실 부자가 사생활이 더 잘 보장되고 소음이 덜하고, 특히 로마의 모든 지붕을 내려다볼 수 있는 멋진 전망을 누리는 고층이 아니라 그저 2층에 살기를 선호한다는 점이 이상하다.

로마 제국 어디에서든 마찬가지이다. 맨 꼭대기 층에는 가난한 사람이, 반면에 2층에는 부유한 사람이 산다. 오늘날과는 정반대이다. 그 이유는 무엇일까?

이유는 간단하다. 무엇보다도 힘이 드는지 아닌지 여부가 분명한 이유이다. 엘리베이터가 없으므로 높은 층에서 사는 사람일수록 계단을 올라야 하는 힘겨움이 더하다. 거기에다 안전상의 이유가 더해진다. 사실 건축은 양심이라고는 거의 찾아볼 수 없는 투기꾼들의 손아귀에 있다. 높이 올라갈수록 건물은 점점 더 부실해지고 붕괴 위험도 높아진다. 집 안으로 들이치는 찬바람과 비에 대해서는 굳이 말하지 않더라도 말이다. 게다가 다들 화로와 등불을 사용하다 보니 화재도 빈번하다. 저층에 사는 사람은 쉽게 도망칠 수 있어서 목숨을 구할 수 있지만 고층에 사는 사람은 그렇지 못하다. 비둘기와 함께 지붕 아래에서 사는 세입자는 불이 난 사실을 가장 늦게 알아차리고 끔찍하게 죽어갈 것이다. 로마의 풍자시인 유베날리스(50?-130?)는 다음과 같이 적고 있다. "이미 4층이 불타고 있다. 그런데 너는 아무것도 모르는구나. 1층에서부터 위로 난리가 났다. 그런데 마지막으로 불에 타죽을 자는, 사랑에 빠진 비둘기들이 알을 낳으러 내려앉는 지붕으로만 비를 가리던 그곳에 사는 저 불쌍한 사람이다."

아무튼 19세기까지 주거 건물의 높이에 대한 이러한 관점은 지속되었다. 저층인 로열 층에는 귀족이나 부자들이 살았다. 고층으로 올라갈수록 더 수입이 적은 가족들이 차지했다. 오늘날에는 사회적 구분이 빈민가라는 구역으로 존재하는 반면에, 이 당시에는 거주지 층으로 존재했다. 우리는 걸음을 재촉하며 건물을 계속해서 올라간다. 갑자기 우리로부터 불과 몇 미터 위에서 싸움을 부추기는 것 같은 고함소리가 들려온다. 시끄러운 소리에 무슨 일이 벌어졌는지 궁금해진 다른 세입자들이 고개를 내밀고 계단을 살펴본다. 층계참 한가운데에 체격 좋은 여인이 서 있다. 검고 윤기 나는 머리카락 일부가 그녀의 어깨 위에 헝클어져 있다. 세 명의 남자들이 그녀의 앞을 막고 있다. 그녀의 검은 눈동자는 분노로 타올랐다. 한 손에는 몇 개월밖에 되지 않은 갓난 아들을 꼭 안고 다른 손은 우렁찬 자신의 목소리에 맞춰 크게 휘저으며 허공을 가른다. 그녀가 움직일 때마다 그녀의 커다란 가슴이 튜닉 아래에서 마구 흔들린다. 거칠고 거침없이 행동하는 데에 익숙한 하층 계급의 여인임이 분명하다.

반쯤 닫힌 현관문 뒤의 어두운 그림자 속에는 겁에 질린 여러 개의 눈동자들만 반짝거릴 뿐이다. 여인의 다른 아이들이다. 세 명의 남자들은 놀라서 말도 없이 가만히 서 있다. 의심할 여지없이 싸움의 첫 판은 그녀의 승리이다. 남자들 중 두 명이 그녀가 승리했음을 알아챈다. 그들은 보디가드 역할을 하는 단순한 문지기들이다. 가운데에 서 있는 세 번째 남자가 이 모든 싸움의 원인임에 틀림없다. 그는 키가 크고 마르고 매부리코에, 두 볼은 움푹 들어가고 어깨 위에 두 번 두른 검붉은 색의 망토로 몸을 휘감고 있다. 무표정하고 차가운 시선 때문에 그는 불안한 느낌을 준다. 어떻게 결말이 날지 그리고 결국 자신이 이기리라는 사실을 알고 있는 약탈자의 시선이다. 이 광기 어린 싸움의 원인은 무척 현실적인 것이다. 바로 임대료 인상 때문이다.

로몰로 아우구스토 스타촐리 교수가 지적했듯이, 고대 로마의 집값은 이탈리아 다른 지역에 비해서 4배는 더 비싸다. 우리는 이 현대적인 도시의 문제점을 다시 살펴볼 기회가 있을 것이다.

금전적으로 여유가 없는 사람에게는 드라마틱한 상황이 흔히 벌어진다. 임대료를 받아내는 방법은 도를 넘어선다. 집세를 지불하도록 세입자를 설득하기 위해서 집의 문을 막아버리거나 집 안으로 통하는 나무 계단을 아예 뜯어버릴 수도 있다. 세스테르티우스 몇 푼을 토해낼 때까지 집 밖으로 나오지 못하도록 하기 위함이다. 물론 이것은 극단적인 사례이기는 하지만 돈을 받아야 하는 경우에는 집주인들이 전혀 녹녹치 않다는 사실을 보여준다.

임대 계약서를 다시 써야 하는 정해진 날짜가 되면, 로마의 거리는 새로운 집을 구하지 못하고 쫓겨난 일가족으로 넘쳐난다. 그 어느 황제도 제대로 해결할 수 없었던 사회문제 때문에 진짜 비상사태가 벌어지는 것이다.

로마에서는 집값이 왜 그렇게 비쌀까?

연속적인 재임대

로마에서 각각의 인술라에는 소유주가 따로 있다. 그러나 우리는 그들이 직접 임대료를 받으러 오는 모습을 보지 못할 것이다. 치사한 일은 다른 사람, 즉 전문적인 행정관이 한다. 집주인과 행정관 사이에는 합의가 이루어진다. 집주인은 고층의 인술라 전체를 행정관에게 5년 기한으로 임대한다. 그리고 그 대가로 2층에 있는 아파트의 임대료만을 요구한다. 2층의 아파트는 고대 로마 귀족의 저택인 도무스 1채 가격에 해당하는 값어치가 있다. 주인 편에 선 행정관은 건물 유지를 담당하고, 인술라에 입주할 임대인을 찾고, 싸움을 가라앉히고 마침내 임대료를 받으면서 건물의 품격을 유지해야 한다.

물론 행정관의 업무는 그다지 유쾌하지 않다. 그러나 그의 수입은 엄청나다. 만약에 집주인이 3만 세스테르티우스에 달하는 인술라 전체를 그에게 임대한다면, 그가 이것을 다시 임대해서 얻는 수익은 최소한 4만 세스테르티우스나 된다. 로마의 모든 임대료가 그렇게 비싼 이유가 바로 여기에 있다. 그리고 인술라를 그렇게 크게 짓는 이유도 설명된다. 높이 지을수록 더 많은 아파트를 마련할 수 있고, 따라서 더 많은 수익을 올릴 수 있기 때문이다.

제롬 카르코피노의 설명에 의하면, 우리가 둘러보는 이 시대보다 170년 전인 율리우스 카이사르 시절에는 소박한 아파트 1채의 가격이 2,000세스테르티우스였다. 이는 트라야누스 집권 시대에 로마에서 80킬로미터 떨어진 프로시노네에 있는 농지 전체를 구입할 수 있는 가격에 해당한다.

따라서 그 이익이 어느 정도인지 쉽게 상상할 수 있다. 예를 들면 키케로(기원전 106-43)는 매년 인술라의 임대료만으로 8만 세스테르티우스는 족히 벌어들였다.

이 모든 것은 로마에 어떤 무시무시한 상황을 유발시켰다. 카를로 파볼리니 교수가 언급한 바에 따르면, 임대료 지불에 곤란을 느낀 일부 세입자들은 자신의 아파트 안에 있는 생활에 꼭 필요하지 않은 방을 다시 세를 놓을 수밖에 없었다. 그렇게 층이 높아질수록 임대한 집을 다시 임대하는 사례가 점점 더 많아지게 된다.

우리가 살펴보는 이 인술라도 그러한 사례에 해당된다. 간단한 칸막이 벽으로 나누어진 방 하나를 일가족이나 여러 사람들에게 다시 세를 놓는다. 그렇다 보니 연쇄적으로 악순환이 발생한다. 더 높이 올라갈수록 더 궁핍해지고 더 많은 아파트가 세분화되어 재임대되면서, 인구 밀도는 더 높아지고 더 혼잡하고 더럽고 다툼이 잦고 벌레가 들끓는 환경이 되는 것이다. 결국 생존을 위한 싸움이 일상이 되어버린 꼭대기 층은 아프리카 북부 튀니지에 있는 카스바(casbah, 아프리카 북부의 아랍 여러 나라에서 볼 수 있는, 술탄이 있는 성 또는 건물/역주)로 전락하고 만다.

　질서를 유지하기 위해서 건물 내에는 남자 노예를 우두머리로 하여 남자 노예와 문지기들로 조직된 자체 경비단이 있다. 우리가 바로 그들 중 몇 명을 계단에서 마주친 셈이다. 우리가 이미 지나온 두어 층 아래에까지 층계참에서 벌어진 싸움 소리가 들린다. 이제 여인의 고함소리는 다른 세입자들의 고함소리와 뒤섞였다. 임대료 인상에 대한 항의가 격렬한 싸움으로 악화되기 일보 직전이다.

제3세계인 위층

우리는 계속해서 올라간다. 계단은 책처럼 줄지어 놓여 있는 거친 벽돌로 만들어졌다. 마치 도서관의 책선반 위를 걸어가는 것 같다. 높이 올라갈수록 계단은 점점 더 높아지고, 더 지저분해진다. 계단 모서리도 더 많이 떨어져 나가 있다. 이 계단을 얼마나 오랫동안 관리하지 않았는지 모를 일이다. 계단 옆의 벽은 얼룩과 낙서로 갈수록 더 지저분하다. 우리가 호흡하는 공기 역시 달라졌다. 바람이 전혀 통하지 않아 답답한 공기 중에는 나무 탄 냄새가 섞여 있고 찌든 음식 냄새도 배어 있다. 여기에다 코를 찌르는 쓰레기 악취까지 온통 뒤섞여 있다. 지옥에 들어온 것 같은 느낌이 들 정도이다.

　공간 부족으로 인해서 층계참에조차 사람이 살고 있다. 그 일대에는 빨래를 널어놓으려고 기둥에 매어놓은 줄들이 사방팔방으로 얽혀 있다. 불씨가 꺼진 작은 화로, 깨진 항아리, 걸레, 짓밟히고 파리로 뒤덮인 과일 껍질이 널려 있다. 이 층계참은 인간 삶의 바자회 같다. 어둑어둑한 실내를 밝히는 등불이 벌거벗은 아기의 검은 윤곽을 드러낸다. 말없이 바닥에 앉아 있는 아기의 새까만 눈동자가 우리를 빤히 쳐다본다. 개어놓은 더러운 담요 사이에서 잠들어 있는 노인의 얼굴에도 등불이 비친다. 불과 수십 센티미터의 간격으로 또다른 삶의 공간이 시작되고 다른 삶의 공간이 끝난다. 다들 빈곤함에 찌든 모습으로 모여살고 있다.

걸음을 옮길 때마다 다른 목소리가 들린다. 허술하기 짝이 없는 나무 문 탓에 집 안에서 생활하면서 나는 소리가 여과 없이 전부 새어나온다. 그렇게 얼마를 걷고 있자니 남자의 호탕한 웃음소리부터 아기가 숨이 넘어갈 듯 울어대는 소리까지, 다투는 소리부터 두 명의 여인네가 은밀한 성에 대해서 떠들어대는 소리까지 다 듣게 된다. 문 너머로 리드미컬한 신음소리도 들린다. 남편과 아내일까? 여자 노예와 함께 있는 남자일까? 이곳에서는 놀랍게도 사생활이 완전히 무방비로 노출된다.

우리가 반쯤 열린 문을 밀어 젖힌다. 문이 열릴 때 나는 소리는 마치 커튼을 젖힐 때 나는 소리처럼 들린다. 그 어떤 장식도 찾아볼 수 없는 황량하고 초라한 내부가 문이 열리자 서서히 드러난다. 벽은 황토색 단색으로만 칠해져 있다. 이리저리 옮길 수 있는 테이블 하나만 덩그러니 놓여 있다. 2층 아파트에서 보았던 것과는 너무 거리가 멀다. 이곳은 흡사 오두막 안 같다. 2개의 궤짝이 놓여 있고 그 궤짝 위에 테라코타로 만든 손잡이 달린 항아리가 있다. 찬장처럼 쓰이는 보관장 안에는 약간의 빵과 질긴 천 조각에 둘둘 말린 치즈 조각이 들어 있다. 이 아파트의 원래 평면도는 재임대를 할 수 있도록 파티션과 커튼을 설치할 좁은 공간을 확보하느라 애초부터 잘못 만들어졌다. 커튼 하나를 젖히자 일인용 방 하나가 드러난다. 방 안에는 짚으로 만든 침상과 꺼진 등불 하나가 놓여 있다. 벽에 박은 녹슨 못 몇 개가 옷장을 대신한다. 짚으로 만든 모자, 비를 피하기 위해서 가죽으로 만든 판초 그리고 두어 벌의 튜닉이 못에 걸려 있다. 손잡이가 달린 항아리와 음식이 담긴 질긴 천으로 만든 자루는 또다른 못에 걸려 있다. 쥐와 벌레를 피해 벽에 매달아놓았음이 분명하다. 우리는 이 초라하기 짝이 없는 음식물이 매달린 공간을 간이부엌이라고 정의 내려야 할 것 같다.

또다른 비좁은 공간에 한 여인이 침대 위에 앉아 아기에게 젖을 물리고 있다. 옆에는 마른 나뭇잎으로 만든 초라한 매트가 깔려 있는 버들가지로 짠 낡은 요람이 있다.

여기에는 유리 창문이 없다. 2층의 세입자들만이 유리 창문을 달 수 있다. 이 위층의 아파트에는 반투명한 가죽, 질긴 천 혹은 나무로 만든 덧문이 창문 대신 달려 있다. 약간의 빛이 들어오게 하려면 창문 대신 달려 있는 덮개나 덧문을 열고 추위와 바람을 견뎌야 할 필요가 있음을 의미한다. 게다가 비라도 오는 날이면 상황은 더 열악하다. 모든 덮개나 덧문을 닫아야 하기 때문에 어둑어둑한 방 안에서 지내야 한다. 그럴 때면 수많은 테라코타로 만든 등불이 등장한다. 그 결과 방 전체에 등잔불 냄새와 미세한 그을음이 순식간에 가득 찬다. 그렇게 여러 해를 보내는 동안 벽과 모든 표면에는 얇고 거무스름한 녹청이 낀다. 그리고 아무도 이 녹청을 닦아낼 생각조차 하지 않아서 빈곤한 방에 불결한 위생까지 더해진다.

인술라의 고층에는 누가 살까? 기본적으로 로마의 힘깨나 쓰는 이들이 산다. 즉 매일 도시를 돌아가게 하는 노예, 육체 노동자, 벽돌공, 가마꾼 혹은 상점이나 시장에서 물건을 나르는 이들이 살고 있다. 그들은 가족과 함께 무척 검소하게 생활한다. 그리고 선생이나 장인들도 살고 있다.

좀더 아래층에는 더 유복한 로마인들이 살고 있다. 예를 들면 로마의 행정기관에서 일하는 사람들이나 개인 사업가들이다.

반면에 1층에는 돈이 많은 사람들이 산다. 부자, 기업가, 거상, 건설업자, 시 행정관, 혹은 제국의 권력계층과 긴밀하게 교류하며 일하는 사람과 원로원 의원 등이다. 이들은 일종의 소규모 도시 귀족이다. 물론 제국의 법률에 의해서 귀족으로 명명된 것은 아니지만 수도 로마의 거리와 건물 안에서 실질적인 권력을 쥐고 있는 사람들이다.

상류층 인사들 말고도 1층에서 사는 사람들이 있다. 실질적인 이유 때문에 1층에 있는 자신의 상점 뒤에 딸린 작은 방이나 상점 위에 있는 비좁은 다락방에서 살아가는 상점 주인들이다.

이것이 간단명료하게 정리한 로마의 공동주택 인술라의 사회계급이다.

어느새 우리는 다락방으로 통하는 마지막 층계 경사로에 도착했다. 여기는 온통 나무로 만들어졌고, 계단에 발을 디딜 때마다 불안할 정도로 요란한 소리가 들린다. 우리를 둘러싼 구조물이 상당히 불안전하게 만들어졌음을 알아차리게 된다. 건축가들이 애초에 이 정도 높이의 인술라를 지으려고 한 것은 아니었다. 돈을 더 벌 요량으로 방의 숫자를 늘리다 보니 당연히 일련의 증축과정을 거치면서 건물이 차츰차츰 위로 올려 지어졌다. 현대적인 용어로 설명하자면 무허가 공사로 지어진 꼭대기로 올라가는 중이라고 말할 수 있다.

우리는 스물다섯 살 정도 되어 보이는 젊은이와 마주친다. 그는 손에 테라코타로 만든 항아리를 들고 능숙하게 흔들림 없이 옮기고 있다. 친근한 분위기를 풍기며 눈에는 활력이 넘치는 그가 지나가면서 우리에게 미소를 짓는다. 그 순간 우리는 그의 치아가 많이 빠져 있음을 알아챈다. 아마도 영양 부족 때문일 것이다. 인술라의 맨 꼭대기 층에 사는 세입자들의 삶은 쉽지 않다. 그래서 민첩하게 기회를 낚아챌 필요가 있다. 아주 사소한 기회일지라도 말이다. 그는 재빠르게 계단 몇 개를 내려가 주위를 둘러보고 지금 현재 비어 있는 한 세입자의 방으로 들어간다. 지붕창을 열고 재빠른 동작으로 순식간에 항아리를 창문 밖으로 비워버린다. 그의 야간용 요강이다.

그는 한 번에 두 계단씩 성큼성큼 올라 되돌아온다. 그는 우리에게 윙크를 하며 지나간다. 그는 소변을 모으는 통인 커다란 돌리움 안에 요강을 비우기 위해서 현관 아래까지 계단을 오르내리는 수고를 덜었다. 누군가 항의를 한다면 세입자들 중의 다른 누군가가 비난받게 될 것이다. 결과적으로 그는 무척 무거운 형벌을 받을 수도 있다. 사실 로마에는 건물 밖으로 소변과 배설물을 내버리는 행위를 금지하는 법규가 제정되어 있다. 그리고 그 법규는 무척 엄중하게 적용된다. 형벌은 위에서 쏟아부은 이 폭격의 피해 상황에 달려 있다. 옷만 버린 상태인지 혹은 직접적이지는 않더라도 신체적 손상을 입혔는지에 따라서 달라진다. 이 모든 것은 로마 제국 내에서 배설물이나 소변의 투하 위험이 어디서든 벌어질 수 있고 그 누구도 피해갈 수 없다는 것을 알려준다.

만약에 높은 층에 변소가 없다면 이는 물을 저 위에까지 끌어올릴 수 없다는 것임에 틀림없다. 최대한 1층이나 2층까지는 물을 댈 수는 있다. 그리고 물은 정원, 화병, 음식 준비 등에 사용되고 변기를 씻어내리는 데도 사용된다. 우리에게 무척 당황스러운 것은 결과적으로 부엌과 화장실이 같은 장소에 있게 되는 경우가 종종 발생한다는 점이다. 이러한 사실은 고고학자들이 여러 곳에서 발굴한 자료를 통해서 알 수 있다. 음식이 만들어지는 곳에서 얼마 떨어지지 않은 곳에서 급한 볼일을 해결한다는 것은 무척 비위생적으로 보일 수 있다. 그러나 당시 로마 제국 시대에는 아무도 박테리아의 존재를 알지 못했다.

인술라 고층에서의 물 부족은 이 건물의 또다른 특징도 설명해준다. 즉 먼지이다. 마을 샘터에서부터 집까지 물을 길어온다는 것은 너무 힘겨운 일이다. 게다가 마당에 있는 물이라고 해도 그 많은 계단을 다 올라와야 하기 때문에 역시 쉽지 않다. 그렇다 보니 아주 소수의 사람들만이 바닥을 닦는 일에 물을 낭비한다. 결과적으로 맨 위층에는 쓰레기가 수년간, 이따금 10여 년이 넘게 겹겹이 쌓인다.

아무튼 대부분의 경우 노예들의 노고 덕분에 일부 층에까지는 물을 길어 올라갈 수 있다. 우리는 노예가 매일 테라코타로 만든 8개의 커다란 항아리에 물을 길어 담는 부역을 했는지를 주인이 어떻게 확인하는지 적혀 있는 이야기를 플라우투스(기원전 254?-184)가 쓴 희극에서 읽게 된다. 물을 담는 통을 집 안에 두는 것은 법적 의무이다. 네로 황제 시대에 로마에서 큰 화재가 일어난 뒤에 모든 사람들은 우발적으로 발생할 불을 끄기 위한 물을 집 안에 비치해야만 한다.

인술라에는 물 배달원인 아쿠아리가 존재한다. 이론상으로는 건물 어느 곳이든지 물을 운반한다. 그러나 실질적으로는 부유한 일가나 풍족한 중산층의 집에만 물을 길어다준다. 사회적으로도 이 배달원들은 하찮은 사람으로 간주되었다. 심지어는 노예 중에서도 가장 마지막 서열이었다. 사실 그들의 일은 무척 고되다. 이들은 문지기인 오스티아리와 도로 청소부인 스코파리와 함께 로마인들의 일상에서 꼭 필요한 일꾼들이다. 집이 매매될 때, 물 배달원과 문지기 그리고 청소부는 건물과 함께 새 주인에게 팔린다.

이제 우리는 인술라에서 가장 높은 곳에 달려 있는 마지막 문을 여는 중이다. 안은 어둡고 덥다. 아직 아침인데도 불구하고 숨이 턱 막힌다. 우리는 지붕의 기와 바로 아래에 있다. 몸을 약간 굽히고 걸어야 한다. 여기저기 느슨하게 연결된 기와 사이에 깨진 틈이 보인다. 그 깨진 틈 사이로 비스듬히 스며든 햇볕이, 지붕을 떠받치도록 일렬로 세운 콜로네이드(colonnade)를 연상시키는 빛의 기둥을 만들어낸다. 비가 올 때는 이 빛의 기둥들은 많은 물이 들이치는 구멍이 된다. 이 공간을 차지한 이는 이 건물 전체를 통틀어 가장 불편하게 사는 세입자이다. 바닥에는 누더기 몇 벌과 깨진 등불 그리고 물건 몇 개가 나뒹굴고 있다.

갑자기 시끄러운 소리가 방에 퍼진다. 비둘기가 날개를 치는 소리이다. 깨진 기왓장 사이에 만들어진 둥지로 그 비둘기의 짝이 돌아왔다. 이 비둘기 한 쌍이 사랑을 속삭이기 시작한다. 로마 제국에서 비둘기는 이미 흔히 볼 수 있다. 오늘날에도 볼 수 있는 장면을 연출하며 비둘기 떼가 신전 위와 탁 트인 공간에서 선회한다. 이곳에 사는 사람은 비둘기들을 쫓아버리지 않는다. 아마도 외로움을 달래주는 벗이 되어주기 때문일 것이다.

이 작은 꼭대기 다락방의 세입자의 직업이 무엇인지 우리는 모른다. 아마도 육체 노동자일 것이다. 분명한 점은 이 건물에서 가장 가난한 사람이라는 사실이다. 그러나 그는 이 건물의 그 누구도 가지지 못한 것을 소유하고 있다. 바로 너무나 아름다운 로마의 전경이다. 비둘기들이 둥지를 튼 열린 틈새 사이로 사방으로 뻗어나간 제국의 수도가 펼쳐진다. 인술라의 붉은 지붕, 이제 막 가동되기 시작한 공중목욕탕에서 길게 뿜어져

나오는 연기, 집들 사이에서 확연히 눈에 띄는 금박을 입힌 청동 조각상, 매우 하얀 기둥들이 늘어서 있는 신전, 도시 주변을 둘러싸고 있는 짙푸른 숲은 그 어떤 부동산업자라도 높은 값을 지불하라고 요구할 정도로 아름다운 전망을 선사한다. 활력이 넘치고 살아 있는 강력한 도시이다. 그리고 우리가 지금 거리로 내려가서 사람들 사이로 걷게 될 바로 그 도시이다.

탐구 ‖ 거대한 캠핑 촌 같은 로마?

로마 제국 시대의 공동주택 탐험은 무척 유익했다. 왜냐하면 우리 주변에 있는 거리에서 벌어지는 다양한 삶의 모습들을 이해하는 데에 도움을 주기 때문이다. 예를 들면 지금 거리가 왜 이렇게 사람들로 붐빌까, 그리고 이 모든 사람들은 어디로 가고 있을까?

사실 로마에서의 삶을 이해하는 효과적인 방법은 어쩌면 로마를 거대한 캠핑 촌에 비유하는 것일 수 있다. 알다시피 캠핑 촌에서 텐트는 잠을 자거나 옷을 갈아입을 때에만 필요하며, 또한 크기가 작다. 슬리핑백이나 매트 같은 긴 침낭을 놓을 공간이 전부이다. 그리고 구석에는 배낭이나 옷이 들어 있는 작은 꾸러미가 내던져져 있다. 화장실도 없고 샤워기도 없고 부엌도 없다. 씻으려면 캠핑 촌의 공동 샤워장으로 가야 한다. 생리적인 필요성을 해결하기 위해서는 캠핑 촌의 공동 화장실을 이용한다. 그리고 식사를 하기 위해서는 텐트 앞에서 바비큐를 굽고 간단히 뭔가를 조리하거나 아니면 근처 식당을 찾는다. 물론 샤워기, 화장실 그리고 간이 부엌이 설비된 텐트도 있기는 하다. 하지만 그런 텐트는 드문데다가 굉장히 크고 무척 비싸다. 캠핑 촌에서 대부분의 사람들은 취침용으로만 텐트를 이용한다.

고대 로마인들도 자신들의 주거지를 바로 이렇게 사용했다. 작고 어두운 집 안에는 화장실, 물 혹은 부엌이 없다. 부엌이 있다고 해도 바비큐를 굽는 정도의 아주 기본적인 요리만 가능하다. 그것도 도무스나 인술라의 2층에 사는 소수의 부자들만이 이런 편의시설을 갖추고 산다. 그러나 그런 사람은 소수에 불과하다. 마치 캠핑 촌에서 모든 설비를 갖춘 대형 텐트를 치고 야영하는 사람들처럼 말이다.

따라서 로마에서 거의 모든 사람들은, 바로 캠핑 촌에서처럼, 공공 편의시설을 이용하러 나가야 한다. 씻으려면 공중목욕탕으로 가고 화장실 용무를 볼 때에는 거리에 있는 화장실을 이용하고 식사를 하려면 테르모폴리움이나 포피나에 가서 음식을 주문한다. 둘 다 오늘날 우리가 이용하는 식당이나 간이식당에 해당한다. 그렇다 보니 많은 이들이 초대를 받아 공짜 음식을 얻어먹을 기회를 모색하는 것은 그리 놀랄 일도 아니다.

바로 이런 이유에서 로마의 거리는 많은 사람들로 붐빈다. 다들 이런 이유 때문에 거리로 쏟아져 나온다. 거기에다 매일 일하러, 심부름을 하러 혹은 시장에 물건을 사러 가는 사람들까지 더해지는 바람에 거리는 그야말로 북새통을 이룬다.

로마 제국의 수도에서 살아가는 이들의 삶을 잘 이해하기 위해서 우리는 또다른 예를 들 수도 있다. 따지고 보면 로마는 하나의 거대한 집과 같다. 여러분의 침실은 어느 거리에 서 있는 인술라에 있고, 화장실은 다른 거리에 있고, 샤워실에 해당하는 공중목욕탕은 심지어 다른 구역에 있기도 하고, 부엌인 테르모폴리움도 또다른 거리에 있고, 이런 식으로 이해할 수 있다.

이 상상 속의 거대한 집에는 응접실도 있다. 바로 포룸이다. 실상 만남의 기회는 도시 곳곳에서 가질 수 있다. 왜냐하면 포룸이 도시 전역에 퍼져 있다고 말할 수 있기 때문이다.

대체로 아무것도 할 일이 없는 사람이 작고 어두운 방 안에 꼼짝 않고 갇혀 있기란 힘든 법이다. 그래서 다들 거리로 쏟아져 나오므로 거리는 복잡해진다. 결과적으로 거리는 늘 빈둥거리는 사람들로 넘쳐난다.

마치 우리가 우리의 집 안에서 살아가는 것처럼 모든 거주민들이 로마를 이용하며 살아간다고 결론을 내릴 수 있다. 아니 오히려 로마는 그들의 집이다. 그리고 이와 같은 현상은 제국의 대도시 어디에서나 동일하게 벌어진다. 우리는 더 이상 볼 수 없는 도시에서의 생활방식이다.

9시 10분
로마의 거리

우리는 눈으로 확연히 알아챌 수 있을 정도로 늘어난 사람들로 붐비는 길 한복판으로 돌아왔다. 우리는 이 거대한 건물의 고층에 가득하던 절망적인 세계의 냄새와 강렬한 느낌을 아직 떨쳐버리지 못한다. 고대 판「블레이드 러너」의 분위기를 체험했다는 인상을 받게 된다. 로마의 거리에서 놀라운 것은 길이 여러 갈래로 나 있다는 점이다. 로마는 말 그대로 살아 있는 생명체처럼 조직되어 있다. 동맥과 같은 몇 개의 대로가 포룸 방향을 향해 질서정연하게 뻗어 있고, 그 대로 양옆으로는 매우 복잡하게 얽혀 있는 수많은 모세혈관 같은 작은 길들이 나 있다.

결과적으로 로마 제국의 도로망은 현대 서양의 구시가지의 그것을 떠올리게 한다. 구시가는 수많은 좁은 길과 구불구불한 골목들로 이루어져 있다. 그 이유는 단순하다. 건물이 들어설 수 있는 대지를 가능한 침범하지 않도록 했기 때문이다.

길(via)이라는 명사는 도로 폭이 4.8미터에서 6.5미터 정도인 넓은 거리에만 붙였다. 이 넓은 길은 두 대의 마차가 서로 닿지 않고 지나갈 수 있을 정도로 넓다. 로마 한복판에 그런 거리가 두 곳뿐이라는 것은 무척 충격적이다. 제국의 수도의 나머지 거리는 비키(vici)라는 좁은 길과 앙기포르투스(angiportus)라는 이보다 더 좁은 길 그리고 세미타이(semitae)라는 도시의 샛길이 복잡하게 얽혀 있는 도로망으로 구성되어 있다. 고대인들은 조롱조로 길 건너편에 사는 사람과 악수를 할 수 있을 정도로 길이 비좁다고 이야기한다.

로마에서 또다른 놀라운 점은 오르막길이다. 일곱 개의 언덕이 있는 도시인 만큼 산에서 노새들을 끌고 다니는 길처럼 구불구불한 수많은 경사로는 피할 수 없는 노릇이다. 로마인들은 이 오르막길에 수목이 우거진 언덕이라는 뜻의 클리부스(clivus)라는 이름을 붙였다. 클리부스 수부라누스, 클리부스 카피톨리누스 등의 오르막길이 있다. 카이사르가 그 오르막길을 포장하라고 명령을 내렸지만 아무도 그 일을 하지 않았다. 그렇다 보니 여름에는 먼지가 날리고 겨울에는 진창길이 된다. 바로 제3세계 국가에서 목격되듯이 길에는 온갖 쓰레기가 굴러다니고, 정체를 알 수 없는 냄새가 진동한다.

이처럼 꼬불꼬불한 길과 다닥다닥 붙어 있는 건물로 이루어진 도시는 화재에 취약하다. 한 건물에 붙은 불이 쉽게 다른 건물로 옮겨 붙는다.

기원후 64년에 있었던 끔찍한 화재 이후 네로 황제는 새로운 도시계획을 세워 로마를 재건하려고 했다. 화재가 번지는 것을 방지하기 위해서 길을 넓히고 건물 사이를 띄우도록 했다. 그리고 구조대가 최대한 안전하게 도시를 이동할 수 있도록 지붕이 덮인 긴 회랑을 만들었다. 사실 그때 이후로 이전에는 건물 바로 옆에 나 있는 탓에 어둡기만 하던 많은 거리에 다시 햇볕이 들기 시작했다. 그런데 상황은 부분적으로 개선되었을 뿐이며 많은 구역에는 복잡하기 짝이 없는 건물들이 다시 세워졌다. 40여 년이 지나는 동안 별다른 어려움 없이 투기꾼과 비양심적인 부동산업자들의 손아귀에서 로마는 본래대로 다시 혼란스러워졌다.

우리는 사람들 사이를 헤집고 앞으로 걸어간다. 우리처럼 로마에 처음 온 사람은 누구나 너무나 대조적인 특성들이 산재해 있음에 놀란다. 사실 수도의 면모는 끊임없이 바뀐다. 이를 증명하듯이 우리의 눈앞에 완전히 상반된 모습의 로마가 펼쳐져 있다. 지금 우리는 높은 건물들이 즐비하고 보도가 있고 상점들이 가득하며, 환하고 놀라울 정도로 현대적인 직선도로에 서 있다. 그런데 골목으로 방향을 바꾸기만 하면 다 쓰러져가는 인술라가 마구잡이로 솟아 있는 어두운 골목길의 미로가 시작된다.

마치 누군가 로마라는 도시 안에, 전형적인 재래시장 바자가 있는 중동의 비좁고 구불구불한 골목길에 질서정연한 대도시 뉴욕을 붙여놓은 것 같다. 현대에서 중세로 넘어가는 이 느낌은 단순히 고개를 돌리거나 골목길로 방향을 바꾸는 것만으로도 충분히 실감할 수 있다.

우리는 한 골목 안으로 들어선다. 건물 정면에는 말리려고 널어놓은 빨래들이 가득하다. 다양한 색상의 빨래는 마치 수많은 티베트 국기들이 걸려 있는 것 같다. 거리 위로 튀어나온 나무로 지은 로지아에서 거대한 몸집의 여인이 불쑥 나와 길을 내려다보고 바구니를 내린다. 아래에는 바구니가 내려오기를 기다리는 한 남자가 있다. 그는 행상인으로 자루에 담아온 잠두콩을 바구니에 담고 있다. 우리는 그의 옷차림에서 그가 시골 출신이고 자신의 밭에서 재배한 수확물을 팔러 도시에 왔음을 알아챈다. 한바탕 웃어대며 주고받는 대화에서 그 두 사람이 서로 안 지 오래되었음을 알 수 있다.

수 세기가 지나도 변하지 않는 일상생활의 한 장면이다. 이것이 바로 로마이다. 즉 로마는 일상에서 모든 사람들을 연결하는 망으로 이루어져 있다. 이제는 창문 밖으로 몸을 내민 두 번째 여인과 말을 나누는 행상인 옆을 지나 우리는 계속 길을 간다.

이 길을 탐색하면서 걷다 보니, 비좁은 길이 끝나는 지점에서 갑자기 한적한 작은 광장이 펼쳐지는 베네치아의 좁은 골목길을 걷는 것 같은 느낌이 든다. 사실 격에 떨어진다는 듯이 우리에게 인사조차 건네지 않은 뚱뚱한 남자를 마주친 이후에, 비좁은 골목길을 빠져나오자 작은 오아시스 같은 아담한 광장이 펼쳐진다. 광장 중앙에는 작은 분수가 있다. 그 분수는 두 그루의 나무에 둘러싸여 있다. 나무는 분수로 물을 길러 온 인근 주민들이 양동이를 들고 오갈 때마다 흘린 물을 마시며 자랐다. 광장 한편에는 흰색 대리석으로 된 아름답고 화려한 열주가 서 있다. 아직 문이 닫혀 있는 신전이다. 계단 위에는 원래 무슨 색이었는지 알 수 없을 정도로 더러운 누더기를 걸친 두 명의 거지가 앉아 있다. 우리는 따스한 아침 햇살을 받으며 예상치 못한 이 고요한 평화로움을 잠시 음미한다.

신전 옆으로 아주 비좁고 어두운 골목이 보인다. 우리는 그곳으로 들어간다. 갑자기 어두워진 탓에 우리는 손으로 더듬거리며 앞으로 나아갈 수밖에 없다. 사실 여기에는 빛만 부족한 것이 아니다. 신선한 공기도 부족하다. 많은 이들이 이 골목길을 마치 공중화장실처럼 사용한다. 우리는 코를 막고, 환하게 빛나는 출구를 향해서 걸음을 재촉한다. 몇 미터만 가면 된다. 거의 다 왔다. 갑자기 우리는 뭔가에 부딪쳐 비틀거린다. 넝마와 삐죽삐죽 튀어나온 막대기가 담겨 있는 자루 같다. 무엇일까? 누가 여기에 이런 것을 버렸을까? 끔찍할 정도로 욕지기가 나면서도 약간 달착지근하기도 한 냄새 때문에 튜닉으로 코를 감싸고 우리는 그것이 무엇인지 자세히 살펴보려고 몸을 굽혔다.

우리의 눈이 어둑어둑한 주위에 익숙해지면서 차츰 어둠 속에서 얼굴 하나가 보이기 시작한다. 나무처럼 딱딱한 얼굴에 눈구멍은 움푹 들어가 있고 안색도 어딘가 모르게 어색하다. 시체이다! 이곳에 방치된 지 적어도 하루는 지난 것 같다. 도대체 누구일까? 무수한 거지들 중 한 명일까? 그럴 가능성은 별로 없다. 그들 중에서 어느 누구도 밤을 보내기 위해서 여기처럼 더러운 곳을 선택하지는 않을 것이다. 지금은 아까보다 좀더 잘 보인다. 우리는 가까스로 용기를 내어 시체의 팔을 만져본다. 튜닉이 고급스러운 것으로 보아 그가 부유한 사람이었음을 짐작할 수 있다. 부자가 아니라면 재산이 좀 있는 누군가였으리라. 그의 손가락 하나가 잘려 있다. 누군가 그의 금반지를 빼서 가져간 것이다. 십중팔구 이 모든 일은 밤에 일어났을 것이다. 그 사건이 다시 우리의 눈앞에서 펼쳐지는 듯하다. 이 남자는 연회나 점잖은 모임을 마치고 집으로 돌아가는 중이었을 것이다. 어쩌면 술에 취했을 수도 있다. 이것이 그의 잘못은 아니다. 그의 치명적인 실수는 혼자서 길을 걸어갔다는 점이다. 그는 어두운 길에서 공격당하고 칼에 찔리고 이곳까지 끌려왔다. 그리고 이곳에서 살인자는 혹시 누군가에게 목격당할 걱정 없이 마음 놓고 그가 가진 것을 전부 챙겼다. 몸을 일으킨 우리는 사람들이 오가는 곳인 빛을 향해서 걸어간다. 우리는 폐에 잔뜩 공기를 들이마시기 위해서 빠르게 골목길을 벗어난다. 그제야 우리는 밀물처럼 우리를 휩쓸고 가는 수많은 사람들에게 둘러싸여, 넓은 길 바로 한복판에 있다는 것을 새삼 깨닫는다. 몇 초 사이에 골목길의 어둠과 악취 그리고 폭력과 죽음의 흔적이 우리의 어깨 너머로 사라진다. 이제 우리의 주변은 삶, 다양한 색상, 향기, 사람들의 얼굴 그리고 신선한 아침 공기로 가득하다. 불과 몇 초 사이에 전혀 다른 두 세상을 오갔다. 이것 또한 로마의 모습이다.

9시 20분
상점과 작업장

상점 주인들이 새로운 일과를 시작하고 있다. 몇몇은 이미 장사를 시작한 반면 다른 이들은 팔 물건의 진열도 미처 끝내지 못했다. 더 늦은 또다른 이들은 밤중에 도착한 물건 때문에 몇 시간 자지도 못한 채 가게의 물건을 지키려고 덮어놓았던 셔터를 이제야 걷어내는 중이다.

로마인들의 상점, 타베르나의 문을 닫는 방식은 제국 전역에서 공통적이다. 어느 정도는 현대의 방식과 비슷한 셔터를 사용한다. 로마의 상점 주인들이 사용하는 셔터는 나무로 만들어 무게가 상당하다. 길쭉한 셔터들이 나란히 서 있다. 대리석 문지방 위에 깊게 파인 홈 안에 그 나무 셔터들을 끼워넣는다. 그 홈은 오늘날에도 폼페이 같은 유적지에서 분명하게 볼 수 있다. 이 셔터들 중의 하나는 문처럼 작동하므로, 다른 셔터를 닫았을 때에도 열어놓을 수 있다.

이 셔터들은 그것에 달린 고리 안쪽에 철로 만든 기다란 봉을 끼워넣어 고정시킨다. 그리고 열리지 않도록 빗장이나 우리가 사용하는 것과 놀라울 정도로 유사한 자물쇠로 잠가놓는다. 자물쇠는 청동으로 만들어진 열쇠만 현대와 조금 다르다. 그 열쇠는 구부러진 작은 포크를 떠올리게 한다.

오늘날 도시에서는 철 셔터를 올리는 소리로 하루가 시작된다면, 로마 제국에서는 반대로 셔터에 달린 철봉을 뺄 때 나는 삐걱거리는 소리와 상점의 안쪽 방에다 나무로 만든 무거운 셔터를 쌓아둘 때 나는 둔탁한 소리로 시작된다. 지중해 지역 중에서 튀니지의 스팍스와 같은 몇몇 지역에서는 여전히 이런 방식의 셔터를 사용하고 있다.

이것만 다른 것은 아니다. 지금 우리는 개점을 준비 중인 한 상점 앞에 있다. 셔터가 움직인다. 옆으로 달려 있어서 마치 문처럼 사용되는 셔터가 열린다. 그리고 거기에서 잠이 덜 깬 얼굴에 눈이 퉁퉁 부은 한 남자가 나온다. 상점 안의 어둠 속에서도 자물쇠를 열 수 있도록 등불을 아직도 들고 있다. 그는 상점 안에서 밤을 보냈음에 틀림없다. 소년 하나도 따라 나온다. 소년의 매부리코는 남자의 코와 똑같다. 남자의 아들이 분명하다. 남자가 욕설을 내뱉는다. 밤중에 누군가 셔터 한군데에 못된 낙서를 새겨놓았다. 두 사람이 나무로 만든 셔터를 걷어내는 동안 머리를 베일로 가린 작은 몸집의 여인이 문에서 나온다. 남자의 아내이다. 여인은 낙서를 들여다보더니 불쾌한 듯이 얼굴을 찡그린다. 그리고 자리를 뜨면서 누군가의 이름을 부른다. 십중팔구 그 낙서를 한 사람의 이름일 것이다. 그 사람은 전날 외상을 거절당한 한 손님이다. 여인은 손잡이가 달린 작은 항아리 두 개를 손에 들고 얼마 떨어지지 않은 곳에 있는 샘터로 향한다. 그런데 채 몇 걸음을 가기도 전에 다급한 목소리가 그녀를 부른다. 걸음을 멈춘 그녀가 눈을 들어 하늘을 보고는 몸을 돌린다. 문에서 세 살 정도 된 어린 아이가 튀어나온다. 아이의 얼굴은 더럽고 튜닉은 얼룩졌다. 아이가 그녀에게 달려온다.

이 작은 가게 안에서 일가족이 먹고 잔다는 사실이 충격적이다. 그들이 특별한 사례는 아니며, 로마 시와 제국 어디서든 흔히 볼 수 있는 상황이다. 그들은 누구일까? 가게 주인일 수도 있고 혹은 가게를 대신 운영하는 사람일 수도 있다. 30-40제곱미터 밖에 되지 않는 작은 가게 안에서 어떻게 다함께 모여살 수 있을까?

가게가 열린 지금, 우리는 그 내부를 들여다볼 수 있다. 유리 진열장은 없다. 이미 말했듯이 유리는 비싸서 이 시대에는 아무도 그렇게 큰 유리 진열장을 만들지 못한다. 그래서 상점의 정면은 거리를 향해 완전히 개방되어 있다. 마치 오늘날 생선 가게나 과일 가게 혹은 채소 가게처럼 말이다. 벽돌로 된 판매대가 있다. 출입구와 내부를 분리하는 기능이 있는 이 판매대 위에 물건을 진열한다. 출입구 위쪽에는 입구 전체를 가로지르는 기다란 봉이 달려 있다. 그 봉에는 다양한 지역의 특산물을 넣고 동여맨 자루와 붉은 글씨가 쓰여 있는 봉인된 항아리가 걸려 있다.

아버지와 아들은 대추, 호두, 자두, 그리고 말린 무화과가 잔뜩 들어 있는 바구니를 밖에 내놓기 시작한다. 이 상점에서는 온갖 종류의 식료품을 주로 판다. 특히 보관하기 편리하고 1년 내내 상하지 않는 말린 음식을 팔고 있다.

부주의한 손님의 행동이나 절도의 위험을 줄일 요량으로 작고 기다란 항아리 몇 개를 다른 바구니들 사이에 놓아둔 것이 눈에 띈다. 그 항아리 안에는 로마인들이 굉장히 좋아하는 생선 소스인 가룸(garum)이 담겨 있다. 이 항아리에 담긴 소스는 썩 좋은 품질은 아니다. 그러나 이런 식으로 진열해서 그 안에 뭔가 중요한 것이 들어 있는 줄 알고 많은 관심을 보일 순진한 몇몇 손님에게 팔아넘기려고 하고 있음을 짐작할 수 있다.

가게 안을 흘끗 들여다보니 벽돌로 만든 판매대 저쪽 구석에 쌓여 있는 자루, 항아리 그리고 상품들 사이에 일가족이 사는 고미다락으로 올라가는 나무 사다리가 있다. 손님의 머리 바로 위에는 몇 제곱미터에 불과한 작은 방이 있다. 상점 문 위에 난 정사각형의 창문을 통해서만 빛이 들어온다.

고미다락 안 역시 복잡하고 어둑어둑하며, 인슐라의 중간 층에서 본 빈곤함이 묻어 있다. 부부용 침대, 두 아이를 위한 좀더 작은 침대, 못에 걸어둔 옷가지들, 요리하고 추위를 피할 때 쓰는 화로와 여인의 화장품이 담겨 있을 만한 작은 장식함이 놓여 있다. 침대 아래에 뭔가 삐죽 나와 있다. 뭔가 중요한 것을 담아 봉해놓은 것 같다. 바로 상점의 금고이다. 열쇠는 지금은 샘터에 있는 여인의 가슴 사이에 보이는 목걸이에 매달려 있다. 아프리카의 반(半)유목민족인 힘바족부터 켈트족, 바이킹족 그리고 거의 모든 인간집단에서처럼, 명령을 내리는 사람은 남자이지만 집안의 곳간 열쇠는 여자가 쥐고 있다.

우리가 여기에서 본 광경은 로마의 어느 상점이나 마찬가지이다. 로마에 있는 모든 작업장과 수리점 그리고 창고도 그러하다. 이런 고미다락 혹은 가게 뒤편에 딸린 뒷방을 제2의 집처럼 여기고 장인들, 수리공들, 경비병들, 종업원들, 술집인 경우에는 매춘부들이 살고 있다. 아래층 술집에서는 손님과의 흥정이 이루어지고 위층 고미다락에서는 성관계가 이루어진다.

이제 상점 주인이 길을 가로질러 건너간다. 그는 아침식사가 담긴 접시를 손에 들고 있다. 빵, 말린 생선 그리고 맛있게 씹어댈 치즈가 담겨 있다. 아침식사를 마치기 전에 그가 꼭 해야 할 일이 있다. 길모퉁이에 도착한 그의 시선이 담벼락에 만들어진 벽감을 향한다. 그 벽감 안에는 남근 모양으로 만들어진 밝은 빨간색의 거대한 석고상이 들어 있다. 그는 뭔가를 중얼거리며 손으로 벽감을 쓰다듬는다. 매일 아침 그는 이렇게 신성한 의식을 거행하며 하루를 시작한다.

사실 남근은 로마인들에게 행운의 상징이다. 로마 어디에서나 볼 수 있다. 길을 뒤덮은 커다란 대리석 판 위에, 거리에 늘어선 담장에, 가게 입구에 새겨져 있다. 심지어는 청동으로 만들어진 남근 묶음이 작은 종 묶음과 나란히 집이나 상점 입구의 줄에 대롱대롱 매달려 있다. 로마인들은 이를 가리켜 작은 방울들이라는 뜻의 틴틴나블라(tintinablula)라고 부른다. 왜냐하면 그 아래로 지나갈 때마다 간절한 소원을 빌고 나서 그것을 흔들어 소리를 내기 때문이다.

많은 이들이 청동으로 만든 남근을 마치 펜던트처럼 만들어 목에 걸고 다닌다. 가끔은 성행위를 상징하는, 검지와 중지 사이에 엄지를 끼워넣어 주먹을 쥔 손 모양이 남근과 함께 달려 있기도 하다.

놀랄 수도 있겠지만, 행운을 가져온다는 남근 숭배 관습은 살짝 위장되어 오늘날 우리에게까지 전해져 내려왔다. 역사의 어느 순간에 남근은 붉은 산호나 상아로 만든 그 유명한 작은 뿔로 바뀌었다. 그리고 행운을 기원하며 많은 이들이 이 작은 뿔을 주머니 안이나 핸드백 안에 넣고 다니거나 팔찌나 목걸이로 만들어서 하고 다닌다. 고속도로에서 이따금 보게 되는 트럭의 백미러에 달린 커다란 뿔에 대해서는 굳이 말하지 않아도 다들 잘 알고 있을 것이다. 미신으로 전해져온 진정한 고대의 흔적이다.

옆에 있는 작업장에서 망치 두드리는 소리가 들려온다. 문 밖으로 몸을 내민 우리는 방금 본 상점 주인의 이웃인 장인이 구리를 가지고 작업하는 모습을 지켜본다. 비쩍 마른 몸과 검은 수염, 황갈색의 피부로 보아 그는 의심할 여지없이 중동 사람이다. 책상다리를 하고 앉아 망치로 냄비 바닥을 두드리고 있다. 그는 놀라울 정도로 빠르고 정확하게 일하고 있다. 연속으로 망치질을 하는 사이사이의 그 짧은 순간에 재빨리 물건을 돌려가며 바닥을 골고루 두드린다. 흡사 대장장이의 손에 매달린 냄비가 저절로 돌아가는 것처럼 보이는 숙련된 작업과정을 우리는 넋을 놓고 구경한다.

그가 잠시 시선을 들어 위를 본다. 우리에게 미소를 지어 보이고는 다시 망치질을 시작한다. 물론 이 망치질 소리가 그의 이웃들에게는 참을 수 없는 소음임에 틀림없다. 일할 때마다 오랫동안 계속되는 시끄러운 소음을 내는 대장장이들이 로마 거리의 전형적인 소란꾼이었음을 고대에 관한 책을 통해서 우리는 알고 있다.

망치질이 거의 끝나가고 있는 이 멋진 장식이 달린 물건이 1,800년 후에 고고학자들에 의해서 발굴되어 어느 박물관에 전시될지 누가 알겠는가. 이것은 박물관에서 관람객들이 무심히 구경하는 흔한 물건이다. 그러나 그 물건이 만들어지는 과정을 보노라면 그리고 장인이 공을 들여 작업하는 정성과 그 전문기술을 감탄하며 바라보노라면 작은 걸작처럼 느껴진다. 우리는 자꾸 잊어버리는 경향이 있는데, 이러한 장인의 기술과 노고가 박물관에 전시된 모든 물건에 그리고 아주 단순하고 소박한 물건에도 배어 있다. 그 물건이 어떻게 만들어졌는지, 그 물건을 만들 때에 장인이 얼마나 공을 들였는지를 잠깐 떠올려보는 것만으로도 유리 진열장 너머에 있는 그 물건을 바라보는 관람객의 관심은 훨씬 더 높아질 것이다.

장인의 어깨 너머로 구리로 된 단지, 항아리, 케이크 만드는 틀이 보이고 그 사이로 고미다락으로 올라가는 평범한 사다리가 보인다.

사다리를 자세히 살펴보니 그 세부가 무척 놀랍다. 아래 4, 5단은 벽돌로 되어 있고 나머지 단은 나무로 만들어졌다. 이것은 사다리 만드는 돈을 절약하는 방법이다. 그리고 혹시 등불을 떨어뜨려 화재가 나더라도 불길이 위층으로 번지는 것을 막도록 화재 예방의 측면을 고려한 것일 수도 있다. 혹은 누군가 알아차렸듯이 상점 소유주가 고안한 방책일 수도 있다. 즉 우리가 인술라에서 이미 살펴보았듯이 임대료가 늦어질 경우에 세입자가 드나드는 계단을 뜯어낼 수 있도록 나무로 만들었을 수도 있다.

만약 그런 이유에서라면 이 장인과 상점 주인의 삶도 상당히 불안하고 위태위태했을 것이다. 일가족의 생존이 몇 푼 되지 않는 벌이와 임대료를 내야 하는 힘겨움 사이에서 아슬아슬하게 이어지고 있다. 이러한 불확실함은 로마 거리에서 흔히 볼 수 있는 사람들의 삶의 특징 중 하나이다.

이제 우리는 길 한복판에서 벗어나 긴 회랑 아래에 서 있다. 이 회랑은 현대에 우리가 이탈리아 북부의 대도시 시내에서 볼 수 있는 회랑을 떠올리게 한다. 그곳에서는 고대 로마식으로 지은 회랑을 종종 볼 수 있다. 이 긴 회랑 아래에 상점들이 길게 늘어서 있다. 얼핏 봐도 참으로 놀랍다. 5미터 간격으로 진열된 물건이 달라진다. 그리고 상점의 색상 또한 물건에 따라서 달라진다. 각 상점의 정면을 장식하며 매달려 있는 물건과 회랑을 가로지르는 가는 끈 위에 매달린 물건으로부터 그 가게에서 팔고 있는 물품이 무엇인지 금방 알 수 있다. 다양한 형태의 항아리와 바구니는 수많은 가게의 간판과 같은 역할을 한다. 무수한 상점들이 늘어서 있는 이 회랑을 걸어가다 보면, 마치 로마에 있는 작은 직업 안내책자를 넘기는 것 같다.

먼저 키가 큰 화초인 루핀 판매상 루피나리우스의 상점이 나온다. 그리고 자신의 작업실에서 청동을 다루는 장인 아에라리우스, 그 뒤를 이어 케이크를 만들어 파는 둘치아리우스, 튜닉을 재단할 수 있는 직물 판매상 베스티아리우스, 이시스 여신을 모신 신전 내부의 작은 예배당 입구도 있다. 장례용 화환을 전문으로 만드는 꽃집 주인 코로나리우스, 거울 만드는 스페쿨라리우스, 과일과 채소상 포마리우스, 남성용 신발을 만드는 박세아리우스, 진주를 파는 상인 마르가리타리우스와 그와 형제인 멀리 아프리카에서 들여온 상아를 세공하는 숙련가 에보라리우스의 작업장이 옆에 붙어 있다. 마지막으로 많은 사람들의 소박한 첫 끼니인 아침식사를 만드는 음식점 포피나의 주인도 빼놓을 수 없다.

끊임없이 움직이는 사람들의 행렬이 놀랍다. 회랑 아래에 늘어서 있는 상점들을 계속 들락거리는 손님들의 왕래는 이꽃에서 저꽃으로 쉼 없이 초원을 날아다니는 꿀벌을 슬며시 떠올리게 한다. 로마에서 매일 아침에 연출되는 전형적인 모습이다.

제국의 수도에서 진정으로 현실적인 골칫거리는 (현대의 로마와 마찬가지로) 온갖 물건과 판매대가 들어찬 회랑 아래와 같은 공공장소에 대한 공간 점유문제이다. 보도 위에까지 장사판을 벌인 상점은 종종 통행인으로부터 심지어는 도미티아누스 황제처럼 로마가 이미 하나의 거대한 상점이 되간다고 보았던 황제들로부터 항의를 받는다. 실제로 도미티아누스 황제는 "이발사들, 상점 주인들, 요리사들 그리고 정육점 주인들 등의 무단점유"로부터 거리를 법적으로 보호하려고 시도했다. 그러나 결과는 수포로 돌아갔다.

로마에는 상업지구가 따로 존재하지 않는다. 예외적으로 테베레 강변이나 아벤티누스 언덕 근처에 잡화점이 모여 있을 뿐이다. 수부라 근처의 아르길레툼 지역에 있는 책방 거리처럼 특화된 거리도 존재한다. 그리고 향수 가게 거리인 비쿠스 운겐타리우스 혹은 신발을 사거나 수선할 수 있는 거리인 비쿠스 산달리아리우스가 있다. 또한 은행가들과 환전의 거리인 비쿠스 아르젠타리우스 그리고 클리부스 아르젠타리우스도 있다.

그러나 대부분의 상점들과 작업장들은 수도 전역에 흩어져 뒤섞여 있다. 분명히 현대적인 특징이다.

한편 우리를 놀라게 하는 또다른 자료가 있다. 늘어선 상점들의 행렬이 건물 전체의 길이를 전부 뒤덮고 있다. 대체로 부유한 가족이 사는 곳인 인술라 혹은 도무스에 있던 1층 방들을 상점이 차지한 것이다. 건물 주인은 상점과 집의 나머지 부분을 분리 벽으로 나누었다. 그래서 상점 주인들에게 세를 놓고 꽤 높은 임대료를 받는다. 상점으로 분리한 이전의 1층 방들은 길가로 문이 나 있다. 당시 로마에서 "소득"이라는 단어가 널리 사용되었다는 사실은 그다지 놀라운 일도 아니다. 아무도 그 말의 사용을 부끄러워하지 않았다. 오히려 소유주가 수입을 늘리는 것을 당연시 했다.

오스티아의 폐허에서 드러났듯이 가끔씩 건물 외부는 상점으로, 건물 내부는 세탁소, 작업장, 신을 모신 작은 사당과 같은 공간으로 만들어지면서, 인술라 전체가 희생되기도 했다. 이런 방식으로 건물 주인은 소득의 원천을 다양하게 했다. 위층의 아파트뿐만 아니라 길가로 나 있는 상점과 건물 내부에 있는 작업장까지 세를 놓으면서 말이다.

이 상점의 주인들과 장인들은 얼마나 일을 할까? 우리보다 더 할까 혹은 덜 할까? 놀랍게도 그들은 오늘날보다 일을 덜 했다. 고대 문서의 자료를 비교하고 계산함으로써 제롬 카르코피노는 당시의 일일 근무시간이 대략 6시간이라는 결론에 이르렀다. 실질적으로 동틀 무렵부터 점심때까지이다. 하루의 나머지 시간에는 일을 하지 않는다. 공중목욕탕에 가거나 다른 볼일을 본다. 당연히 많은 예외는 있다. 예를 들면 상당수의 이발사와 골동품 상인은 계속 가게에 남아 있다. 왜냐하면 그곳을 찾는 손님들 대부분이 근무시간 이후에 오기 때문이다.

9시 40분
신(神)과의 만남

　우리가 이런 생각에 빠져 있는 동안에 웬 낯선 향기가 우리를 깨운다. 나쁘지도 좋지도 않은 향기가 아주 은은하면서도 자극적이고 무척 익숙하다. 향이 타는 냄새이다. 향기를 따라 우리는 작은 광장 같은 확 트인 공간 앞에 멈추었다. 가운데에 대리석으로 된 제단이 보인다. 바로 뒤에는 작은 신전으로 오르는 계단이 보인다. 신전은 우리가 현대의 번화가 한쪽에서 우연히 보게 되는 작은 교회처럼 거리의 한편에 서 있다. 계단 위에 앉아 지나가는 사람의 옷을 잡아당길 준비를 하고 있기 마련인 거지들이 보이지 않는다. 이상하다. 그러나 우리는 금방 그 이유를 알아차린다. 의식이 이미 끝난 것이다. 사실 제단 위에는 의식을 행했던 흔적이 남아 있다. 정교하게 장식된 대리석 제단 가장자리에 화관들이 매달려 있다. 피 방울들과 꺼져가는 타다 남은 숯불이 담긴 화로 그리고 한줌의 재로 변해버린 신에게 받친 음식 제물의 잔해가 눈에 띈다.
　신전 관리인들이 계단을 청소하는 중이다. 그들은 화로도 치우고 제단도 다시 정리할 것이다. 우리는 계단을 올라 신전에 다가간다. 신전은 지붕이 덮여 있고, 신의 조각상이 놓여 있는 가장 신성한 장소인 밀실을 열주로 둘러싼 고전적인 형태이다. 신상(神像)은 종종 금이나 상아 혹은 값진 대리석으로 만든다. 그리고 성직자만이 이 밀실에 들어갈 수 있다. 일반 신자들은 밖에 있어야 하며, 밖에 있는 제단 위에서 의식을 행해야 한다.

이제 우리는 신전 정면을 떠받치고 있는 기둥 사이에 서 있다. 붉은 이집트산 화강암으로 만들어진 기둥이다. 몇 가지 이상한 이유로 화강암이 있는 곳은 늘 시원한 느낌이 든다. 어쩌면 그저 아침 시간에 그늘 아래에 있기 때문일 수도 있다. 계단, 기둥 안쪽, 신상이 놓여 있는 신성한 장소인 밀실을 청소하던 신전 관리인들이 청동으로 만든 커다란 문을 반쯤 열어놓았다. 신전 내부의 밀실을 살짝 들여다볼 수 있는 절호의 기회이다. 그곳으로 가보자. 반쯤 열린 문에서 스며나오는 향냄새는 눈에 보이지 않는 신성불가침의 장막 같다. 그리고 그 냄새는 점점 더 강해진다. 우리는 양쪽 문 사이로 얼굴을 들이민다. 어둑한 실내에 눈이 익숙해지는 데에 한참 시간이 걸린다. 벽에는 희미한 등불이 걸려 있고, 주위에는 나뭇가지 모양의 촛대가 빙 둘러가며 놓여 있는 것이 보인다. 영화에서 보던 환한 횃불은 전혀 보이지 않는다. 차츰차츰 우리의 눈이 어둠에 익숙해지자, 신전 구석에 있는 사람의 형상이 보인다. 신의 조각상임에 틀림없다. 흐릿한 등불 빛에도 거의 헤라클레스라고 할 정도로 근육질인 몸이 드러난다. 금박을 한 청동상이다. 그런데 우리는 뭔가 이상하다는 것을 눈치챈다. 이 조각상은 얼굴이 두 개이다! 머리 뒤로 또다른 얼굴이 삐죽 나와 있는 것 같다. 두 얼굴을 가진 야누스 신이다. 온갖 종류의 변화와 이동 그리고 일반적으로 온갖 사물의 처음과 끝을 관장하는 신이다.

이 신은 우리 현대인의 일상생활에 한 가지 흔적을 남겼다. 비록 소수의 사람들만이 이 사실을 알고 있을지라도, 우리는 1년 중 특별한 시기에 끊임없이 이 신의 이름을 불러댄다.

야누스(Janus)라는 말에서 사실상 1월(January)이 생겨났다. 그렇다. 1월은 새로운 해를 앞에 그리고 지나간 해를 뒤에 둔 달이다. 그래서 두 개의 얼굴을 가진 신 야누스에게 1월이 헌정되었다.

이 기회에 오늘날 사용되는 1년 12개월의 영어 이름을 고대 로마인들이 지었다는 사실을 말해두어야겠다. 그 뜻을 살펴보면 다음과 같다.

1월(January) 라틴어로는 야누아리우스(Ianurius)로 야누스의 달이다.

2월(February) 페브루아리우스(Februarius)는 정화의 달이다.

3월(March) 마르티우스(Martius)는 마르스 신에게 헌정된 달이다.

4월(April) 아프릴리스(Aprilis) 아프로디테를 기념하는 달이다. 에트루리아어의 아프루(Apru)에서 이 여신의 이름이 유래했다.

5월(May) 마이우스(Maius)는 메르쿠리우스의 어머니로, 정원이나 들판의 식물을 포함하여 온갖 살아 있는 사물의 성장을 관장하는 마이아 여신의 달이다.

6월(June) 유니우스(Iunius)는 유노 여신에게 헌정된 달이다.

7월(July) 율리우스(Iulius)는 율리우스 카이사르를 기념하는 달이다.

8월(August) 아우구스투스(Augustus)는 로마의 첫 번째 황제인 아우구스투스 황제를 기념하는 달이다.

9월(September), 10월(October), 11월(November), 12월(December)은 신이 아니라 숫자와 관련된 단어임을 알아차릴 수 있다.

사실 기원전 154년 전까지는 새해를 1월이 아니라 3월에 시작하던 때가 있었다. 그래서 이 달들은 각각 한 해의 일곱 번째(septem), 여덟 번째(octo), 아홉 번째(novem) 그리고 열 번째(decem) 달이 된다. 순서대로 달 이름에 숫자를 붙여 부르게 되었다. 오늘날까지 남아 있는 고대 로마의 전통이다.

로마 달력에서 마지막 궁금증은 휴일이다. 로마 공화정 시기 중에는 1년에 현대의 평일에 해당하는 길일은 235일이나 된다. 길일에는 모든 업무를 하고, 휴일에 해당하는 109일의 "상서롭지 못한" 날에는 모든 업무가 중지된다. 기원후 2세기가 되면 고대 로마에서는 휴일이 거의 하루걸러 하루가 휴일일 정도로 늘어났다! 이런 지경에까지 이르자, 당연히 로마에서 휴일은 더 이상 쉬는 날이 아니라 일상 업무가 중단되지 않는 성스러운 길일이 되었다.

가장 인상적인 휴일은 아마도 사투르날리아(Saturnalia)일 것이다. 농경의 신 사투르누스(Saturnus)를 기념하는 축제로 파종 시기가 끝나는 것을 축하하여 12월 중순 이후에 시작된다. 이 기회에 근심걱정 없이 축제를 즐길 뿐만 아니라 며칠 동안 집 안에서의 역할이 뒤바뀌기도 한다. 주인이 노예들의 식사 시중을 들고 노예들은 약간의 자유를 즐긴다. 그러나 우리는 후에 이 축제가 노예의 진정한 해방을 위한 운동이나 움직임에 얼마나 효과적으로 작용했는지 혹은 의미가 있었는지는 알 수 없다.

우리의 상념은 야누스를 모신 신전 안에 있는 경비병의 엄한 목소리에 갑작스럽게 중단되었다. 그는 우리를 거칠게 쫓아낸다. 우리가 신전의 밀실 안에까지 들어간 것은 아니므로 신성한 장소를 더럽히지는 않은 셈이다. 그러나 어쨌든 그는 죄를 정화하는 의식을 해야 할 것이다.

커다란 신전의 문이 거칠게 닫히면서 밀려나온 강한 향이 우리를 감싼다. 왜 로마인들은 우리가 교회에서 사용하듯이 향을 피웠을까? 그리고 왜 향은 현대의 우리 시대에까지 수 세기에 걸쳐, 유럽뿐만 아니라 다른 지역에서도 사용되었을까? 그 이유는 흥미롭지만 잘 알려져 있지 않다.

향은 미미하나마 병의 원인물질을 제거하는 효과가 있는 듯하다. 이 때문에 수 세기 동안 신전을 소독하는 데에 사용된다. 사실 성직자만이 들어갈 수 있는 성스런 공간 바로 밖에는 많은 신자들이 줄을 서서 기다린다. 그들 대부분은 병을 앓고 있으며, 신 앞에 엎드려 병을 낫게 해달라고 자비를 빌러 왔다. 그래서 신전은 종종 비위생적이고 박테리아로 득시글거리고 건강에 해로운 공기로 가득한 장소가 된다. 향을 사용하는 것은 그 연기로 장소를 정화하기 위함이라고 볼 수 있다.

종교와 미신

우리는 신전을 벗어난다. 고대 로마 주민들의 일상에서 종교는 어느 정도 영향을 줄까?

로마인에게 신은 비록 눈에 보이지는 않을지라도 어디에든 존재한다. 신은 그에게 신호를 보내고 그를 돕고 혹은 그를 벌하면서 매일 그의 삶에 개입한다. 고대 로마를 둘러보는 이 여행 중에 우리가 빠트린 차원이다. 왜냐하면 로마인에게는 분명한 그 많은 신의 메시지를 우리는 장님처럼 알아보지 못하기 때문이다.

예를 들면 부엉이는 곧 닥칠 파멸을 의미한다. 부엉이는 사람을 보호하려고 혹은 그가 하고 있는 일을 그만두게 하려고 신이 보낸 것이다. 이와 유사하게 독수리는 폭풍우가 닥칠 것임을 예고한다.

꿀벌을 보는 것은 우리에게는 평범한 일이지만 반대로 로마인에게는 좋은 징조이다. 왜냐하면 꿀벌은 신의 전령사로 사람에게 행운을 가져다준다고 여겨지기 때문이다. 또 새의 비행도 있다. 새가 어느 방향에서 날아오느냐에 따라서 이익이 되거나 손해가 되거나 한다. 태양이 떠오르는 동쪽에서 새가 날아오면 좋은 징조이다. 만약 태양이 지는 서쪽에서 날아온다면 나쁜 징조이다. 전투를 앞두고 혹은 성스런 의식을 끝낸 뒤에 로마의 장군들은 늘 머리 위로 무엇이 날아가는지 주의 깊게 관찰한다.

제물로 쓰인 동물의 내장을 살펴보고 미래를 예언하는 대사제를 창자 점쟁이라는 뜻의 하루스펙스(haruspex)라고 한다. 이 분야의 전문가들은 오랫동안 에트루리아의 사제들이었다. 특히 간은 운명을 보여주는 좋은 지표로 간주되었다. 그 장기의 상태를 통해서 신들이 자신들의 의견을 이야기한다는 것이다. 사제는 장기의 형태, 색깔 그리고 기형 여부를 마치 미래의 지도라도 되는 듯이 조심스레 들여다본다. 그리고는 자신의 의견을 피력한다.

이것은 고대에나 사용했을 것 같은 구식 점술로 치부될 수도 있다. 그러나 몇몇 민족들은 현대에도 여전히 이 방법을 실제로 사용하고 있다. 라오스에서는 쌀의 수확이 풍작일지 아니면 흉작일지를 알기 위해서 농부들이 어린 돼지를 희생 제물로 바치고, 고대 로마의 하루스펙스 못지않은 집중력으로 돼지의 간을 들여다본다.

로마인들은 무엇을 믿을까? 신들은 다 기억할 수 없을 정도로 너무 많다. 크게 두 그룹으로 나누어보자. 먼저 가족의 조상 영혼인 라르처럼 집 안에서 벌어지는 소소한 일상사에 관여하는 신과 집안일을 돌보는 페나테스와 같은 가정의 수호신들이 있다. 부유한 로마인의 도무스 안에서 보았던 것처럼 로마인은 집 안에 신들을 모신 제단을 마련해놓고 매일 의식을 올린다.

두 번째 그룹에는 반대로 로마의 모든 유명한 신들이 속한다. 말하자면 소위 "공식적인" 신들로 대부분의 신들은 그리스 신들이 로마식 이름으로 변형되었을 뿐이다.

물론 가장 중요한 신은 하늘, 번개 그리고 천둥의 신으로 세계의 지배자가 될 운명을 타고난 로마 민족의 수호신인 유피테르이다. 여성들의 여신으로 출산을 관장한다는 유노, 즉 헤라 여신은 유피테르의 아내이다. 그리고 예술, 전쟁 그리고 지성의 여신인 미네르바가 있다. 로마인들은 이 신들을 소위 카피톨리누스의 3신이라고 부르며 가장 중요한 신으로 꼽는다. 로마 제국의 도시 전역에서는 카피톨리누스 언덕에 있는 신전을 원형으로 하는 신전(3개의 밀실이 있다)을 포룸 중앙에 세우고 이 신들을 숭배한다.

그 뒤를 이은 다른 신들은 다음과 같다. 전쟁의 신인 마르스, 사랑과 성 그리고 미의 여신 베누스, 사냥과 달의 여신 디아나, 포도주의 신 바코스, 상업의 신 메르쿠리우스, 불의 신 불카누스 등이다.

외래 종교의식

악기의 리듬에 박자를 맞춘 종교음악이 우리의 생각을 방해한다. 중요한 종교의식에서 연주되는 비가(悲歌)이다. 우리는 몸을 돌린다. 저 앞에 사람들 사이에 펼쳐진 작은 종교행렬이 보인다. 여인들은 긴 생머리이고, 반대로 남자들은 머리를 밀었거나 몇몇은 이마 둘레에 끈을 매고 있다.

사람들은 각별한 존경심을 가지고 한편에 서서 기다린다. 아무도 행렬을 보고 소란을 피우지 않는다. 마치 극동 아시아의 시장 안을 지나가는 스님 행렬을 보는 것 같다.

그들의 옷차림 역시 범상치 않다. 가슴 높이에서 매듭을 묶은 옷감이 아주 얇은 긴 흰옷을 걸치고 있다. 행렬의 한가운데에 있는 중심 사제는 2개의 손잡이가 달린 둥근 암포라를 들고 있다. 그 암포라는 의식에 필요한 것이 분명하다. 제각기 행렬의 선두와 끝에 있는 여인의 모습이 인상적이다. 행렬의 끝에 서 있는 여인은 시스트룸(sistrum)이라는 타악기를 들고 있다. 청동으로 만든 고리에 금속 막대기들이 달린 악기로, 여인이 그것을 흔들 때마다 막대기들은 동전 지갑이 짤랑거리는 것 같은 소리를 낸다. 수 세기 동안 그 악기를 사용한 이집트에서는 그것의 이름을 그 소리를 본떠서 "쉐쉐시"라고 부른다.

이 악기는 현대에도 여전히 에티오피아의 종교의식에서 사용되고 있다. 성스런 의식에서 사용되는 진정한 살아 있는 화석이다.

행렬의 선두에 선 여인은 반대로 살아 있는 악기를 들고 있다. 사람들에게 손을 내밀고 싶어하는 것처럼 앞으로 한 팔을 뻗고 있다. 그러나 아무도 감히 그녀의 손을 건드리지 못한다. 그녀의 팔뚝에 감긴 뱀 때문이다. 사람들을 향해서 위협적으로 고개를 치켜든 코브라이다. 분명히 코브라는 종교의식에서 하는 역할이 있을 테지만 군중 속에서 행렬이 지나갈 길을 여는 데도 무척 쓸모가 있다. 코앞에서야 비로소 뱀을 알아본 몇몇 사람들은 깜짝 놀라 두 눈이 휘둥그레져서 펄쩍 뛴다.

이 행렬은 어떤 종류의 종교의식일까? 이집트의 여신인 이시스(Isis) 종교의식일까? 사실 정복한 지역에서 들여온 이시스와 세라피스(Serapis)와 같은 신들을 섬기는 로마인들도 있었다. 로마인들 중에서 사제와 추종자들이 나왔고 많은 사원들이 지어지기도 했다.

이시스가 유일한 외래 여신은 아니다. 로마에 가장 먼저 들어온 여신은 현재의 터키에서 전해져온 대지의 여신 키벨레(Kybele)였다.

이 여신을 기념하여 종종 황소를 제물로 바치는 의식을 거행했다. 먼저 땅에 구덩이를 파서 그 안에 신자들을 눕히고 그 위를 구멍이 뚫린 나무판으로 덮는다. 그 위에 황소 제물을 바친다. 많은 피가 신자들 위로 흘러내린다. 마치 기독교에서 물의 세례를 받을 때와 똑같이 말이다.

고대에는 이 의식이 황소와 같은 힘을 얻을 수 있도록 도와준다고 믿었다. 우리가 지금 방문 중인 로마에서는 정화를 목적으로 이 의식을 행한다. 그리고 정기적으로 되풀이해서 이 의식을 올려야만 한다.

또다른 위대한 외래의 여신은 미트라(Mithra)이다. 페르시아에서 온 여신으로 가장 먼 동양에서 전투를 벌였던 군인들 덕분에 로마에 도착했다. 이 여신을 섬기는 종교의식에서도 황소가 나름의 중요성을 가진다. 미트라 신은 거의 항상 황소를 죽이는 모습으로 묘사되는데, 이때 황소의 피는 세상을 구하는 생명의 피이다. 미트라교는 기독교가 로마에 들어왔을 당시에 가장 강력한 경쟁 종교가 되었을 정도로 로마 사회 곳곳에 깊숙이 파고들었다.

의외의 놀라운 사실은 미트라 신과 그리스도가 몇 가지 공통점을 보인다는 점이다. 둘 다 보편적인 형제애를 설교했으며, 바로 12월 24일과 25일 사이 밤에 허름한 장소에서 태어났다.

1년 중 그 정확한 순간에 이집트의 매의 신 호루스, 그리스의 디오니소스와 싯다르타도 태어났음을 알게 되면 놀라움은 한층 더해진다.

그렇게 많은 중요한 신들이 같은 날에 태어난 이유는 무엇일까?

그 이유는 천문학에 있다. 12월 21일은 동지로 1년 중 낮이 가장 짧고 밤이 가장 긴 날이다. 그리고 그 다음 날부터는 낮이 점점 더 길어지기 시작한다.

수많은 종교와 문명사회에서 신의 탄생을 태양의 귀환과 일치시킨 것은 커다란 상징적 의미가 있는 일이었다. 로마인들이 12월 25일을 태양의 탄생일, 즉 디에스 솔리스(dies solis)라고 부르는 것도 우연은 아니다.

트라야누스 황제 시대의 로마에는 소수의 기독교인들도 있었다. 기독교 공동체는 후세대에 비하면 아직은 규모가 작았고 대체로 서민들이 사는 지역과 도시 외곽지역에 뿌리내렸다.

트라야누스 황제 집권하에서 기독교는 아직 전파 중인 소수 종교에 불과하다. 50여 년 전에 시작된 기독교인에 대한 네로 황제의 잔혹하고 고통스러운 종교박해는 여전히 계속되고 있다. 한편으로 유대교는 더욱 번성한다. 오스티아에 있는 것과 같은 유대교 회당, 시나고그도 이미 여러 곳에 세워졌다. 로마에서 유대인들의 존재는 역사적 근거를 바탕으로 한다. 로마에 있는 유대인 공동체의 기원은 기원전 1-2세기까지 거슬러올라간다. 기원후 70년에 티투스의 손에 의해서 예루살렘이 붕괴된 이후 유대인들의 디아스포라 때문에 로마에 많은 유대교 신자들이 유입되면서 유대인 공동체는 더욱더 커진다.

기독교인, 유대인, 미트라와 이시스 그리고 키벨레의 추종자들, 유피테르와 유노 그리고 미네르바의 숭배자들. 이 모두가 우리가 지금 둘러보고 있는 로마에 그리고 제국의 다른 지역에 종교의 자유가 있음을 알려준다.

물론 로마 역사상 늘 종교의 자유가 보장되지는 않았다. 그리고 미래에도 여전히 그러하지는 않을 것이다. 콘스탄티누스 황제 치하에서 기독교가 다른 모든 종교보다 우선시되면서 다른 종교들은 잦은 박해와 탄압을 받음으로써 점점 비주류로 밀려나게 된다.

한마디로 말해서 우리가 지금 둘러보는 로마에서 종교는 근본적으로 균형을 유지하고 있다. 그 이유는 무엇일까?

무엇보다도 종교의 자유가 제국의 안정을 위한 주요 전략이기 때문이다. 종교를 자유롭게 믿도록 내버려둠으로써 위험한 긴장과 반란을 피할 수 있다. 따라서 각자는 원하는 대로 일정한 조건 내에서 종교를 선택할 수 있다. 다만 제국의 황제에게 헌신한다는 전제조건이 따른다. 따라서 모든 사람들은 황제의 절대적인 권력을 인정하며 황제를 기념하는 의식을 규칙적으로 올려야 한다. 기독교인에 대한 박해는 이러한 황제의 신격화를 거부하고 제국의 종교행사에 참여하기를 거부하면서 비롯되었다.

이 행사는 특히 로마 제국의 통치를 받는 사람들에게도 관계가 있는 것으로, 로마에 대한 충성서약과 같은 것이라고 할 수 있다. 물론 황실에 대한 숭배도 존재했다. 아우구스투스 황제를 시작으로(율리우스 카이사르 황제도 포함) 이미 세상을 뜬 황제를 신성화하여 숭배하는 수많은 사원과 사제들이 존재한다.

로마의 너그러운 종교적 관용에 대한 좀더 논리적인 또다른 설명도 가능하다. 실용주의자인 로마인들은 외부의 신에 대한 적대감을 드러냄으로써 적을 만들고 싶어하지 않았다는 것이다.

로마의 종교에 대한 마지막 궁금증이 남는다.

왜 외래 종교가 로마인들 사이에서 그렇게 널리, 다양한 계층의 사람들에게 전파되었을까? 그 대답은 정말 신기하게도 현대의 몇 가지 전형적인 현상들을 떠올리게 한다.

외래 종교들 중 대부분이 미래의 행복에 대한 비전을 심어주기 때문이다. 특히 공화정 말기처럼 로마 역사상 가장 암울하던 시기에는 많은 사람들이 본능적으로 더 나은 미래에 대한 희망을 필요로 하게 되면서 이 새로운 종교들은 별다른 어려움 없이 퍼져나가게 된다.

이외에도 일단 로마에 외래 종교가 거의 비밀스럽게 정착을 하게 되면, 새로운 추종자들은 그들에게 익숙한 종교와 전혀 다른 새로운 종교의 사제들을 찾아낸다. 그 사제들은 자신들의 목숨을 걸고 종교에 헌신하며 신자들과 긴밀한 접촉을 유지한다. 신자들의 이야기를 들어주고 그들을 지도한다. 즉 신앙심 있는 사람이라기보다는 오히려 관료를 떠올리게 하는 사제들이 관리하는, 너무 엄격하고 차갑고 각 개인의 정신적인 필요와 거리가 있는 공식적인 로마의 종교와는 정반대인 셈이다.

결정적으로 몇몇 외래 종교가 여인들에게 열려 있었다는 점은 그 종교의 성공을 위한 또다른 비장의 무기였다. 로마의 공식적인 종교는 사실 특수한 일부를 제외하고는 여성을 배제시킨 채 남성이 주도했다.

따라서 새로운 종교는 단단히 뿌리를 내릴 수 있도록 국민 전체를 신자로 확보할 수 있어야 했다. 그러나 이보다 더 중요한 것은 가정 내로 들어간 종교는 양육을 책임진 여성들의 역할 덕분에 아이들에게 전해지면서 자연스럽게 새로운 신자가 생겨날 수 있다는 점이다.

9시 50분
로마인들의 이름은 왜 그렇게 길까요?

이 모든 것을 생각하고 있는데, 우리 앞에 있는 남자가 무심코 몸을 돌려 손가락으로 코를 푼다. 시합 중에 일부 축구선수들이 하는 행동과 똑같다. 그는 그저 공기 중에 손가락을 흔들어서 손가락에 묻은 콧물을 털어 낸다. 그리고는 아무 일도 없었다는 듯이 가던 길을 간다. 로마 시대에 손수건은 존재하지 않는다.

우리 앞에 군중들 사이로 말을 타고 천천히 우리에게 다가오는 한 남자가 보인다. 손에는 창을 쥐고 있다. 짧고 무척 밝은 색의 튜닉과 반짝이는 청동으로 만든 아름다운 브로치로 고정시킨 보라색 망토를 입고 있다. 분명 군인임에 틀림없다. 군인처럼 짧게 자른 머리와 확신에 찬 시선에서도 이를 알 수 있다. 기병 정찰대인 에쿠에스 스페쿨라토르이다. 20여 년 전인 도미티아누스 황제의 치하에서 이들은 말은 타고 경호 업무를 수행하는 특수 정찰대 소속이었다. 현대의 이탈리아로 따지면 황제의 명령을 따르는 흉갑기병(胸甲騎兵)이라고 이해할 수 있다. 지금은 명령체계가 바뀌어 포괄적으로 트라야누스 황제의 보병 근위대에 소속되어 있다.

이제 우리 가까이에 있는 그를 더 자세히 관찰할 수 있다. 그는 스물다섯 살 정도로, 그의 외모는 지중해 출신이라기보다는 켈트족에 더 가까운 특징을 보인다. 사실 눈은 푸른색이고 머리는 짙은 황갈색의 금발이다. 목에 난 긴 흉터는 그가 겪은 극적인 전투를 암시한다. 십중팔구 이 일을 갓 시작한 초기에는 전투부대의 일원이었다가, 나중에 이 기병 정찰대로 옮겼을 것이다.

고함소리가 들린다. "페레그리누스! 페레그리누스!" 그리고는 다시 정확하게 이름을 모조리 불러댄다. "푸블리우스 술피치우스 페레그리누스!" 말에 탄 젊은이가 우리 쪽으로 몸을 돌려 우리를 쳐다본다. 우리는 어리둥절하다. 고함을 지른 남자가 바로 우리 뒤에 있다. 젊은이는 그를 향해 시선을 옮긴다. 우리를 앞으로 밀어대던 남자는 미소를 머금고 젊은이를 향해 두 팔을 벌린다. 마지막 순간에야 그를 알아본 젊은이가 단숨에 말에서 뛰어내린다. 로마인들은 말의 안장에 등자(鐙子)를 달지 않는다. 등자는 중세에 들어서야 유럽에 도입된다. 두 사람은 한동안 얼싸안는다. 오랫동안 보지 못했던 두 형제이다. 이제 젊은이는 말고삐를 잡고 남자와 함께 걷기 시작한다. 그들은 분명 작은 술집으로 포도주를 한잔하러 갈 것이다. 거리 모퉁이에 작은 술집 하나가 보인다. 걸을 때마다 기병 정찰대의 보라색 망토가 그의 종아리 위에서 우아하게 펄럭인다. 순식간에 그들은 군중과 뒤섞여 우리의 시야에서 사라진다.

이 기병 정찰대원의 운명은 썩 좋지 않을 것이다. 3년 후에 그는 죽은 채 발견될 것이다. 우리는 그가 어떻게 죽었는지 정확한 경위는 모른다. 다만 그의 형과 아버지가 높이 쌓은 화장용 장작더미 위에 그의 시신을 화장할 것이라는 점만 알고 있을 뿐이다. 그의 묘비에는 밀라노 태생의 푸블리우스 술피치우스 페레그리누스라고 그리고 죽음을 맞이한 순간 갓 스물여덟 살이 되었고 9년 동안 군복무를 했다고 적힐 것이다. 전투에 나서고 싶어서 조바심을 내며 말을 붙잡고 서 있는 그의 모습도 새겨넣을 것이다.

묘비는 이 젊은이의 재를 담은 항아리와 함께 고고학자들에 의해서 1979년 안치오에서 발굴되었다. 현재는 디오클레티아누스 황제(245-316)가 지은 고대 공중목욕탕에 들어선 로마 국립박물관의 소장품 전시실에 진열되어 있다.

이 장면에서 우리를 한층 더 놀라게 하는 것은 로마인들의 이름이다.

푸블리우스 술피치우스 페레그리누스. 왜 항상 이렇게 길까?

그 이유는 로마인들의 이름이 첫째 이름(parenomen), 둘째 이름(nomen gentilicum : 소속 씨족의 이름), 성(姓, cognomen), 이렇게 세 부분으로 구성되어 있기 때문이다.

탐구 II 로마인들의 이름

첫째 이름은 마르쿠스, 카이우스, 루치우스 등 일반적인 이름이다.

소속 씨족의 이름은 자신이 속해 있는 부계 씨족집단을 가리킨다. 굳이 설명하자면 무척 "확대된" 성에 해당한다고 이야기할 수 있다. 많은 가족에게 공통되는 이름으로 수많은 다른 가족, 즉 부족을 포함하는 이름이다.

마지막으로 성은 거의 형용사와 같은 호칭이다. 도덕적 혹은 신체적 특징을 가리킨다. 루프스(빨강머리), 친친난투스(곱슬머리), 브루투스(어리석은), 칼부스(대머리), 카에쿠스(맹인), 키케로(병아리콩), 나시아(주먹코), 덴타투스(뻐드렁니).

정형화된 3개의 이름은 특히 루키우스 코르넬리우스 술라(기원전 138?-78 : 고대 로마의 장군 겸 정치가/역주)의 통치하에서 확산되었다. 문제는 그때 이래로 모든 후손들이 그 긴 이름을 달고 다녀야만 했다는 것이다. 그들이 대머리, 주먹코 등 조상들의 신체적인 특징을 더 이상 보이지 않는데도 불구하고 말이다. 가끔씩은 이미 긴 이름 목록에 이름을 하나 더 붙이기도 했다. 그렇다 보니 카르타고와의 전쟁에서 위대한 승리를 거둔 이후 푸블리우스 코르넬리우스 스키피오(기원전 236-184)에게 아프리카누스라는 이름이 더 붙기도 했다.

흥미로운 사실은 로마인들이 수 세기가 지나는 동안 여러 세대에 걸쳐 차츰차츰 공식적으로 서로를 부르는 호칭을 바꾸었다는 점이다.

공화정 시기에는 첫 번째와 마지막 이름을 부르는 것으로 충분했다. 어느 정도 현대의 이탈리아인들과 마찬가지로 카이우스 카이사르처럼 한 사람을 이름과 성으로 구별했다. 그후에는 이름 3개를 다 부르는 것이 유행했다. 제국 시대와 더불어 세 번째 이름만 불러도 충분하다고 정해졌다. 바로 이런 이유에서 오늘날 우리는 마르쿠스 울피우스 트라야누스가 아니라 간단히 트라야누스라고 혹은 푸블리우스 아일리우스 하드리아누스가 아니라 하드리아누스라고 말한다.

9시 55분
로마인들의 놀이

아이들의 놀이

열주랑의 2개의 기둥 사이에서 아이들이 놀고 있다. 로마의 아이들은 무엇을 하고 놀까? 구슬치기이다! 당연히 현대의 아이들처럼 유리로 만든 구슬을 가지고 놀지는 못한다. 너무 비싸기 때문이다. 구슬은 자연에서 쉽게 구할 수 있는 재료인 호두로 만든다. 우리가 지켜보는 놀이는 아주 간단하다. 어린 아이들이 멀찍이 작은 피라미드 형태로 쌓아놓는 구슬을 순서대로 맞추는 것이다. 조준을 잘해야 한다! 구슬을 던질 때마다, 이 거리를 마치 공원의 놀이터인 양 차지한 거리의 어린 개구쟁이 무리에서 함성이 터져나온다. 사실 이 아이들 말고 숨바꼭질을 하는 다른 아이들도 있다. 이 놀이는 길을 오가는 사람들 속에서 할 때 더 신나는 놀이가 된다. 술래가 되어 눈을 가린 아이가 계속해서 지나가는 사람들을 붙잡는 실수를 할 때마다 친구들 사이에서 웃음이 터져나온다. 조금 더 앞에는 어린아이 두 명이 대나무를 가지고 전쟁놀이를 하고 있다.

이 모든 장면은 호라티우스(기원전 65-8)가 아이들의 놀이에 대해서 언급한 내용을 확인시켜준다. 대나무를 가지고 노는 것은 아이들이 가장 즐겨하는 놀이 중의 하나이다. 대나무를 말처럼 타거나 작은 오두막을 짓거나 우리 안으로 쥐나 닭과 같은 작은 동물을 몰아대며 놀기도 한다.

로마 아이들이 하는 놀이 중에서 말 타기, 시소 놀이, 숨바꼭질 그리고 줄넘기는 빠지지 않는다. 빠진 것은 전혀 없을까? 아마도 그럴 것이다. 우리 위에 있는 인술라의 2층 발코니에서 한 여자아이가 거리에서 뛰어노는 아이들을 구경하고 있다. 그 아이도 내려가서 함께 놀고 싶지만 어머니가 복잡한 거리에 나가 놀도록 허락하지 않는다. 그래서 인형을 가지고 혼자 놀고 있다.

인형은 선사시대까지 거슬러올라가는 아주 오래된 발명품이다. 그런데 이 인형은 특별하다. 테라코타로 만든 인형으로 팔과 다리가 움직인다. 이미 로마 시대에 진정한 바비 인형에 해당하는 푸파이가 있었다는 것이 놀랍다.

이런 종류의 장난감은 여러 차례 고고학자들에 의해서 발굴되었다. 특히 어린 여자아이나 십대 소녀의 무덤에서 발견되었다. 일부는 상아나 나무로 만들어졌고 가끔은 피노키오 인형처럼 더 복잡한 방식으로 정교하게 만들어졌다. 모든 인형은 항상 그 인형이 만들어진 시대에 유행하던 헤어스타일로 조각되어 있다. 따라서 인형의 헤어스타일만으로도 그것의 제작시기를 가늠할 수 있다.

어른들의 놀이

우리는 걸음을 재촉하여 온갖 세상만사를 보여주는 선술집 앞을 지나간다. 선술집에서는 두 노인이 이상한 행동에 열중해 있다. 과장된 손짓을 하는 폼이 싸우는 것 같기도 하다. 가까이 다가가자 사실은 무척 흥겨운 분위기임을 알 수 있다. 그들 주변에 있는 다른 손님들도 웃음을 머금고 있다. 두 노인은 모라(mora, 제로 게임에 해당/역주)라는 게임을 하는 중이다. 이 게임의 원래 이름은 미카티오(micatio)이다. 팔뚝을 들었다가 아래로 힘차게 뻗으며 숫자를 외치며 동시에 손가락 몇 개를 펼친다. 우리도 잘 알다시피 게임하는 두 사람이 펼칠 손가락의 합계를 미리 알아맞히는 사람이 이기는 게임이다. 아무튼 아주 오래 전 과거에서 이렇게 우리에게도 친근한 놀이를 보게 되다니 놀랍다. 박물관의 유리 진열장에서 볼 수 있는 유물만큼이나 오래된 진정한 고고학적 유물이다. 그리고 이것이 다가 아니다. 로마의 거리에서는 "앞 혹은 뒤"라는 동전 뒤집기 게임으로 내기를 한다. 사실 이 게임의 이름은 나비아 아우트 카피타(navia aut apita), 즉 배 혹은 머리라고 불린다. 왜냐하면 동전 한 면에는 두 얼굴의 야누스 머리가 그리고 다른 한 면에는 주로 노예들에게 노를 젓게 한 갤리선의 뱃머리가 새겨져 있기 때문이다. 시간과 더불어 동전에 새겨진 그림은 바뀌었지만 수 세기가 흐르는 동안에도 공중에 동전 던지기를 할 때 쓰는 표현은 우리가 사는 시대까지 고스란히 전해져 내려오고 있다.

현재까지 전해지는 또다른 전형적인 로마 거리의 게임은 홀짝 게임이다. 로마 시대에는 이 게임을 파르 임파르(par impar)라고 부른다. 사실 앞의 놀이와 별 차이가 없는 게임이다. 왜냐하면 상대편이 손 안에 감추고 있는 돌멩이의 숫자를 알아맞히는 게임이기 때문이다.

우리는 선술집 안으로 들어가 여전히 놀이에 열중하고 있는 두 노인 옆을 지나간다. 머리카락이 없고 이도 빠진데다가 코가 무척 길쭉하고 키가 더 작은 노인은 무척 흥분해 있다. 숫자를 불러낼 때마다 침이 튀어나왔다. 반대로 다른 노인은 침착하다. 주름이 자글자글한 그의 얼굴은 무표정하고 머리는 아주 짧게 잘랐다. 눈을 반쯤 감고 손을 리드미컬하게 움직이며 매번 다른 숫자를 부른다.

이 놀이에서 유래한 아주 멋진 표현이 있다. 트라야누스 시대의 로마에서는 "어둠 속에서 모라 게임을 할 정도로 너무 정직한 사람"이라는 표현이 있다.

선술집 안쪽에 커튼이 쳐진 곳이 눈에 띈다. 커튼 뒤에 뒷방이 있는 것이 틀림없다. 그런데 어쩐 일로 커튼 뒤에서 시끄러운 고함소리가 들리는 것일까? 우리는 가까이 다가가서 작은 뒷방으로 들어가는 커튼을 살짝 들추어본다. 노름판이다! 방 한복판 테이블에 주사위를 굴리며 게임에 빠져 있는 남자들이 앉아 있다. 매판마다 주인이 벽에 눈금을 새겨 승리자를 기록한다.

그런데 도박은 금지되어 있지 않을까? 물론 금지되었다. 원형 대경기장과 콜로세움에서의 내기를 제외한 모든 내기 역시 도박과 마찬가지로 금지되었다. 법은 엄격하다. 판돈의 네 배에 달하는 벌금을 내야 한다. 이외에도 로마 법은 노름빚을 인정하지 않는다. 따라서 그 어떤 변호사도 노름에서 잃은 돈을 되돌려 받도록 도와줄 수 없다.

그러나 여기에서는 다들 도박을 하고 있다. 사실 법으로 내기와 도박을 금하고 있지만 당국은 슬쩍 눈감아주고 아무도 단속하지 않는다. 공공연히 다 드러나게 위반만 하지 않으면 된다. 여기처럼 뒷방 같은 곳에서 몰래하면 된다. 이 방은 영화 속에서 노름꾼들이 도박판을 벌이는 곳과 정말 똑같다. 물론 카드는 수 세기가 지난 후에야 등장할 것이다. 로마인들의 주사위인 테세라(tessera)가 충분히 카드를 대신한다.

도박으로 많은 이들이 엄청난 재산을 탕진하기도 했고, 목숨을 잃기도 했다. 심지어는 속임수를 쓴 주사위도 있다. 주사위 하나가 마치 경고를 하듯이 벽에 박혀 있다. 여기에서 속임수는 통하지 않는다고 말하는 듯하다. 우리는 궁금증에 그 주사위를 더 자세히 살펴보려고 다가간다. 안이 움푹 파여 있다. 속임수를 위장하기 위한 마개도 두 개가 있다. 겉으로 보기에는 완벽해 보였을 것이다. 그러나 주사위가 한쪽으로 더 자주 뒤집히도록 주사위 한쪽 면 안에 납을 박아놓았다. 주인과 그의 친구들은 이를 알아차렸음에 틀림없다. 사기꾼에게 무슨 일이 벌어졌는지 누가 알겠는가. 방구석에 깔끔하게 닦이지 않은 적갈색의 작은 얼룩과 자국이 사기꾼의 말로가 어떠했는지를 짐작하게 한다.

우리는 조심스럽게 테이블에 바짝 다가간다. 남자들이 고함을 지르고 주사위를 던질 때마다 욕설을 해댄다. 시합에 따라 2명, 3명 혹은 4명이 한 조를 이루어 특이한 짧은 대가 달려 있는 테라코타로 만든 작은 잔인 프리틸루스를 사용하여 주사위를 던진다. 그 잔은 깨진 유리잔 같이 생겼다. 그래서 제대로 서 있지 못하고 살짝 건드리기만 해도 쓰러진다. 어쩌면 누군가 아무도 모르게 속임수를 쓴 주사위를 집어넣는 것을 방지하기 위한 방법일 수 있다.

규칙은 간단하다. 굴려서 나온 주사위의 숫자를 합해서 점수를 낸다. 단지 매번 던질 때마다 나오는 면의 호칭이 다를 뿐이다. 모든 주사위가 숫자 1을 가리킬 때에는 정말 운이 없는 경우이다. 그래서 "개 점수"라고 말한다. 반대로 전부 가장 큰 숫자 6이 나온 경우에는 "베누스 점수"라고 말한다. 테이블 가장자리에 약간의 청동 세스테르티우스와 은화 꾸러미가 쌓여 있다. 꽤 큰 판돈이 오가는 듯하다. 이것은 로마인들이 빠져 있는 노름의 열기를 잘 드러낸다. 로마에서 모든 이들이 노름을 하고 내기를 한다는 사실이 정말 놀랍다. 서민들만 노름에 빠져 있다고 말하는 것이 아니다. 아우구스투스 황제는 심지어 단 하루 만에 40만 유로에 해당하는 20만 세스테르티우스를 잃었을 정도이다. 현대에 살았더라면 로마 역사의 이 위대한 인물은 도박 중독 치료를 받아야 했을 것이다. 사실 그는 정말 병이었다. 집에 손님들을 초대하면 손님들 각자에게 노름을 할 수 있도록 은화 25푼이 들어 있는 작은 자루를 나누어주었다. 그리고 손님들이 계속 노름을 할 수 있도록 자신이 딴 몫을 다시 나누어주기까지 했다!

이 작은 도박장을 떠난다. 고함소리와 긴장감이 너무 높아졌다. 상황이 험악해질 수도 있다.

나오는 도중에 시끄럽게 모라에 열중하고 있는 두 노인을 다시 쳐다본다. 그 옆 테이블에 앉은 2명의 병사가 12글자 놀이를 시작했다. 이 놀이는 라틴어로 두오데킴 스크립타(duodecim scripta)라고 하는데, 현대 이탈리아인들이 즐겨하는 2인용 주사위놀이와 무척 비슷하다. 로마인들이 무척 즐겨하는 또다른 게임이다.

10시
로마 거리의 라틴어

현대인들이 학교에서 배운 라틴어를 트라야누스 시대의 로마 거리에서 들을 수 있을까? 오늘 하루를 시작할 때부터 품어온 궁금증이다. 그래서 우리는 한 가지 실험을 해본다. 두 명의 여인이 상점에 진열된 비단의 품질을 살펴보고 있는 회랑 아래로 다가간다. 지위가 있는 여인들로 원래는 시장을 보는 서민들로 붐비는 거리에 있어서는 안 된다. 그러나 그들이 특별한 이유로 여기에 있는 것을 알아챌 수 있다. 그들은 모녀지간으로 딸의 결혼식에 쓸 천을 고르는 중이다. 그들이 하는 말은 다음과 같다.

Placetne tibi, mater, pannus hic, ut meam nuptialem pallam conficiam? 플라케트네 티비, 마테르, 판누스 히크, 우트 메암 누프티알렘 팔람 콘피치암? (어머니, 저의 결혼식 드레스로 이 천이 마음에 드세요?)

Paulum nimium speciosus est. Tamquam meretrix ornata nubere non potes, filia. 파울룸 니미움 스페키오수스 에스트. 탐쾀 메레트릭스 오르나타 누베레 논 포테스, 필리아. (너무 눈에 띈다. 매춘부 같은 옷차림으로 결혼식에 갈 수는 없잖니, 애야.)

Certe, matrimonium hoc primum tibi non erit, sed maiorum mores servandi sunt. 케르테, 마트리모니움 호크 프리뭄 티비 논 에리트, 세드 마이오룸 모레스 세르반디 순트. (물론 이게 너의 첫 번째 결혼식은 아니지만 우리가 전통을 따라야지.)

Mater, festina. Nam cena parandest, musici conducendi, eligendique nuptiarum testes. 마테르, 페스티나. 남 케나 파란데스트, 무지키 콘두켄디, 엘리젠디퀘 누프티아룸 테스테스. (엄마, 서둘러요, 연회 메뉴도 정하고, 연주자들도 부르고 증인도 선택해야죠.)

두 여인이 상점 안으로 들어가 계속 잡담을 나눈다. 그런데 우리는 그녀들을 따라갈 수 없다. 우리 앞에 키가 크고 덩치가 어마어마한 머리가 벗겨진 남자 노예가 버티고 서서 우리를 위협적으로 지켜보고 있다. 그가 무슨 말을 하려는지는 분명하다. 우리더러 사라지라는 의미이다. 아무튼 그녀들이 주고받은 말은 꽤 쓸모가 있었다. 딸이 재혼을 하고 재혼이 물의를 일으키지 않음을 우리는 알게 되었다. 마치 현대처럼 로마 사회에서도 이혼은 일반적이다.

또다른 흥미로운 점은 언어이다. 몇몇 단어는 현대의 라틴어와 똑같다. 예를 들면 저녁식사를 의미하는 "cena"에서 연음 c로 발음한다. 중요한 세부사항이다. 왜냐하면 많은 학자들에 의하면 로마 역사 초기에 사용되던 그리고 어쩌면 율리우스 카이사르 시대에까지 사용되던 라틴어는 우리가 학교에서 배우는 것과 달랐기 때문이다.

우리가 "안칠레"라고 읽는 ancillae라는 단어는 "안킬라이"라고 발음되었다. 한마디로 말해서 경음 c로 발음하고 이외에도 "a"와 "e"를 따로따로 발음했다. 따라서 카이사르(caesar)는 자신의 이름을 체사르가 아닌 카이사르라고 말했을 것이다.

그래서 우리가 방금 들은 두 여인 사이에 오간 대화는 150년 전에는 무척 달랐을 것이다.

한마디로 말해서 라틴어는 세대가 지나면서, 이탈리아어에서 스페인어, 포르투갈어, 프랑스어, 루마니아어, 영어에 이르기까지 수많은 유럽어가 공통으로 가진 단어들을 발음할 수 있도록 순화되고 변형되었다.

지금 우리가 둘러보고 있는 로마에서는 많은 단어들을 알아들을 수 있을 정도로 많은 변형이 진행되었다. 이러한 추이는 로마 시대 내내 그리고 중세 동안에도 계속될 것이다. 그러면서 현재 유럽어의 탄생에 근본적인 토대를 마련하게 될 것이다. 우리가 학교에서 배운 라틴어와 로마의 거리에서 들리는 라틴어가 무척 상이하게 들리는 것은 말하는 방식 때문이다. 문장의 억양은 단어를 왜곡시키는 음조를 따른다. 그래서 우리는 종종 그 단어를 이해하지 못한다.

현대에도 이와 같은 사례가 발생한다. 똑같은 단어를 다른 방식으로 말하는 것을 듣기 위해서는 한 도시에서 다른 도시로 혹은 한 지역에서 다른 지역으로 이동하는 것으로 충분하다. 베네치아 억양, 피렌체 억양, 나폴리 억양을 들었을 때 기초 이탈리아어만 아는 관광객의 어려움을 상상할 수 있다.

로마의 거리에서도 똑같은 일이 발생한다. 아니, 오히려 붐비는 거리에서 사람들을 모아 말의 억양에 따라서 출신을 분류해낼 수도 있다. 각각의 사람들이 이탈리아 반도의 어느 지역 출신인지뿐만 아니라 전체 로마 제국 중 어느 구석에서 왔는지에 따라서 상당히 다른 억양으로 라틴어를 말하기 때문이다.

이런 의미에서 우리 옆을 지나가는 키가 크고 금발인 두 병사가 말하는 구어체 라틴어의 딱딱한 발음은 그들이 북유럽 출신임을 드러낸다. 바로 현대에도 그러한 것처럼.

10시 10분
거리의 학교

우리는 걸음을 멈춘다. 우리 귀에 어린 아이들의 합창소리가 들린다. 길에서 물건을 파는 장사꾼의 고함과 작업장에서 나는 소음과 뒤섞여 멀리서 희미하게 들려온다.

어디에서 나는 소리인지 찾아보자. 한 골목길로 접어들자 합창소리는 점점 더 크게 들린다. 짐을 가득 담은 바구니를 머리에 이고 가는 두 명의 노예를 지나치며 우리는 걸음을 재촉한다.

골목길에서 벗어나자 비교적 인적이 적고 회랑이 길게 늘어선 옆길로 이어진다. 바로 이곳에서 소리가 들린다. 회랑의 모퉁이에 놓여 있는 벤치 위에 30여 명의 아이들이 앉아 책의 내용을 암송하고 있다. 아이들의 작은 머리를 어루만지듯이 비스듬히 내리쬐는 햇빛은 머리 위에 빛나는 후광을 만든다. 햇빛 속에 날아다니는 파리와 춤을 추는 듯한 엄청난 양의 먼지가 보인다. 빛은 아이들의 암송 소리에 박자를 맞추듯이 허공에서 리드미컬하게 움직이는 막대기에도 환하게 비춘다. 나이가 많고 마르고 대머리에 수염이 난 선생님이 들고 있는 회초리이다. 그의 옆에는 투박한 칠판이 놓여 있다. 수업에 무관심한 사람들이 그들 주변을 지나간다. 몇몇 사람만이 걸음을 멈추고 회랑 기둥에 몸을 기댄 채 귀동냥으로 수업을 엿듣고 있다.

아이들은 23자 알파벳 암송을 끝내고 이제 로마 최초의 법인 12표법(十二表法, lex duodecim tabularum)을 낭독한다. 모두가 집중하고 있는 것은 아니다. 갑자기 선생님이 회초리로 한 아이의 어깨를 거칠게 내려친다. 공기를 가르는 소리에 번갯불이 번쩍하는 것 같다. 파리까지도 도망간다. 쥐어짜는 고함소리에 아주 잠시 암송이 중단된다. 그리고는 아무 일도 없었다는 듯이 다시 이어진다.

로마 시대에 교육은 체벌을 허용한다. 유베날리스와 호라티우스가 이를 상세히 기록했다. 호라티우스는 플라고수스(plagosus, 때리는 사람)라는 표현을 쓰면서 예전 선생님의 모습을 잊을 수가 없다고 기술한다. 이것이 로마와 제국 전 영토에 있는 초등학교의 모습이다. 가끔 수업은 이전에 상점으로 쓰이던 허름한 장소에서 진행되지만 회랑 아래와 같은 야외에서 더 자주 진행된다.

대부분의 로마인들은 초등교육 이상을 받지 않는다. 읽고 쓰고 셈하기를 배우면 끝이다. 초등학교에서 기초적인 교육을 받은 다음에 일을 시작한다. 미성년자 노동은 로마 사회에서 불법이 아니다.

일할 필요가 없는 부유한 집안의 아이들은 계속 교육을 받는다. 상류층에게는 좋은 교육을 받는 것이 출세와 연관되는 중요한 일이라는 것을 그들의 부모도 잘 알고 있기 때문이기도 하다. 그래서 열두 살 이상의 부유층 십대 아이들은 라틴어와 그리스어의 문법과 문학을 배우기 위해서 사립학교에 다닌다. 사실 귀족 가문에서 그리스어를 아는 것은 고상한 신분의 상징이다.

이 학교에서는 무엇을 공부할까? 그람마티쿠스(grammaticus)라고 불리는 선생님이 과거 시인의 시, 즉 우리가 고전 시라고 부르는 것부터 가르치기 시작한다. 이 시를 설명하려면 선생님은 천문학, 음악, 수학, 지리학에 관한 지식도 갖추고 있어야만 한다. 그래야 선생님은 자신의 학생들에게 문화 전반에 걸친 표면적인 지식이나마 가르칠 수 있다.

어쨌든 로마의 중학교 과정에서는 모든 기술이나 과학 분야를 제쳐두고, 우리가 오늘날 고전 과목이라고 칭하는 분야를 우선적으로 공부한다. 그리고 더 이상은 존재하지 않는 신화학이라는 과목도 가르친다.

출판업계가 직접 학생들이 배울 작품들을 선별한다는 사실이 흥미롭다. 상점 주인들은 몇몇 고전, 즉 호메로스(기원전 800?-750)와 엔니우스(기원전 239-169)의 작품, 좀더 후에는 베르길리우스(기원전 70-19), 키케로, 호라티우스 등의 저서를 팔기에 전념한다. 그렇다 보니 많은 다른 작가들의 작품은 시중에서 자취를 감추게 된다. 어쩌면 익명의 학교 선생님들의 선택 덕분에, 시간이 흐르면서 역사 속에서 완전히 사라졌을 작품들이 오늘날까지 전해졌는지도 모른다. 15-16세에 중학교를 졸업한 유복한 집안의 청소년들은 선생님을 바꾼다. 그리고 공적 생활에서 경력을 쌓기 위한 준비로 웅변술의 비법들을 가르쳐줄 웅변가를 구한다.

그렇게 학생들은 쓰기와 말하기 연습을 한다. 특히 일정한 논제에 대한 찬반양론을 과거 유명인사들의 관점에서 분석하는 독백을 해야 한다. 로마의 공적 생활, 즉 정치에서 필수 영역인 웅변 능력을 기르는 데에 무척 효과적인 연습이다. 훈련 유형에 따라서 정반대되는 논지를 주장하는 두 학생이 대결하기도 한다. 이런 연습은 근본적으로 사법부 영역에서 결실을 보게 할 것이다. 로마인들은 이렇게 두 명이 맞대결하는 연습을 수아소리아이(suasoriae, 설득)와 콘트로베르시아이(controversiae, 반박)라고 칭한다.

중학교와 고등학교의 수업은 더 이상 먼지 날리는 길거리 교실이 아니라 학생의 집이나 트라야누스 황제가 로마 한복판에 있는 커다란 포룸 안에 마련한 특별한 교실 같은 곳에서 진행된다.

학과목 선생님이나 웅변 선생님은 사회 상류층과 직접 교류가 있음에도 불구하고 특별한 혜택을 누리지 못한다. 드문 경우를 제외하면 그들은 지식을 담고 있는 서적이나 컴퓨터처럼 간주될 뿐이다. 그러나 정말 곤궁한 처지에 있는 사람은 초등학교 선생님이다. 우리가 본 아이들의 낭독을 지도하며 공기 중에 회초리를 휘둘러대던 남자는 로마 사회계층에서 하층에 속한다. 로마인들은 초등학교 선생님을 거리의 초등학교 선생님이라는 의미로 루디마지스트리 혹은 리테라토레스라고 부르며 정말 하찮게 평가한다. 그들은 학부형으로부터 직접 대가를 받지만, 너무 적은 돈이어서 생계를 위해서는 또다른 일거리를 찾아야 한다. 그래서 많은 이들이 필경사(筆耕士)로 일한다. 길 건너편 기둥 뒤에 앉아 있는 남자처럼 말이다. 그는 뭔가를 받아 적는 중이다. 그곳에서 그는 한 나이든 남자의 편지를 대신 써주고 있다. 옷을 잘 차려입은 나이든 남자는 십중팔구 노예 신분을 벗어나 상인이 되는 행운을 안은 사람일 것이다. 그러나 그는 글 쓰는 법을 배운 적이 없다. 현대에도 여전히 거리의 필경사들을 흔히 볼 수 있는 인도나 동남 아시아 지역의 거리에서 변함없이 목격할 수 있는 광경이다.

읽고 쓸 줄 아는 사람은 얼마나 될까?

우리는 아이들의 합창소리가 잠잠해졌음을 이제야 알아차린다. 한목소리로 낭독하던 아이들이 조용해졌다. 자리에서 일어선 선생님은, 밀랍을 칠한 평판 위에 몸을 숙이고 필기를 하고 있는 아이들 사이를 절뚝거리며 돌아다닌다. 말하자면 지금은 철자 수업시간이 시작된 셈이다. 칠판과 아이들이 가지고 있는 평판 첫 줄에 선생님이 알파벳 중 첫 10개의 글자를 쓰면 아이들은 이를 다시 베끼느라 심혈을 기울인다.

평판의 밀랍 층이 파여 나무 바닥까지 파고들 정도로 펜을 심하게 눌러대는 아이가 있는 반면 글자를 일정한 크기로 쓰지 못하는 아이도 있다. 나란히 앉아 있는 아이들의 얼굴을 바라보면, 눈에 잔뜩 힘을 주고 집중한 아이도 있고 혀를 쑥 내민 아이도 있으며 아직 안경이 없는 시대인 탓에 얼굴을 평판에 바짝 가져다댄 아이도 있다. 물론 멍하니 다른 것을 생각하느라 위로 얼굴을 치켜든 아이도 있다. 등짝에 내려친 회초리 한 대가 어린 몽상가를 현실로 되돌아오게 한다.

한 아이가 다른 아이들보다 유달리 더 어려움을 느끼는 것 같다. 그 아이가 쓴 글자는 형편없이 삐뚤삐뚤하다. 그 아이는 왼손잡이이다. 그러나 아무도 이를 염두에 두지 않는다. 고대 로마에서는 모든 사람이 오른손으로 써야 한다. 책상 사이를 지나던 선생님이 아이들의 글씨를 검사한다. 선생님은 멈춰서 자신의 손으로 아이의 손을 직접 붙잡고 글자를 써 내려가도록 도와준다.

우리는 한쪽 줄에 앉은 아이들은 밀랍을 칠한 평판이 없다는 사실을 알게 된다. 그 아이들 앞에는 알파벳 글자를 새겨넣은 나무판이 있을 뿐이다. 아이들은 끈기 있게 나무 펜으로 글자들을 따라 적고 있다. 정확하게 쓰는 법을 익히고 다양한 글자 형태를 기억하기 위한 훈련이다. 마치 선생님의 손이 아이들의 손을 직접 붙잡고 연습하는 것과 같은 효과를 볼 수 있다. 그 나무판은 한마디로 말해서 선생님을 대신하는 일종의 로봇인 셈이다. 교실 안에 정착된 원시적인 기술이다.

마지막 궁금증은 읽는 방법이다. 로마 시대에는 혼자일 때에도 큰 소리로 읽는다. 대개는 입술을 움직이며 작은 소리를 내는 식이다. 조용히 책을 읽는 것은 성스러운 내용을 깊이 새기고 기도하는 다른 이들을 방해하지 않기 위해서 수도원에서나 시작하게 될 것이다.

우리는 회랑 아래의 이 교실을 떠난다. 그리고 우연히 벽에 쓰인 글씨를 본다. 원형경기장에서 열릴 마차 시합에 대한 소식을 전하고 있다. 글씨는 정성스레 붉은색으로 칠해져 있다. 사실 이것은 전문 서예가에게 위탁된 진정한 예술작품이다.

그런데 이 글을 읽을 수 있는 사람은 얼마나 될까? 일반적으로 로마 시대에 읽고 쓸 줄 아는 사람이 얼마나 될까? 당연히 오늘날보다는 훨씬 더 적지만 과거보다는 훨씬 더 많다. 사실 로마 문명은 알파벳을 최초로 민주화했다. 고대 역사상 남녀노소와 빈부의 구별 없이 모든 사회계층의 그렇게 많은 사람들이 읽고 쓰고 셈할 줄 아는 사회는 없었다.

예를 들면 고대 이집트인들 중에서는 필경사만 읽고 쓸 줄 알았고, 중세에는 수도사들만이 알고 있었다. 이들 이외의 사람들은 지배계층을 포함하여 문맹이었다. 서로마 제국의 황제 샤를마뉴(742-814)는 읽을 줄은 알았지만 쓸 줄은 몰랐다. 어떻게 그것이 가능한지 의문이 든다면, 그림을 떠올리면 된다. 모든 사람들이 그림을 감상할 줄 알지만 소수의 사람들만 그릴 줄 안다. 독서와 필기도 이와 마찬가지일 것이다.

문맹률은 수 세기 동안 점점 증가했다. 이탈리아에서는 1875년에도 여전히 문맹인 사람이 전 국민의 66퍼센트에 달했다. 즉 3명 중에 2명의 이탈리아인이 문맹이었다. 이 엄청난 문맹률은 주로 시골 지역에 집중되었다. 반면에 도시에는 읽고 쓸 줄 아는 사람들이 많았다. 이런 현상은 우리가 지금 방문 중인 트라야누스 황제 치하의 로마에서도 동일하게 적용된다.

이것으로 로마의 거리가 글씨들로 넘쳐나는 이유도 설명이 된다. 사원에 적힌 글과 상점의 물건 가격까지, 노예의 옷깃에 적힌 이름부터 항아리에 붙은 상표까지, 묘비부터(심지어 노예들의 공동묘지에도) 벽이나 사창가에까지 글이 적혀 있다. 문맹인 사람들이 있기는 한지 의심이 들 정도이다.

지배계층도 다른 시대의 지배계층과 구별이 된다. 로마 시대의 귀족들 중에는 라틴어와 그리스어, 2개 국어를 하는 사람들이 무척 많다. 두 언어 중에 한 가지만 알아도 충분한 시대였음에도 불구하고 말이다.

우리는 이런 생각에 빠진 채 죽 늘어선 긴 회랑을 가로질러 로마의 아침 시간에 중요한 역할을 하는 장소에 도착했다. 바로 시장이다.

10시 20분
가축 시장, 포룸 보아리움

수 세기 전부터 로마에는 유명한 시장 두 곳이 있다. 하나는 채소를 파는 포룸 홀리토리움(Forum Holitorium)이고, 다른 하나는 가축을 파는 포룸 보아리움(Forum Boarium)이다. 로마의 기원과 밀접한 관련이 있는 시장들이다. 사실 로마는 걸어서 테베레 강을 가로지를 수 있는, 티베레 섬 하류지역의 첫 번째 여울에서 가까운 전략적인 지점에 생겨났다. 물론 당시에는 영원한 도시 로마도 로마 군단도 없었다. 팔라티누스 언덕에 자리를 잡은 최초의 정착민들만 살고 있었다. 이탈리아 반도 밖에서 이동해온 민족인 라틴족은 이런 정착방법을 이용해서 남북으로 오가는 물건과 사람의 왕래를 관리할 수 있었다. 수에즈 운하를 관리하는 것과 조금 비슷하다. 물건이나 교통이 몰리는 깔때기 모양의 좁은 장소인 이곳에 경작물이나 가축을 파는 커다란 시장이 자연스레 형성되었다. 포룸 홀리토리움과 포룸 보아리움은 그 당시에 형성된 것이다.

우리가 지금 가로지르고 있는 시장은 두 번째인 가축 시장이다. 정말 넓다. 우리 앞에 열주로 둘러싸인 커다란 광장이 펼쳐진다. 상인과 가축을 보호하기 위해서 기둥을 세우고 그 위에 기와를 얹은 지붕도 보인다. 그 외에는 전통적인 모습이 잘 보존되어 있다. 시장은 길게 늘어선 판매대, 울타리, 판잣집, 그리고 눈에 보이지 않을 정도로 넓게 펼쳐진 대형 천막으로 뒤덮여 있다. 한복판에는 황소의 청동상이 세워져 있다. 많은 사람들이 이 황소 청동상을 미로같이 복잡한 판매대를 이동할 때 기준점으로 활용한다. 우리도 그 방식을 따르려고 한다.

우선 시장 안으로 들어가보자. 그 첫 느낌은 거의 공포에 가깝다. 이 야단법석 속에서 우리는 분명히 길을 잃어버릴 것이다. 사람들한테 밀리고, 맞고, 어쩌면 도둑을 맞을지 모를 일이다. 사람들은 아주 조심스레 지나간다. 그들은 어떻게 개미굴 속의 개미처럼 이 복잡한 시장 안에서 재빠르게 이동할 수 있는지 놀랍기만 하다.

가장 놀라운 것은 끊임없이 들리는 시끄러운 소음이다. 몇 걸음을 채 옮기기도 전에 수많은 목소리가 우리를 덮친다. 고함소리, 웃음소리, 큰 소리로 누군가를 부르는 소리, 게다가 시비를 거는 소리와 투덜거리는 소리까지 절대 멈추지 않는다! 누군가 여러분을 어깨로 밀칠 것이다. 그러면 말의 고삐를 잡고 있는 남자가 지나가도록 혹은 머리를 아래로 향하고 놀란 눈을 휘둥그레 뜨고 절망적으로 날갯짓을 하는 여러 마리의 닭의 다리들을 한데 묶어 쥐고 있는 남자가 지나가도록 재빨리 비켜줘야 한다.

지나가는 구역에 따라서 마구간이나 닭장 냄새가 진동한다. 사실 시장은 각 전문구역으로 나뉘어 있다. 지금 우리가 가로지르는 곳은 양을 취급하는 구역이다. 울타리 안에 시끄러운 양들의 울음소리 가운데 염소의 뿔이 삐죽삐죽 튀어나와 있다. 전형적인 평평한 동공을 가진 염소의 눈은 끊임없이 오가는 행인들의 튜닉을 쫓는다. 그 눈에는 혼란과 두려움이 가득하다. 피 냄새가 염소들의 두려움을 가중시킨다. 사실 그 다음 판매대부터 푸줏간 구역이 시작된다.

푸줏간 구역의 첫인상은 놀랍다. 판매대 위에는 고정된 시선에 입 밖으로 혀를 삐죽 내민 염소의 절단된 머리가 죽 진열되어 있다. 파리 떼가 이 무시무시한 전리품 위를 날아다닌다. 머리에 앉을지 아니면 머리 바로 위에 가죽이 벗겨진 채 날카로운 갈고리에 매달려 흔들거리는 몸통에 앉을지 아직 결정을 내리지 못한 것 같다.

사슴도 두 마리 있다. 사실 오늘날과 달리 당시의 로마 시장에는 사냥꾼이 잡은 야생동물들이 넘쳐난다는 특징이 있다. 멧돼지, 산토끼, 노루 그리고 망으로 포획한 거의 모든 종류의 새들도 있다.

둔탁한 소리가 우리의 시선을 잡아끈다. 묵직한 도끼가 또다른 동물의 몸을 절단하는 중이다. 염소가 아니라 훨씬 더 큰 동물, 황소이다. 내려칠 때마다 도끼는 마치 거대한 지퍼를 여는 것처럼 척추골 사이를 가른다. 도끼질을 하는 노예의 팔은 근육질이다. 반쯤 벗은 그의 몸 여기저기에 피가 튀었다. 다른 두 명의 노예는 갈라지는 부위를 양쪽에서 제각각 잡고 있다. 우리는 이곳에서 벗어난다.

이제 우리는 닭들이 걸려 있는 곳으로 걸음을 옮긴다. 털이 뽑히고 다리가 묶인 채 매달려 있다. 그 아래의 근처 판매대에는 토끼들이 짙은 색의 주둥이를 나무로 만든 우리 밖으로 내밀고 있다. 이 판매대의 상인은 머리를 목덜미까지 땋아내린 여인이다. 그녀는 흔하지 않은 경우이다. 사실 주위를 둘러보면 남자들만 있다. 현대의 시장과는 정반대로 시장과 상점은 남성들의 장소이다. 남자들이 상인이고 남자들이 손님이다. 여자들은 드물다. 혹시 있더라도 적어도 사춘기 아들 하나를 앞세우고 옷으로 얼굴을 감싸고 길 언저리로 지나간다. 쇼핑과 장보기는 남자들의 전유물이다. 우리는 물건 값을 흥정하거나 물건을 구입하는 여자를 절대 보지 못할 것이다. 그 일은 늘 남편이나 남자 노예의 몫이다. 아니면 기껏해야 여자들은 한쪽 옆에 서서 남자가 물건을 사는 것을 지켜본다. 이런 의미에서 로마 제국의 시장 분위기는 다른 이슬람 지역의 시장이나 골목길과 흡사하다.

여성의 해방은 상류층에 한정된 현상이다. 그 계층의 여성들은 음악, 문학, 운동 그리고 가끔은 법률이나 사업에 전념한다. 그러나 거리에서 서민 여성들은 전통의 관습을 따라야 한다.

물론 생활의 필요에 따라서 많은 예외들도 존재한다. 판매대 뒤의 여인은 아마 미망인이거나 혹은 아픈 남편을 대신해서 일하는 중일 것이다. 그녀 옆에 남자 노예가 있는 것은 우연이 아니다. 체격이 좋고 수염을 기른 그는 상점에 남성적인 분위기를 조성하면서 여인의 역할을 받쳐주고 있다.

이 순간에 그녀는 달걀 바구니 값을 흥정하는 중이다. 그녀는 앞에 있는 남자에게 주도권을 넘기지 않으려고 공격적인 자세를 취한다. 흥정을 지켜보다가 우리는 놀라울 정도로 신기한 것 한 가지를 발견한다. 로마인들의 셈하는 방법이다. 현대인의 계산법과는 전혀 다르다.

로마인들의 계산법

이 순간 여인은 손가락으로 뿔 모양을 만든다. 그러자 손님이 당황해서 허둥댄다. 여인의 손짓이 모욕적인 것은 분명 아니다. 무슨 의미일까? 궁금해진 우리는 가까이 다가간다. "4!" 그녀가 말한다. 뿔 모양의 손짓은 숫자 4를 의미한다. 침착하게 여인은 손님 앞에서 계산을 시작한다. 손님은 외국인인 듯하다. 로마인들이 어떻게 셈하는지를 알 수 있는 절호의 기회이다. 여인은 손님에게 손가락을 다 펼쳐 손바닥을 보여준다. 그리고는 새끼손가락 하나만 접으며 "1"이라고 말한다. 그러면서 약지도 접으며 "2"라고 말한다. 이제 중지도 접으며 "3"이라고 말한다. 그녀가 "4"를 표현하기 위해서 또다른 손가락을 접기를 기다린다. 그런데 반대로 그녀는 뿔 모양을 만든다. 즉 새끼손가락을 다시 편 것이다. "5"를 말하며 다시 약지를 펴는 식이다.

이 이상 상세한 부분까지 말할 생각은 없다. 그저 권총 모양의 손짓이 "9"를 의미한다는 것만 이야기하고 넘어가야겠다. 우리가 "오케이"라고 말할 때와 무척 비슷하지만 검지가 엄지 중간 부분에 닿는 손짓은 "10"을 의미한다. 한마디로 말해서 손가락의 위치에 따라서 제각각 고유한 숫자 부호가 존재한다.

놀라운 사실은 100 이하의 숫자에 한 손을 사용하고, 백 단위와 천 단위 숫자에 또다른 손을 사용한다는 점이다. 그러므로 한 손으로 뿔 모양의 손짓을 하면 "4"를 의미하고, 또다른 손으로 하면 "400"을 의미한다. 이런

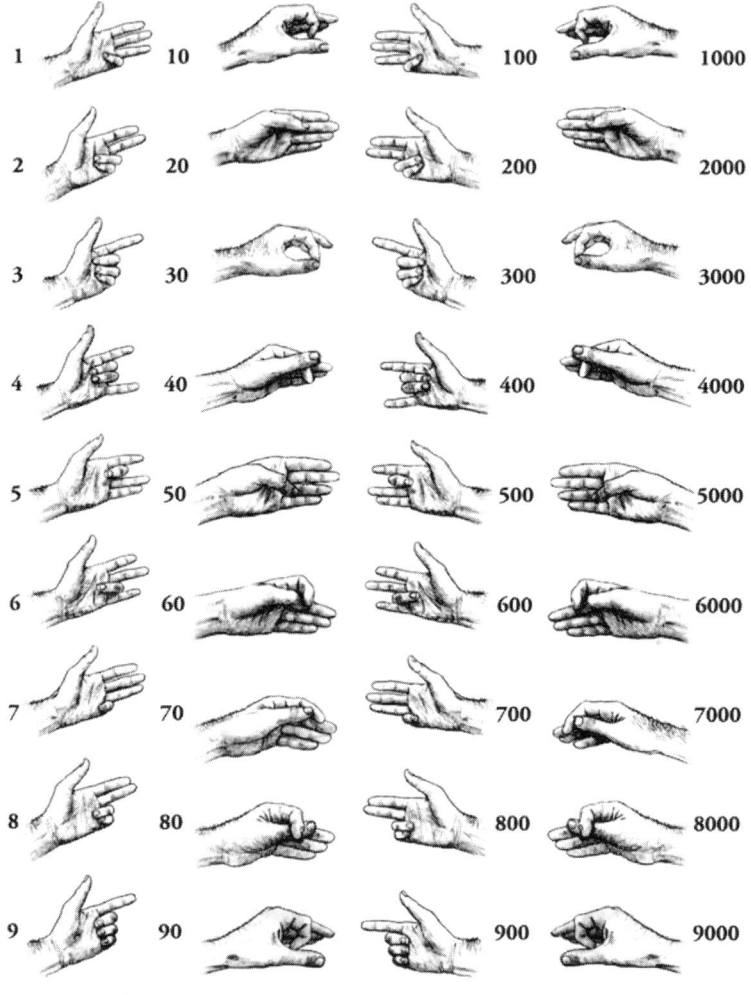

로마인들은 이렇게 계산한다. 손가락 위치에 따라서 제각각의 고유한 숫자 부호가 존재한다. 100 이하의 숫자에는 한 손을 사용한다. 백 단위와 천 단위에는 다른 손을 사용한다. 이런 방법으로 오른손과 왼손을 모두 사용하여 1만 개의 숫자를 표현할 수 있다!

방법으로 오른손과 왼손을 모두 사용하여 1만 개의 숫자를 표현할 수 있다! 현대의 우리에게는 불가능한 일이다. 대(大)플리니우스에 따르면 고대 로마에서는 심지어 조각상까지도 셈을 할 줄 알았다. 야누스의 조각상은 두 손으로 한 해의 날을 의미하는 숫자 365를 가리키고 있었다.

애석하게도 그 조각상은 사라졌다. 정말 안타까운 일이다. 우리가 오른손과 왼손이 제각기 가리키는 의미를 이해하는 데에 도움이 되었을 텐데 말이다. 사실 우리는 고대 로마인들이 어떤 식으로 두 손을 이용해서 수를 결합시켰는지 모른다. 유베날리스의 말을 들어보면, 왼손으로 0부터 100까지 그리고 오른손으로 백 단위와 천 단위를 표현했다고 한다. 이는 고대 문서를 다시 베끼며 매우 값진 로마인의 손짓 목록을 우리에게 전해 준, 중세 초기 베네딕트 수도원의 수도사이자 영국 역사가인 베다 베네라빌리스(673-735)가 적어놓은 것과 정반대이다.

우리는 베다의 설명을 통해서 무엇보다 1만을 넘는 숫자는 신체의 다른 부분을 활용해서 나타냈음을 알게 된다. 1만은 "충분하다"라고 말하는 것처럼 한 손을 펼쳐서 나타낸다. 심장(30만), 배(50만), 엉덩이(60만), 넓적다리(80만), 허리(90만), 그리고 발레리나처럼 머리 위로 손가락들을 깍지를 낌으로써 100만이라는 숫자를 가리킨다.

이렇듯 실질적인 로마의 셈하는 방식의 흔적은 오늘날에도 남아 있다. 예를 들면 아랍 세계의 몇몇 장터에서는 계산할 때 이러한 방식으로 셈하는 사람을 볼 수 있다.

닭을 파는 판매대 뒤의 여인은 이제 점점 인내심을 잃어가고 있다. "우리 돌멩이로 셈을 합시다." 그녀는 로마인들의 계산기인 주판을 가져오라고 자신의 노예를 부른다. 금속 막대기 위로 작은 알들이 위아래로 움직이는 가는 홈이 파여 있는 청동 판으로 만들어진 휴대용 주판이다. 그 알은 돌멩이라는 뜻의 칼쿨리(calculi)라고 불린다. 왜냐하면 아이들이 돌멩이를 이용하여 셈을 배우기 때문이다. 이런 이유에서 현대 이탈리아어의 미적분학과 계산기라는 말도 이 단어에서 유래했다. 그녀가 재빠른 몸짓으로 주판알을 움직인 뒤에 손님의 코앞에 바짝 주판을 가져다댄다.
"아무튼 다시 셈해보세요. 저한테 주셔야 할 합계는 항상 4세스테르티우스니까요!"

가축 시장의 커다란 장막 아래로 우리는 발걸음을 재촉한다. 이제 우리는 가장 중요한 지점에 도착한다. 바로 소를 파는 구역이다. 커다란 장막은 사라지고 마치 포룸 보아리움 안에 또다른 광장이 펼쳐진 것 같다. 사방에 소뿔들이 가득하고 우렁찬 소의 울음소리만 들릴 뿐이다. 우리는 오가는 사람들과 소를 파느라 정신이 없는 노예들로 뒤섞인 중심 거리를 가로지른다. 이 동물들의 매캐한 냄새가 공기 중에 퍼져 있다. 그리고 뭔가 물컹한 것을 밟는 불쾌한 느낌도 든다. 소의 배설물이 여기저기 떨어져 있다. 우리는 울타리에 잠시 몸을 기댄다. 울타리 너머로 보이는 황소와 젖소는 오늘날의 모습과 똑같지 않다. 이곳의 황소와 젖소는 모두 키가 작고 몸집도 훨씬 더 작다. 그리고 이러한 특징은 제국 어디에서나 볼 수 있다. 만일 고대 로마인이 현대의 농장을 방문한다면, 아마 동물들의 크기에 깜짝 놀라 충격을 받을 것이다. 그들에게 현대의 젖소와 돼지는 거대해 보일 것이다. 현대 축산산업에 의한 선별작업의 결실로 한 번에 더 많은 새끼들에게 수유하고 이익을 극대화할 수 있도록 개량되었기 때문이다. 로마인에게는 현대의 말마저 거인 말처럼 보일 것이다. 사실 로마인은 우리가 보기에 몸집이 비대한 당나귀같이 보일 정도로 현대의 말보다 훨씬 더 작은 말을 탔다. 그러나 로마의 말은 더 끈기가 있고 가파른 길을 가기에 이상적이다. 현대의 큰 말이 그 길을 걷는다면 금방 지치거나 혹은 쉽게 발을 절뚝거리게 될 것이다.

반대로 우리가 서슴없이 높은 평가를 내릴 만한 동물들도 있다. 예를 들면 돼지는 종종 숲 속의 멧돼지와 짝을 이루도록 숲 근처에 반쯤 풀어놓고 키우는데, 그 결과 좋은 육질의 잡종이 태어난다.

흥분한 목소리가 우리의 주의를 끈다. 목소리에 녹아 있는 긴장감을 느낄 수 있다. 동물 판매는 전통적으로 공개적인 가격 흥정을 통해서 성사된다. 그래서 상인과 구매자 주변으로 호기심에 가득 찬 사람들과 관련 종사자들이 모여들기 마련이다. 지금 여기에 모여드는 저 사람들은 특별하다. 이 순간 우리 앞에서 힘 센 황소 한 마리의 거래가 막 성사되는 중이다. 소의 고삐를 두 명의 노예가 단단히 붙잡고 서 있다. 우리는 오늘날에는 더 이상 존재하지 않는 거래 장면을 보고 있다. 이 동물은 신에게 바칠 신성한 의식에 쓰일 것이다. 동양의 신 미트라에게 바쳐질 것이다.

  소를 구매하는 사람은 로마의 유력 귀족이다. 그는 자신의 영지에 미트라 신의 신전인 미트리움을 세웠다. 미트리움은 신자들이 정기적으로 모이는 동굴 모양의 신전이다. 황소 제물은 대체로 제국의 엄숙한 제의식이나 정부에서 거행하는 의식에서만 볼 수 있는 특별한 것이지만 황소의 도살은 미트라 신을 섬기는 종교의식에서는 기본적인 의식 중의 하나이다. 물론 아주 드문 몇몇 경우에만 재현되었을 것으로 추측된다.

  당연한 일이지만 귀족은 이 흥정에서 모습을 드러내기를 꺼려한다. 그의 개인적인 대리인인 한 해방노예가 가격을 흥정한다. 그리고 다들 이 대리인이 이런 거래에 얼마나 능숙한지 알고 있다. 그래서 호기심에 소수의 사람들이 모여들었다. 상인이 황소, 진귀한 가죽, 정성들인 사육, 그리고 여기에 오기 위해서 얼마나 긴 여행을 했는지에 대해서 열변을 토한다. 그러나 그의 앞에는 진정한 웅변의 달인이 버티고 있다. 그 웅변의 달인은 상대편의 입장에서 맹점을 찾아내고 스스로 모순에 빠지도록 교묘하게 이끄는 능력을 가진 교활한 인물이라는 평을 받고 있다. 그렇게 그는 거래를 성사시킨다. 전통적으로 정해진 관례에 따라서 서로의 목소리가 높아지고, 상대적으로 몸짓도 거의 무대 위의 배우같이 커진다. 결국 자신이 상대하는 사람이 만만치 않음을 알아챈 상인이 굴복한다. 그러나 마음속으로는 훗날 자신이 귀족이 사는 도무스에 부탁을 하러 찾아가면 그때 이 거래에서 자신이 양보한 만큼의 대가를 받을 수 있으리라는 점을 잘 알고 있다. 이렇게 굳은 악수로 모든 거래가 끝나고 주변을 둘러보고 미소를 짓는다. 두 사람 다 수지맞는 거래를 했다.

모여 있던 사람들이 흩어지고 우리도 그들을 따른다. 시장의 반대편 끝으로 향한다. 걸음을 옮기며 우리는 판매대 위에 있는 동물들을 구경한다. 이곳에서 볼 수 있으리라고는 상상도 하지 못한 동물들이다. 호저, 공작, 오색방울새, 거북이, 앵무새, 홍학이 눈에 띈다.

또다른 판매대가 우리의 주의를 잡아끈다. 매달린 고기도 동물을 담아둔 우리도 보이지 않고 그저 테라코타로 만든 둥글고 속이 깊은 항아리들만 길게 늘어서 있다. 그 안에 무엇이 들어 있을까? 상인이 우리에게 하나를 열어보라고 권한다. 우리는 조심스럽게 뚜껑을 들어올린다. 안은 컴컴하고 텅 비어 있는 것 같다. 조금 뒤에 우리는 솥 바닥에서 뭔가 움직이고 있음을 알아챈다. 생쥐 같다. 쥐같이 생겼으나 꼬리에 털이 많은 겨울잠쥐이다. 로마인들은 이 동물을 키운다. 숨을 쉴 수 있도록 구멍이 뚫려 있고 안쪽에 나선계단처럼 올라오는 신기한 작은 홈이 파여 있는 이 특별한 항아리 안에서 이 동물을 살찌운다. 이 나선형의 홈은 동물을 운동시키기 위한 것이다. 우리 안에 있는 햄스터를 운동시키는 쳇바퀴와 비슷하다. 이제 겨울잠쥐가 항아리 꼭대기까지 펄쩍 뛰어오른다. 그리고 작은 주둥이를 내밀고 그 반짝거리는 까만 눈으로 우리를 쳐다본다. 이 동물이 불판 위에서 생을 마감하리라는 것은 상상하기도 힘들다. 그럼에도 불구하고 로마인들은 이것을 진정한 별미라고 생각한다.

그런데 이 시장에서 놀랄 만한 점은 이것뿐만이 아니다. 옆에 있는 판매대에는 심지어 원숭이도 두 마리나 있다. 아프리카에서 온 것들이다. 목에 사슬을 감고 판매대 위아래를 신경질적으로 오르내린다. 그리고 장난치는 어린아이들을 물으려고 달려든다. 어쩌면 손님들을 놀래주고 싶어하는 부유한 사람의 도무스 안 정원에서 살게 될지도 모른다. 그러나 연회 때 요리해서 손님들에게 대접함으로써 그들을 놀라게 할 가능성도 배제할 수는 없다.

로마, 온갖 재물의 거대한 보고(寶庫)

시장을 빠져나온 뒤에 우리의 시선은 색깔과 냄새의 소용돌이에 사로잡힌다. 향신료 가게이다. 오늘날 예멘이나 파키스탄에서 목격되는 향신료 가게와 매우 흡사하다. 상점 안에는 움직일 공간이 없다. 온간 종류의 향신료가 담겨 있는 테라코타로 만든 병과 자루가 빽빽이 들어차 있다. 가게 한가운데에 노란색, 검은색, 붉은색의 가루를 원추형으로 높이 쌓아 진열해놓은 다양한 색상의 가루가 담겨 있는 단지와 접시를 늘어놓은 것이 눈에 띈다. 이미 이 시대에 여러 차례의 물물교역을 통해서 멀리서 들여온 향신료를 포함하여 온갖 종류의 향신료를 파는 가게가 있다는 사실이 정말 놀랍다.

저기에 알로에 가지도 보인다. 먼 말레이시아와 동남 아시아에서 가져온 것으로 약품이나 화장품으로 쓰인다. 같은 지역에서 장뇌도 들여온다. 계피가 들어 있는 저 병은 중국에서부터 시작된 아주 긴 여행에 대해서 우리에게 이야기하는 듯하다. 정향나무는 몰루카 제도로부터 도착한다. 인도에서 후추와 생강, 육두구(肉荳蔲)를 들여온다. 동남 아시아에서는 음식의 풍미를 더하고 맛깔스러운 색깔을 내는 데에 최고인 강황이 도착한다.

그런데 이 향신료들은 어떻게 여기까지 왔을까? 그 대답은 우리에게서 몇 미터 떨어지지 않은 곳에 있다. 사실 우리는 시장을 돌아보다가 다리 근처까지 오게 되었다. 로마에 있는 8개의 다리 중에서 가장 남쪽에 위치한 프로부스 다리이다. 로마의 아홉 번째 다리로 유명한 밀비오 다리는 현대에는 도시 안에 있지만, 로마 시대에는 도시 외곽지대에 있었다. 우리는 다리로 올라가 그 정상에서 주위를 둘러본다. 눈 아래로 테베레 강이 보인다. 로마인들은 이 강을 금발의 테베레 강이라고 부른다. 사실 로마 외곽에서 얼마 떨어지지 않은 곳에 흐르는 아니에네 강에서 유입된 퇴적물로 인해서 물 색깔이 노랗다. 지평선을 바라보니 강둑에는 낚시하는 사람들, 다이빙하는 아이들 그리고 배를 정박시키는 뱃사공들이 보인다. 수도의 붉은 지붕이 이곳에서는 잘 보이지 않는다. 이곳에서는 로마가 사원과 사원의 긴 기둥들 그리고 인술라 때문에 아주 하얗게 보인다.

강 하류에 특별한 모양의 구조물로 뒤덮인 양쪽 강둑이 보인다. 집이나 사원은 보이지 않고 길고 납작하게 지어진 건물들이 늘어서 있다. 거의 산업단지의 건물들을 보는 듯하다. 수도의 대형 물류창고인 호레아(horrea)이다. 포도주, 기름, 밀, 대리석 등의 보관물을 쌓아두는 거대한 부의 상징인 셈이다. 그 어떤 재료든 100미터 정도 되는 길이의 여러 층으로 나뉘어 있고 지하실까지 구비된 그 건물에 보관된다. 이 창고건물 뒤로 작은 봉우리가 보인다. 어렴풋이 보이는 언덕을 스케치한 모습 같다. 앞으로 몇 세기가 흐르는 동안 그 봉우리는 지붕 위로 우뚝 솟으며 놀라울 정도로 자랄 것이다. 오늘날에는 몬테 테스타초(Monte Testaccio)라는 이름으로 알려져 있는 그곳은 로마의 여덟 번째 언덕이 아니다. 사실 그곳은 쓰레기장이다! 그 현대적인 외관이 인상적이다. 해발 50미터에 해당하는 35미터의 높이이다. 그리고 2만 제곱미터 위에 뻗어 있으며 깨진 도기의 파편으로만 만들어졌다. "깨진 도기로 만들어진"이라는 뜻의 테스타체우스(testaceus)에서 현대의 테스타초라는 단어가 생겨났다. 이곳에는 4,000만 개 이상의 암포라 파편이 있을 것으로 추정된다!

거의 모든 암포라는 올리브 유 수송에 쓰인 것이다. 테라코타에 기름이 배어들어 눅눅해지는 순간부터 암포라는 재활용될 수 없다. 게다가 암포라는 무척 무겁다. 이 암포라는 70킬로그램의 기름을 담아 옮길 수 있지만 기름을 비웠을 때의 무게도 30킬로그램이나 된다! 사용 후에는 깨뜨릴 수밖에 없다. 암포라들은 잘게 부서지고 그 조각은 기왓장처럼 잘 정리되어 쌓여 있다. 노예들은 남아 있는 기름에서 나는 악취를 방지하기 위해서 조각들을 응고시켜 굳게 만드는, 시멘트와 같은 효과를 내는 생석회를 그 위에 뿌린다. 고고학자들이 알아낸 내용에 따르면 몬테 테스타초 안에 흙 성분은 거의 남아 있지 않다. 1세제곱미터당 도기 조각은 600킬로그램이 채 되지 않는다.

트라야누스 황제 시대에 쓰레기 매립지의 규모는 거의 보이지 않을 정도로 크게 줄어들었다. 그러나 세대가 지나면 장관을 이룰 정도로 다시 높아질 것이다. 멀리서 보면 이미 언급했듯이 언덕처럼 보일 정도로 쌓이고 말 것이다. 가까이에서 보면 반대로 가파르게 경사를 이룬 암포라 파편으로 만들어진 덩어리들이 계단을 이루어 마야의 피라미드를 떠올리게 할 것이다. 몬테 테스타초의 거의 모든 기름 암포라들은 스페인에서 좀더 정확히 말하면 안달루시아에서 들어온다. 로마의 거주민들이 1인당 매년 22킬로그램이 넘는 기름을 소비한다고 생각하면 된다. 기름은 식용으로서뿐만 아니라 광택용, 화장품, 약용, 종교의식용 등으로 사용된다. 이것은 왜 이렇게 엄청난 양의 기름이 필요했는지에 대한 근거를 제공한다.

몬테 테스타초는 로마 물류 수송의 규모를 알려주는 진정한 기념물로, 로마 제국 시대 동안 영원한 도시에 도착했던 물품의 어마어마한 양을 간접적으로 증명한다.

우리 눈앞에 제국의 수도의 복잡한 공급구조가 펼쳐진다. 대형 물류창고인 호레아 앞의 강둑 위에 바지선들이 길게 줄을 지어 정박해 있고, 또다른 배들은 정박할 순서를 기다리고 있다. 배를 부두에 접안하기 위해서 줄을 묶어두는 말뚝은 동물 머리 모양이다. 강둑 위에 세워진 돌로 쌓아 만든 경사로에 묶인 널빤지와 나무 받침대를 이용하여 물건을 내린다. 매일 매시간마다 노예와 물건이 쉴 새 없이 움직인다. 또한 밀이 도착하면 밤에도 길게 줄을 지어 켜놓은 등불 아래에서 물건을 옮긴다.

바지선은 바다를 건너지 않는다. 흘수(吃水)가 상당한 대형 외항 선박은 테베레 강에 진입하지 못한다. 1만 개의 암포라를 운반할 수 있는 대형 선박은 테베레 강에서 먼 지점에서 물건을 내린다. 중간 크기의 선박이 강둑까지 물건을 싣고 와서 트라야누스 황제에 의해서 지어진 육각형태의 놀라울 정도로 멋진 다리 안까지 들어온다. 그곳에서 가득 쌓여 있는 물건은 황소 한 쌍이 강둑에서 끌어당기는 바지선에 옮겨져 테베레 강을 거슬러 로마까지 올라온다. 효율적으로 운영되는 선박 회사도 감당할 수 없을 정도로 많은 물량이 고대 세계에서 끊임없이 오르내리고 있다.

하나의 거대한 뇌처럼 명령을 내리는 로마이지만 식재료만큼은 나머지 신체 부위에 해당하는 지방에 의존한다.

마치 걸신이 들린 듯하다. 사실 로마는 지방의 모든 것을 빨아먹고 삼킨다. 영국에서부터 이집트에 이르기까지 전 영토에 걸쳐 밀, 기름, 포도주, 대리석, 주석, 금, 납, 말, 목재, 가죽, 은, 아마, 비단, 노예 그리고 심지어는 원형투기장에서 즐거움을 제공할 맹수까지도 실은 배들이 끊임없이 로마에 도착한다. 고대에 로마의 항구를 거치지 않은 물품은 없을 정도이다. 로마는 현대의 메갈로폴리스처럼 정말 어마어마한 규모이다.

수치는 현기증이 날 정도이다. 매년 로마에 20-27만 톤의 밀을 실은 배가 도착한다. 평균적으로 로마에 밀을 운송하는 5척의 선박들 중에서 1척의 배가 침몰하거나 바다에서 화물을 분실한다는 점을 감안할 때 충격적일 정도로 엄청난 양이다. 정치적인 관점에서도 중요한 화물이다. 밀가루와 빵 부족으로 인한 기근이 원인이 되어 제국 심장부에서 발생하는 민중 봉기와 소요를 방지하기 위해서 로마에는 국민들에게 기본적인 식량 공급을 보장하는 업무를 담당한 공공기관이 만들어졌다. 바로 식량 관리기구이다. 한 달에 한 번씩 밀이 무상으로 분배되었다. 그러나 모든 주민들에게 나누어준 것은 아니다. 로마의 시민 중에서도 로마에 거주하는 남성만이 배급을 타려고 줄을 설 수 있다. 전시(戰時)의 배급을 떠올리게 한다. 배급 장소 중의 한 곳은 회랑으로 둘러싸인 드넓은 광장에 있는 미누차 프루멘타리아이다. 책임자들은 일정한 양의 곡물을 담을 수 있는 모디우스를 이용하여 임시로 만들어진 판매대에서 밀을 나누어준다. 모디우스는 4개의 가장자리에 철 십자가가 달려 있는 작은 통으로 배급 양을 일정하게 담을 수 있는 표준 도구이다. 곡물이나 채소의 중량단위로, 35리터에 해당하는 모디우스는 지역에 따라서 다른 이름으로 불렸다. 두 세대 전까지만 해도 이탈리아의 시골에서 그리고 오늘날에도 여전히 골동품 시장에서 이것을 흔히 볼 수 있다. 이 또한 농경 역사 분야의 진정한 고고학적 유물이지만 그 가치를 아는 사람은 소수에 불과하다. 가장자리에 날이 달려 있는 루텔리움이라는 특별한 이름의 도구를 사용하여 곡물 껍데기를 벗겨낸다.

   로마 정부는 많은 시민들에게, 특히 도움을 절실히 필요로 하는 시민들에게 빵, 밀가루, 기름, 채소, 고기 등의 기초 생활물품을 무상으로 나누어주거나 혹은 저가로 구입할 수 있도록 원조한다고 말할 수 있다. 많게는 15-17만 가구, 즉 대략 로마 시 전체 인구의 3분의 1에 해당하는 가정이 이러한 배급을 받는다.

10시 30분
로마 거리의 인도풍

오늘날에도 여전히 고대 로마의 거리에서 풍기던 분위기를 느낄 수 있는 나라들이 있다. 한 예로 인도를 들 수 있다. 인도에서도 늘어뜨린 옷으로 몸을 감싸고 베일을 뒤집어쓰고 샌들을 신거나 맨발로 다니는 사람들을 마주치게 된다.

인도와 마찬가지로 고대 로마의 거리도 곳곳이 비포장도로이다. 어디든 아이들 무리가 뛰어다니고 거리 골목 곳곳에는 신을 모시는 작은 제단이 놓여 있다. 또한 우리는 인도 사람들의 밝은 색의 옷과 상점에 진열된 형형색색의 물건에 어안이 벙벙해진다.

인도와 마찬가지로 로마 제국에서도 몇 미터 거리를 두고 전혀 다른 분위기의 거리들이 이어진다. 여인들의 이국적인 향수에서부터 자극적으로 코를 찌르는 골목길 냄새까지, 그리고 기름진 음식을 요리하는 냄새도 맡을 수 있다. 거리에 이처럼 전혀 다른 분위기가 혼재되어 있는 또다른 사례로는 가장 절망적인 빈곤에 둘러싸여 있는 금과 값진 장신구들을 들 수 있다. 이러한 로마의 일상생활에서 볼 수 있는 여러 특징들은 중동의 상점가나, 북아프리카의 사회관습에서, 심지어는 인도의 어느 구역이나 혹은 아시아의 어느 마을에서 볼 수 있듯이 여러 나라에 산재하여 현대에도 여전히 존재한다. 언젠가는 고고학 연구를 위해서 자료화하고 활용할 수 있도록 이미 사라지고 있는 이러한 특징들을 찾아 그 지역에 갈 수 있다면 무척 흥미로울 것이다.

로마 거리의 인파 속에서도 여성들은 지나갈 때 풍기는 향수 냄새 이외에도 옷의 화려한 색깔 때문에 금방 눈에 띈다.

아무튼 지금은 우리의 여정을 계속하자.

한 여인이 우리 옆을 지나간다. 그녀는 베일 아래로 우리를 흘끔 쳐다본다. 검은 아이라인을 그린 아주 검은 눈동자이다. 그녀의 시선은 깊고 강렬하다. 찰나의 순간이지만 진주가 달린 금 귀걸이가 반짝거리는 것이 보인다. 잠시 후 그녀는 아련한 향수 냄새만을 남기고 사람들 속으로 사라져 보이지 않는다. 우리는 정신을 차리기 위해서 잠시 걸음을 멈춘다.

그러나 숨을 돌릴 여유가 없다. 우리 주변에서는 온통 다른 얼굴을 가진 많은 사람들이 지나가고 사라진다. 눈앞에서 스쳐가는 놀라울 정도로 다양한 얼굴에 어안이 벙벙해진다. 로마의 시인 마르쿠스 마르티알리스(40?-104?)는 로마 거리가 풍기는 매력을 잘 설명했다. 사실 우리는 로마에서 고대 세계의 전 지역 사람들과 마주치게 된다. 자신이 부리던 말의 피를 마시는 전통에 익숙한 스텝 지역의 사르마트인, 샤프란 냄새를 강하게 풍기는 소아시아의 실리시아 주민, 오늘날 불가리아와 터키에 해당하는 트라키아의 소작농, 나일 강을 건너온 이집트인, 아랍인, 머리를 한데 모아 옆의 매듭으로 묶은 독일의 원주민인 시캄브리 부족, 칠흑같이 검은 피부에 머리를 땋은 에티오피아인을 말이다.

어느새 우리가 걷고 있는 거리는 앞으로 나아가기가 힘들 정도로 많은 사람들로 붐빈다. 현대의 영화관 출구나 혹은 통근시간의 지하철 출구와 비교할 수 있을 정도로 붐빈다. 우리는 이런 광경이 우리를 둘러싼 거의 모든 거리에서 반복되고 있음을 알아차린다. 트라야누스 황제 시대의 로마는 끊임없이 우리를 놀라게 한다. 사실 이 많은 사람들이 매일 먹고 잠자고 생리현상을 해결하고 필요한 볼일을 보는 것이 가능하다는 사실이 정말 믿기지 않는다.

직선으로 곧장 걸어가는 것은 거의 불가능하다. 갑자기 사람들 한가운데에 튀어나와 있는 판매대를 피해가야 할 필요도 있다. 게다가 우리는 계속해서 다른 행인과 부딪친다. 오늘날 아시아와 중동에서 벌어지는 것처럼 사람 사이의 거리에 대한 개념이 존재하지 않는다. 그렇다 보니 서양에서 온 사람은 모든 사람들이 타인과 늘 달라붙어 있는 듯한 느낌을 가지기 마련이다.

갑자기 사람들 무리가 흩어진다. 저글링을 하는 사람이 보인다. 그는 몇 가지 재주로 사람들의 주의를 끈다. 우리는 잠시 걸음을 멈췄다가 다시 걷기 시작한다. 조금 앞에서 단조로운 선율의 소리가 우리의 주의를 잡아끈다. 우리는 사람들 사이를 비집고 들어가 벽에 기대앉아 뱀을 부리는 사람을 본다. 바구니에서 코브라 한 마리가 모습을 드러낸다. 코브라는 알록달록한 깃털들이 달려 있는 피리 끝을 향한 채 앞뒤로 춤을 추듯이 몸을 흔든다. 알다시피 이 파충류를 최면에 걸리게 하는 것은 음악이 아니라 악기의 움직임이다. 이를 위해서 깃털이 이용된다. 그러나 걸음을 멈추고 서서 구경하는 이들은 이 사실을 알지 못한다. 그리고 뱀을 홀리는 피리 연주에 감동을 받아 이따금 동전을 던진다.

말을 탄 남자가 지나가도록 다들 한편으로 물러선다. 그 남자는 사람들에게 비키라고 고함치고 욕설을 퍼붓는다. 말발굽이 악취가 나는 커다란 물웅덩이에서 철벅거린다. 모든 사람들이 피해 다니던 물웅덩이이다. 토가에 더러운 물이 튄 두 남자가 말을 탄 남자를 불러 세운다. 거친 고함 소리가 오가기 시작한다. 이럴 때에는 멀리 떨어지는 것이 상책이다.

더 편안하게 걷기 위해서 우리는 보도 위로 올라가지만 올라서자마자 바로 내려온다. 로마 군단의 병사들 무리가 지나가는 중이다. 휴가 중에 로마를 방문한 것 같다. 그들은 으스대며 걸어가면서 미처 피하지 못한 사람의 발을 밟고 지나간다. 아프다. 그들의 샌들은 앞서 말했듯이 일종의 전투화인 칼리가이로 전장에서 잘 미끄러지지 않도록 하기 위해서 작은 징이 박혀 있다. 과거 한때 우리가 신던 부츠와 마찬가지이다.

손 하나가 뒤에서 튜닉을 잡아당겨 우리를 불러 세운다. 우리는 뒤를 돌아본다. 동냥을 구걸하는 다리가 불구인 거지이다. 동전 두 개에 그의 얼굴이 금방 환해진다.

여기서 끝이 아니다. 다시 걸음을 옮기려는데 이번에는 돌아다니는 행

로마 거리의 인도풍 165

상이 우리를 막아선다. 어떻게든 자신의 등불을 팔려고 애를 쓴다. 붉은 곱슬머리를 가진 그는 호감이 가는 얼굴에 상대방도 웃게 만드는 미소를 짓는다. 그가 계속해서 "동양에서 온 진귀한 등불"이고 "다른 등불보다 더 오래간다"고 되풀이하는 통에 우리는 간신히 빠져나온다.

사람들과 상대하기에 지친 우리는 벽에 잠시 기대어 선다. 그리고 지나가는 사람들을 구경한다. 그러다가 모든 사람이 걸어서만 이동하는 것은 아님을 알게 된다. 몇몇 사람들은 노새를 타고 다닌다. 노새를 빌려서 타는 것임을 알 수 있다. 노새와 함께 노새를 끌고 가는 사람도 제공되었다. 그는 아프리카의 누미디아인 노예로 고삐를 붙잡고 노새를 이끌고 있다.

거리에는 발을 땅에 전혀 닿지 않고도 이동할 수 있는 또다른 수단도 보인다. 잘 알다시피 정부나 공공기관에서 이용하는 관용 차량처럼 아주 특별한 경우를 제외하고, 로마에서는 낮 시간대에 마차를 개인적으로 사용하는 것이 금지되어 있다. 베스타 신전의 여사제나 권력과 관련이 있는 소수의 사람들만을 위한 마차는 낮에도 다닐 수 있다. 그런 이유에서 대안수단이 생겼다. 일정한 사회계층 이상의 로마 여인은 친구를 방문할 때 셀라라는 가마를 이용한다. 유베날리스가 묘사한 것과 똑같은 가마 한 대가 사람들 속에서 움직인다. 가마 위에 베일을 뒤집어 쓴 여인이 독서에 집중한다. 어쩌면 사람들이 붐비는 탓에 끊임없이 흔들리는 가마 위에서 태연한 척하려고 책을 읽는 것일 수도 있다.

반면에 주요 인사들이 타고 다니던 팔인교(八人轎)는 여덟 명의 시리아인 노예들이 어깨에 메고 옮겼다. 이동할 때 팔인교의 움직임은 사뭇 다르다. 그것은 사람들 위로 위풍당당하게 앞으로 나아간다. 그 모습이 마치 삼단으로 된 노를 이용하여 바다를 가르는 군용선 같다. 흰색의 팔인교는 조각, 그림 그리고 화려한 색상의 화환으로 장식된다. 그리고 많은 베일이 달려 있다. 로마 거리의 진정한 롤스로이스인 셈이다. 우리도 다른 사람들처럼 넋을 놓고 그것을 구경한다. 사람들 사이에 길을 내는 두 명의 근육질의 노예들이 옆에 있는 사람들을 거칠게 밀어내고 나무곤

봉을 휘두른다. 그야말로 인간 쇄빙선이 따로 없다.

팔인교가 우리 앞을 천천히 지나간다. 가마꾼들은 마치 근무 교대를 하는 병사들처럼 박자에 맞추어 성큼성큼 걸어간다. 이 걸음걸이가 팔인교의 움직임에 엄숙함을 더해준다. 우리는 그 안에 누가 타고 있는지 알아보려고 하지만 안타깝게도 불가능하다. 베일 이외에도 안에 있는 사람이 남의 눈에 띄지 않으면서 밖을 내다볼 수 있도록 거울 장치를 해놓았다. 그 거울은 현대의 자동차 선팅 유리창에 해당한다.

이 호화스런 시민의 "요트"가 지나가면서 사람들 사이에 난 통로를 뒤따라 지나가려는 또다른 이동수단이 바로 뒤에 있다. 일종의 인력거인 키라막시움이라는 손으로 끄는 마차 위에 머리가 백발인 사람이 앉아 있다. 두 이동수단 간의 차이만큼이나, 아주 진지한 표정을 하고 앉아 있는 사람 때문에도 좀 우스꽝스런 장면이다. 그는 매부리코를 위로 치켜들고 바로 앞에 지나간 팔인교에 앉아 있던 사람보다 더 중요한 사람인 척한다. 그는 인간 모터로 달리는 인력거꾼으로서의 경력을 불과 몇 미터도 더 이상 계속할 수 없을 것 같은 마르고 초췌한 노예를 재촉한다. 바퀴가 삐걱거리는 소리와 함께 둘 다 사람들 속으로 사라진다. 잠시 후에 사람들 사이로 물소리가 들린다. 진짜 물에 풍덩 뛰어드는 소리이다. 거리를 계산해볼 때 악취가 나던 그 물웅덩이에서 나는 소리임에 틀림없다. 어떤 일이 벌어졌는지 우리는 짐작할 수 있다. 터져나오는 시끄러운 웃음소리를 듣자 하니, 인력거가 튀어오르면서 주인이 물웅덩이로 날아가는 장면은 꽤 재미있는 구경거리였음에 틀림없다. 하물며 뱀을 부리는 사람도 연주를 멈추었다.

뉴욕이나 런던 같은 로마

우리가 지금까지 본 것을 정리해보자. 로마에서 인상적인 것은 제국과 고대 세계 전체에서도 유일무이한 독특함이다. 뉴욕이나 런던과 비교할 수 있다. 로마에 처음 온 사람은 건물의 규모와 인구 밀도, 제국의 구석구석에서 온 온갖 종류의 물건이 있는 상점 때문에 깜짝 놀란다. 물건 선택의 폭이 무척 제한되고 심지어 몇 가지 물품은 아예 구경조차 할 수 없으며 물건이 도착하는 데에 오랜 시간이 걸리는 이탈리아의 소도시에서는 생각할 수도 없는 것이다.

로마는 수많은 민족과 종교가 뒤섞여 살아가는 기회의 도시이다. 오늘날 뉴욕에 대해서 말할 때 쓰는 표현처럼 최초의 진정한 인종의 도가니인 셈이다. 유행과 기이한 의상과 정신없이 바쁘게 돌아가는 생활 리듬과 어마어마한 소비의 도시이다. 시골은 말할 것도 없이 이탈리아의 나머지 태평스런 도시나 혹은 제국의 지방에서는 찾아볼 수 없는 특징들이다.

들판에서의 힘겨운 노동이나 전통적인 엄격한 규율에 익숙한 사람이 로마의 거리에서 받는 인상은, 타 지역에서는 살아남을 능력이 없거나 혹은 정직하게 일할 능력이 없어 보이는 사람들이 경박하게 하루만 살고 말 것처럼 사는 듯하다. 그렇다 보니 진정한 삶의 가치가 상실된 곳에 온 것 같다는 인상을 받게 된다. 모든 것이 이익과 권력에 달려 있는 듯하다. 신속하고 약삭빠르게 생각하고 친구나 고객으로 관계를 형성하는 능력이 뛰어나야 할 필요가 있다. 왜냐하면 골목 뒤에서 벌어지는 폭력뿐만 아니라 절도와 사기가 판을 치고 있기 때문이다.

반대로 오랫동안 로마에서 살아왔거나 전형적인 "뉴요커"에 해당하듯이 로마에서 나고 자란 사람에게 이 부패하고 시끄러운 세상은 전혀 다른 별천지이다. 수 년간의 경험으로 거리를 걸어가고 상점에 들어가는 데에 필요한 정확한 항체가 만들어졌기 때문이다. 이런 사람들에게 로마의 거리와 그 사회는 마르티알리스의 표현에 의하면, "유쾌함과 활력을 불러일으키는" 곳처럼 여겨진다.

10시 45분
평화와 예술의 오아시스에서의 짧은 휴식

로마의 혼란스럽고 복작거리는 사람들로부터 벗어나려면 어디로 가야 할까? 좀더 조용한 곳이 있기나 할까? 물론 존재한다. 로마인들이 산책하러 오는 평화의 오아시스가 있다. 바로 제국의 정원인 캄포 마르테이다. 그곳에는 포룸, 신전, 성스런 구역만 있을 뿐, 상점과 인술라는 보이지 않는다. 도시의 복잡한 카오스로부터 멀리 떨어져 있어서 한가롭게 거닐기에는 이상적인 장소이다.

대(大)플리니우스가 언급했을 정도로 그 자체가 아름다운 아주 멋진 장소가 또 있다. 바로 지금 우리가 가고 있는 옥타비아 포르티코(Portico, 열주랑[列柱廊])이다. 그 입구부터 정말 기념비적이다. 마치 장엄한 신전을 떠올리게 한다. 우리는 몇 걸음을 옮기기도 전에 너무 놀라서 걸음을 멈춘다. 우리 앞에 한 면이 100미터가 족히 넘는 드넓은 정원이 펼쳐진다. 정원 주변을 아주 멋진 회랑이 둘러싸고 있다. 중앙에는 유피테르와 유노에게 바쳐진 쌍둥이 신전이 버티고 있다.

비현실적인 분위기가 감돈다. 마치 수도원의 회랑처럼 모든 것이 정적 속에 잠겨 있다. 물론 웃고 떠드는 사람들과 뛰어노는 아이들도 있다. 하지만 그들의 발자국 소리가 드넓은 정원에 반향을 일으키며 울려퍼지고 신기하게도 사람들 무리가 떠들어대는 소리에 그 발자국 소리가 묻히지 않는다는 사실이 기적처럼 느껴진다. 우리는 활발히 움직이는 100만 명이 넘는 사람들이 살아가는 거리에 둘러싸여 있다. 게다가 그들은 우리보다 몇 미터 뒤에 있을 뿐인데도, 다들 밖에 남아 있는 것 같다.

우리는 프레스코 화와 회반죽 장식으로 화려하게 꾸며진 회랑 안으로 들어간다. 대(大)플리니우스가 그곳을 경탄할 만한 멋진 장소로 평가한 이유가 곧바로 납득이 된다. 기둥 사이에, 벽감 안에 혹은 작은 홀 안에 서 있는 조각상들이 보인다. 그러나 평범한 조각상이 아니다.

그리스의 위대한 조각가인 폴리클레이토스 혹은 그의 제자 디오니시오스의 작품이다. 로마인들이 각별히 사랑하는 신인 유피테르와 유노의 모습을 표현한 조각상이다.

이곳은 진정한 예술 박물관이다. 물론 로마에는 다른 곳에도 예술박물관이 있다. 아무튼 이곳에는 전 세계의 대표적인 대형 예술 박물관을 초라하게 만들 정도의 걸작들이 전시되어 있다. 너무 놀라서 어안이 벙벙해진 우리는 계속해서 둘러보기 위해서 걸음을 옮긴다. 그리고 다시 걸음을 멈춘다. 이번에는 말을 탄 병사의 모습을 표현한 멋진 34개의 청동 조각상 앞이다. 중앙에 알렉산드로스 대왕(기원전 356- 323)의 조각상이 자리하고 있다. 바람에 머리카락을 휘날리는 젊은 알렉산드로스 대왕의 모습이다. 다른 조각상들은 그라니코스 강 전투(기원전 334년 알렉산드로스 대왕이 페르시아 군과 최초로 충돌하여 승리한 전투/역주)에서 사망한 그의 장교들이다.

시간이 흘러도 변함없이 말을 타고 승리를 위한 전투태세를 갖춘 진정한 전투 병사의 모습이다. 기원전 4세기에 활약한 그리스의 위대한 조각가 리시포스의 작품이다.

우리는 이 걸작들을 들여다보다가 로마가 상품뿐만이 아니라 예술작품의 위대한 보고라는 사실을 납득하게 된다. 이 멋진 조각상들은 전부 그리스에서 가져온 것이다. 로마인들의 첫 영토 확장의 결실이자, 신전과 건축물을 약탈한 결과물이다.

이것들은 전리품과 약탈품이지만, 그렇게 단정하는 데에는 모순이 있다. 고대에 전리품은 정복의 관행에 따른 것이었다. 패배한 쪽의 모든 것이 파괴된다. 그런데 다른 정복자들과 달리 로마인들은 약탈한 모든 예술 작품을 조직적으로 모조리 파괴하지 않았다. 반대로 약탈품들을 감상하고 거의 숭상하기 위해서 로마로 가져왔다. 그들이 그리스를 진정한 고대 세계 문화의 원천으로 평가했기 때문이다. 로마인들 스스로 위대한 그리스 문명의 유산을 물려받은 후손임을 소중하게 생각했다.

이런 이유에서 오늘날 지중해 심해에서 리아체 청동상(이탈리아 칼라브리아 주의 리아체 해변에서 발견된 나체의 전사를 조각한 그리스 신전의 청동상/역주), 바다의 신 넵투누스 조각상 혹은 유피테르 조각상과 같은 뛰어난 조각상들이 발견되어 오늘날 아테네에서 보관 중이다. 게다가 춤추는 파우누스(사티로스) 조각상이 최근에 시칠리아 앞 바다에서 다시 건져 올려졌다. 그리스에서 직접 이탈리아로 가는 항해 중에 바다에 수장된 작품들이다. 얼마나 많은 걸작들이 아직도 지중해 깊은 곳에 묻혀 있는지 모를 일이다.

나폴레옹의 태도는 전혀 달랐다. 그는 시대착오적으로 강탈을 자행했다. 자신을 태어나게 한 문화에 대해서 "자유, 평등 그리고 형제애"라는 원칙에 위배되는 명백한 모순을 저질렀고, 몇 년 전에 스스로 분명하게 선언한 인간권리선언 정신과 동떨어진 단순한 도둑질을 한 셈이다. 특히 이탈리아에서 도둑질한 많은 작품들은 전혀 반환되지 않은 채 아무렇지도 않게 루브르 박물관에 전시되고 있다.

회랑의 그늘에서 우리는 지나가는 많은 사람들과 잡담을 나누는 소규모의 사람들과 마주친다. 그들은 이곳에 일 때문에 혹은 뭔가를 구매하러만 오지 않는다. 많은 사람들의 시선은 지나치는 다른 사람들을 관찰하기도 한다. 현대의 도시에서 토요일 오후 거리를 산책할 때와 무척 비슷한 분위기이다. 사실 로마 제국에서는, 특히 이와 같은 장소에서는 한가하게 거닐며 오가는 사람들을 구경한다. 이런 곳은 많다. 이곳 이외에도 포르티코 아르고나우티, 리비아, 폼페이, 첸토 콜론네 등, 한마디로 말해서 어디를 선택해야 할지 당황스러울 정도로 많다.

　몇몇 아이들은 죽어가는 수사슴의 조각상에 정신없이 기어오르며 놀고 있다. 조각상의 입 안에 손을 집어넣으려고 조각상의 뿔 위에까지 기어오르는 담대함도 보인다. 많은 아이들이 즐겨하는 놀이이다. 청동 조각상의 등이 반짝거린다. 한 아이가 자기 차례를 기다리고 있다. 모든 십대 아이들처럼 그들도 행운을 가져온다는 작은 부적을 담아둔, 금속으로 만든 둥근 로켓 목걸이를 걸고 있다. 그 소년이 막 기어오르려는 순간 어머니가 아이를 말리며 고함을 친다. 어머니는 조각상을 소중히 여겨서라기보다는 잘 알지 못하는 물건에 손을 댔다가 행여 다치기라도 할까봐 아이를 말린다. 이제 아버지가 아이 옆에 서서 힐라스라는 소년에 대한 이야기를 해준다. 첸토 콜론네의 회랑에 있는 조각상에 관련된 이야기이다. 힐라스가 청동으로 만든 곰의 조각상 입 안에 손을 넣는 장난을 쳤다. 그런데 그 입 안에 독사 한 마리가 살고 있었다. 독사에 물린 아이는 죽고 말았다. 이런 일이 진짜로 있었는지 우리는 알지 못한다. 그러나 로마의 회랑에 대한 글을 쓰면서 이 에피소드를 옮겨 적은 마르티알리스를 포함하여 많은 이들을 놀라게 했다고 전해오는 이야기이다.

다양한 신원의 로마인 : 제3세계와 같은 로마?

포르티코 옥타비아의 회랑에서 산책을 하는 사람들 중에, 걸을 때마다 흔들거리는 불타는 듯한 빨간색 양산을 쓴 사람이 보인다. 19세기 귀부인들이 쓰던 양산과 똑같다. 어떻게 똑같을 수 있을까? 우리는 몇 사람을 지나쳐 가까이 다가간다. 우리는 샤프롱으로 보이는 두 명의 여인과 함께 우아하게 걸어가는 여인 바로 뒤에 있다. 양산은 비단 천으로 만들어졌다. 뼈로 만든 우산대는 오늘날과 똑같은 방식으로 상하로 움직이며 펼쳐진다. 그리 놀랄 일은 아니다. 사실 우산은 아득한 고대의 발명품이다. 에트루리아인들은 이미 2,600년 전에 사용했다. 그러나 그 용도는 달랐다.

우산은 비를 피하기 위해서가 아니라 18세기나 19세기의 귀부인들처럼 햇빛을 가리려고 쓴다. 로마 제국에서는 특히 중상류층 여인들이 태양에 피부가 검게 타는 것을 피하려고 즐겨 썼다. 오늘날과 정반대이다.

사실 로마인들의 기준은 우리 시대와 다르다. 프레스코 화를 보면 금방 알 수 있다. 남성들은 항상 구릿빛 피부로 그려진 반면, 여성들은 아주 하얀 피부로 묘사되었다. 이 그림에서 전하는 메시지는 분명하다. 남성들은 일, 여행, 만남, 사냥, 전쟁 등으로 많은 시간을 야외에서 보내기 때문에 검게 그을린다. 반대로 여성들은 그렇지 않다. 창백한 피부는 집 안에서 생활을 하고 전통적인 기준에 따른 여성의 역할을 한다는 것을 의미한다. 즉 아이들을 돌보고 집안일을 하고 식사나 파티 그리고 연회 준비를 감독한다. 이것들은 모두 밖에 나갈 필요가 없는 활동이다. 따라서 하얀 피부는 로마 여성의 매력으로 꼽힌다. 그렇다 보니 머리나 화장도 밝게 한다. 특히 지위가 높은 여성들은 일상생활 중에 밖으로 나가거나 서민들과 섞여서는 안 된다. 안락하고 귀족적인 생활의 증거로 하얀 피부를 내세운다. 한마디로 말해서 하얀 피부는 사회적 상징과 같다. 그러므로 양산이 필요하다.

세 명의 여인들을 관찰하다가 충격적인 사실 하나를 발견한다. 얼굴, 눈 색깔, 심지어는 신체적 조건도 모두 다르지만 세 명의 키가 똑같다. 우리 어깨에 겨우 닿을 정도의 키이다.

사실 로마인들은 현대인들에 비해서 키가 무척 작다. 길을 걸어갈 때에 더 두드러진다. 유일하게 훤칠하니 키가 큰 사람은 켈트인과 게르만인 혹은 갈릴리 출신의 로마 시민뿐이다. 그런데 또다른 놀라운 사실이 있다. 거리에는 소년들은 많지만 노인들은 거의 눈에 띄지 않는다는 점이다.

평균 신장이 작고 어린이와 청소년의 비율이 높은, 정확하게 오늘날 제3세계에서 볼 수 있는 현상이다. 그렇다면 트라야누스 황제가 통치하는 로마는 제3세계에 속할까?

로마, 이민자의 도시?

로마의 주민은 어떤 신체적인 특징을 보였을까? 그들의 얼굴은 오늘날 이탈리아에서 마주치는 얼굴이었을까 아니면 달랐을까? 당시 로마는 인구 100만 명이 넘는 대도시였으므로 당연히 길에서 다양한 얼굴을 볼 수 있었다. 머리색도 금발, 흑발, 적발 등 다양했다. 그러나 이미 우리가 살펴본 대로 우리는 상점과 골목에서 혹은 도무스의 노예들 중에 지중해인의 특징을 가진, 정확하게 지중해 출신의 사람들을 만났다.

사실 로마 제국의 주민 대부분은 제국의 동쪽 지역 출신들로, 오늘날에는 이민자로 정의될 것이다. 현재의 터키에 해당하는 지역에서 온 사람들이다. 간단하게 로마인들이 그리스라고 총칭해서 부르던 지역인 아시아, 갈라티아, 실리시아, 카파도키아, 비티니아 혹은 중동 전 지역, 특히 시리아에서 온 사람들이 많았다.

거기다가 나중에 북아프리카 출신이 더해지는데, 이들의 숫자도 무척 많았다. 이집트나 키레나이카 그리고 아프리카의 로마 총독 관할지역인 리비아와 튀니지에서 온 가족도 있다. 현재의 알제리와 모로코에 해당하는 모리타니아 출신의 이민자들은 말할 것도 없다.

오늘날 대도시에서 볼 수 있는 다양한 이유나 일 때문에, 그리고 수도의 다양한 매력 때문에 로마에 정착한 상인만 생각할 필요는 없다. 사실 이들 중에서 압도적인 대다수는 노예 신분으로 억지로 로마에 끌려왔다. 그들 중 일부는 여전히 노예 신분이고 다른 이들은 해방노예로 자유시민이 되었다. 그리고 어떤 이들은 이미 몇 세대 전에 자유시민이 된 해방노예의 자손으로 별 어려움 없이 자신의 일을 해나가고 있었다.

한 통계학자는 로마 주민의 이름 중에 60퍼센트는 라틴 이름이 아니라 그리스 이름임을 명확하게 밝혀냈다! 일부 학자들은 그 비율이 심지어 최대 80퍼센트에 달한다는 의견을 내놓기도 했다. 이 모든 사람들이 실제로 전부 그리스에서 온 것은 아니다. 이미 언급했듯이 로마인들에게 그리스는 지형적으로 확대하여 중동 지역까지 포함하는 지역을 의미하기 때문이다. 또한 당시 로마에는 자신의 노예에게 출신지와 상관없이 그리스식 이름을 붙여주는 관습이 널리 퍼져 있었기 때문이다. 이러한 자료는 수도의 주민 중에서 적어도 10명 중 6명은 로마 출신도 이탈리아 반도 출신도 아니라는 놀라운 사실을 알려준다.

이 자료는 수 세기 동안 로마가 고대 이전에는 그 유례가 없을 정도로 여러 인종과 다양한 유전자들이 결합되고 뒤섞인 거대한 인종의 도가니였음을 분명히 명시한다. 따라서 오늘날에도 이따금 듣게 되는 토박이 로마인이라는 표현은 정말 별 의미가 없는 말이다. 고대부터 이 도시는 공항에서 볼 수 있는 것처럼 다양한 지역 출신의 사람들이 살았기 때문이다.

탐구 ‖ 로마의 인구

인류학적, 인구통계학적 의학 자료는 로마의 주민에 대해서 무엇을 알려줄까? 기원후 115년의 로마의 길과 회랑에서 벗어나 이렇게 오래 전 시대를 연구하는 인류학자와 고고학자의 연구실로 잠시 들어가보자.

겉으로 보기에 이 연구는 거의 19세기라는 시간이 흐른 탓에 굉장히 어려울 것 같다. 그럼에도 불구하고 다양한 기술 덕분에 학자들은 우리가 지금까지 로마 제국의 수도 거리에서 만났던 사람들에 대한 꽤 정확한 설명을 하게 되었다.

여러분이 범죄 현장에서 과학 수사대가 일하는 것을 지켜보고 있다고 상상해보자. 그것은 고대 로마인들을 연구하는 기술과 무척 유사하다. 무덤에서 발견한 유골과 발굴된 유물을 통해서 상당한 정보를 이끌어낼 수 있다. 그중 몇 가지 정보는 정말 깜짝 놀랄 만하다.

우리가 지금 둘러보고 있는, 즉 기원후 1-2세기에 살았던 사람들의 평균 신장은 남성이 165센티미터, 여성이 155센티미터이다. 다양한 방법으로 측정된 평균 몸무게는 남성이 65킬로그램, 여성이 49킬로그램이다.

왜소하다고 생각할 수도 있지만, 수 세기 동안 유럽 인구의 평균 신장이었다. 1930년에 평균 신장은 여전히 167센티미터였고 전후에, 좀더 정확하게는 1960-1970년대에 생활환경과 영양공급의 향상 덕분에 170센티미터를 넘어섰다. 오늘날 유럽 인구의 평균 신장은 남성이 176센티미터이고, 여성이 164센티미터이다. 이탈리아 인구의 평균 신장은 이보다 조금 작다. 남성은 175센티미터이고, 여성은 162센티미터이다.

유골은 또다른 충격적인 사실도 알려준다. 인류학자들은 예를 들면 정강이뼈 같은 기다란 뼈를 가지고 여러 차례에 걸쳐 방사선 실험을 했다.

골절 부위를 찾아내기 위해서가 아니라 로마인의 유년기를 연구하기 위해서이다. 뼈에서 가느다란 하얀 금이 발견되었다. 이는 병이나 기근 혹은 단순히 영양 부족이 원인이 되어 유아기나 청소년기에 성장 장해를 앓았음을 보여준다. 쉽지 않았던 유년기에 대한 명백한 증거이다.

이와 유사한 특징이 치아에서도 드러났다. 치아 표면을 조사하던 중 치아 사이에서 잇몸과 유사한 에나멜이 발견되었다. 이는 성장기에 일정 기간 동안 치아 발육이 중지되었다는 표시이다.

우리의 예상과 달리 이러한 것으로 고통을 받던 이들은 시골에서 사는 가난한 사람들이 아니라 부유한 로마인들을 포함한 도시에서 사는 대부분의 로마인들이었다. 이는 분명히 드러나지 않았던 고대 로마에서의 삶의 특징을 드러낸다.

사실 전쟁 중에도 시골에서는 어느 정도는 먹을 것이 떨어지지 않았지만, 반대로 도시에서는 몇 가지 종류의 음식이 종종 부족했던 것과 관련이 있다. 가장 번성하던 시기에조차 영양 섭취는 절대 충분하지 못했고 균형 있게 공급되지 못했다. 최하 빈곤층은 항상 영양실조 상태이거나 아니면 부실한 영양 섭취를 하고 있었다. 이외에도 대도시에서 산다는 것은 끊임없이 다양한 종류의 질병과 전염에 노출되어 있다는 의미이다. 이 모든 것이 로마인들의 유골과 작은 키가 보여주는 고통을 설명한다.

이것이 다가 아니다. 로마인들의 수명은 짧았다. 유년기의 질병을 극복한 사람의 기대 수명은 남성이 41세, 여성이 29세였다! 여성의 기대 수명이 짧은 것은 출산에 기인한 문제점 때문이다. 당연히 평균 통계에 의한 설명이다. 41세 생일을 맞이한 로마인이 갑자기 사망하는 일은 없었다. 당시에도 오래 산 사람이 있었지만, 그런 사례는 정말 소수에 불과했다.

오늘날에도 여전히 화젯거리가 될 정도로 소수이다. 바티칸에 있는 산타로사 해방노예 묘역에서 최근에 발굴된 한 묘비는 루초 수토리오 아바스칸토라는 해방노예에 대해서 적고 있다. 그는 무려 90세까지 살았다. "……여기 90세까지 살다"라는 묘비 내용에 발굴자들도 놀랐다. 그는 오랫동안 진정한 므두셀라(Methuselah, 구약성서에 등장하는 최고령 인물로 969년을 살았다고 한다/역주), 즉 가장 나이가 많은 사람이었으리라!

이런 점에서 고대 오스티아 주민의 다른 장례 석비에 대한 연구는 대단히 흥미롭다. 로마인들은 고인의 사망 나이를 거의 빠짐없이 기록하는 습관이 있었다. 가끔 지나칠 정도로 연도, 달 그리고 날짜까지 적기도 했고, 심지어 시간까지도 기록했다! 오스티아 전 주민의 묘비가 아닌 일부의 묘비 자료만을 가지고 있는 한 당연히 이런 묘비의 가치는 단순한 방향 제시에 있다. 그러나 로마인들은 죽음이 자연스런 사건으로 받아들여지는 노인의 장례 때에는 묘비에 거의 나이를 쓰지 않았다. 우리가 살펴보았듯이 특별한 경우를 제외하고 말이다. 따라서 일부 묘지에는 고인의 나이가 적혀 있지 않다.

600개의 묘비에 대한 조사를 통해서 흥미로운 자료가 도출되었다. 로마에서 유년기의 사망률은 빈곤하고, 기술이 발달하지 못한 모든 사회와 마찬가지로 굉장히 높았다. 우리를 놀라게 하는 것은 이러한 일이 모든 이에게 똑같이 발생하지는 않았다는 점이다. 10세 이하의 어린이 중 남자아이의 사망률은 42퍼센트로 34퍼센트인 여자아이보다 약간 높았다. 어쩌면 여자아이에 비해서 남자아이가 활동량이 많아서 위험에 노출될 빈도가 더 높았기 때문이리라. 그런데 흥미로운 점은 20-30년 후에는 정반대의 결과가 벌어진다는 것이다. 여성의 사망률은 25퍼센트로 18퍼센트인 남성의 사망률보다 더 높다. 이러한 사망률의 차이는 사망에 이를 정도로 치명적인 출산의 위험에 기인한다.

비록 아직 심도 있는 연구가 마무리되지는 못했지만, 유골에 대한 연구는 또다른 흥미로운 사실을 드러낸다. 치아의 건강 상태는 그 유골이 주인의 유골인지 아니면 노예의 유골인지에 따라서 달랐다. 농장을 운영하던 시골 저택의 사례에서 증명된 사실은 다음과 같다. 주인은 노예보다 더 충치가 많았다. 이 역설적인 사실은 당분을 풍족하게 섭취한 결과를 보여준다. 부유하게 살 때에 당하는 불이익 중 하나일 것이다.

로마의 8대 문제(현대의 문제와 동일)

로몰로 아우구스토 스타촐리 교수가 분명하게 지적했듯이 율리우스 카이사르 치하의 로마에서 주민들을 괴롭히던 문제는 현대의 로마와 다른 모든 대도시의 주민들이 힘들어하는 문제와 믿기지 않을 정도로 유사하다. 2,000년이 조금 안 되는 시간이 흐르는 동안에도 상황은 전혀 바뀌지 않았다. 문제점을 열거하다 보면 깜짝 놀랄 정도이다.

- 교통 체증
- 거리와 골목의 소음과 혼란
- 긴 이동시간
- 도시 오염
- 물가 폭등과 주택 부족
- 건물의 안전 불감증과 붕괴
- 규제 범위를 벗어난 과도한 이민
- 야간 치안문제

우리는 오늘날과 마찬가지로 고대 로마에서도 교통이 골칫거리였음을 알 수 있다. 앞에서 언급했듯이 공적인 업무와 관련된 경우에만 운송수단을 이용하고 낮 동안에는 개인적인 교통수단을 금지한다는 내용의 그 유명한 법령을 기원전 45년에 카이사르가 공포했음에도 불구하고 말이다. 그런데 현대와 마찬가지로 로마 시대에도 공무원들과 몇몇 특권층은 자신의 운송수단을 이용해서 돌아다닐 수 있었다. 한마디로 말해서 이미 그 때부터 소위 관용 차량이 존재했다. 거리와 골목의 소음 공해는 또다른 문제였다. 마르티알리스는 시끄러운 로마의 하루에 대해서 다음과 같이 설명한다. "로마 사람들에게는 불행하게도 명상하거나 쉴 만한 공간이 없다. 아침에는 학교 선생님들이, 밤에는 빵장수가 그리고 하루 종일 땜장이들이 두들겨대는 망치 소리가 로마인을 못살게 군다. 환전업자는 네로 황제의 동전이 들어 있는 더러운 책상을 시끄럽게 흔들어댄다. 금세공 기술자는 스페인산 금을 망치 비슷한 연장으로 쉼 없이 두들긴다. 전쟁의 여신인 벨로나를 숭배하는 광신자는 멈추지 않고 큰소리로 떠들어댄다. 나뭇조각에 매달려 살아난 난파선 생존자는 자신의 무용담을 계속 지껄인다. 한편 어머니한테 교육받은 어린 유대인은 끊임없이 동냥을 구한다. 눈곱이 잔뜩 낀 소매상인은 유황성냥을 파느라 고함친다." 마르티알리스의 불평에 대한 메아리처럼 유베날리스는 이렇게 묻고 대답한다. "로마의 어느 셋집에서 잠을 청할 수 있을까? 대저택을 가진 사람이나 잘 수 있다."

현대에도 로마에서 이동하려면 짧은 거리라도 많은 시간이 필요하다. 사실 자동차 사용으로 야기되는 교통 체증 때문에 도시의 거리는 복잡해지고 마비된다. 이와 같은 현상은 비록 거리에 사람만 있고 운송수단은 없었을지언정 카이사르 시대의 로마에서도 똑같이 발생했다. 고대 로마의 몇몇 작가들은 약속 장소에 도달하기까지 필요한 거리와 이동시간이 너무 과하기 때문에 아침나절에는 약속 두 개를 잡을 수 없다고 불평한다.

로마 제국 밖에서 온 사람들은 정말 골칫거리였다. 심지어 유베날리스는 이미 로마가 그들의 손아귀에 떨어졌고, "그들이 언어, 관습, 플루트 연주자들, 비틀린 음악, 이국적인 큰북 그리고 원형투기장 담벼락에서 매춘을 강요당하는 소녀들을 가져오면서" 시리아의 오론테스 강물이 흘러넘쳐 테베레 강으로 몰려온다고 맹렬하게 비난했다. 현재의 슬라브족 매춘과 끔찍하게도 유사하다는 것을 알 수 있다. 마치 오늘날 기차역이 이민자와 외국인을 더 쉽게 마주칠 수 있는 장소인 것과 비슷하게 당시 로

사람들로 붐비는 로마의 거리 광경. 로마는 이미 현대와 동일한 많은 문제에 당면했다. 혼란스런 교통체증처럼 보행자의 체증, 보도 위를 점령한 판매대.

마에서는 아피아 거리와 오스티엔세 거리 주변에 이민자와 외국인들이 몰려들었다. 이 거리에는 사실 지중해 동쪽 지역과 아프리카에서부터 도착한 온갖 외국인들로 넘쳐났다. 그들은 사실 브린디시 항구, 포추올리 항구 그리고 오스티아 항구에 정박한 배에서 내린다. 그리고는 도시 중심부로 들어오는 두 개의 주요 도로를 따라 걷는다. 물론 수많은 외국인들은 집값 상승을 부추기는 데에 결정적인 역할을 한다. 대도시 로마에 홀려 몰려든 타 지역 출신의 로마 제국 시민들도 마찬가지이다. 아무튼 이미 말했듯이 이탈리아 반도의 다른 지역에 비해서 수도 로마의 집값은 네 배나 더 높았다. 그 결과 부동산 투기가 과열되면서 품질이 조잡한 자재를 사용하여 급하게 날림으로 높이 지어올린 공동주택들이 우후죽순처럼 급속히 늘어나게 된다. 그리고 그렇게 지어진 건물은 상당히 자주 붕괴되었다. 유베날리스는 이런 현상에 대해서 솔직하고 분명하게 다음과 같이 이야기한다. "대부분이 가느다란 기둥으로 지탱되고 있는 건물이다. 그런데 행정관은 오래 전에 갈라진 틈을 다시 메우기만 하고, 우리에게 마음 놓고 자러 가라고 명령한다. 하지만 붕괴는 우리 머리 위에서 여전히 계속해서 진행 중이다." 로마의 거리 구석구석과 골목길의 오염은, 병부터 채소 찌꺼기까지 온갖 종류의 쓰레기가 층층이 쌓여 있는 곳을 종종 걸어야 하는 중동의 도시를 떠올리게 한다. "한쪽에서는 지저분한 개가 도망치고 다른 쪽에서는 진흙을 뒤집어 쓴 암퇘지가 뒹굴고 있다"라고 호라티우스는 말한다. 마지막으로 안전하지 못한 야간 치안문제이다. "유언장을 작성하지 않고 저녁식사를 하러 밖으로 나간다면……당신은 나태한 인간 취급을 받을 것이다"라고 한 유베날리스의 말이 사실이라면, 야간의 불안전이 오늘날에도 여전히 골칫거리이지만 다행히도 로마 제국의 수준에는 미치지 않았다.

11시
노예 시장

도시의 이곳저곳을 배회하던 중 지금 우리는 어느 광장 가까이에 도착한다. 거리 끝에 광장이 보인다. 넓지는 않지만 뭔가 특별한 일이 벌어지고 있는 것은 틀림없다. 왜냐하면 순간적으로 범상치 않은 움직임이 느껴지기 때문이다. 우리는 시장에서 수많은 사람들의 무리 속에 있을 때처럼, 사람들 사이를 간신히 비집고 앞으로 나아간다. 갑자기 옷을 잘 차려입은 남자가 앞에 있는 사람들을 거칠게 밀쳐 길을 내면서 우리에게 다가온다. 작은 키에 통통한 몸집의 그는 거칠고 거만한 분위기를 풍긴다. 우리는 그가 귀족은 아니며 십중팔구 자신의 옛 주인보다 훨씬 더 사나워진, 이전에 노예였다가 지금은 자유시민이 된 해방노예임을 알 수 있다. 그가 아랫도리에 천으로 된 샅바만 걸친 거의 헐벗은 다른 사람을 끈에 묶어 끌고 오는 것을 보고 우리는 놀란다. 끌려오는 사람은 금발의 젊은이로 키가 크고 근육질에 체격이 건장하다. 앞서 가던 키 작은 남자가 갑자기 뒤로 돌더니 일종의 채찍인 갈대로 위협하면서 그에게 서두르라고 고함친다. 끈에 묶인 젊은이는 키 작은 남자를 순식간에 때려눕힐 수 있을 것이다. 두 사람 사이의 신체적 차이는 인상적이다. 그러나 두 손이 묶여 있는 젊은이는 반항하지 않고 시선을 아래로 향한다. 젊은이는 조용히 걸음을 빨리해서 우리 옆을 지나간다. 그의 눈에는 체념과 자신의 운명에 대한 궁금증만 있을 뿐이다. 분명히 유럽 이방인이지만 어느 국경 지역에서 왔는지 말하기는 어렵다. 어쩌면 라인 강 혹은 다뉴브 강 너머에서 오거나, 아니면 최근에 로마에 정복당한 다키아에서 왔는지도 모를 일이다. 확실한 것은 우리가 들어선 이 광장에서 무슨 일이 벌어지고 있는지 우리가 이해했다는 사실이다. 여기는 노예 시장이다.

우리가 지금부터 탐험하려는 곳은 우리의 문화와는 동떨어진 세계이다. 그렇지만 천 년 역사 동안 모든 문명에 존재하던 세계이다. 중국 문명부터 아스텍 문명까지 말이다. 아스텍족의 시장에는 인간 제물로 바칠 포로를 파는 특별 구역도 있었다. 유럽에서 노예는 로마 시대 이전부터 존재했고 로마 제국이 멸망한 이후에도 수 세기 동안 르네상스 시대까지, 그 이후까지도 계속되었다. 어느 순간 기독교적인 관점에서 금지되었지만 이슬람교도처럼 비기독교인들에게는 계속해서 존재했다.

천천히 우리 눈앞에 뭐라고 말할 수 없는 광경이 펼쳐진다. 나무로 만들어진 무대가 죽 늘어서 있고 그 위에는 진짜 살아 있는 물건인 수많은 노예들이 줄지어 서 있다. 남자, 여자, 아이가 있다. 마치 슈퍼마켓에서 파는 포도주 병이나 기름 병처럼, 다들 자신들의 특성을 적어놓은 표지판을 목에 걸고 있다. 망고네스, 즉 노예 상인은 놀라울 정도로 거칠게 몇 마디 말로 그들의 국적, 특성 그리고 몇 가지 결점까지 적어놓았다. 읽어 보자. "누비아, 아주 힘셈, 조금 먹음, 다루기 쉬움", "골, 제빵사 그리고 제과업자, 하지만 어떤 일이든 잘함, 한쪽 눈이 멀었음" 혹은 "학자, 그리스어를 말함, 동양에서 중요한 가문에서 일했음, 철학을 가르치고 연회에서 시를 낭독하는 데 이상적임" 그리고 "다키아의 군주의 딸, 처녀, 집안일과 침대를 덥히기에 최고." 적힌 글들 중에 얼마가 진실일까? 로마인들은 노예 상인은 믿을 만한 존재가 아님을 잘 알고 있다. 소(小)세네카가 말하듯이 노예 상인은 결점을 살짝 덮고 약간의 손질로 보기에 달갑지 않은 온갖 것을 숨기면서 돈을 벌기 위해서는 못할 짓이 없기 때문이다.

노예들은 감정을 드러내지 않는 것 같다. 빨간 머리 혹은 검은 곱슬머리 안에 자리한 그들의 시선에는 저항, 분노 혹은 절망의 기미조차 보이지 않는 듯하다. 그들 각자는 여기까지 끌려오게 된 고통스러운 비극을 간직하고 있다. 이제 체념하고 기다릴 뿐이다. 많은 노예들의 얼굴에서 짙게 드리워진 두려움이 느껴진다. 그들은 이전의 삶은 영원히 끝났고 몇 분 내로 전혀 다른 최후의 삶의 방향이 정해질 것을 알고 있다. 그런데 그들은 어떻게 될까? 귀족의 집에서 노예 중의 한 명으로 생을 마치게 될까? 그렇기만 하다면 그다지 나쁘지 않은 미래이다. 왜냐하면 성적으로 착취당할 가능성 너머에, 만일 주인이 무척 중요한 인물이라면 한몫 두둑이 받고 어느 날엔가 자유의 몸이 될 희망이 있기 때문이다. 해방노예 출신의 악질 주인을 만나거나 무거운 짐 꾸러미를 옮기며 상점에서 일할 운명이 되는 것은 전혀 다르다. 더 나쁜 경우도 있다. 사창가에 팔려가는 것이다. 존엄성을 가지고 태어나 사회규칙에 따라서 살아온 사람이 순식간에 운명이 바뀌어 망가질 때까지 혹은 닳아 없어질 때까지, 즉 쇠약해지거나 병에 걸리거나 혹은 처음의 아름다움을 상실할 때까지 착취당하는 단순한 성적 대상이 되어버린다. 그런데 이보다 더 나쁜 경우도 있다. 채석장이나 부유한 귀족의 농장으로 가게 되는 경우이다. 알다시피 농장의 노예들은 최악의 환경에서 살아간다. 적은 양의 음식과 엄청난 매질 그리고 최후의 순간까지도 노동력을 착취당한다.

우리는 거의 삶을 건 도박과도 같은 이 노예 거래를 지켜본다. 우리는 한쪽 무대에서 다른 한쪽 무대로 이동하면서 가축 시장에서나 볼 법한 잔인하고도 비인간적인 광경에 충격을 받는다. 볼품없는 무대 위에서 노예 상인이 치아를 보여주기 위해서 그리고 고객들이 구취를 맡아보도록 하기 위해서 노예 한 명의 입을 벌린다. 또다른 노예 상인은 뚱뚱하고 땀을 흘리는 고객의 소름끼치는 시선 앞에서 여자 노예의 가슴을 만지고 배를 쓰다듬는다. 게다가 또다른 노예 상인은 판매 중인 노예의 힘과 건장함을 보여주기 위해서 덩치 큰 독일인 노예의 어깨와 가슴을 때리고 허벅지와 종아리를 쓰다듬는다.

귀에 들리는 말이라고 해서 충격이 덜하지는 않다.

"얼마나 멋진 젊은이인지 보시오, 오랫동안 써먹을 거요."

노예 상인은 몇 마디말로 그들의 국적, 특성 그리고 몇 가지 결점까지 적어놓았다. 짧은 순간에 노예들의 운명은 영원히 바뀌게 될 것이다.

"눈이 감염되었네요, 이건 싫소."

"그녀를 돌려세워봐! 엉덩이를 보여줘!"

"쓰레기 치우는 노예를 대신하기에 괜찮을 거요, 이보시오, 키도 딱 맞고 다른 놈들처럼 금발이요."

"나는 검은 머리를 원한다고요, 내가 말했잖소. 우리 주인님은 깡마른 금발머리는 싫어하세요."

"비싸지 않아요, 거저 주는 거요. 요즘 이런 누비아 출신은 드물어요."

"항아리를 세 번만 옮기면 쓰러지겠어, 얼마나 말랐는지 보여?"

"아니 그것 말고, 저기 가까이 있는 게 마음에 더 드는군요. 얼마요?"

"이마의 끈을 치워봐요. 자, 내 말이 맞지, 산 채로 f 낙인을 찍었어! 내가 뭐라고 했어, 도망 노예라고!" 로마 시대에 도망쳤다가 다시 잡혀온 노예의 이마 위에는 도망(fugam)의 줄임말인 fug 혹은 도둑(furem)의 줄임말인 fur를 새겼다.

우리는 구매자와 판매자 그리고 막 낙찰된 노예가 무리를 지어 있는 광장 탐험을 계속한다. 노예 매매는 공공연하게 그리고 공공 광장이나 상점 등 다양한 지역에서 이루어진다. 매매 규칙은 분명하다. 모든 시장에서처럼 물건을 보고 품질을 평가하고 값을 정한다.

노예 시장은 종종 요일에 따라서 다른 범주에 속하는 노예를 팔기도 한다. 하루는 힘든 노동에 적합한 힘센 노예를, 그 다음 날은 제빵사, 요리사, 댄서, 마사지사 등 기술이 있는 노예를 팔기도 한다. 계속해서 그 다음 날은 집안일이나 연회 시중들기에 그리고 다른 놀이거리에 적합한 어린 여자아이나 젊은 여자를 파는 날이다. 그리고 난쟁이, 거인, 다양한 방식으로 부릴 수 있는 신체적 장애가 있는 노예를 파는 날이나 구역도 있다.

노예의 세계

노예 시장은 대도시 로마의 치부가 적나라하게 드러나는 장소이다. 노예는 사실 제국의 가장 먼 지역이나 국경 너머에서 들어오며 무척 인종이 다양하다. 제국에 인종주의가 존재하지 않고, 아무도 피부 색깔로 무시당하지 않는다는 것이 눈에 띈다. 굳이 차별을 하자면 신분에 관한 것으로 로마 시민인지, 외국인인지 혹은 노예인지를 따진다.

노예 시장에 대한 규제는 무척 원활하게 이루어진다. 상인은 수입과 수출 관세를 지불해야 하며 판매자에게도 세금이 부과된다. 이 노예 상인은 로마인들이 경멸하는 신분의 사람들로 주로 동양인들이다. 그런데 그들은 어디에서 판매할 노예를 공급받는 것일까? 또 그들은 어떻게 노예가 되었을까? 경로는 다양하다. 몇몇은 이미 노예로 태어난다. 어머니가 노예인 것으로 충분하다. 이렇게 노예로 태어난 아이는 자동적으로 주인의 재산이므로 주인의 뜻에 따라야 한다. 집 안에서 기를지 아니면 돈 좀 받고 팔아버릴지는 주인이 하기 나름이다. 이런 의미에서 많은 노예를 소유한 로마인은 노예 시장을 먹여 살리는 탁아소를 운영하는 셈이다.

그러나 노예의 대부분은 제국 안팎에서 자유로운 신분으로 태어났지만 나중에 노예 신분으로 전락한 이들이다. 이들은 로마 정부가 개인에게 다시 파는 전쟁 포로들이다. 평화로운 시기에조차 어느 지역에선가 늘 전쟁이 벌어지고, 행진하는 병사들 뒤에는 죄인들을 구입할 준비가 된 상인들이 반드시 있기 마련이다. 많은 노예들은 동유럽, 아시아 혹은 아프리카의 상인을 통해서 국경 너머로 팔려온다. 바로 지난 세기처럼 검은 아프리카 대륙에서부터 유럽이나 중동의 호화스런 궁전으로 혹은 아메리카의 부유한 대저택이나 농장으로 노예들이 도착한다. 그들은 범죄자로 선고받고 노예로 전락한다. 노예로 팔기에 너무 어린 아이들은 거리에 방치되어 별다른 어려움 없이 아이들을 노예 신분으로 바꾸는 사람들 손에 길러진다. 범죄자나 해적에게 납치된 아이들을 기다리는 운명과 유사하다.

그리고 빚을 지고 채권자에 의해서 노예 상인에게 팔린 평범한 사람들도 있다. 이런 경우에 그들은 법적으로 완전한 노예와 구별된다.

자원 노예라고 정의할 수 있는, 마지막 사례는 충격적이다. 자유로운 신분으로 태어났지만 다른 사람에게 팔릴 정도로 가난한 사람들이다.

앞서 말했듯이 도시 가정의 노예와 시골 농가의 노예 사이에는 커다란 차이가 있다. 도시 노예는 대체로 다시 팔아야 하는 경우를 대비하여 가치가 떨어지는 불상사가 생기지 않도록 최소한의 부당한 취급만 받는다. 그러나 시골의 노예에게는 이러한 고려가 전혀 없다. 그들의 삶은 끔찍하다. 그들은 주인의 명령에 따라서 재산과 농장을 관리하는 해방노예인 관리인이 시키는 대로 살아간다. 그 관리인은 일하지 않는 노예는 필요 없다는 사고방식을 가지고 있다. 따라서 하루 종일 일만 하고 잠시 동안이라도 쉬거나 빈둥거리거나 사적인 시간을 가질 여유는 전혀 없어야 한다. 이러한 관점에서 농장 노예들의 숙소가 개인 감옥 혹은 평생 감옥이라고 불렸다는 사실만으로도 충분히 강제노동 수용소라고 말할 수 있다.

이러한 완벽한 집단 수용소에서 노예는 결혼조차 자유롭게 할 수 없다. 관리인이 결혼을 시킬지 누구와 짝을 맺어줄지를 결정한다. 이런 면에서 노예는 개나 소와 별반 다를 것이 없다. 혹은 노예와 동물 사이의 차이가 너무 미미해서 그 차이를 몇 마디 말로 요약할 수 있다. 일하는 동물은 소리 내는 도구이고, 반면에 노예는 말하는 도구이다. 그 둘의 차이는 말을 할 줄 안다는 것뿐이다!

많은 노예를 소유했다는 것은 부의 표시이다. 한 개인의 집에는 대체로 5명에서 12명의 노예가 있다. 20명을 넘는 경우는 절대 없다. 그러나 일부 귀족은 로마 시내에 500명, 로마 외곽에 2,000-3,000명의 농장에서 일하는 노예를 거느리기도 했다.

물론 도시나 정부의 소유물인 공공의 노예와 황제의 노예도 존재한다. 그 노예들은 공적인 일을 하게 된다. 예를 들면 공중목욕탕, 소방서, 음식 창고, 식량 관리기구 혹은 거리와 다리 등의 건설현장에서 일한다.

관청 소속의 공공 노예들은 대부분 행정과 재정 업무를 담당한다. 그렇다 보니 읽고 쓸 줄 아는 그리고 드물지 않게 약간의 문화적 소양을 갖춘 사람들이다. 그래서 그들은 시골에서 일하거나 문지기를 하는 동료 노예들보다 더 나은 취급을 받는다.

　이 노예들이 로마 경제를 돌아가게 한다. 법률은 그들을 살아 있는 존재로 분류하지 않고 사물처럼 분류한다. 주인이 원하면 죽일 수도 있다. 나중에는 사라진 고대법에 따라서 적어도 한 가지 경우에는 즉각적으로 처형을 당했다. 즉 한 노예가 주인을 죽이면, 다른 모든 노예들 역시 자동으로 살해당하게 된다. 그들은 주인을 보호하는 데에 무능력함을 드러냈기 때문이다. 이러한 일은 단순한 밀고만으로도 가능했다. 따라서 각 도무스마다 노예 구성원들 사이의 지배적인 분위기가 어떠했는지를 짐작할 수 있다.

　다른 소수의 경우를 제외하고 정부는 주인과 노예 사이에 전혀 개입하지 않는다. 완전히 닫힌 세계이다. 우호적인 관계로 지낼지 혹은 경악스러울 정도로 착취할지는 주인이 결정할 것이다. 법은 간섭하지 않는다. 오늘날로 치면 믹서기나 제초기를 어떻게 다루든지 정부가 개입하지 않는 셈이라고 이해할 수 있다. 주인은 자신의 노예를 괴롭히고 불구로 만들고 심지어 죽일 수도 있다.

　이런 상황에 대해서 그 누구도 반대의 목소리를 내지 않았을까? 소(小) 세네카 혹은 스토아 학파의 학자들처럼 노예를 사물이 아닌 인간으로 평가하는 많은 이들이 반대의 목소리를 냈다. 아무튼 노예의 역할은 제국의 경제나 재정에 무척 중요하다. 아무도 노예들처럼 일할 수 있으리라고 생각하지 않을 정도이다. 그렇다 보니 그들의 처지는 시간이 흐를수록 점차적으로 향상된다.

　공화정 시대에 노예들이 정말 극단적인 상황에 처했었다면, 제국 시대에 들어서서 세기가 흐를수록 그들은 더 많은 권리와 자유를 누리기 시작한다. 예를 들면 번 돈을 스스로 비축하여 자유롭게 물건을 구입할 수 있다. 나름대로 노예들의 결혼규칙에 따라서 혼인을 치를 수도 있다. 비록 태어날 아이들이 주인의 소유물이 될지언정 말이다. 부당한 대우는 줄어들었고 일부 지역에서는 노예 살해를 완전히 금지했다. 절대 바뀌지 않는 사소한 관습은 여전하다. 즉 상점에, 빵집에 혹은 도시의 다른 활동분야에 자신의 노예를 빌려주고 그 월급을 착복하는 관습만은 바뀌지 않는다. 로마에서 살아가는 가난한 사람에게도 가능한 수입 형태이다. 한 명 혹은 그 이상의 노예만 있으면 이런 방법으로 간단하게 돈을 벌 수 있다.

부유한 주인은 노예에게 일종의 투자를 하는 방식으로 돈을 번다. 특별하게 충당된 노예 한 명에게 일정한 금액의 돈인 페쿨리움(peculium), 즉 비축자금을 주거나 가능하면 상점을 사주거나 해서 생산활동의 기반을 마련해준다. 그리고는 그 활동으로 벌어들인 수익의 일정 금액을 챙긴다. 노예는 당연히 사업이 번창하도록 모든 관심을 쏟는다. 왜냐하면 자신의 동료들보다 더 나은 삶을 살고 주인의 배려를 받으며 주인에게 좋은 평가를 받게 되면 자유를 얻을 가능성이 많아지고 결국 자신의 고유한 신분을 얻어 독립적으로 살아갈 수 있기 때문이다.

그런데 로마의 거리에서 어떻게 노예를 구분할 수 있을까? 쉽지 않은 일이다. 그리스의 역사학자 아피아노스(95?-165?)도 이를 확인했다. 노예는 겉으로 보기에 해방노예인 자유시민과 무척 비슷하다. 민족집단별로 다른 신체적인 특징과 외모는 노예를 구별하는 데에 도움이 되지 않는다. 많은 로마 시민들이 해방노예인 자유시민 혹은 과거에 노예였던 사람의 후손들이기 때문이다. 따라서 대체로 무척 허름한 옷차림을 눈여겨볼 필요가 있다. 그리고 세세한 부분도 점검해보아야 한다. 오늘날 우리가 개나 고양이 목에 이름표를 달아주듯이, 노예의 목에 종종 명찰이 매달려 있다. 심지어 고정된 목걸이도 있다. 명찰 위에는 이름이 적혀 있고 가끔은 주인에게 다시 데려다줄 경우 사례하겠다는 글귀가 적혀 있기도 하다. 오스티아에 있는 한 상점에서 노예의 목에 걸고 바로 용접할 준비가 된 목걸이가 판매되었다. 목걸이에는 "도망치지 못하게 나를 붙잡아주세요. 나는 지금 도망치는 중이에요"라고 적혀 있다.

오늘날 디오클레티아누스 공중목욕탕 자리에 들어선 로마 국립박물관의 전시품 중에 하나인 청동 목걸이의 메달에 적힌 글은 흥미롭다. 초니

노라는 이름의 주인에게서 도망친 노예를 다시 데려다주는 이에게 솔리두스(solidus, 콘스탄티누스 황제가 도입한 금화 동전으로, 이 단어에서 솔도[soldo], 즉 돈이라는 이탈리아 단어가 유래했다) 1푼을 사례금으로 줄 것이라고 분명하게 적혀 있다. 이 노예는 우리가 지금 방문 중인 시대 이후에, 즉 기원후 300년에서 500년 사이에 살았지만 그러한 관습은 제국 시대 내내 여전히 남아 있었다.

노예 시장을 나오면서 우리는 한 남자에게 끌려가는 눈에 눈물이 가득한 빨간 머리의 소녀와 마주친다. 그나마 그녀의 운명은 그리 나쁘지 않지만 그녀는 아직 그 사실을 모른다. 그녀는 싸구려 사창가로 가지 않고, 그녀의 신분에 맞게 그녀를 존중해줄 안락한 가정으로 갈 것이다. 그녀의 얼굴과 헝클어진 머리 그리고 그렇게 잔인한 무대 위에 세우기에는 아직 너무 어린 그녀의 몸집을 보면서 우리는 한 가지 의문점이 생긴다. 그녀가 언젠가 자유를 되찾을 수 있을까? 운이 좋다면, 찾을 수 있을 것이다.

사실 많은 노예들은 노예 해방과 더불어 자유를 되찾는다. 이는 다양한 방법으로 얻을 수 있다. 주인이 서신으로 혹은 가장 흔한 방법인 유언을 통해서 이 사실을 공식화할 수 있다. 혹은 검열관의 기록부에 로마 시민으로 등록하려면 자유의 집이라는 뜻의 아트리움 리베르타티스(Atrium libertatis)가 있는 트라야누스 포룸이나 바실리카 울피아로 간다. 등록하는 순간 노예는 자유시민이 되어 로마 시민권을 얻고 자동적으로 모든 로마 시민의, 즉 그의 옛 주인과 동일한 시민의 권리를 누린다. 그리고 주인에게 매년 며칠간의 무급 노동을 제공할 것을 법적으로 정한다. 주인은 그의 후원자가 되고 이 성의 표시의 무급 노동은 일이라는 뜻의 오페라이(operae)라고 불린다.

로마에서 그리고 제국 전역에서 자유로운 외국인의 삶보다 해방노예의 삶이 훨씬 더 편하다는 데에는 의심할 여지가 없다.

노예 해방은 로마 사회에 진정한 활력을 불어넣는다. 왜냐하면 새로운 시민계층을 얻음으로써 사회는 지속적으로 쇄신되기 때문이다. 게다가 새로운 지위로 상승하려는 동기 부여가 상당하다. 제정법은 개인의 노예해방은 장려하지만 쉽게 예견할 수 없는 이유 때문에 대중의 해방은 저지한다. 아우구스투스 황제 시대에, 소유한 노예의 숫자와 해방노예의 숫자 사이에 비율을 고정시키고 어느 경우에든 해방노예의 숫자가 최대한 100명을 넘지 않도록 한계를 정하면서, 유언으로 노예를 해방하는 방식을 제한하는 법이 도입된다. 사실 1,000여 명이나 되는 노예의 소유주인 소(小) 플리니우스(61?-113?)는 유언으로 100명을 해방시켰다.

해방의 순간부터 과거 노예였던 이들의 삶은 근본적으로 달라진다. 종종 그들은 엄청난 행운을 맞이하면서 마치 대하 드라마의 대본을 따라가는 것처럼 인생이 전개되기도 한다. 묘비에 새겨진 이름에서 몇몇 고대의 로마 가문은 경제적인 어려움 때문에 해방노예인 벼락부자들과 혼인을 하기도 했음을 알 수 있다. 이들은 처음에는 경제적으로 안정되기 위해서 돈을 벌고 그 다음에는 권력을 추구한다. 권력을 통해서 귀족 가문으로 신분이 상승하면 그들의 사회적 위치는 근본적으로 달라진다.

우리가 트라야누스 황제 시대의 로마를 걷고 있는 바로 지금, 로마로부터 몇 킬로미터 떨어진 오스티아에서 이런 종류의 동맹에 해당하는 전형적인 사례가 진행 중이다. 꾸준히 재산과 곡물 수확량이 줄어드는, 루킬리 가말라이의 유서 깊은 가문은 자신들의 유산이 점진적으로 줄어들고 사라지는 것을 지켜보았다. 트라야누스 황제의 바람에 따라 또다른 다리가 건설되고 난 뒤에 도시의 경제상황이 갑자기 달라졌다. 무척 정력적인 신흥부자들이 경제를 장악한 것이다.

그래서 푸블리우스 루킬리우스 가말라는 보수적인 가족들의 반대를 무릅쓰고 획기적인 변화를 모색하기로 결정한다. 그는 자신의 적과 결합했다. 오히려 그는 자발적으로 해방노예의 후손인 이방인 크네오 센치우스 펠리체라는 사람의 집안에 양자로 들어갔다. 눈부신 경력을 쌓는 중인 펠리체는 정치와 사업 분야에서 진정한 실세 거물이 되려는 신흥부자이다. 이제 가말라와 펠리체 둘 다 더욱 강해졌다.

로마의 노예제도에 대한 이해 시도

어떻게 로마처럼 세련되며, 선진화되고, 발전을 이룬 인간의 권리를 소중하게 여기고, 각 분야의 천재적인 인간이 만든 걸작을 우리에게 남겨준 철학과 예술의 아름다움에 예민한 문명이, 사람 사이의 비인간적인 관계 형태인 노예제도를 허락하고 받아들일 수 있었을까? 어느 정도는 우리가 언급한 바대로 로마인들은 노예가 없으면 자신들의 세계는 순식간에 무너지고 말 것임을 잘 알고 있었다. 로마 문명은 기술적인 사회이지만, 유일한 에너지원으로 인간의 근육만을 사용하고 인간을 대신해서 일할 수 있는 기계 발달이 이루어지지 않았다는 의미에서, 여전히 산업화 이전의 사회였다. 따라서 노예가 필요했다. 무엇보다 왜 노예를 없애야 할까? 노예를 부리는 데에는 거의 돈 한푼 들지 않고 그 활용도에 비해서 아주 최소한의 경비만 드는 데에 말이다. 그리고 이론적으로 그 노동력의 원천은 무궁무진하다.

로마 제국에서 노예로 살아가는 것은 여러분에게 일어날 수 있는 일 중에서 최악이다. 현대를 살아가는 우리는 이러한 사실을 알지 못한다. 물론 현대에도 슬라브 혹은 나이지리아 매춘부와 같은 성매매와, 구걸이나 소아성애로 착취당하는 아이들이 있기는 하다. 그러나 이 모든 것은 예외적인 상황일 뿐이며 범법 행위이므로 처벌의 대상이다.

반면에 로마 세계뿐만 아니라 모든 고대 세계에서 노예제도는 규정에 따른 것이다. 트라야누스 시대의 로마에서 노예가 정확하게 무엇인지 이해하려면, 당시 로마인의 생각을 이해할 필요가 있다. 개나 고양이 같은 가축에 대해서 생각하면 그 개념에 꽤 접근하는 셈이다. 애완동물의 목에도 명찰을 달기 때문만이 아니라, 그들의 삶에 대해서 주인이 절대적인 권력을 휘두르기 때문이기도 하다. 주인은 애완동물을 사고팔고 거세시킬 수 있다. 그리고 그 새끼를 팔기도 한다. 로마인들도 노예에게 그렇게 했다. 물론 오늘날에는 동물 학대에 반대하며 점점 더 제제를 가하는 것도 사실이다. 심지어 동물 학대가 범죄임을 인식시키는 교육을 하고 무거운 처벌을 내리기도 한다. 하지만 이런 움직임은 무척 최근의 일이고 특히 복지사회의 결실이다. 또한 애완동물을 위한 음식과 용품은 점점 더 세련되고 비싸진다.

어쩌면 이것이 더 좋은 예가 될 수도 있다. 생활의 편리함을 위해서 기술을 이용해서 만든 가전제품과 모든 편의시설을 떠올려보라. 사실 우리 집 안에 있는 이 물건들은 과거에 노예가 하던 역할을 똑같이 하고 있다. 어떤 의미에서 기술의 발달은 로마인의 노예를 로봇으로 대체했다고 할 수 있다.

- 세탁기는 세탁부를 대신했다.
- 가스레인지, 전자레인지, 토스트기, 믹서기는 주인을 위한 음식 준비를 위해서 화덕에 붙어 있는 요리사와 노예를 대신했다.
- 수도꼭지는 물을 양동이에 담아오려고 샘터에 가던 노예를 없앴다.
- 화장실 편의시설은 화장실에 관련된 임무가 할당된 노예를 대신했다.
- 냉장고는 집에 얼음을 가져오던 노예를 대신했다.
- 접시닦이기계, 진공청소기 그리고 양탄자 터는 도구는 청소 담당 노예를 대신했다.
- 온수기는 집이나 공중목욕탕의 물을 데우는 노예를 대신했다.
- 전구는 등불을 담당하던 노예를 불필요하게 만들었다.
- 중앙난방은 화로 담당 노예를 대신했다.
- 텔레비전, 라디오, CD와 DVD 플레이어는 주인을 즐겁게 해주던 노예, 즉 고대의 현악기인 리라 연주가, 북치는 노예, 무언극을 하는 노예, 무희, 책 읽어주는 노예 그리고 시를 낭송하는 노예를 대신했다.
- 타이프라이터와 컴퓨터는, 대(大)플리니우스가 자신의 편지와 글을 받아 적게 하던 그리고 그가 읽고 싶어한 책을 그에게 읽어주던, 필경사와 비서 노예의 위치를 차지했다.

- 자동차는 가마꾼과 가마 그리고 주인의 길을 등불로 밝히던 노예인 란테르나리우스를 대신했다.
- 전기면도기는 이발사를 하던 노예의 위치를 차지했다.
- 헤어드라이어와 전기면도기는 개인위생과 미용관리를 담당하던 노예인 오르나트리체가 하던 많은 일을 대신했다.

그 외에도 다양한 사례들이 있다.

실제로 위에 열거된 많은 역할은 분명 노예가 하던 일이었다. 아무튼 우리 각자가 집 안에 비치해둔 전기 혹은 기계 "노예"가 얼마나 되는지 생각해보라! 중산층 가정이 도무스에서 일할 5-12명의 노예가 있었음을 염두에 두고 약간의 계산을 해보면, 여러분의 가정 역시 이 중산층 가정과 같은 선상에 있음을 알게 될 것이다. 전자제품은 바로 인공적으로 만들어진 "노예"인 셈이다. 우리가 상점(즉 "노예 시장")에서 선택해서 구입하는, 종종 부주의하게 사용하고 이따금 잘 작동하지 않으면 그 중요성을 생각하지 않고 거칠게 다루는 물건이다. 그리고 결국 이 전자제품이 고장 나거나 너무 낡으면 우리는 새것을 구입하기 위해서 (그리고 가격에 대해서 불평하면서) 그것을 내다버린다. 우리 중에 어느 누구도 이 전자제품 때문에 밤잠을 설치지 않는다.

사실 고대에도 마찬가지였다. 단지 현대의 노예가 볼트와 전선으로 되어 있는 대신, 고대의 노예는 살과 뼈로 되어 있었다.

이렇게 이해하는 것이 로마인의 머릿속으로 들어가는 최상의 방법인 것 같다. 이러한 생각이 정당한지를 따지는 것이 아니라 단지 이해를 돕기 위함이다. 누군가가 그 이상으로 생각을 펼쳤고 노예의 노동력을 휘발유의 가치로 환산했다. 그랬더니 휘발유 한 병은, 50명의 노예가 두 시간 동안 소형차 한 대(피아트 500 같은 슈퍼미니 자동차)를 끌고 가는 정도의 에너지를 공급한다는 사실이 드러났다.

이것이 끝이 아니다. 가전제품이 우리에게 제공하는 에너지는 30명의 노예가 하는 일에 맞먹는다는 유사한 결론에 이르렀다. 한마디로 말해서 우리의 집 안 곳곳에 자리한 이 눈에 보이지 않는 노예들은 우리 삶의 방식에 혁명을 일으켰다. 이 모든 일은 근본적으로 겨우 두 세대가 흐르는 사이에 이루어졌다. 우리는 이미 전등이 있는 집에서 태어났기 때문에 이 혁명에 대해서 생각하지 않는다. 현재 75세 정도인 사람들은 로마인들의 시대도 포함하여 지난 수 세기 동안의 생활상과 그다지 많이 다르지 않은, 즉 기름 등잔, 마차, 샤워기와 욕조 대신에 물통 등을 사용하며 생활하던 시대에 어린 시절을 보냈다.

이러한 자료를 통해서 우리 사회가 기술혁신으로 복지, 자유시간, 생활의 편리함, 여가 등에서 얼마나 바뀌었는지가 드러난다.

우리가 당연히 사회 투쟁의 결과라고 믿거나 생각하는 일상생활의 많은 측면은 사실 이용 가능한 에너지 원천의 부산물이다. 여성 해방을 포함해서 말이다. 에너지와 기술이 없었다면, 여성은 증조모가 살던 환경에 머물고 있었을 것이다. 거의 다들 문맹인 채로 들일을 하고, 손세탁을 하고, 우물물을 길어오고, 접시를 닦고, 화덕에서 요리하고, 기름 등잔불 아래서 바느질을 하고, 유아 사망률이 높았기 때문에 많은 아이들을 낳고 등으로 하루하루 분주하게 생활했을 것이다.

마지막으로 한 가지 더 짚고 넘어갈 것이 있다. 노예제도에 바탕을 둔 로마의 체계가 오늘날에도 가능할 수 있을까? 불가능하다. 문명사회의 법이나 규칙 때문만이 아니라 실질적인 이유에서도 그렇다. 현대의 사회체계 안에서 노예제도는 오히려 역효과를 낳거나 별로 쓸모없을 것이다. 그 이유는 무엇일까?

무엇보다도 현대의 사업가들이 로마인들처럼 노예를 부리기를 원한다면 그들을 먹이고, 집과 생활에 필요한 물건을 제공하는 일도 고려해야 할 것이다. 유용성과 수익에 바탕을 둔 시대에, 노예의 활동성을 위해서 상당히 많은 경제적 부담을 질 사업가는 아무도 없다. 노예제도는 노예에 대한 비인간적인 환경과 그들 주인의 엄청난 부와 권력이라는 두 가지 주변조건이 동시에 뒷받침이 될 때에만 작용한다. 이 주변조건은 과거(얼마 되지 않은 아메리카 노예제도를 떠올려보라)는 물론이고 현대에도 문화가 미성숙하고 극단적인 빈곤과 절망이 지배적인 사회에서 찾아볼 수 있다.

오늘날 노예제도가 작동될 수 없는 두 번째 이유는 생산제품에 대한 상당수의 잠재고객을 배제하게 되는 상황이 벌어지기 때문이다. 산업 시스템이 소수의 소비자만으로는 버틸 수 없기 때문에, 수입의 광범위한 증가를 통해서 시장을 형성하지 않으면 시스템은 무너지고 만다. 산업발전은 그 어떤 경우에도 노예제도의 종말을 전제로 한다.

그러므로 우리 세계와 로마 세계의 큰 차이점 중의 하나가 바로 생산체계에 있다고 결론지을 수 있다. 현대 사회는 기술력에 근거한 생산체계를 그리고 로마 사회는 노예제도에 근거한 생산체계를 가지고 있다. 탄력적이고 섬세한 현대 사회에 비해서 로마 사회는 경직되고 구식이다. 이 두 사회체계는 양립할 수 없다. 하나가 존재하면 다른 하나는 존재할 수 없다. 지금 가로지르고 있는 거리에서 우리도 분명히 인지할 수 있는 차이이다. 상점 앞을 지나던 우리는 고함소리에 걸음을 멈춘다. 우리 눈앞에서 한 해방노예가 자신의 노예인 한 소년에게 손찌검을 하고 있다. 아이가 무슨 잘못을 저질렀는지는 알 수 없다. 하지만 이어지는 발길질과 함께 아이가 당하는 모욕적인 언사는 우리를 당황스럽게 만든다. 그러나 행인들의 완전한 무관심은 우리를 더욱 큰 충격으로 몰아넣는다. 물론 위험에 휩쓸리지 않으려고 못 본 척하는 사람도 있다. 오늘날에도 혹시 위험에 휩쓸릴까 싶어서 무관심한 사람들이 있다. 그러나 로마인들은 습관적으로 무관심한 것일 수도 있다. 노예에게 가해지는 모욕과 폭력은 평범하고 일상적인 것이다. 어쩌면 우리 주변에 있는 이들도 어느 정도는 그렇게 행동할지도 모른다.

베스타 신전의 수련 여사제와의 짧은 만남

우리는 물을 받으려고 줄을 서 있는 사람들과 소규모의 종교행사가 진행 중인 곳을 지나치고, 조각상이 서 있는 작은 광장과 아치를 지나, 둥근 회랑을 가로질러 한동안 걷고 있다. 사람들은 다들 한 방향을 향해 가고 있는 것 같다. 우리도 사람들의 물결을 따라가고 있다. 우리가 지금 둘러보는 도시구역은 팔라티누스 언덕과 카피톨리누스 사이로 포룸과 이어지는 길이다. 거리의 움직임은 이를 설명해준다.

이제 군중은 높은 건물들로 둘러싸인 좁은 길에 들어선다. 마치 선사시대의 협곡을 보는 듯하다. 이곳에 살던 고대 주민들을 기념하는 뜻에서 비쿠스 투스쿠스(Vicus Tuscus)라고 불린다. 이 거리는 너무나 유명해서 모르는 사람이 없을 정도이다. 그런데 신기하게도 거리 이름은 그 어디에도 붙어 있지 않다. 사실 현대와 달리 거리 이름이나 번지수를 기록한 표식은 없다. 지역 주민들은 표지가 없어도 그곳의 지형을 훤히 꿰뚫고 있기 때문에 어디로 가야 할지 잘 안다. 그러나 친구나 길을 찾아가는 이방인은 도움이나 설명(예를 들면 네 친구를 찾아가려면 그런 조각상이 서 있는 그런 광장 끝까지 가야 한다. 그러면 그런 분수가 있는 골목길이 보일 것이다. 정면에 인술라가 보인다. 인술라 안으로 들어가서 5층으로 가라. 거기에 친구의 집이 있다) 없이는 어느 길로 가야 할지를 몰라 큰 어려움을 겪을 것이다. 놀랄 일 같지만 이와 비슷한 일이 오늘날 일본의 도시처럼 현대적인 도시에서도 벌어진다.

그런데 군중과는 반대방향에서 우리를 향해 걸어오는 타벨라리우스,

즉 우편집배원과 마주친다. 그는 커다란 가방 안에 가득한 편지와 서류 (사실 봉인한 두루마리와 헝겊으로 둘둘 만 평판이다)를 배달해야 한다. 배달할 집을 찾는 데에 별다른 어려움이 없는 것 같다. 사실 로마의 우체부는 지리를, 특히 누가 어디에 살고 있는지를 완벽하게 알고 있다! 이 우체부의 이름은 프리무스이다. 해방노예인 그는 노예라는 이전 직업에 비해서 엄청난 신분 상승을 이룬 자신의 직업에 대단한 긍지를 느끼는 것 같다. 현재 바티칸 시에 있는 노예와 해방노예의 산타 로사 공동묘지에서 발견될 그의 묘비에도 이 직업을 적어넣을 것이다.

길은 점점 더 좁아지고 오르막은 숨이 막힐 정도로 힘들어지기 시작한다. 계속해서 누군가 우리의 발을 밟거나 밀어낸다. 우리는 이 길과 나란히 평행으로 나 있는 옆길로 통하는 오른쪽 골목으로 방향을 틀기로 한다. 그 옆길은 겉으로 보기에는 덜 붐비는 것 같다. 옆길에 도착한 우리는 이 인파에 섞여 일종의 행렬에 참여하게 된 사실을 알아챈다. 많은 이들이 종교 성가를 노래하고 있다.

사람들 사이에 갇혀서 걷는 동안에 우리는 군중이 푸른 하늘에 우뚝 솟아 있는 커다란 신전 옆을 따라 지나가는 중임을 알아챈다. 포룸이 무척 가까이에 있다는 증거이다.

우리 앞에는 낮에 로마 시내에 몇 대 돌아다니지 않는 가마 한 대가 있다. 분명히 관용 가마가 틀림없다. 우리는 사람들이 가마가 지나가도록 한쪽으로 비켜서는 것을 보고 가마 안에 중요한 인물이 타고 있음을 알아챈다. 심지어 가마를 앞서 가는 작은 행렬 속에 상징물을 든 사람들과 연주자도 보인다. 게다가 죄인을 다스리는 관리도 보인다. 이 모든 것이 우리가 지금 따라가는 행렬이 엄숙한 종교의식임을 드러낸다. 가마 안에는 누가 타고 있을까? 가마의 창이 두꺼운 커튼으로 가려져 있어서 대답하기 힘들다. 몇 세기 이후에나 보게 될 역마차와 비슷한, 지붕이 덮인 가마이다. 이 가마는 마차와 달리 일반인의 교통수단으로는 쓰이지 않는다. 가마의 색상, 장식 조각, 가마를 꾸민 화환은 이것이 도시에서 최상위

계층의 사람이 참여하는 기념식에서만 사용되는 가마임을 알려준다.

가마가 작은 광장에 도착한다. 바로 옆, 높은 방호벽 건너편에는 꼭대기에서 한줄기 연기가 피어오르는 무척 아름다운 둥근 신전의 윤곽이 모습을 드러낸다. 신전의 기둥들 사이의 공간은 유리 막으로 닫혀 있다. 그 모습은 등대의 꼭대기를 떠올리게 한다. 그 내부에서 불빛이 새어나오기 때문이다. 이곳이 로마에서 중요한 장소라는 것은 주위를 지키고 있는 보초병을 보면 알 수 있다.

이제 가마는 멈추었다. 문 근처를 보초병들이 둘러싸고 수행원들이 행인들을 막아서며 길을 만든다. 유리에 반사된 태양이 반짝거리는 동안에 작은 가마의 문이 열린다. 유리가 끼어진 가마의 문은 무척 희귀한 것이다. 먼저 베일을 쓴 나이든 부인이 내린다. 그리고 그녀의 도움을 받으며 작은 여자아이 하나가 내린다. 열 살이 채 되지 않은 것 같다. 아이는 폭이 넓고 긴 옷 때문에 움직임이 자유롭지 못하다.

갑자기 모든 것이 분명해진다. 둥근 사원은 베스타 신전이고 상징물과 가마에 장식된 조각은 바로 사제를 의미하는 것이다. 사제를 교육시키는 나이든 부인의 도움을 받고 있는 이 여자아이는 수련 사제이다. 중요한 귀족 가문 출신의 이 여자아이는 트라야누스 황제가 선별하는 폰티펙스 막시무스라는 심혈을 기울인 선별과정을 거쳐 선택되었다. 모든 것은 며칠 전 중요한 의식을 통해서 엄숙하게 거행되었다. 오늘 아침 여자아이는 자신의 집을 떠나, 지금 로마에서 가장 숭배를 받는 영적이고 종교적인 여정을 시작하기 위해서, 즉 베스타 여사제가 되기 위해서 신전에 달려 있는 수도원으로 들어가는 중이다.

가마를 따르던 군중은 한편으로 비켜서서 이 여자아이에게 존경을 표하며 지켜본다. 여자아이를 보고 종교적인 의미로 두 팔을 위로 들어올리는 사람도 있다. 사실 그녀는 아주 어린 나이임에도 불구하고 로마의 성스런 불을 지키도록 뽑힌 몇 안 되는 선발자들 중의 한 명이다. 상징적으로 도시의 그리고 제국의 운명을 수호하는 불이 이 둥근 신전 안에서 절대 꺼지지 않고 타오르고 있다.

이 아이를 기다리고 있는 삶은 세속으로부터 격리된 수도원의 삶을 떠올리게 할 것이다. 사실 베스타 여사제는 열 살이 되기 전에 뽑힌다. 10년 동안 수련자로 지내고 다시 10년 동안 자신들의 역량을 발휘하고 또다른 10년 동안 새로운 수련자를 가르친다. 영광을 한 몸에 받고 모든 사람들로부터 받는 커다란 존경에 둘러싸여, 심지어 공연에서도 따로 준비된 전용좌석에 앉는 여사제는, 로마에서 가장 중요한 의식, 제물을 받치는 의식 그리고 종교의식을 주재해야 한다. 게다가 여사제들은, 로마인들이 로마 제국의 건국 시조 아이네이아스가 직접 트로이에서 가져왔고 로마 제국의 안녕을 보장한다고 믿고 있는, 아테나(미네르바) 여신의 목제 조각상과 같은 대단히 중요한 성스런 물건을 지키는 의무도 지고 있다.

베스타 여사제는 무엇보다 성스런 불이 꺼지지 않고 계속 타오르도록 지켜야 하는 의무가 있다. 이외에도 여사제로 활동하는 동안 처녀로 남아야 한다. 40세 무렵에 여사제의 역할을 마친 후에는 원한다면 결혼을 할 수도 있을 것이다.

만약 불이 꺼지거나 여사제가 자신의 처녀성을 잃게 된다면, 그 처벌은 가혹할 것이다. 여사제의 연인은 포룸에서 죽을 때까지 매질을 당하고, 여사제는 법이 정한 바에 따라서 피 한 방울 흘리지 않은 채 살해당할 것이다. 그래서 그녀는 지하감옥에 한 덩어리의 빵과 등잔과 함께 산 채로 묻힐 것이다. 그 지하 감옥은 명성에 걸맞게, 캄포 셸레라투스(Campo Sceleratus), 즉 악마의 들판이라는 이름을 가진 진짜 무덤이다.

이제 베스타 여사제들의 수도원 출입문 뒤로 사라진 이 여자아이는 한 마디로 로마를 위해서 자신을 바친 것이다. 저 문 너머에는 넓은 내부 정원이 있는 아름다운 건물 안에서 펼쳐질 수도원의 삶이 그녀를 기다린다. 덕망 있는 베스타 여사제의 조각상이 이중으로 서 있는 회랑은 중세의 수도원처럼 보인다. 이곳이 앞으로 그녀가 30년 동안 살아갈 세계이다. 신전의 문이 닫힌다.

탐구 ‖ 로마의 포룸에 대한 짧은 이야기

포룸의 화려한 대리석을 들여다보면 그 아름다움과 장엄함에 놀라지 않을 수 없다. 로마 시대를 지나 천 년 이상 지속된 로마 포룸과 제국의 포룸은 유명세에 비해서 그 역사는 별로 알려지지 않았다. 우리가 막 탐험하려는 지역을 더 잘 이해하기 위해서 짧게나마 그 역사를 살펴보도록 하자.

먼저 기원전 10세기에서 9세기 사이에 이곳은 습하고 더러운 곳이었다. 모기가 잔뜩 날아다니고 작은 개울인 벨라브로가 흐르고 있었다. 로마의 초기 거주민들은 이곳을 묘지로 이용했다. 카피톨리누스와 팔라티누스 꼭대기에 오두막이 지어졌다. 이곳이 어떻게 변할지 그 누구도 전혀 상상하지 못했을 것이다. 몇 세기가 지나 일종의 하수구인 클로아카 막시마를 건설하면서 전 지역이 재개발되었다. 이 기발한 하수구를 통해서 계곡에 고여 있던 물이 흘러나가게 되었다. 그렇게 물이 빠진 곳에 흙을 다지고 길을 닦으면서 놀라운 역사의 시작이 가능해졌다. 도시는 정치와 종교의 중심부이자, 동시에 시장과 상점을 갖춘 경제의 중심부 역할도 하게 되었다. 기원전 202년에 카르타고와의 전쟁에서 승리한 이후에 로마는 지중해의 주요 기점이 되었다. 그렇게 해서 4개의 바실리카가 더 지어지고 기존에 있던 신전들도 복원되었다.

공화정이 끝날 즈음 이미 거주민의 수가 50만에 이르고 수천 킬로미터에 이르는 제국을 다스리게 된 로마는 기존의 포룸이 비좁다고 생각하게 되었다. 카이사르는 그 옆에 새로운 포룸을 짓기로 결정했다. 이는 단지 시작에 불과했다. 아우구스투스 황제와 다른 황제들은 150여 년에 걸쳐 가장 오래된 포룸 근처에 도합 5개의 포룸을 건설했다. 오늘날에는 이 포룸들을 로마 포룸과 구별하고자 제국의 포룸이라고 부른다. 이 제국의 포룸이 바로 카이사르 포룸, 아우구스투스 포룸, 베스파시아누스 황제가 지은 파체 포룸, 네르바 포룸 그리고 그중에서도 가장 아름다운 트라야누스 포룸이다.

모든 것은 점차적으로 이루어졌다. 구입한 건물을 부수고 퀴리날리스 언덕과 카피톨리누스 언덕을 연결하는 산등성이를 깎아내면서까지 확보한 9헥타르에 달하는 지면 위에 지어졌다. 힘겨운 작업이었다. 5개의 포룸과 이에 딸린 건물, 광장 그리고 줄지어 늘어선 조각상들을 상상해보라. 우아한 회랑과 회랑을 분리하는 기둥을 가로질러 한 포룸에서 다른 포룸으로 지나갈 수 있었다. 치장 벽토, 대리석 그리고 도금한 조각상들로 꾸며진 놀라울 정도로 독특한 복합 포룸 단지가 건설되었다. 이 공사에는 제국의 행정조직뿐만 아니라 사법부도 참여했다. 이곳이 바로 로마 정신의 본거지였다.

포룸은 포카스 황제(?-610)에게 헌정하는 기둥을 세운 때인 608년까지 로마 시대 내내 지어졌다. 이 기둥 공사가 마지막이었다. 중세가 시작된 이후 마치 바다 속으로 천천히 가라앉는 난파선처럼, 전 지역이 흙과 초목에 가려 서서히 사라지기 시작했다. 중세와 르네상스 시대에 약탈을 당한 탓에 포룸의 모습은 현재 여기저기 흩어진 폐허로만 남아 있다. 16세기에 교황 율리오 2세(1443-1513)는 로마를 재건축하기 위한 모든 건축 공사에 포룸에서 떼어낸 대리석과 석조를 재활용하라고 명령했다. 당시 증언에 따르면 신전과 기념물들은 아직 거의 온전히 남아 있었다! 그러나 그것들은 눈 깜박할 사이에 약탈당하고 완전히 파괴되었다. 불과 열흘이 사이에 로마 제국의 심장부에 세워졌던 건물들은 모든 사람들의 눈앞에서 사라져버렸다.

미켈란젤로와 라파엘로를 포함하여 많은 이들이 교황의 조치에 항의했지만 소용이 없었다. 수 세기 동안 문화와 역사의 상징이었던 포룸의 기둥과 기둥머리 그리고 대리석은, 새로운 건축물에 필요한 벽돌을 만들기 위한 석회나 혹은 벽돌을 붙이는 회반죽으로 재활용되기 위해서 뜨거운 가마 속으로 들어갔다. 결국에는 원자폭탄이라도 맞은 것처럼 폐허와 파편들만 남게 되었다. 오늘날 수백만의 관광객들이 사진을 찍어대는, 폐허가 되어버린 그 유적지로 변한 것이다. 그곳은 처음에 그랬던 것처럼, 즉 모두에게 캄포 바치노('소의 초원'이라는 뜻/역주)라고 알려졌을 때처럼 사람과 동물들이 마구 밟고 다니는 잡초가 무성한 곳으로 되돌아갔다.

11시 10분
로마 포룸에 도착하다

 사람들이 흩어지면서 하나둘씩 다시 걷기 시작한다. 우리 앞에 가던 사람들은 아우구스투스 황제에 의해서 지어진 3개의 열린 문이 달려 있는 기념비적인 아치 아래로 지나간다. 아치는 마치 그들을 차례대로 집어삼키는 거대한 입처럼 보인다. 이제 우리 차례이다. 많은 사람들 때문에 잘 보이지 않아 아치 너머에 무엇이 있는지 알 수 없다. 그저 걸을 때마다 빛이 점점 환해지는 것을 느낄 뿐이다. 그러더니 갑자기 우리 앞에 로마 포룸의 드넓게 탁 트인 공간이 펼쳐진다. 아주 멋진 광경이다.
 푸른 하늘과 기가 막힐 정도로 잘 어울리는 눈부신 흰색이다. 이 광대함 앞에 우리는 방향을 잃을 것만 같다. 광장을 꼼꼼히 살펴보려고 시선을 돌려보지만 우리를 사정없이 밀어대는 사람들 때문에 불가능하다. 그러니까 여기가 바로 로마 포룸이다.
 이곳을 어떻게 설명해야 할까? 가장 먼저 머릿속에 떠오르는 이미지는 베네치아의 산마르코 광장이다. 긴 회랑이 광장 둘레를 둘러싸고 있고, 광장 한복판에 있는 기둥 꼭대기에는 조각상이 있으며 커다란 건물들과 광장을 가로지르는 사람들로 가득한 산마르코 광장 말이다.
 이곳과 산마르코 광장 사이에는 많은 차이가 있다. 무엇보다 이곳에는 산마르코 광장의 대성당 지붕처럼 둥근 지붕이 없다. 그 대신 광장 가장자리에 일렬로 서 있는 수많은 신전들이 보인다. 흡사 하얀 대리석으로 만든 여러 개의 분수들이 길게 늘어서 있는 것 같다.

로마 포룸의 반대편에서는 한층 더 장엄한 광경이 펼쳐진다.

돌로 만들어진 몇 단이나 이어지는 거대한 폭포를 감상하는 듯한 인상을 받게 된다. 사실 신전과 건물들은 카피톨리누스 언덕의 능선을 따라 마치 한꺼번에 언덕을 기어오르려는 듯이 겹쳐져 있다. 겹쳐 보이는 신전과 건물들은 얼어붙은 이구아수 폭포를 보는 것 같은 착각을 불러일으킨다. 결과적으로 카피톨리누스 꼭대기에 있는 로마를 상징하는 두 개의 신전, 즉 오른쪽의 유피테르 신전과 왼쪽의 유노 신전을 출발점으로 한 이상한 원근법이 적용된 듯하다.

우리의 왼쪽에 있는 디오스쿠오리 신전(제우스와 레다 사이에서 태어난 쌍둥이 아들 카스토르와 폴룩스를 모시는 신전으로, 제우스의 아들들이라는 뜻인 '디오스쿠로이'에서 이름이 유래했으며 '카스토르, 폴룩스 신전'이라고도 한다/역주)의 넓은 계단은 오가는 사람들로 붐빈다. 놀랄 만한 일은 아니다. 이곳은 환율이 정해지는 곳이기 때문에 환전가와 은행가들로 붐비기 마련이다. 게다가 이곳에는 신생아의 탄생을 등록하러 온 신출내기 아빠들도 많다.

민첩해 보이는 한 소년이 우리에게 다가온다. 소년은 우리가 이방인인 것을 알아보고 우리에게 도움이 필요한지 묻는다. 무엇이든 도와줄 수 있다며, 재판에 필요한 착한 변호사들을 알고 있고, 먹고 잘 만한 장소, 게다가 적당한 가격에 "상대"를 고를 수 있는 곳도 알고 있다고 말한다. 그의 도움이 필요하지는 않지만, 우리는 그에게 포룸을 안내해달라고 부탁한다. 그는 즉시 승낙한다.

우리는 소년과 함께 광장으로 향한다. 발을 딛는 부분이 광택으로 반짝거리는 흰색 석회로 포장된 멋진 길 위를 걷는다. 소년은 많은 이들이 주의를 기울이지 않고 지나치는 청동판에 새겨진 글을 우리에게 보여주기 위해서 걸음을 멈춘다. 아우구스투스 황제가 집권하던 시기에 이 멋진 포장길을 만든 집정관 L. 나이비우스 수르디누스의 이름이 적혀 있다. 소년은 여기가 공화정 내내 검투사들이 시합을 벌이던 장소였음을 기억하는 사람은 별로 없다고 말한다. 그 당시에는 아직 콜로세움이 세워지지 않았다. 임시방편으로 나무로 만든 관람석에 앉은 사람들이 검투사들의 시합을 지켜보았다. 가끔씩 더위를 피하기 위한 커다란 천막이 펼쳐지기도 했다. 소년의 말이 옳다. 대(大)플리니우스는 카이사르 시대에 열린 이곳의 시합들 중에서 숨 막힐 듯한 더위 때문에 거의 유일하게 역사에 남겨진 한 경기에 대해서 전하고 있다. 17세기 이후에 고고학자들이 우리의 발아래에 있는 지하복도와 시합에 사용되던 나무로 된 승강기의 잔해를 발견하게 되리라는 사실을 이 소년은 모르고 있다.

소년이 이야기하는 동안에 우리는 뒤편에 있는 광장 한복판에 자라고 있는 나무 세 그루를 쳐다본다. 포도나무, 무화과나무 그리고 올리브 나무이다. 소년은 저절로 나서 자란 나무라고 주장하는 사람들도 있지만 실제로는 광장에 상징적으로 심어진 성스러운 나무라고 말한다.

소년의 안내를 받으며 계속해서 광장을 둘러본다. 우리는 대리석으로 만든 높은 받침대 위에 놓인 황제들의 멋진 기마상 옆을 지나간다. 광장을 가로질러가는 많은 사람들에게는 이 모든 것이 평범해 보인다. 로마 시대에는 사실 순전히 관광을 목적으로 여행을 하는 사람은 없다. 업무나 혹은 집안 사정으로 돌아다닌다. 아무도 피라미드, 판테온, 콜로세움 혹은 로마 포룸을 보러 길을 나서지는 않는다. 아무튼 이 모든 장소에는 몇 푼 되지 않는 돈을 받고 여러분에게 여행 안내를 해줄 누군가가 늘 존재하기 마련이다.

포룸의 광장 끝에 도착한 우리는 다양한 크기의 또다른 많은 신전들 앞에 있다. 소년은 우리에게 상세히 설명해주지만, 자세한 이야기는 생략하기로 하자.

안내자가 설명을 계속하는 동안에 우리는 다른 멋진 광경에 넋을 잃는다. 생포된 적군의 갤리선에 있던 거대한 뱃머리로 장식한, 포룸을 내려다보고 있는 긴 테라스를 소년이 무심코 우리에게 보여준다. 이것은 로스트라 베테라, 즉 연단(演壇)이다. 우리는 마르쿠스 아우렐리우스(121-

180)가 카이사르를 위해서 그 유명한 장례식 연설을 낭독한 바로 그 난간에 기대어 있다. 그 연설 장면은 많은 영화에서 여러 차례 재현되었다. 포룸에는 역사와 건축이 뒤섞여 있다.

황제의 연단을 지나자 신기한 물건이 모습을 드러낸다. 거대한 황금기둥이다. 사투르누스 신전의 발치에서 보석처럼 빛난다. 로마에서 출발한 모든 길의 출발점인 밀리아리움 아우레움, 즉 금으로 만든 이정표이다. 청동에 금박을 입혀 만든 이정표의 표면 위에는 로마로부터 제국의 주요 도시들까지의 거리가 새겨져 있다. 모든 길이 로마로 통한다는 혹은 반대로 모든 길이 로마에서 출발한다는 진실을 이보다 더 효과적으로 보여주는 방법은 없다.

이것이 끝이 아니다. 조금 앞에 더욱더 상징적인 장소가 있다. 소년이 우리에게 손가락으로 작은 건물 하나를 가리킨다. 소년은 그 건물이 움빌리쿠스 우르비스, 즉 도시의 배꼽이라고 말해준다. 로마의 정중앙에 위치한 건물이다. 로마가 제국의 중심이니까, 저 지점은 로마 세계 전체의 중심이 되는 셈이다.

그런데 이곳에 뭔지 모를 음울한 기운이 감도는 듯하다. 건물은 두 부분으로 만들어져 있다. 윗부분은 로마의 배꼽이고 그 아랫부분은 문두스, 즉 땅의 갈라진 틈을 통해서 이승이 저승과 맞닿아 있는 지점이다. 소년은 그곳에 가까이 가기를 꺼려한다. 로마 달력에 의하면 사실 지옥세계로 통하는 일종의 문 역할을 하는 저 부분은 1년에 세 차례만 열리게 되어 있다. 문이 열리는 순간은 불길하다고 여겨진다. 그리고 바로 어제, 문이 상징적으로 다시 닫혔다. 그런데 소년은 용감하게 맞서지 않는다. 소년은 언저리에 아직 지옥의 실체가 맴돌고 있을까봐 두려워한다.

우리가 소년에게 2아스를 주며 놓아주자 소년은 기뻐하며 가버린다. 돈을 받은 지금 소년은 불길한 날이 정말로 끝났다고 확신할 것이다. 우리는 포룸의 광장을 향해 방향을 돌린다. 주변보다 더 높은 위치 덕분에 우리는 멋진 전망을 감상할 수 있다. 모든 유적지가 한눈에 들어온다. 그리고 우리는 이제야 포룸의 긴 측면을 가리며 서 있는 두 개의 거대한 건물을 알아본다. 다양한 높이의 아케이드와 기둥이 달려 있는 높고 거대한 건물들이다. 그 꼭대기에는 포룸의 광장을 내려다보는 조각상들이 둘러서 있다. 무엇일까?

바실리카 에밀리아와 바실리카 율리아이다. 바실리카(basilica, 이탈리아어에서 바실리카는 '성당'이라는 의미가 있다/역주)라는 단어를 오해해서는 안 된다. 이 건물들은 신전도 예배당도 아니다. 이곳은 공적인 용도로만 사용된다. 이곳에 재판부가 있고 가끔은 경제활동에서부터 정치활동에 이르기까지 다른 목적에 사용되기도 한다. 그런데 지금 바실리카 안에서는 무슨 일이 벌어지고 있을까?

알아보러 가자.

포룸에 있는 사람들을 뒤로 하고 바실리카로

포룸의 광장으로 돌아온 우리는 사람들이 계속해서 몰려들고 있음을 알아챈다. 끊임없이 움직이는 생생한 만화경이다. 사실 도시에서 가장 활기 넘치는 장소 중의 한 곳이다. 그리고 사회적인 시계의 역할을 하는 곳이기도 하다. 마르티알리스의 말의 의하면, 대략 오전 11시에 해당하는 다섯 번째 시간 즈음에 포룸에 가장 많은 사람들이 모여든다. 종종 포룸에 사람들이 절반쯤 혹은 4분의 3쯤 찼을 때 만나자는 시간 약속을 하기도 한다. 사람들이 어느 정도 모였는지에 따라서 정확한 시간을 알 수 있을 정도로 로마인들의 행동은 규칙적이다. 물론 넉넉잡고 몇 분간의 편차는 있다.

또한 포룸은 로마 시대의 신문이기도 하다. 이곳에서 다양한 소식을 들을 수 있기 때문이다. 여러분은 정치, 최근에 낸 세금, 곧 열릴 예정인 시 경연 대회에 관한 신빙성 있는 정보를 흘리는 사람들을 볼 수 있을 것이다. 게다가 만일 군인이 있다면 전투에 대한 이야기를 직접 들을 수 있고, 없다면 군대에 가 있는 형제를 통해서 들은 전쟁 상황을 들려줄 누군가라도 있을 것이다. 다음에 있을 검투사 시합이나 전차 경기에 대한 소식 혹은 유명한 집안의 추문거리도 물론 들을 수 있다. 한마디로 말해서 포룸을 가로지르는 것은 신문 지면을 펼치는 것과 같다. 경제면, 스포츠면, 정치면, 가십이 실려 있는 신문이다.

로마 시대에도 신문이 존재했을까? 우리가 알고 있는 그런 신문은 아니지만 물론 존재했다. 소위 악타 디우르나, 즉 업무일지이다. 정부의 행정 업무를 기록한 실직적인 기관지에 해당한다. 아무튼 가장 흥미롭고 "따끈한" 소식은 포룸에서 듣게 된다.

우리를 깜짝 놀라게 하는 것은 또 있다. 바로 형형색색의 조각상과 조각품들이다. 오늘날 우리는 박물관에서 자연스러운 대리석 색상, 즉 흰색의 조각상과 조각품들을 보는 데에 익숙하다. 사실 조각상과 조각품에 입혀진 색깔은 수 세기에 걸쳐 사라졌다. 만약에 로마인들이 우리 시대의 박물관을 관람한다면 마치 물 빠진 티셔츠처럼 다 바래버린 색에 놀랄 것이다. 사실 로마인들은 조각상에 색깔을 칠했다. 입술은 붉은색, 얼굴은 분홍색, 옷은 푸른색 등으로 다양한 색을 이용했다. 솔직히 말해서 색깔이 칠해진 조각상에 익숙하지 않은 우리는 이 화려한 색상의 향연이 조금 낯설어 보인다. 결론적으로 약간은 형형색색의 어린아이 그림 같다는 생각이 든다.

연단 옆을 장식한 멋진 양각(陽刻)에도 화려한 색이 칠해져 있다. 우리는 그 화려한 색깔 이면에 감추어진 의미에 사로잡힌다. 이 포룸에서 몇 년 전에 벌어졌던 사건을 보여준다. 바로 세금 감면이다! 트라야누스 황제 앞에 몇몇 시종들이 로마 시민들에게 부과된 과거의 세금 목록을 기록한 꾸러미를 들고 온다. 그리고 그 꾸러미들은 포룸에서 전부 불태워진다. 관련된 사람들이 얼마나 안심했을지 상상이 간다. 그러나 이 세금 감면은 전쟁에서 승리를 거둠으로써 가능해졌다. 두 차례에 걸친 대대적인 전쟁으로 다키아를 정복한 뒤에 납세자의 세금 말소가 가능할 정도로 엄청난 양의 금과 은 전리품을 얻게 되었기 때문이다. 당시 로마 제국은 정복의 정점에 있었다.

온갖 유형의 사람들이 우리 주변을 지나간다. 별다른 하릴없이 시간을 때우는 사람들이나 혹은 저녁식사에 초대를 받으려고 어슬렁거리는 사람들도 있다. 카이사르 시대의 로마에서는 저녁 초대를 해줄 부자를 낚을 수 있는 최적의 장소를 찾아가는 일이 굉장히 흔한 일상적인 행동이라는 사실이 신기하게 다가온다.

사실 부자에게 로마의 포룸은 자신의 부를 드러내고 자랑하기에 가장 적합한 무대 중의 한 곳이다. 바로 이 순간 우리는 중요한 인물을 태운 가마 두 대가 지나가는 광경을 목격한다. 한쪽 가마에는 눈길을 끄는 금반지를 낀 남자의 손이 흔들거린다. 한눈에도 유유자적하는 분위기가 물씬 풍긴다. 다른 가마는 이와 다른 모습을 연출한다. 커튼이 젖혀 있는 가마 위에는 우아한 옷을 입고 귀족적인 시선에 고개를 곧게 세운, 아치형 눈썹의 한 남자가 타고 있다. 그의 곁에 서 있는 시중이 그에게 조심스레 말을 건넨다. 그 시중은 노멘클라토르(교육받은 노예)가 분명하다. 그는 마주치는 사람들의 이름과 신분 그리고 관련된 흥미로운 소문들을 전부 기억하고 있다. 한마디로 말해서 "살아 있는 수첩"인 그는, 여러분이 한번도 만난 적이 없는 사람에 대해서뿐만 아니라 로마 제국의 전망 혹은 밀실에서 오간 말에 대해서도 설명할 수 있다. 포룸을 가로지르고 있는 한 사람의 이름을 듣고 놀란 가마 위의 남자가 가마꾼에게 그 사람에게 다가갈 것을 명령한다. 거칠게 방향을 바꾼 가마가 정체를 알 수 없는 그 사람을 향해 곧장 나아간다. 예상 밖의 만남이 불가피하다.

가마 위의 남자가 몇 미터 앞에서 길을 가고 있는 사람의 이름을 부르자, 그 사람이 깜짝 놀라 멈춘다. 그리고 가마 위에 높이 앉아 자신에게 말을 건네는 남자의 이름을 기억하려고 애쓴다. 하지만 전혀 기억나지 않는다. 당연하다. 이 두 사람은 만난 적이 없다. 현재 퀴리날리스 지역의 송수로 책임자인 새로운 아쿠아리우스(수도 기술자)라는 그의 위치는 이 가마 위의 사람을 잘 알 수밖에 없도록 만든다. 오랫동안 간절하게 집안으로 수도관을 끌어들이고 싶어하던 가마 위의 남자는 이 기술자를 자신의 연회에 초대하고 선물 공세를 하는 등 온갖 방법을 동원할 참이다. 이 기술자의 중재를 통해서 황제의 허락을 구하기 위해서 말이다.

11시 30분
로마의 법정으로 사용되는 바실리카 율리아

우리는 바실리카 율리아로 향한다. 길게 늘어선 하얗게 빛나는 기둥과 아치들은 거대한 공룡의 골격과 비슷해 보인다. 긴 계단은 이곳을 끊임없이 오르내리는 사람들로 분주하다. 계단은 7개뿐이지만 투기장의 거대한 대리석 스탠드같이 보일 정도로 그 폭이 무척 넓다.

  이 계단은 공판 전에 만남의 장소나 약속 장소로 쓰인다. 사실 계단 곳곳에 삼삼오오 사람들이 모여 있다. 우리는 얼핏 보기에 귀족적인 분위기를 풍기며 팔 아래에 서류 묶음을 끼고 있는 변호사를 구별해낸다. 대체로 고객들은 불안한 시선과 근심 가득한 얼굴을 하고 있어서 쉽게 구별할 수 있다. 법원 청사라기보다는 오히려 시장처럼 복잡하다. 계단 위에 몸을 쭉 뻗고 누워, 몰려드는 사람들을 무심하게 바라보는 사람들도 있다. 그들은 재판에 불려나온 증인들이다. 그들은 넉넉한 보상금을 받는다면, 그 무엇이든 증언할 것이다. 삼삼오오 모여 앉은 또다른 사람들은 계단 위에서 벌어지고 있는 어떤 일에 온통 집중하고 있다. 우리는 그들의 몸짓에서, 몇몇 사람이 가운데에 있는 사람에게 조언을 하고 있는 반면에 다른 몇몇은 내기를 걸고 있음을 짐작할 수 있다. 궁금해진 우리는 그들에게 가까이 다가간다. 사람들의 머리 사이로 서양장기 같은 것을 두는 두 사람이 보인다. 타불라이 루소리아이(체스 판)가 계단 표면 위에 직접 새겨져 있다. 오락 기능을 위한 사소한 공공기물 파손이다. 체스로 내기를 하는 사람들의 모습은 현대 도시의 여러 광장이나 공원에서도 볼 수 있다.

발걸음을 돌려 계단을 올라가던 우리는 범상치 않은 화려한 자수정 색상의 토가로 몸을 감싸고 내려오던 남자와 마주친다. 그가 어디서 그 옷을 구했는지 누가 알까? 토가는 그에게 너무 크다. 마른 몸에 얼굴은 퀭하다. 그리고 머리를 검은색으로 볼품없이 염색했다. 반짝거리는 작은 눈에서 생존을 위해서라면 작은 편법은 서슴지 않는 교활함이 묻어나온다. 바로 뒤에 한 무리의 사람들이 그를 따른다. 정확히 말해서 그를 뒤쫓는다. 사람들이 그에게 질문하고, 그의 토가를 잡아당기고 결국 그를 멈춰 세운다. 이를 통해서 우리는 그가 변호사이고 그 사람들은 방금 소송에서 진 그의 고객임을 알게 된다. 흥분한 사람들은 설명을 요구한다. 사람들은 그의 대답하는 어조에서 그리고 질문을 피해가려는 태도에서 그에게 소송을 맡겼던 것이 실수였음을 깨닫는다. 그는 완전한 무능력자이다!

사람들은 점점 화가 치밀기 시작한다. 우리는 가던 길을 멈추고 그들을 구경한다. 우리 이외에 다른 구경꾼들도 모여든다. "털 뽑힌 닭같이 멍청하긴" 하고 우리 가까이에 있는 한 남자가 낮은 목소리로 말한다. "저 사람들 시골에서 왔군. 처음에 만난 변호사에게 덥석 사건을 맡겼어. 저게 무슨 꼴이람, 어리석은 사람들" 하고 또다른 사람이 중얼거린다. 간신히 빠져나온 변호사는 걸음을 재촉하여 군중 속으로 사라진다. 그러나 그의 추적자들은 포기하지 않는다. 그들 역시 포룸의 군중 속으로 사라진다. 그 변호사는 고객과 소송거리를 찾아 이른 아침부터 포룸을 어슬렁거리는 수많은 "사기꾼들" 중의 한 명이다. 로마인들은 그 사기꾼들을 카우시디키(엉터리 변호사)라고 부른다. 그리고 로마를 잘 아는 사람은 그들을 경멸한다. 왜냐하면 그들은 도심 속의 진정한 "상어"이기 때문이다. 그들은 고객을 꾀어내는 데에 능숙하다. 적어도 달변가일지언정 소송을 맡기에는 실력이 형편없이 부족하다. 그들의 최고의 능력은 대체로 무기력하고 단순하고 무지한 사람들인 고객을 설득하는 것이다. 로마의 유명한 웅변가인 퀸틸리아누스(35?-95?)에 의하면 "그들이 파는 것은 말뿐이다." 그들은 일단 포룸에서 고객을 만나면 자신의 집에서 소송에 대한 이야기를 나누자고 자신의 희생자들과 약속을 정한다. 집으로 온 고객들에게 강한 인상을 주고 자신이 잘나가는 변호사라는 환상을 주기 위해서 온갖 속임수를 쓴다. 거짓 명성을 뽐내기 위해서 마치 대법관인 양 말을 타고 있는 자신의 청동 조각상을 집 중정에 세워놓기까지 한 어느 엉터리 변호사의 이야기는 유명하다.

우리는 다시 계단을 오른다. 이제 재판과 로마 법의 세계 속으로 막 들어가려는 참이다.

법정은 거대하다. 복잡하게 오가는 사람들의 목소리와 더불어 고함소리가 뒤섞여 있다. 우리는 이곳에 압도된 나머지 어디로 가야 할지를 모르고 서 있다.

마치 대성당에 들어온 것 같다. 심지어 내부는 굵직한 기둥 덕분에 5개의 긴 신랑(身廊)으로 나뉘어 있다. 중앙에 있는 신랑이 가장 크고 천장은 무척 높다. 거의 3층 정도의 높이인 천장 꼭대기에 달린 거대한 창문으로 빛이 들어와 홀을 비춘다. 밝은 대리석으로 만든 벽과 기둥이 아름다운 빛을 퍼뜨리며 태양빛을 반사한다.

이 엄청난 건축물은 로마 역사상 가장 중요한 인물들의 "명성"을 간직하고 있다. 바실리카는 율리우스 카이사르가 건설을 시작하여 아우구스투스 황제가 완성했다. 또한 우리의 발아래에는 스키피오 아프리카누스의 저택의 잔해가 있다.

가로 82미터 × 세로 18미터의 크기인 이 거대한 중앙 홀 안에는 아침부터 바실리카 율리아에서 일하는 그 유명한 켄툼비리(centumviri), 즉 판사들이 자리를 잡고 앉아 있다. 이들은 시민의 정의 구현을 위해서 일하는 법정을 대표한다. 켄툼비리라는 이름 때문에 100명이라고 생각할 수 있으나, 이들은 180명으로 구성되어 있다.

바실리카의 커다란 중앙 홀을 정의가 행해지는 무대로 바꾸어놓는 유명한 재판들이 이곳에서 진행되었다. 그러나 지금 이 순간에는 소소한 사건에 대한 재판이 열리고 있다. 그래서 최대한 효율적으로 공간을 활용하기 위해서 동시에 여러 사건들이 다루어진다. 이를 위해서 나무로 된 칸막이를 설치하고 위에서 거대한 천막을 내려뜨려서 4곳의 재판정이 되도록 중앙 신랑 공간을 분리했다. 판사들 역시 네 그룹으로 나뉘었다. 고대 로마에서는 재판이 어떻게 진행되었을까? 한 재판정 안으로 얼굴을 디밀어보자.

로마의 두 건의 재판

홀 구석에 공판을 주재하는 집정관이 자리하고 있다. 그의 옆에는 54명의 판사들이 앉아 있다. 앞에 있는 나무로 된 의자에는 소송에 관련된 사람들이 친구, 가족 그리고 변호사와 함께 앉아 있다. 지금 뭔가를 설명하고 있는 변호사의 모습이 겨우 보인다. 사실 우리와 재판이 벌어지는 공간 사이에는 재판을 지켜보는 수많은 사람들이 있다. 마치 놓치면 안 되는 공연이라도 되는 듯이 재판정에서 벌어지는 재판을 처음부터 끝까지 열렬히 지켜보는 사람들이다. 남자, 여자, 노인 등 평범한 사람들이다. 게다가 우리 뒤에도 사람들이 있다. 재판정 너머 바실리카의 신랑 기둥 사이의 공간에는 어디든 사람들이 모여 있다. 심지어 우리 머리 위에 있는 위층에도 사람들이 모여 있다. 이 모든 사람들이 왜 여기에 모여 있는 것일까?

이미 오래 전부터 로마에서는 사소한 언쟁으로도 재판이 열렸다. 예를 들면 오늘 이 재판정에서는 몇 마리의 염소를 훔친 데에 대한 재판이 진행 중이다.

현대의 이탈리아와 마찬가지로 이곳에도 재판정의 사건 목록이 과하게 넘쳐난다. 이미 베스파시아누스 황제 시대에 로마의 역사가 수에토니우스는 "재판 목록이 헤아리기 불가능할 정도로 늘어났다. 왜냐하면 걸려 있는 공판에 끊임없이 새로운 공판이 덧붙여지기 때문이다"라고 기록했다. 수에토니우스는, 베스파시아누스 황제가 도입한 몇몇 조치가 없었다면 "서둘러 재판을 진행해도 소송을 건 사람들의 평생이 걸려야 간신히 끝날 것이다"라는 견해를 밝혔다.

제정 시대의 로마가 가진 두 번째 현대적인 측면은 바로 재판정이 재미있는 구경거리라는 점이다. 마치 현대 사회에서 범죄 사건의 추이가 신문의 넓은 지면과 텔레비전 프로그램의 상당 부분을 차지하듯이, 재판은 로마 제국에서도 청중을 끌어당긴다. 이 재판정이 사람들로 붐비는 것으로 보아 "청취율"이 높다고 평가할 수 있다. 어쩌면 청중이라기보다는 구경거리를 지켜보는 관중이라고 보는 것이 더 정확할 것이다.

바실리카 안은 숨이 막힐 듯이 후덥지근하다. 주변에 있는 거의 모든 사람들이 땀을 뻘뻘 흘리고 있다. 그러나 아무도 나갈 생각은 하지 않는다. 다들 이 재판에 빠져 꼼짝할 수가 없다. 변호사는 절도 피해자의 호의에 대해서 이야기하는 중이다. 노골적인 몸짓으로 연극이라도 하듯이 과장된 태도이다. 마치 무성영화의 배우를 보는 듯하다. 하지만 그의 마임은 판사들에게는 감동을 주지 못하는 것 같다. 판사들 중 누군가는 그를 멍하니 바라보고 다른 이들은 작은 목소리로 잡담을 나눈다. 한 판사는 코털을 뽑는 중이고 또다른 이는 위태롭게 흔들거리고 있다. 그는 자기 옆에서 시끄럽게 코를 골고 있는 사람처럼 다음 재판에는 잠들고 말 것이다. 집정관은 창문 틀 사이로 보이는 구름을 더 잘 보려고, 한쪽 눈을 반쯤 감은 채 커다란 창문 너머로 지나가는 구름을 관찰하고 있다.

청중 역시 변호사의 변론이 설득력이 없다는 사실을 알아차렸다. 많은 이들은 이를 재미있어하며 지켜보다가 심지어 웃기 시작한다. 웃지 않는 유일한 사람은 피해자뿐이다. 피해자는 로마 밖에서 왔음이 확연히 드러나는 남자이다. 농사일만 하고 살아온 우직한 사람으로 보인다. 판사들 중 한 명이 곯아떨어져 옆에 있는 사람에게 머리를 기댔을 때 그는 지금이 재판을 그만두어야 할 때임을 알아차린다. 그는 역사의 위대한 인물들을 언급하며 고래고래 악을 쓰는 변호사의 말을 거칠게 중간에 끊어버린다. "폭력 때문도, 살인 때문도, 독살 때문도 아니고, 나는 그저 염소 세

마리 때문에 소송을 건 거요! 내 이웃이 내 염소 세 마리를 훔쳐갔단 말이요. 판사님은 증거를 대라는데, 변호사 양반 당신은 왜 칸네와 미트리다트의 전투 이야기와 화가 난 카르타고 사람의 위증죄에 대해서만 떠드는 거요. 쩌렁쩌렁 울리는 목소리와 과장된 몸짓으로 실라, 마리우스 그리고 무치우스에 대한 이야기만 붙잡고 늘어지면 어쩌자는 거요. 이봐요 포스투무스, 내 염소 세 마리에 대해서 떠들어대시구려!" 재판정 전체에서 큰 웃음이 터져나왔다. 변호사는 아무 말이 없다. 판사들이 웃는다. 졸고 있던 나이든 판사가 갑자기 깨어난다. 집정관이 바라보던 구름도 사라졌다. 어쩌면 이 남자는 이렇게 자신의 소송을 건졌을 것이다. 구석에 있는 한 사람이 뭔가를 적고 있다. 이 사람 덕분에 소박한 농부가 말한 이 변론은 수 세기가 흐른 후대에까지 전해져서 여전히 사람들을 미소짓게 하리라.

갑자기 아우성치는 소리에 재판정 안에 있던 사람들 모두가 깜짝 놀란다. 우레와 같은 박수와 휘파람 소리가 이어진다. 무거운 천막과 나무 칸막이 너머 옆에 있는 재판정에서 한 변호사가 강슛을 넣었다. 다들 침묵한다. 심지어 판사들과 집정관도 입을 다문다. 옆 재판정에 있는 변호사의 바리톤 음성이 다시 장광설을 시작한다. 극장에서 연기하는 배우의 목소리처럼 강렬하고 듣기 좋다. 그리고 염소 세 마리에 대한 재판을 따라가기 힘들 정도로 별 어려움 없이 분리 벽을 넘어 들려온다.

사람들은 서로 쳐다본다. 아무도 그가 누구인지 모른다. 나중에 그의 이름이 언급되었다. 기념비적으로 훌륭한 중재 솜씨를 능숙하게 발휘하는 포룸의 진정한 주인공의 이름이다. 사람들은 옆에서 훨씬 더 흥미진진한 재판이 시작되었음을 직감한다. 거의 화재경보기라도 울린 양 사람들이 물밀듯이 빠져나간다. 재판정에서 마지막으로 빠져나오던 이들은 황급히 나와 옆 재판정 안으로 끼어들어가려고 애를 쓴다. 청중들이 채널을 바꾼 것이다.

우리도 사람들을 따라가보자. 옆에 있는 재판정은 정말 사람들로 꽉 찼다. 변호사는 잘생긴 외모에 머리는 반백이고 시선은 꿰뚫어보는 듯하다. 그는 따듯한 물 한잔을 마시려고 말을 중단했다. 그는 판사들에게 거의 평가라도 내리는 듯한 엄한 시선을 던진다. 그리고 테이블 위의 모래시계를 흘끗 본다. 모든 변호사는 변론 시간이 제한되어 있다. 좀더 정확하게 말하면 변호사는 6개의 모래시계를 요청할 수 있다. 각각의 모래시계는 20분 동안 지속된다. 따라서 쓸 수 있는 시간은 총 2시간이다. 물론 사건별로 모래시계가 바뀐다. 종종 판사들은 관대하게 더 많은 시간을 허락한다. 그러다 보니 공판은 아침 일찍 시작되어 종종 해가 질 때 끝나기도 한다.

변호사는 중요한 유산 상속에서 부당하게 제외된 한 쌍의 부부를 손가락으로 지목한다. 그의 첫 마디는 총이라도 쏜 것처럼 모든 이를 강타한다. 그는 멈추더니 희미한 미소를 짓는다. 그리고는 마치 적당한 단어를 찾는 것처럼 생각에 잠겨 걷는다. 일단 생각나면 갑자기 몸을 돌린다. 그리고 그의 입에서 홍수 같은 말이 터져나온다. 그의 변호는 정말 믿기지 않을 정도로 훌륭하다. 그는 자신의 비서를 흘끗 보며 우리에게 작은 속임수를 드러낸다. 그의 말을 듣고 있는 비서는 쇼핑 목록을 점검하듯이 꼼꼼하게 각각의 재판과정을 정리한 밀랍 칠을 한 메모 판을 손에 들고 있다.

변호사는 지금 전혀 즉흥적이지 않다. 연상기호를 통해서 기억을 떠올리며, 앞서 미리 준비해둔 변호의 전개과정을 되짚어가는 중이다. 사실 이것이 바로 로마 포룸의 많은 훌륭한 변호사들의 전략이다. 즉 재판 전에 철저하게 준비하는 것이다.

몇몇 고대의 작가들에 의하면, 눈에 광채가 빛나는 열정적인 변호사는 지친 비서와 함께 사무실을 나서는 장면부터 진짜 제대로 된 재판을 하는 장면까지 총 리허설을 하며 재판 전반에 관해서 논의한다. 메디타티오네스라고 불리는 이 훈련에서는 문장, 단어, 어조 그리고 목소리 조절에 특히 주안점을 둔다. 스파링 파트너는 대체로 교양을 갖춘 노예들이다. 키케로의 설명에 의하면, 재판정의 가장 훌륭한 웅변가이자 연상기호 기억

법의 대가인 변호사는 재판에서 대략 세 가지 요소로 이루어진 주요 노선을 따라간다. 감동 주기, 즐겁게 하기, 설득하기이다. 그리고 충격적인 장면 연출하기도 있다. 이 장면은 우리 눈앞에서 적당한 행동과 함께 진행된다.

두 시간의 변호 시간이 초과될 정도로 시간이 지났다. 이 시점에서 변호사는 자신이 변호하는 한 쌍의 부부를 향해 급히 다가간다. 그리고 그들을 지나쳐 군중 사이를 뒤진다. 판사와 청중들은 어리둥절해한다. 변호사의 비서 역시 놀란 척한다. 그러나 이 모든 것은 "모의재판"에서 예정된 광경이다. 마침내 어린아이 둘을 들어올린 변호사가 아이들을 판사들에게 보여준다. 그리고 아이들을 사랑스럽게 꼭 안아준다. 철저한 계산에 따라서 따로 떼어둔 부부의 아이들이다. 변호사는 아이들의 미래에 대한 긴 연설을 시작한다. 어머니와 아버지가 더 이상 계시지 않을 때 아이들의 앞날에 대해서 그리고 유산으로 받게 될 돈이 단순히 어린아이들이 아닌 두 명의 로마 시민의 미래를 위한 것임을 변호사는 강조한다. 로마의 가치에 관련된 언급은 집정관과 판사들이 간과할 수 없는 변호이다. 유산 상속이 로마 시민인 아이들의 미래에 얼마나 유용할지에 대해서 이야기한다.

새로운 전략은 아니다. 변호사는, 키케로와 동시대 인물인 저명한 변호사 술피키우스 갈바(기원전 3?-기원후 69)가 한 세기 전에 사용한 술책을 영리하게 다시 써먹었다. 그러나 청중은 이 과거의 전략을 알지도 못하고 기억하지도 못한다. 그리고 지금 그가 두 명의 어린아이를 지목한 것은, 극적인 효과를 내서 로마 법정의 주요 인사가 된 지 오래인 청중들의 마음을 움직이게 하려는 의도이다. 마지막 변호를 한 변호사는 청중들의 얼굴을 빤히 바라보면서 두 명의 어린아이를 안는 것으로 마무리한다. 재판정 안의 청중들과 재판정 밖의 구경꾼들에게서 박수갈채가 터져나온다. 옆 재판정에서도 박수소리가 들려온다. 마치 연극의 마지막 장면 같다. 그리고 사실 따지고 보면 맞는 말이다. 판사들도 이 변호사의 성공에 놀랐다. 판사들은 첫 번째 줄에 앉아 있는 모든 청중이 실재로 라우디체니(변호사)에게 돈을 받은 박수부대임을 이미 알고 있었지만, 이렇게 큰 성공을 거두리라고는 예상하지 못했다. 이제 청중의 반응을 염두에 두고 판결을 내려야만 한다. 평결에 분명한 심리적인 압박이 가해진다. 그리고 변호사는 이를 알고 있다. 지금 그의 뺨에 흘러내리는 가짜 눈물 아래에는 미소가 감추어져 있다.

로마 원로원

우리는 다시 로마 포룸으로 나왔다. 그리고 이곳을 벗어나 바로 앞에 있는 다른 바실리카로 가보자. 바실리카 에밀리아이다. 이곳의 회랑은 100미터 이상 쭉 뻗어 있다. 이곳에서도 시민 활동과 재판이 열린다. 아주 오래 전에는 이 회랑 아래에 상점들이 있었지만 지금은 비어 있다. 그리고 2개의 회랑을 차지한 다양한 종류의 그림을 볼 수 있는 작은 전시회 겸 그림 시장이 우리를 잡아끈다. 도무스에 걸려 있던 프레스코 화의 수준 높은 완성도와 달리 거의 유아적인 수준의 이 단순한 그림이 전시되어 있다. 그림의 주제는 다양하다. 양치기, 신화의 한 장면, 실제 모습과 전혀 닮지 않은 율리우스 카이사르의 초상화, 아주 가까이에서 그린 로마의 전경 등 다양하다. 반면에 무척 사실적인 한 젊은이의 초상화는 아름답다. 분명 주문 제작한 초상화일 것이다. 그다지 널리 알려져 있지는 않지만, 이따금 로마의 가정에서는 집주인과 가족들의 초상화를 벽에 걸어놓기도 한다. 집 안에 걸려 있던 가족들의 초상화들 중에서 현대까지 전해진 것은 없다. 잠시 동안이지만 이집트에서 미라에 마스크처럼 초상화를 씌웠다. 이 초상화들은 오늘날 제국의 주민들을 찍은 희귀한 스냅 사진처럼 우리에게 정보를 제공한다. 그런데 이 젊은이의 초상화는 어떻게 여기까지 흘러들어오게 되었을까? 아마도 그는 사람들이 훌륭한 조상의 흉상을 간직하듯이, 그의 초상화를 간직하기를 원하는 상속인이나 친척 한 명 없이 숨을 거두었을 것이다. 그래서 이곳 그림 중개인의 손에까지 오게 되었다고 설명할 수 있으리라.

우리는 바실리카 에밀리아의 회랑을 벗어난다. 그리고 포룸의 북쪽을 향해 간다. 과거 제국의 토대를 마련한 권력자들이 잠들어 있는 곳이자, 수 세기 동안 원로원 의원들이 만나던 집회장인 쿠리아(Curia)이다. 앞에 작은 회랑이 달려 있는 커다란 벽돌 건물이 원로원이다.

율리우스 카이사르가 이 건물을 지었다. 그는 이전에 있던 쿠리아와 민회(Comitium)를 완전히 허물고 지반을 다진 뒤에 로마 역사 대대로 사용되는 인상적인 이 새로운 건물을 세웠다.

원로원의 문이 열려 있다. 잠시 후에 안에서 토론이 시작될 것이다. 그 안을 한번 들여다보자. 제국의 전 지역에서 가져온 값비싼 대리석으로 만든 우아한 상감 장식을 한 아주 멋진 바닥이 깔려 있다. 이 바닥 위를 걷는 사람은 말 그대로 제국 위를 걷는 셈이다. 원로원 회의실은 앞뒤의 길이가 무척 길고 양 옆에는 넓은 계단이 있다. 그리고 그 계단 위에는 원로원 의원이 앉는 높은 등받이가 달린 의자 몇 줄이 배치되어 있다. 전부 나무로 된 이 의자들은 정교한 조각으로 장식되어 있다. 회의실은 성당의 성가대석과 왕의 접견실의 중간 정도 크기이다. 주변을 둘러싼 벽에는 공간 전체를 돋보이게 하는 멋진 대리석 평판을 붙였다. 얼마나 장엄한 연설들이 이곳에서 행해졌는지 누가 알겠는가? 그 모든 연설을 기억하기가 불가능할 정도로 많다. 불과 몇 평방미터에 불과한 이곳에서 현대의 역사책에 적혀 있는 수많은 중요한 결정들이 내려졌다. 인류 역사에 그렇게 중요한 영향을 미친 장소는 지구상에 몇 군데 없을 것이다.

많은 원로원 의원들이 앉아서 옆에 있는 동료들과 이야기를 나눈다. 작은 소리로 속닥거리거나 웃고 있는 사람들도 있다. 우리는 몇몇 그룹의 사람들이 진지하게 이야기하는 광경을 본다. 잠시 후에 연설이 시작될 것이다. 요즘에 원로원은 다양한 문제에 직면해 있다. 예를 들면 어제는 트라야누스 거리를 출발점으로 하는, 곧 완성될 베네벤토의 개선문에 대한 토론이 있었다. 그런데 오늘의 의제는 무척 중요한 것이다. 트라야누스 황제는 로마로부터 무척 멀리 떨어져 있다. 1월에 안티오키아의 도시로 화려하게 개선했고 지금은 메소포타미아에서 전투를 벌이고 있다. 로마까지 들려온 소식은 최고이다. 그는 알제리의 북부 도시 바트나, 니시베 그리고 현재 이라크에 있는 크테시폰 등 중요 도시를 정복했다. 그리고 군대는 그에게 파르키쿠스(파르티아의 정복자)라는 칭호로 칭송했다. 따라서 원로원은 이 칭호를 어떻게 공식화할지 결정해야 한다. 사실 공화정이 더 이상 존재하지 않고 황제를 따르게 된 이후로, 원로원의 역할은 크게 축소되었다. 격렬한 의견 대립과 토론 시간이 끝나면 결정을 내리게 된다. 앞선 율리우스 카이사르 시대에 내려지던 영광스런 결정에 비하면, 거의 주목받지 못하고 틀에 박힌 일로 전락해버렸다.

한 원로원 의원이 열린 문으로 들어와 자신이 지나갈 때 차렷 자세를 취하는 경비병에게 가볍게 목례를 한다. 청동으로 만들어진 현관 출입문은 상당히 높다. 마지막으로 남은 로마 원로원의 문은 르네상스 시대에 해체되어 산 조반니 인 라테라노 성당으로 옮겨진다. 그리고 오늘날에도 여전히 그곳에 달려 있는 그 문을 감상할 수 있다.

나이든 원로원 의원이 몇 걸음 떼자마자 자신을 맞으러 나온 더 젊은 다른 동료들의 부축을 받는다. 아마도 그들은 그에게 오늘 있을 토론에 대한 조언과 전략적인 방법에 대해서 물을 것이다.

몇몇 수행원들이 힘겹게 문을 닫는다. 마치 무대의 막이 내려질 때처럼 우리의 시야에서 원로원의 회의실이 천천히 사라진다. 우리가 본 마지막 광경은 자리에 앉아 토가의 주름을 편 원로원 의원이 흰색의 짙은 눈썹 아래로 자신의 반대편을 쏘아보는 엄격한 시선이었다. 한 손은 방패 위에 그리고 다른 손은 필룸(투창) 위에 얹은 경비병이 문 앞에 자리를 잡는다.

한편 콜로세움에서는

그의 푸른색 눈동자는 검게 그을린 얼굴에 박아놓은 보석 같다. 그들은 상대편의 근육질 몸으로부터 단 한순간도 시선을 떼지 않는다. 둘 다 빙빙 돌며 상대의 빈틈을 노리고 있다. 관중석에서 아침부터 그들을 지켜보고, 이름을 부르며 고함을 질러대는 수천여 명의 사람들의 시선이 그들을 향해 있다. 콜로세움에서 시합이 시작되었다. 하루를 여는 첫 번째 공연은 베나티오네스(사냥)이다. 따라서 검투사들 사이의 싸움이 아니라 사람과 맹수 사이의 싸움이다. 사실 콜로세움과 제국의 모든 원형투기장은 늘 다음과 같은 공연 구성에 따라서 시합을 진행한다. 공연을 시작하면 사람과 맹수 사이의 시합이 펼쳐지고, 그후에는 범죄자의 공개 처형이 이어지고 마지막으로 오후 내내 사람들이 학수고대하던 검투사들의 시합이 열린다. 콜로세움은 로마인들의 생활에서 크나큰 비중을 차지하고 있다. 5만에서 7만 사이의 관중을 수용하는 원형투기장의 크기 때문만이 아니라 지금 막 시작된 시합처럼, 그 안에서 벌어지는 잔인한 시합 때문에 특히 그러하다.

관중석 위의 사람들은 몇 초 사이에 모든 것이 끝나리라는 사실을 잘 알고 있다. 사냥꾼의 금발 곱슬머리 사이로 반짝거리는 땀이 보인다. 그의 이름은 스피타라이지만 관중들은 긴장감 때문에 그의 이름을 외치는 것을 그만두었다. 그의 앞에는, 투기장의 최고 우두머리 중의 하나인 빅토르가 힘이 넘치는 확신에 찬 모습으로 버티고 있다. 그는 인간이 아니다. 그러나 시합 중에 보여주는 그의 명석함을 보면 사람이고도 남는다.

그는 날카로운 발톱이 달려 있는 자기 앞발의 힘보다는 교활함과 술수로 수많은 사냥꾼들을 물리쳤다. 승리자라는 뜻의 이름을 가진 빅토르는 거대한 몸집의 표범으로 수많은 시합을 하는 동안에 군중들의 사랑을 받는 애완동물이 되었다. 빅토르는 몇 초 전에 땅에 쓰러진 또다른 사냥꾼의 몸 위로 상대편을 한 번 밀었다. 그러자 상대편의 발이 걸려 넘어진다. 그 순간 빅토르가 갑자기 펄쩍 뛰어올라 상대편의 목을 문다. 일반적으로 생각하듯이 빅토르는 굶주렸기 때문에 공격하는 것이 아니다. 콜로세움의 모든 맹수들과 마찬가지로 새끼일 적에 생포된 빅토르는 특별한 방법으로 길러지고 마치 투견처럼 공격하도록 훈련받았다. 훈련을 통해서 그에게 어디를 어떻게 공격하는지 가르쳤다. 표범은 잔인한 습성을 가졌다. 그리고 이 습성은 오늘날에도 여전한데, 표범은 사람을 공격할 때 곧장 목을 향해 달려들어 자신의 이빨을 깊숙이 박고 앞발로는 흉부를 파고들어 피부를 갈기갈기 찢는다. 고생물학 발굴작업 중에 아프리카에서 한 의사와 이야기를 나눌 기회가 있었는데, 그는 나에게 사자에 물린 사람이 실려오면, 사자는 자신의 사냥감을 단지 물고 흔들어댈 뿐이기 때문에 가끔 살아나기도 하지만, 표범에게 공격을 당한 사람이 실려올 때는 이미 사망한 채로 도착한다며 표범의 잔혹성을 확인해주었다.

이 맹수는 죄가 없다. 그는 포식자로서 자연이 자신에게 가르쳐준 대로 할 뿐이다. 그러나 그의 공격적인 천성은 그의 조련사에 의해서 기형적으로 발달되어 공연에 사용된다. 그렇게 야생동물이 진짜 살인 무기로 변형되었다. 빅토르는 원형투기장에서 희생된 시체들뿐만 아니라, 자신의 훈련을 위해서 인형처럼 사용된 수많은 노예들의 죽음도 자신의 업보로 안고 있다.

원형투기장의 뛰어난 사냥꾼인 스피타라는 우아한 외모 때문에 여성들로부터 많은 사랑을 받고 있지만 빅토르만큼 유명하지는 않다. 원형투기장의 도박꾼은 3대 1의 승률로 스피타라의 패배를 점친다. 스피타라도 이를 알고 있다. 그러나 번개처럼 재빠른 움직임으로 모든 사람들을 그리고 표범을 놀라게 하는 것이 자신의 진짜 힘이라는 것도 알고 있다. 그는 손에 두껍고 뾰족한 창을 단단히 움켜쥔다. 다른 무기는 없다. 방패도, 투구도, 검도 없다. 유일한 보호장비는 천을 덧대어 만든 각반뿐이다.

포효하는 소리가 원형투기장을 가로지른다. 다른 사냥꾼을 상대로 싸우기 위해서 문에서 막 뛰쳐나온 사자가 낸 소리이다. 스피타라가 기다리고 희망하던 순간이다. 빅토르는 군중이나 상대편 적의 고함소리에 주의가 산만해지지 않도록 아주 잘 훈련을 받았다. 그러나 갑작스러운 사자의 포효는 그의 원시적인 본능을 일깨운다. 사실 다 자란 사자들은 본능적으로 표범을 공격한다. 잠깐이지만 산만해진 표범이 사자를 향해 머리를 확 돌린다. 표범이 다른 맹수의 윤곽을 알아챌 정도의 찰나의 시간이었다. 다시 머리를 돌리는 순간 목 바로 아래, 즉 흉곽이 시작되는 곳에 창이 박히는 것이 느껴졌다. 순식간에 흉곽 깊숙이 박히는 넓은 날의 창에 찔리는 고통이 분명하게 느껴진다. 표범은 스피타라가 폐 안의 공기를 다 뿜어내면서 지르는 전투의 괴성을 듣지도 못한다. 남자는 타격에 더 많은 힘을 싣기 위해서 몸을 낮추고 긴 보폭을 떼며 공격에 나섰다. 바로 펜싱 선수들이 깊이 찌르기를 할 때처럼 말이다.

맹수의 반격은 맹렬하다. 표범은 거대한 목을 굽혀 창을 물으려고 하지만 실패한다. 그리고는 창대를 거의 몸에서 떼어낼 정도로 강력한 발길질로 창을 찬다. 이제 창을 물 수 있게 된 표범은 이빨로 창을 분지른다. 그러나 너무 늦었다. 점점 더 힘이 빠지는 것이 느껴진다. 거의 판결을 기다리는 모습으로 서 있는 스피타라가 보인다. 만약에 이 짐승이 다시 덤벼든다면 창이 없는 사냥꾼은 불리하다. 어쩌면 그에게 다른 창을 줄지도 모른다. 아니, 어쩌면 주지 않을지도 모른다. 그런데 그럴 필요가 없을 것이다. 표범의 무표정한 누런 동공에 스피타라의 윤곽이 점점 더 흐려진다. 상처에서 피가 계속해서 흘러나와 표범의 다리 사이, 원형투기장에 넓은 웅덩이를 만든다. 타격은 완벽했다. 마지막 포효, 그리고는 목과 폐로 들어간 피 때문에 덜걱덜걱 움직이는 소리와 목구멍에서 콸콸 피가 흘러나오는 소리가 들린다. 무너진 맹수는 입을 반쯤 벌린 채 투기장에 대자로 뻗었다.

관중들이 열광한다. 관중석에서 웅성거리는 소리가 시작되더니 사냥꾼의 이름을 외치는 고함소리가 터져나온다. "스피타라, 스피타라." 콜로세움은 새로운 영웅을 얻었다.

탐구 ‖ 콜로세움의 맹수들

콜로세움과 제국 곳곳에 퍼져 있는 다른 원형투기장에서 죽임을 당한 동물은 무척 많았다. 가끔씩 활과 화살로 사슴이나 영양을 넘어뜨리는 사냥꾼도 보인다. 타조 같은 이국의 동물일 경우에는 실패하기도 한다. 코모두스 황제(161-192)는 검으로 타조의 목을 베는 것을 즐겼다고 전해진다. 몇몇 경우에 시합은 거의 막상막이었다. 투구, 방패 그리고 검으로 무장하고 검투사처럼 옷을 입은 남자들이 사자, 표범 혹은 곰을 무너뜨리고 살아남기 위해서 고군분투해야 했다. 신전이나 기둥에 새겨진 조각 장식에는 다함께 시합을 벌여 의외의 결과를 내는 것처럼 묘사되어 있다. 게다가 동물 사이의 시합도 관람할 수 있다. 예를 들면 황소와 코끼리 혹은 다른 거대한 몸집의 동물들을 서로 쇠사슬로 연결했다. 그리고 원형투기장 보조원들은 동물들이 서로 싸울 때까지 기다란 장대로 그들을 찔렀다. 시간이 흐를수록 제국의 원형투기장에서 호랑이 같은 이국적인 동물의 시합이 빈번하게 벌어지면서 결국 유럽, 북아프리카 그리고 중동 지역의 한 특정 지대에서 야생 동물군의 파괴를 유발하고 말았다. 악어와 코뿔소를 포함하여 많은 종류의 동물들이 멸종되었다. 그 이유는 생포된 많은 동물들이 마차에 실려 이동하거나 혹은 배의 짐칸에 갇혀 아주 긴 항해를 하는 동안 목숨을 잃는 바람에 불과 몇 마리만이 산 채로 도착하기 때문이기도 했다.

11시 40분
제국의 포룸들, 대리석 사이에서의 산책

관중의 고함소리가 우리가 있는 포룸에까지 들린다. 몇몇 사람들은 콜로세움 쪽을 바라본다. 기둥과 신전들이 늘어선 사크라 거리 끝에 있는 티투스 개선문의 맞은편에서, 콜로세움은 그 위용을 뽐내고 있다. 군중들이 박자를 맞추어 외치는 승리자의 이름이 여기까지 들려온다. 그러나 그 소리가 정확하지 않아 알아들을 수는 없다. 그저 관중들이 박자를 맞추어 엄청난 소리로 외쳐대는 함성이 들릴 뿐이다.

아주 재빠르게 로마의 원형투기장으로 시선을 돌리며 멈춰 섰던 사람은, 마치 아무 일도 없었다는 듯이 다시 자신이 하던 일을 계속한다. 그리고 우리 역시 원로원 출입문 앞에서 벗어나 다시 걸음을 옮긴다. 경비병들은 콜로세움에서 들려오는 함성에 무표정한 채로 서 있다. 그리고 우리가 떠나가는 지금도 그들의 고정된 시선은 전혀 흔들리지 않고 차분하다.

잠시 후에 우리도 콜로세움 안으로 들어갈 것이다. 하지만 먼저 여기서 그리 멀지 않은 곳에 있는 독보적인 평화의 신전을 보러 가자.

포룸에서 벗어나 몇 분을 걷자, 로마의 또다른 장관과 마주하게 된다. 제국의 포룸들이다.

사실 로마에 로마 포룸만 있는 것은 아니다. 율리우스 카이사르는 로마 포룸만으로는 충분하지 않다고 보고 또다른 포룸을 세웠다. 그리고 당연히 새로운 포룸에 자신의 이름을 붙였다. 율리우스 카이사르 포룸이라고. 분명한 권력 과시이다.

제국의 포룸은 진정한 포룸 밀집구역이다. 각각의 포룸은 다른 포룸과 연결되어 있고 사람들이 끊임없이 오간다. 눈부시게 화려하고 대리석과 기둥이 압도적으로 많은 곳이다.

카이사르의 사례를 따라 아우구스투스 황제, 베스파시아누스 황제, 네르바 황제(30-98) 그리고 트라야누스 황제 등 다른 황제들도 포룸을 세웠다. 그렇다 보니 일종의 포룸이 모여 있는 구역이 형성되었다. 각각의 포룸은 다른 포룸과 연결되어 있고 사람들은 끊임없이 그곳을 오간다. 눈부시게 화려하고 대리석과 기둥이 압도적으로 많은 이곳은 로마인을 위한 상업지구, 상거래소와 재판정이 설치되어 있다.

마치 다른 여러 도시들의 광장이 서로 연결되어 있는 것 같다. 현대에 들어서야 상업지구의 건설로 이와 유사한 공간을 볼 수 있게 되었다.

호기심을 느낀 우리는 큰 목소리로 활발하게 토론을 벌이는 세 명의 남자들을 쫓는다. 그들 중 긴 매부리코의 남자가 온갖 방법을 동원하여 다른 두 사람을 설득시키려고 애쓴다. 그들은 베스파시아누스 황제의 포룸 안에 서 있는 평화의 신전을 향해서 걸음을 옮긴다. 우리는 이 거대한 건물 안으로 들어서자 어안이 벙벙해진다. 세쿼이아 숲속 같아 보이는 높은 기둥들이 가득한 첫 번째 홀을 지나면, 벽 전체가 거대한 도시 지도로 덮여 있는 커다란 홀에 도착한다.

그 유명한 포르마 우르비스, 즉 로마의 토지대장 지도이다. 이것에 대해서는 나중에 다시 언급하기로 하자. 그 일부가 카피톨리니 박물관에 보관되어 있어서 현대의 우리도 볼 수 있다. 그러나 이 토지대장은, 우리가 지금 탐험하고 있는 시대 이후의 것이다. 트라야누스 황제 치하에 비슷한 형태의 토지대장이 이미 존재했음은 틀림없지만 분실되었다. 지도는 정말로 도시 전체를 담고 있다. 1 : 240 축척의 완벽한 평면 측량이다. 조각된 집의 모든 담장과 기둥 그리고 분수는 붉은색으로 칠해져 있다. 이 지도에 가까이 다가갈 수는 없다. 어느 정도 가까이 가면 긴 난간으로 막혀 있어서 더 이상 나아가지 못하고 멈출 수밖에 없다. 담당 관리만이 적당한 장대를 이용하여 그리고 필요할 경우에 바퀴가 달려 있는 긴 사다리를 이용하여 이 지도에 가까이 다가가거나 지적하거나 혹은 만질 수 있다.

우리가 건물 입구에서 본 활발하게 토론을 벌이던 세 명의 남자가 지도에 다가가 어느 한 지점을 정확하게 가리킨다. 그리고 테이블 뒤에 앉아 있는 한 직원을 향해 몸을 돌린다. 그들이 토론을 벌이던 문제가 무엇인지 이제 명확해졌다. 팔려고 내놓은 상점의 경계나 혹은 크기에 관한 것이다. 침착하게 직원은 그들에게 뼈로 된 판을 내민다. 그 판 위에는 숫자가 새겨져 있고 분명히 밝히고 싶은 구역의 양피지 사본 열람을 요청할 수 있는 다른 방을 알려준다. 세 명의 남자들은 토론을 계속하며 복도로 사라진다.

로마 제국의 경이로움, 트라야누스 포룸

평화의 신전에는 베스파시아누스 황제의 업적으로 도서관도 갖추어져 있다. 뿐만 아니라 황제가 제국을 돌면서, 특히 헬레니즘 세계에서 수집한 뛰어난 예술작품들도 이 신전에 보관되어 있다. 현재에는 전해지지 못하고 분실된 많은 회화 걸작들도 제국의 수도에 있는 이 루브르 박물관에 있다. 로마인들은 이 예술작품들을 무척 높이 평가한다. 오늘날과 마찬가지로 고대 로마에도 예술을 이해하는 사람들이 많다. 평화의 신전의 심장부는 예루살렘에서 가져온 전쟁 전리품 대부분이 전시되어 있는 홀이다. 그중에서도 상징적인 유물들로서 잘 전시되어 있는 것은 7개의 팔이 달린 나뭇가지 모양의 유명한 촛대이다.

우리는 평화의 신전에서 나와 그 반대방향에 죽 늘어서 있는 제국의 포룸으로 다시 걸어간다. 로마의 주민들에게 의심할 여지없이 제국의 가장 멋진 포룸 중의 하나로 평가받는 우리가 아직 보지 못한 포룸이 하나 남아 있다. 마지막으로 지어진 것으로 최종적으로 2년 전에 완공되었다. 바로 트라야누스 황제의 포룸으로 그 모습은 숨이 멎을 정도로 인상적이다. 가장 먼저 드러나는 것은, 중앙에 개선문이 있고 여섯 마리의 말이 끄는 전차가 그 위에 새겨진, 곡선으로 이루어진 넓은 벽이다. 이것이 트라야누스 포룸의 출입구이다.

무장한 경비병들이 장소의 엄숙함을 강조하듯이 차렷 자세로 서 있다. 개선문을 지나자 포룸의 거대한 광장의 위용이 한눈에 들어온다. 길이 300미터 × 폭 190미터의 직사각형이 흰색과 여러 가지 색상의 대리석 판으로 덮여 있다. 우리는 말 그대로 로마 제국의 가장 아름다운 기둥들에 둘러싸여 있다. 아주 긴 회랑이 광장 주변을 둘러싸고 있다. 수많은 자줏빛의 코린트 양식의 기둥들이 서 있다. 그리고 코린트 양식의 각 기둥 위에는 인물이 조각되어 있다. 높이가 거의 3미터에 달하는, 생포된 이민족 공주들의 조각상이다. 무척 아름다운 여러 종류의 대리석으로 만들어진 이 조각상들은 다양한 자세를 취하고 있다. 패배한 다키아 왕자의 조각상은 머리카락과 수염이 바람에 날리는 듯 보이기도 한다. 사실 우리가 보는 이 모든 것은 최근에 정복한, 현재의 루마니아인 다키아에서 가져온 끝이 없을 정도로 많은 전리품 덕분에 만들어졌다.

광장 한가운데에 청동에 금박을 입힌 트라야누스 황제의 기마상이 버티고 있다. 우리는 광장 구석에 우뚝 서 있는 거대한 건축물로 다가간다. 로마에 있는 산 피에트로 대성당의 정면을 향해 가고 있는 것 같은 인상을 준다. 사실 이것 역시 거대한 건축물이다. 즉 바실리카 울피아이다. 이것은 다른 포룸에 있는 것처럼 신전은 아니지만 공공 목적으로 사용된다. 정말이지 멋진 건물이다!

이곳의 모든 것은 눈이 부시며 웅장하고 어마어마하다. 정면에 죄수로 생포되어 손이 묶인 다른 이민족들의 조각상이 서 있다. 현재 산 피에트로 광장의 기둥 위에 있는 성인들의 조각상과 유사하게 길게 열을 지어 서 있다.

우리는 지금 이 순간까지 로마인들에 의해서 건설된 것들 중에서 가장 큰 바실리카 안으로 들어가는 중이다. 그 크기와 높이 때문에 길을 잃은 것만 같다. 그 안은 이상할 정도로 텅 비어 있다. 무엇 때문인지 오늘은 공판이나 다른 공적인 활동이 열리지 않는다. 이곳에서 일하는 사람들이나 우리처럼 호기심에 이끌려 구경하러 온 사람들만이 지나다닐 뿐이다.

안에서 울려퍼지는 발걸음 소리와 말소리는 지나칠 정도로 커다란 바실리카의 크기를 짐작하게 한다.

정말 인상적이다. 한쪽이 개방된 담화실 두 개를 포함해서 그 총 길이는 170미터에 달한다. 깜짝 놀랄 만한 것은 우리를 둘러싸고 있는 빼곡하게 들어찬 기둥들이다. 마치 숲속에 있는 것 같다. 다 헤아리기가 불가능할 정도이다. 아마도 10개 남짓한 굉장히 높은 기둥에는, 거의 소형차 한 대만 한 크기의 코린트 양식의 기둥머리가 달려 있다. 족히 5개 정도 되는 신랑에는 정교한 그림이 그려져 있고 다양한 색상으로 칠해져 있다! 그중에서 중앙 신랑은 이집트의 회색 화강암으로 되어 있다. 그 옆에 있는 더 작은 신랑들은 흰색과 초록색 무늬가 있는 이탈리아산 대리석으로 만들어졌다. 이곳의 모든 것이 장식되어 있다. 바닥에는 고대인들이 즐겨 사용하던 노란색과 자주색 대리석을 이용한 원과 사각형 모티브가 체스판처럼 교대로 배치되어 있다. 중앙 신랑에는 날개가 달린 승리자를 표현한 대리석 조각이 띠 모양으로 장식되어 있다. 우리 머리 위로는 천장 바로 밑에 위치한 가장 위쪽 자리가 보이고 그 위에는 태양빛이 강하게 들어오는 커다란 창문이 달려 있다.

홀 구석에는 보안을 위해서 대열을 이룬 경비병들이 소수의 사람들을 에워싸고 있다. 저 일행 중앙에 있는 사람은 누구일까? 집정관의 경비병이 있다는 것은 그가 제국 내부의 매우 중요한 인물임에 틀림없다는 의미이다. 도대체 그는 누구일까? 사람들은 벽토를 발라 장식한 건물 천장의 중앙부인 정간(正間)을 올려다본다. 누군가 물이 얼룩져 색깔이 변한 부분을 가리킨다. 폭우로 물이 새서 생긴 피해를 살펴보고 있음이 분명하다.

이제 그 일행이 우리 쪽으로 온다. 집정관의 경비병들이 신고 있는 징이 박힌 샌들 소리가 홀에 울려퍼지며 점점 더 가까이 다가온다. 그런데 또다른 금속성 소음이 들린다. 군인들이 차고 다니는 단검 같은 무기가 부딪치면서 나는 소리이다. 사람들이 우리 옆을 지나간다. 사람들 한가운데에 비서와 함께 일하는 사람들에게 둘러싸인 팔다리가 짧고 주변머리만 무성한 대머리에 키가 작은 남자가 있다. 그의 외모는 그가 지중해 출신임을 보여준다. 그리고 그의 목소리는 조용하고 부드럽다. 바로 바실리카 울피아와 이 멋진 포룸을 건축한 다마스쿠스 출신의 아폴로도로스(기원전 180?-?)이다. 그는 천재 건축가이다. 필리포 브루넬레스키와 미켈란젤로의 작품들이 한 시대를 대표하는 것처럼 그의 작품들 역시 한 시대를 나타낼 것이다. 그가 이 거대한 포룸을 만드는 데는 107년부터 112년까지 불과 5년밖에 걸리지 않았다. 그런데 그는 트라야누스 시장이나 트라야누스 공중목욕탕과 같은 다른 프로젝트도 역시 작업했다. 트라야누스의 후계자인 하드리아누스와 그의 관계가 그다지 좋지 못할 것이라는 점이 유감스럽다. 하드리아누스 황제는 그를 유배 보내고 결국에는 처형할 것이다. 한편 사람들이 기둥 사이로 사라진다. 몸에 딱 달라붙는 경비병들의 옷이 천천히 멀어지더니 바실리카 안을 오가는 사람들 사이로 사라진다.

우리는 계단을 오른다. 그 계단은 도서관으로 이어진다. 계단 끝에는 손에 파피루스 두루마리를 들고 오가는 관리인들과 서류가 잔뜩 쌓인 수레를 밀고 있는 노예들이 보인다. 현대의 장관실 복도 같다. 문 너머로 수많은 선반과 식기진열장과 비슷한 보관장이 있는 긴 홀이 보인다. 그 안에는 둘둘 말린 수천 개의 파피루스와 메모지판을 넣어두었다. 선반의 배열이 우리에게 익숙한 배열과는 다르다. 선반의 트인 부분은 사각형이 아니라 둘둘 말린 파피루스가 굴러나오지 않고 과일 가게의 오렌지처럼 쌓아놓을 수 있게 마름모형으로 되어 있다.

문을 열자 안뜰 주변을 빙 둘러싸고 있는 발코니가 보인다. 난간에 기대어 선 우리는 다마스쿠스 출신의 아폴로도로스가 이곳을 특이한 구조로 만든 이유를 알아챈다. 뜰 중앙에는 포룸 전체의 보석이 황제의 바람에 따라 서 있다. 바로 트라야누스 원주(圓柱)이다.

이 원주는 고대 로마 시대의 단위로 말하자면, 100로만 피트(약 30미터)의 높이를 자랑하며 그 위에는 금박을 한 청동으로 만든 트라야누스 황제의 조각상이 놓여 있다. 이 조각상은 르네상스 시대에 아무런 관계도 없는 성 베드로의 조각상으로 대체되었다. 기둥은 카라라의 대리석으로 만든 또다른 19개의 조각을 위에 얹어 만들어졌다. 각 조각의 무게는 32톤이나 된다! 내부는 비어 있고 나선형의 계단이 있다.

가장 인상적인 부분은 기둥의 외관이다. 바닥에서부터 꼭대기까지 기둥 전체를 나선형으로 감아 올라가는 띠 모양의 장식이 조각되어 있다. 전체 길이가 200미터에 달하는 이 장식 띠 조각은, 일종의 만화처럼 로마의 속주로 다키아를 병합하는 과정에서 발생한 두 번의 전투의 주요 장면을 보여준다. 일련의 이 사진 틀에 전투 장면, 강을 건너는 군대의 모습, 포위작전을 벌이는 장면, 트라야누스 황제가 신에게 제물을 바치는 모습 등이 보인다. 이 모든 장면에는 두 손에 진짜 청동 무기를 들고 있는 수천여 명의 인물, 특히 병사들이 정교하게 조각되고 채색되어 있다. 그런데 이 무기와 화려한 색상은 몇 세기가 흐르면서 닳아 없어진다. 현대에 이르면 우리는 단지 대리석의 자연스런 빛깔을 띤 기둥과 그 위에 새겨진 아주 멋진 얕은 돋을새김만을 보게 될 것이다.

도시 안으로 다시 들어가기 위해서 우리는 트라야누스 포룸을 떠난다. 거대한 광장을 막 벗어나려는데, 감동적인 장면이 우리 눈앞에서 벌어진다. 한 젊은 남녀의 손을 꼭 쥔 한 노인의 모습이다. 그들은 조금 당황스러워하는 노인을 포옹한다. 그리고는 노인이 기뻐하며 그들을 바라보는 동안 두 젊은이는 행복에 겨워 감동하며 오랫동안 포옹한다. 이 세 사람은 트라야누스 포룸 안에 있는 마누미시오, 즉 노예 해방을 담당하는 특별한 사무실에서 방금 나왔다. 이 주인은 사실 두 하인을 노예 신분에서 벗어나게 해주려고 공식적으로 서류를 작성하기 위해서 여기에 왔다. 이 순간부터 이 젊은이들은 자유이다. 이런 경우 그들은 누구와 결혼할지 등을 스스로 결정해서 주인의 단순한 소유물일 때는 생각조차 할 수 없던 일들을 할 수 있다. 우리 눈앞에서 두 젊은이의 인생이 영원히 바뀌었다.

탐구 ‖ 대리석에 새긴 로마 토지대장, 포르마 우르비스

아우구스투스 황제 치하의 로마는 비록 면적이나 경계는 다르지만 현재의 수도 로마의 행정구역과 마찬가지로 14개 지역으로 나뉘어 있었다. 각각의 지역은 자체 행정조직을 가지고 있었다. 사실 100만 혹은 150만에 달하는 사람들을 동시에 관리하는 것은 쉽지 않았다. 이 관리의 세부적인 사항들을 알 수는 없지만, 그 모든 어려움은 쉽게 상상할 수 있다. 그리고 그런 상태로 수 세기가 흐른다. 200년이 훨씬 더 지난 후, 예를 들면, 콘스탄티누스 황제 치하의 로마는 423개의 거리, 29개의 주요 도로, 322개의 주요 교차로를 헤아렸다. 이 거리를 유지하고, 모든 주민을 위해서 물을 공급하던 샘터가 깨끗하게 유지되도록 관리하고, 무허가 건물을 단속 규제하고, 상인들 사이의 자리다툼을 조정하기 위한 일상 업무가 얼마나 엄청났을지 상상이나 할 수 있겠는가? 이 모든 업무를 전화, 컴퓨터, 정보센터뿐만 아니라 종이, 펜 그리고 잉크도 없이 처리해야 했다.

로마의 행정관리들은 자신들의 업무에 귀중한 도구를 사용했다. 일종의 토지대장에 해당하는 것이다. 나는 「율리시스」라는 텔레비전 프로그램 제작 중에, 지표면 수준에서 영원한 도시 로마의 모든 평면을 측정한 그 유명한 포르마 우르비스, 즉 당시 토지대장의 일부를 촬영했다. 그 지도를 통해서 상점의 형태와 크기, 기둥의 깊이, 거리의 굴곡, 심지어는 샘터의 위치까지 알아볼 수 있다. 로마의 여러 황제들이 각기 다른 시기에 만든 지도의 판들이 서로 조금씩은 다르다는 것을 알 수 있다. 이 지도들은 흰색 대리석 판 위에 새겨졌지만, 애석하게도 현대에까지 전해지는 지도는 몇 개 되지 않고 그나마도 일부에 불과하다. 일부에 불과하지만 도시를 다시 짓기에는 그것으로도 어쩌면 충분할 것이다. 나머지 지도들은 중세에 불타는 가마 속으로 던져지거나 담장을 짓는 데에 사용되면서 파괴되었다.

그러나 지도의 일부를 살펴보는 것만으로도 로마 제국에서의 일상생활의 모든 풍요로움을 이해하게 된다. 이 책을 쓰면서 나의 여정과 설명을 적어내려가는 데에도 일부 지도만으로 충분했다. 한마디로 말해서 여기에 기술된 로마 거리에서 벌어지는 일상생활은 포르마 우르비스에 나타난 실제 거리에 근거하여 건물 사이의 거리, 기둥의 모습, 상점의 위치 심지어는 당시에 있었음직한 술집까지 염두에 둔 것이다. 이 지도 덕분에, 특히 서두에서 이야기한 어두운 거리에 서 있던 조각상과 함께 로마 중심의 실제 모습을 재현할 수 있었다. 나는 그 조각상의 특징을 상상하기만 하면 되었다.

물론 시간이 지나면서 몇 가지 변화가 필연적으로 일어났다. 아무튼 거리와 구역의 일반적인 모습은 내가 기술하려고 시도한 바대로 남아 있었다.

이 지도를 관찰하면서 각 상점, 신전 그리고 건물의 평면을 조사한 사람이 발휘한 대단한 솜씨의 결실인 그 세밀함에 놀라게 된다. 사소한 실수 때문에 버려진 몇몇 조각들까지 재발견되었다. 이 모든 것은 자료 기록에서 로마 당국이 지나칠 정도로 꼼꼼하고 엄격했음을 알려준다. 분명히 도시를 더 잘 점검하고 영토에 대한 주의 깊은 관리를 가능하게 한 엄격함이다.

11시 50분
로마의 "화장실"

고대 로마의 어느 시점에 이르자 도시의 공중화장실은 144개를 헤아리게 된다. 그중 한 군데를 찾아가보자. 공중화장실은 쉽게 구별할 수 있다. 현대의 기차역이나 고속도로 휴게실처럼 대체로 사람들이 많이 오가는 지점에 있다. 대개 들어가는 사람은 서두르고 나오는 사람은 무척 편안한 모습이다. 입구에는 나무로 만든 판매대가 있고 그 앞에 두 사람이 줄을 서 있다. 판매대 위에는 테라코타로 만든 접시가 놓여 있고 그 앞에 노예가 지키고 서 있다. 순간 접시 위에서 동전이 뱅그르르 돌다 떨어지는 소리가 들린다. 당연히 사용료를 내야 한다. 비싸지는 않고 동전 두 개로 충분하다. 다들 허리춤에 매단 로마 시대의 지갑인 작은 가죽 지갑 바닥에서 동전을 찾느라 약간의 시간을 허비하기 마련이다.

사용료를 내야 하는 공중변소는 콘둑토레스 포리카룸이라고 불리는 세금을 내는 계약업자가 운영한다. 신기하게도 이 공중변소는 오늘날에도 흔히 쓰이는 "페쿠니아 논 올레트(돈은 악취나지 않는다)"라는 라틴어 표현의 기원이 되었다. 사실 베스파시아누스 황제가 공중변소에서 모은 소변을 세탁소에서 사용하는 세탁업자에게 세금을 부과했다. 베스파시아누스 황제의 아들인 티투스는 너무 과하고 악취미라며 이 세금 부과에 반대했다. 이에 대한 그의 아버지의 대답은 "페쿠니아 논 올레트"였다.

비좁은 계단을 지나자 장식이 가득한 넓은 홀이 우리 앞에 펼쳐진다. 심지어 성인의 조각상이 들어가 있는 벽감도 보인다. 물줄기가 벽을 따라

떨어지고 그 위에 건강과 행운을 관장하는 행운의 여신의 조각상이 자리하고 있다. 벽토와 색상은 우아한, 아니 거의 화려한 공간에나 어울릴 만하다. 그런데 시선을 아래로 향하면 광경이 갑작스럽게 바뀐다. 다양한 나이와 계층에 속하는 10여 명의 사람들이 자신의 볼일을 처리하는 일에 열중한 채 앉아 있다. 냄새는 간이 공중변소의 불쾌한 냄새이지만, 마치 대기실에라도 앉아 있는 것처럼 이 사람들은 별로 상관하지 않는 것 같다. 우리는 여기도 포룸처럼 로마의 사교장소 중의 한 곳임을 이렇게 알게 된다. 잡담을 나누는 사람도 있고, 옷을 여미는 사람 그리고 우스갯소리로 모든 이의 이목을 집중시키는 사람도 있다. 심지어는 볼일이 급한 것도 아닌데 옷차림으로 보아 유복한 사람이 분명한 누군가의 옆에 달라붙어 앉아 있는 사람도 있다. 그는 점심식사에 초대를 받으려고 약삭빠르게 굴고 있다. 각자 떠들어대고, 대화를 주고받고, 누군가는 보이지 않게 긁힌 자국마냥 흔적을 남기기도 한다. 아무튼 다들 말하는 내용에 주의를 기울인다. 밀고자는 로마 어느 곳에든 숨어 있기 마련이다.

더 충격적인, 아니 오히려 완전히 말문이 막히게 하는 것은 프라이버시가 전혀 지켜지지 않는다는 점이다. 병풍, 휘장 혹은 사람들을 따로 떼어놓는 칸막이가 없다. 다들 대리석으로 된 긴 벤치 위에, 마치 지하철에서처럼 나란히 앉아 있다. 로마에서 사생활의 개념은 현대인과는 무척 다르고 근본적으로 보통 사람들로부터 멀리 떨어져 살기 위한 여윳돈이 있는 부자들에게만 해당된다. 한마디로 말해서 개인 변기를 소유한다는 것은 높은 신분의 상징이다.

당연히 우리 중에서는 어느 누구도 이런 장소에서 편안히 있을 수 없을 것이다. 튜닉이 은밀한 부분을 가리는 데에 꽤 도움이 된다는 점을 언급해야겠다. 사실 다들 그냥 앉아 있는 것 같은 인상을 준다. 그런데 도대체 어디 위에? 변기 시트는 전혀 보이지 않는다. 사실 사람들은 평평한 벤치 위에, 자물쇠 구멍같이 생긴 뚫려 있는 구멍 위에 앉는다. 긴 벤치 아래에는 깊은 수로가 있다. 수로에 흐르는 물이 모든 것을 운반해간다. 이러한

로마의 공중화장실. 물통에 담긴 스펀지가 휴지처럼 이용된다. 프라이버시가 전혀 지켜지지 않는다는 점이 충격적이다. 잡담을 나누는 사람도 있고, 옷을 여미는 사람 그리고 우스갯소리를 하는 사람도 있다. 포룸이나 공중목욕탕과 마찬가지로 이 곳 역시 로마의 사교장소 중의 한 곳이다.

구멍의 용도는 분명하다. 반대로 다리 사이에 있는 대리석으로 된 또다른 구멍의 기능은 모호하다. 자물쇠 구멍처럼 생긴 무릎 높이에 뚫린 이 구멍은 벤치 위의 구멍과 연결되어 있다. 무엇에 쓰는 것일까?

궁금해하던 차에 한 남자가 그 구멍의 용도를 보여주는 광경을 본의 아니게 목격하게 된다. 홀 한가운데에는 대리석으로 된 물이 가득 들어 있는 물통 3개가 있다. 그 물통 안에는 많은 나무 봉들이 삐죽 나와 있다. 그 봉 끝에는 스펀지가 달려 있다. 횃불이랑 거의 비슷하게 생겼다. 남자가 그 횃불 모양의 봉을 다리 사이의 그 구멍에 집어넣는다. 그리고 스펀지를 마치 휴지처럼 사용한다. 만족하지 못한 그는 그것을 바닥에 흐르는 작은 수로에 다시 담근다. 우리는 미처 모든 사람의 발치에 작은 인공 개천 같은 것이 흐르고 있음을 알아채지 못했다. 남자는 이런 방식으로 전형적인 비데 작업과 유사한 세척 작업을 계속한다. 그리고는 봉을 구멍 안쪽에 문질러 스펀지를 분리해서 벤치 아래의 오물 처리소 안으로 떨어뜨린다. 그리고는 봉을 그의 앞에 있는 대리석 통 안의 제자리에 놓는다. 그는 이 모든 작업을 하는 동안에도 옆에 있는 사람과의 잡담을 멈추지 않았다.

로마 주민의 대부분은 이렇게 자신의 생리적인 볼일을 해결한다. 우리가 말했듯이 집 안에 변기를 둔 사람은 극소수에 불과하다. 돈을 내기가 싫거나 혹은 필요한 동전이 없는 사람에게 해결방법은, 최소한 작은 볼일은 골목이나 길 옆에 놓여 있는 거대한 항아리를 이용하는 것이다. 폼페이 유적지에서 볼 수 있는 그 거대한 항아리는 나중에 세탁장으로 수거되어 사용된다.

이와 같은 화장실은 도시 곳곳에 있다. 폼페이의 회랑부터 발보 극장의 로비에까지 있다. 회랑 아래나 사람들이 지나다니는 길 바로 앞에서 다들 아주 당연하다는 듯이 자연스럽게 앉아서 생리적인 필요성을 해결하는 부유한 상인, 좀더 저쪽에 집정관, 그 옆에 해방노예, 젊은 변호사 등을 본다는 것은 정말 충격적이다.

몇 군데 화장실은 겨울에 공중목욕탕과 비슷한 난방 시스템으로 난방도 된다. 도시 한복판에 있는 로마 포룸과 율리우스 카이사르 포룸 사이에 있는 화장실도 그런 경우이다. 추운 날이면 많은 사람들이 드나든다.

그런데 오수(汚水)는 나중에 어디로 흘러갈까? 오염된 물은 로마의 건물과 거리 아래에 정말 제대로 만들어진 배수(排水) 시설망을 형성하는 배관(配管) 시스템을 따라서 흘러간다. 배수 시설의 구축은 기원전 6세기에 시작되었다. 고대의 작가들이 남겨놓은 글을 보면, 지하의 수로가 모이는 어느 지점에서는 건초 마차 두 대가 지나갈 정도로 넓어진다. 아우구스투스 황제 시대에 아그리파(기원전 62-12)가 주도한 점검작업은 배수 시설망을 상당히 향상시킨 것으로 유명하다. 아그리파는 이 배수 시설을 점검할 때 심지어 배를 타고 이동한 것으로 여겨진다.

이 경이적인 수력공학 기념물의 주인공은 로마의 주요 하수구인 클로아카 막시모로 현대에도 여전히 그 일부가 사용 중이다. 처음에는 위로 개방된 배수 시설이었는데, 나중에 공화정 시기에 덮어서 가렸다. 전체 길이가 1킬로미터에 조금 못 미치는 배수 시설은 위에 가로놓인 상수도관 때문에 직선으로 곧게 뻗지 못했다.

수로의 크기는 엄청나다. 일부 지점에서는 지름이 거의 5미터에 해당할 정도여서 진짜 터널 같다. 그 역할은 하수와 오물뿐만 아니라 상수도의 잔여물, 공중목욕탕에서 버리는 물, 샘터에서 흘러나오는 물 그리고 당연히 빗물까지도 모아서 운반한다.

거리를 씻은 빗물이 길 양옆으로 흐르다가 나중에는 맨홀로 흘러들어가도록 한 수로 시설은, 나귀의 등을 닦은 빗물이 옆으로 흘러 떨어지는 모습을 연상시킨다. 이는 오늘날 파리에서도 볼 수 있는 매우 위생적인 거리 청소 시스템이다. 곳곳에 있는 맨홀은 종종 빗물을 삼키려고 반쯤 입을 벌리고 있는 강의 신의 모습으로 만들어졌다. 이런 모양으로 만들어진 맨홀 중의 하나는 세계적으로 유명해졌고 당연히 역사상 가장 많은 사진에 찍히게 되었다. 그레고리 팩과 오드리 햅번이 주연한 「로마의 휴일」이라는 영화에 등장하여 불멸의 명성을 얻게 된 보카 델라 베리타, 즉 진실의 입이 바로 그 맨홀이다.

　주요 하수구 클로아카 막시마에 모인 것은, 티베레 섬 옆의 테베레 강 하류에 버려진다. 그런데 여기에서 이 수로 시스템의 유일한 문제점이 드러난다. 강 수위가 높아지고 범람하면 테베레 강물이 수로의 흐름을 막거나 오히려 역류시키면서 클로아카 막시마로 흘러들어간다. 그러면 역류한 오염된 물은 맨홀 입구로, 하수구로 혹은 처음에 물을 버린 화장실로 다시 흘러나올 수 있다. 물론 이 수로 시스템이 100만, 150만의 주민이 사는 도시 전역의 하수를 전부 처리하지는 못한다. 그래서 사람들은 많은 오물을 정화조 같은 단순한 검은 웅덩이에 버렸다. 정기적으로 이 웅덩이를 비우고 그 내용물은 거름처럼 재활용되었다. 그 작업환경에 대해서는 상상하고 싶지 않다.

　살아 있는 사람의 신장에 비유할 수 있는 상당히 인상적인 로마의 오물 처리 시스템은 믿기지 않을 정도로 현대적인 개념이다. 항상 실용적인 로마인들은 애초부터 원활한 하수구 시스템 없이는 인구밀도가 높은 그 어떤 대도시도 존재할 수 없다는 점을 알고 있었다. 그리고 이는 아직 박테리아에 대해서는 모르지만 단순히 물을 이용한 근본적인 위생과 청결의 중요성을 깨달은 문명에 대해서 많은 것을 시사해준다. 중세에도 그리고 오늘날 제3세계에 속하는 대부분의 지역에서도 여전히 달성하지 못한 개념이다.

12시
로마에서 태어나기

이마에 땀방울이 맺힌다. 진통이 올 때마다 눈은 질끈 감기고 힘을 줄 때면 목의 힘줄이 거의 터질 것 같다. 그녀는 등받이가 높은 고리버들 의자에 앉아 있다. 그녀의 손은 의자 손잡이 안으로 갈고리처럼 파고 들어갈 것 같다. 몇 시간째 모든 활동을 마비시킨 긴장감을 뚫으며 비명 소리가 집 안 전체를 가로지른다. 노예들은 도무스 안 이곳저곳에서 아무런 말없이 우두커니 앉아 있다. 그들 중에 갓 들어온 유색 인종 노예 한 명이 놀라서, 안 그래도 큰 눈을 더 크게 뜨며 지중해 출신의 동료 한 명을 뚫어져라 쳐다본다. 동료는 그에게 미소를 짓고 눈꺼풀을 껌벅거리며 그를 안심시킨다. 여주인의 출산이 이번이 처음은 아니지만, 긴장을 늦출 수는 없다. 딸 셋을 낳은 뒤라 모든 식구들이 이번에는 아들이기를 학수고대하고 있다. 집주인은 자신의 재산과 사업을 물려줄 한 명의 후계자를 두어야만 한다. 출산을 위해서 준비된 방 안에는 믿음직한 여자 노예 몇 명 이외에 또 한 명의 여성이 있다. 머리를 묶은 그 여성은 여주인의 열린 다리 사이에 웅크리고 앉아 여주인에게 어떻게 숨을 쉴지 조언을 해주고 있다. 딸로 보이는 그 여성의 조수는 진통이 올 때마다 배를 아래로 밀면서 여주인을 뒤에서 안고 있다. 테이블 위에는 우발적인 출혈에 대비해서 몇 가지 도구와 압박붕대가 준비되어 있다. 산파의 이름은 스크리보니아 아티체이고 여주인의 출산을 돕기 위해서 오스티아에서 왔다. 가족들의 지인이 중요한 출산을 위해서 정말 믿을 만한 사람이라며 그녀를 불러왔다. 그 지인 역시 유명한 아르키아트루스라는 일종의 최고 외과 의사장이다. 출산은 남자 의사가 아니라 거의 항상 산파가 돌본다. 고대의 정숙함에 대한 관념 때문이지만, 한편으로는 자신의 아내의 은밀한 부분을 다른 남자에게 맡기는 것이 남편의 입장에서는 달갑지 않기 때문이기도 하다. 여성에 관계된 분야와 부인의학 분야는 오랫동안 계속해서 산파와 여의사의 손에 남아 있었다.

산파의 남편은 외과의사이고 그 역시 그 집의 다른 방에서 일하는 중이다. 이 외과의사의 이름은 마르쿠스 율피우스 아메림무스이다. 40대인 그는 의사로서의 능력을 무척 높이 평가받고 있다. 지금 그는 집주인의 형제인 한 남성의 다리에, 치료의 한 방법으로 사혈(瀉血) 치료를 시술하고 있다. 사혈 치료는 로마 시대에 무척 유행한다. 금속 잔에 모인 피를 노예 한 명이 가지고 나갔다. 아주 단단하게 붕대로 상처를 감싸는 동안 외과의사는, 단 한순간도 그에게서 시선을 떼지 않았던 최고 외과의사장, 즉 아르키아트루스에게 몸을 돌린다. 그에게 이 기술을 가르쳐준 사람도 바로 이 최고 외과의사장이다. 최고 외과의사장은 붕대 감는 모습을 지켜본다. 그리고 만족한 그는 훨씬 더 젊은 동료를 바라보며, 의술과 그 치료법이 세대를 넘어 한 선생 의사에게서 제자 의사에게로 건네지는 것을 강조하려는 듯이, 본인도 모르게 "인생은 짧고 예술은 길다"라는 말을 내뱉고 만다.

출산이 진행되는 방으로 돌아오자. 이제 거의 시간이 되었다. 산부는 임신의자라고 부르는 의자와 거의 한몸이다. 로마 시대에는 앉아서 아이를 낳는다. 하반신 마취제도 없고, 살균 용품도 없다. 단지 필요할 때 순한 진통제만을 쓸 뿐이다. 고대 내내 그리고 현대에서 그리 멀지 않은 시대까지 출산은 여성에게 가장 큰 위험이었다. 너무 많은 출혈과 감염으로 인해서 목숨을 잃을 수도 있다. 바이러스와 박테리아를 모르던 로마인들이었기 때문에 감염의 원인은 알 수 없었다. 오늘날에도 여전히 아프리카에서는 20명 중에 1명의 여성이 출산으로 사망한다. 선진국에서는

2,800명 중에 1명꼴로 목숨을 잃는다.

"한 번 더 밀어요"라고 산파 스크리보니아 아티체가 고함친다. 네 번째 아이를 세상 밖으로 나오게 하는 데에는 시간이 얼마 걸리지 않는다. 몇 초 사이에 검은 머리카락의 작은 머리가 밖으로 나왔다. 그런데 탯줄이 목에 감겨 있다. 아주 위험하고 복잡한 상황이다. 아기는 산소가 부족해서 고통스러워한다. 밖으로 미끄러져 나오는 동안에 아이의 얼굴과 몸의 색깔이 거의 밤색이 되었다. 상황의 위험성을 알아챈 산파의 딸은 깜짝 놀라서 눈이 휘둥그레진다. 아기는 숨을 쉬지도 움직이지도 않는다. 그리고 비정상적인 색깔이다. 게다가 아들인데! 유산 상속 때문에 그렇게 속을 끓이고 있는 아이의 아버지에게 이런 죽음을 어떻게 설명해야 할까? 분명히 그녀와 그녀의 어머니를 과실치사로 고소할 것이다. 한편 산파 스크리보니아 아티체는 기계적으로 일을 계속한다. 물론 그녀 역시 딸과 같은 생각을 했다. 그래서 아기를 살리기 위해서 자신의 모든 경험을 총동원하고 있다. 신생아의 발을 잡고 생명이 없는 넝마조각처럼 흔든다. 그리고 신생아를 뒤집어 아기의 등을 처음에는 살살 그리고 점점 더 세게 친다. 반사작용으로 호흡하도록 자극해야만 한다. 너무 늦었을지도 모른다. 산모는 눈앞에서 펼쳐지는 극적인 광경을 무기력하게 바라본다. 산파의 딸이 아주 세게 가슴팍을 붙잡고 있는데도 전혀 알아채지 못한다. "아이를 살려내!"라고 산모가 소리를 지른다. 그녀가 미처 말을 끝내기도 전에 갑자기 신생아가 발버둥을 치듯이 몸을 비틀고는 우렁찬 울음을 터트린다. 신생아의 작은 횡격막이 첫 숨을 들이마시기 위해서 규칙적으로 수축한다. 간절히 바라던 많은 양의 공기가 처음으로 작은 폐 안으로 들어간다. 아이의 힘찬 울음소리가 집 안 전체에 울려퍼진다. 아기는 목숨을 구했다. 모두들 안도의 미소를 짓는다. 친척 몇 명과 함께 둘러앉아 포도주를 마시던 집주인도 미소를 짓는다. 그 침실에서 벌어졌던 극적인 상황은 아무도 모르고 앞으로도 모를 것이다.

우리가 묘사한 출산 장면은 물론 상상에 의한 묘사이다. 그러나 본질적으로는 상당히 유사하다. 왜냐하면 산파 스크리보니아 아티체는 실존인물이고 그녀의 남편인 외과의사 마르쿠스 율피우스 아메림무스 역시 실존인물이기 때문이다. 오스티아 근처에 있는 포르투스의 고분에 남아 있는 그들의 무덤 덕분에 우리는 그들이 실존했음을 알게 되었다. 그들의 마지막 휴식처는 각각 일하고 있는 그들의 모습을 그린 테라코타 조각으로 덮여 있었다. 나는 그 고분의 그림을 처음 보았을 때, 묘사된 장면의 정확성에 놀랐다. 깔끔한 묘사 덕분에 거의 사진처럼 보일 정도였다. 산파는 임신의자에 앉아 있는 산부 앞에 앉아 있다. 그리고 조수는 산부 위에서 산부를 잡고 있다. 우리가 본 그대로이다. 반대로 외과의사는 웅크린 채 한 남자의 다리에 사혈 치료를 하고 있다. 안타깝게도 외과의사의 얼굴 부분 조각은 파손되어 볼 수 없다.

　이 무덤은 기원후 140년까지 거슬러올라간다. 즉 우리가 지금 둘러보고 있는 시대보다 25년 후의 로마이다. 산파와 외과의사는 자신들의 업무 때문에 무척 바빴음에 틀림없다. 아마도 부탁을 받고 자주 로마에 왔을 것이다. 나는 이 출산을 돕도록 일을 시작한 사람으로 최고 외과의사장을 설정했다. 사실 그들의 무덤 근처에서 이 중요한 인물의 무덤 역시 발굴되었다. 그의 이름은 카이우스 마르치우스 데메트리우스였다. 그의 묘비명에는 이런 글귀가 적혀 있다. "인생은 짧고 예술은 길다." 그가 자신의 제자들에게 즐겨 이야기하던 글귀였을지도 모른다.

로마 시민으로 살 것인가 아니면 쓰레기 처리장에서 죽을 것인가?

우리가 지켜본 출산장면으로 돌아가자. 도미누스는 상당히 남성우월주의적인 로마 사회에서 매우 중요한 자신의 유산 상속자, 아들을 얻게 될 것이다. 그리고 우리는 몇 분 후에 무슨 일이 벌어질지도 상상할 수 있다. 사람들은 어린 아이를 씻기고, 탯줄을 자르고 아버지에게 데려갈 것이다. 아버지는 홀 한가운데에 서 있을 것이다. 아들은 아버지 앞의 바닥에 눕

혀질 것이다. 이 순간 몇 초 사이에 아주 오래된 고대의 의식에 따라서 어린 아이의 운명이 결정될 것이다. 만약에 아버지가 몸을 굽혀 아이를 안아 올리고 모든 친척들의 이마 높이까지 아이를 들어 올린다면, 아이를 가족으로 인정하고 받아들인다는 의미이다.

반대로 아버지가 무표정하게 움직이지 않는다면 그리고 아이를 안아 올리지 않는다면, 아이를 가족으로 받아들이지 않는다는 의미이다.

그 이유는 다양하다. 이미 가족 중에 똑같은 성의 아이들이 너무 많거나, 특히 가난한 집의 경우 키워야 할 아이들이 너무 많거나, 아기가 폭행의 결과 태어났거나, 배신의 산물이라는 의심을 받거나 혹은 분명한 장애를 안고 태어난 경우이다. 이런 경우에는 무슨 일이 벌어질까? 아기를 바닥에 내려놓았던 여인이 아기를 다시 안아 올려 데리고 나갈 것이다. 종종 산파가 직접 이 일을 한다. 사실 로마 시대에 많은 사람들은 산파를 신생아에 관련된 모든 복잡한 일을 맡아서 하는 핵심인물로 여긴다. 심지어 아들이나 딸을 희망하는 가족의 바람을 이루어주기 위해서 혹은 장애를 안고 태어난 아이를 감당해야 하는 가족을 위해서 탄생의 순간을 바꾸기도 한다.

거부당한 신생아의 운명은 정말 험난할 것이다. 최상의 경우에는 로마의 거리 어느 지점에 일종의 배달 물건처럼 놓일 것이다. 로마의 역사가인 페스투스(Festus)는 채소 시장인 포룸 홀리토리움 근처에 바로 이런 용도로 사용되는 기둥이 하나 있다고 우리에게 알려준다. 그 기둥이 콜룸나 락타리아(젖먹이 기둥)라고 불리는 것은 우연이 아니다. 고대 작가의 글에 의하면, 이곳에서 매일 아침 젖을 먹여야 할 갓난아기들이 발견되기 때문이다. 아기들은 이불에 잘 싸여 있고 아기를 그곳에 내다버린 가족이 훗날 다시 아기를 되돌려 받을 수 있도록 아기의 신분을 드러내는 표시를 가지고 있다. 물론 미래에 아이를 되돌려 받을 경우 아기 양육비에 해당하는 금액을 지불해야 할 것이다.

생부임을 증명하기 위해서는 가족들에게 남아 있던 조각이 아이의 목에 걸린 조각과 완벽하게 딱 맞아떨어지도록 잘라낸 동정이나 메달이면 충분할 것이다. 이런 방식은 수 세기 동안 이용되었고 십중팔구 트라야누스 시대의 로마에서도 통용되었을 것이다.

버려진 신생아를 거두는 사람이 그 아이를 마음 내키는 대로 할 수 있다는 점이 비극이다. 여자아이는 매춘부로, 남자아이는 다양한 종류의 노예나 하인으로 전락할 수도 있다.

로마와 같은 큰 도시에는 심지어 이 일을 직업으로 하는 사람도 있다. 그는 매일 아침 신생아들이 버려지는 전형적인 장소들을 돌아다닌다. 그는 먹고 살기 위해서 신생아를 데려다가 되판다. 몇몇 사람들은 인도와 무척 빈곤한 일부 나라들에서 오늘날에도 벌어지듯이, 아기들의 다리를 분지르거나 눈을 멀게 해서 지나다니는 사람들의 동정을 받도록 한다. 그리고 아이들이 구걸한 동냥으로 주인의 주머니는 불러간다.

가족으로부터 이렇게 거부당한 아기들의 운명은 이보다 더 비극적일 수도 있다. 종종 불구로 태어나거나 미숙아인 아기들은, 소(小)세네카의 글에서 확인할 수 있듯이, 질식당하거나 혹은 익사당한다. 아니면 아무도 몰래 쓰레기 매립지나 사람들의 왕래가 뜸한 한적한 길의 하수 오물이나 쓰레기 더미 사이에 버려진다. 그리고 기아로, 추위로 혹은 배회하는 굶주린 개에게 잡아먹혀 죽는다.

운이 좋은 경우도 있다. 여러 가지 이유 때문에 아이가 없는 사람은 버려진 아이를 데려다가 제 자식처럼 사랑으로 키운다. 기원후 115년 이 아침에 어디에선가 이미 이런 일이 벌어졌을 것이다.

12시 20분
타키투스와의 만남

우리는 로마에서 가장 서민적인 지역인 수부라 바로 옆에 있는 아르질레툼 거리를 지나가고 있다. 신기하게도 수부라는 제국의 포룸 근처에 있다. 서로 상반된 두 지역이 맞닿아 있는 것이다. 한쪽은 화려함, 값진 대리석, 권력과 로마 역사의 상징이다. 그곳에서 몇 미터 떨어지지 않은 또 다른 한쪽은 서민들이 살고 있는 곳으로 초라하고 빈곤한 세상이다. 사람들의 옷차림과 지저분한 거리 그리고 훨씬 더 싼 가격에 물건을 파는 상점들에서 그 차이를 분명하게 알 수 있다.

회색 응회암으로 된 아주 높은 벽이, 거의 베를린 장벽처럼 수부라와 아우구스투스 포룸을 분리시킨다. 발생 가능성이 있는 그리고 실제로도 무척 빈번했던 화재로부터 중요한 장소를 보호하기 위한 방화벽으로 세운 것이다. 네로 황제의 집권 시기에 그 유명한 화재가 났을 때에도 이 벽이 불꽃이 번지지 않도록 막아줌으로써, 포룸은 일종의 섬처럼 보호를 받아 피해를 입지 않았을 뿐만 아니라 이곳으로 피신한 많은 주민들을 지켜주었다.

우리가 지나가고 있는 이 거리는 서민적인 지역인데도 불구하고 로마의 문화와 깊은 관련이 있다. 사실 수많은 서점과 서적을 제조하는 작업장이 이곳에 있다. 만일 여러분이 키케로부터 베르길리우스와 마르티알리스에 이르기까지 로마 시대의 위대한 작가의 작품을 구하고 싶다면 바로 여기로 오면 된다.

많은 상점들이 밖에 간판을 내걸고, 출입구 양쪽 벽에도 글씨를 새겨놓는다. 이런 상점들은 해방노예인 자유시민들이 주로 운영한다.

우리는 아트렉투스와 세쿤두스가 운영하는 대단히 소박한 상점 앞을 지나간다. 조금 더 앞에는 소시이 형제와 도로 가족이 운영하는 상점도 있다. 그 상점들 중 자유시민인 아트렉투스가 운영하는 상점에는 물품이 무척 잘 구비되어 있음을 우리는 알아차린다. 상점은 무척 크고 벽에는 문학작품이 가득 꽂혀 있는 선반으로 덮여 있다. 꽤 많은 파피루스 두루마리들이 뚜껑 달린 가죽으로 된 작은 보관용 용기 안에 담겨 있다. 양피지로 만든 휴대하기에 알맞은 작은 책도 눈에 띈다. 게다가 빼놓을 수 없는, 나무로 만든 메모판도 있다. 청동으로 된 뾰족한 펜으로 긁을 수 있게 글이 적혀 있다(새겨져 있다고 하는 것이 더 정확할 것이다). 판에는 주로 시처럼 짧은 문장이 들어 있다.

우리는 상점 안으로 들어가 선반 앞으로 다가간다. 조심스럽게 책 한 권을 집어서 펼쳐본다. 책을 펼치자마자 갑자기 책이 헝클어지면서 낱장으로 땅에 떨어진다. 사실 많은 책들이 단단히 묶여 있는 것이 아니라 낱장들이 겹겹이 접혀 있다. 즉 낱장을 묶어서 엮지 않고 접은 아마 천으로 만든 긴 끈으로 한꺼번에 묶어서 책을 만들었다. 현대의 기념품 가게에서 파는 아코디언처럼 접혀 있는 종이책과 어느 정도 비슷한 방식인 셈이다.

판매인의 날카로운 시선이 선반 너머로 우리를 지켜본다. 우리는 모든 것을 제자리에 놓는 동안 이 책들을 읽는 방법을 알게 된다. 책 페이지를 넘기는 방향이 현대의 책과 정반대로, 오른쪽에서 왼쪽으로 넘긴다. 접힌 각각의 면은 각각의 페이지에 해당한다.

우리는 상점에서 나온다. 길을 걸으면서 두루마리 혹은 작은 책 몇 권을 손에 들고 다른 상점에서 나오는 사람들을 본다. 우리는 중요한 서점을 발견하고 깜짝 놀란다. 현대의 도시 한복판에 있는 대형 서점에 해당하는 트라야누스 시대의 서점이다. 여러 작가의 저서들을 판매한다는 광고가 벽에 잔뜩 붙어 있다. 그 서점 밖에는 대기 중인 두 명의 병사가 잡담을 나누고 있고 가마도 보인다. 서점 안에 누군가 중요한 인물이 들어가 있다는 의미이다. 우리도 그 서점 안으로 들어간다. 안에는 줄을 지어 늘어선 선반들 사이로 트리포네 인쇄소의 모습이 보인다. 구텐베르크와 그의 이동식 활자 인쇄술은 아직 요원하다. 모든 것은 손으로 인쇄된다. 글을 베껴 쓰는 일을 하는 필경사 노예들이 작품의 복사본을 써내려가고 있다. 얼핏 보니 그들 모두는 중세의 수도자들처럼 책상 위로 몸을 숙이고 있다.

우리가 지켜보는 광경은 한 권의 책이 나오기까지 거쳐야 하는 과정 중 마지막 단계이다. 작가들은 먼저 자신의 집에서 작품을 쓴다. 혹시 예상치 못한 실수가 있는지 확인하고 정확함을 기하기 위해서 그리고 몇 가지 생각이 너무 튀는 것은 아닌지 심의를 받기 위해서, 그 책을 주변 사람들과 친구들에게 읽힌다. 심지어 소(小)플리니우스는 소수의 청중들 앞에서 직접 자신의 작품을 큰 소리로 낭독하기도 했다. 그의 말에 의하면 낭독하는 순간에 가장 중요한 교정이 이루어졌다. 이런 교정과정을 거친 작품은 인간 인쇄기에 맡겨진다. 하루하루 지날수록 등불 아래에서 책이 형태를 갖추어간다. 정성을 들이는 것 이상의, 진정한 장인의 작품이다. 트라야누스 시대에 우리가 책을 출판한다면 우리 역시 이 방식을 그대로 따라야 한다.

쉽게 짐작하다시피 고대 로마에서는 한 권의 책을 출간하기까지 무척 오랜 시간이 걸린다. 이 서점의 운영자인 해방노예들은 현대의 출판업자들과 같은 감각을 가지고 있다. 그래서 작품이 잠재적으로 베스트셀러가 될 가능성이 있다고 판단되면, 모든 필경사 노예들이 그 책에 전념하게끔 다른 생산 라인을 중단한다.

이런 생각에 골몰해 있는 우리의 눈에 서점 구석에 있는 한 남자가 보인다. 그는 서점 안쪽 방의 커튼을 젖히며 나오는 참이다. 키가 크고 대머리에 수염을 길렀고 얼굴은 야위었다. 이 서점 겸 인쇄소의 운영자인 트리포네이다. 그는 누군가에게 말을 건네며, 뒤따라 나오는 자신의 이야기 상대를 위해서 커튼을 젖혀 붙잡고 있다. 우리가 들을 수 있는 몇 마디 말에 의하면, 그들은 필경사들이 끈기 있게 한참 "인쇄 중인" 작품의 완성 시기에 대해서 의논 중이다. 아직 가게 밖으로 나가지 못한 이 사람은 작가이다. 우리는 이 작가가 근심하고 있음을 알 수 있다. 그의 작품은 여러 권의 책으로 되어 있다. 그는 출판이 늦어지는 것을 원치 않는다. 트리포네는 그를 안심시키려고 애쓴다. 그러나 무척 정중한 태도라기보다는 오히려 명령이라도 받는 입장인 듯이 작가를 대한다. 서점 입구에서 가마와 경비병이 대기 중인 것으로 보아 이 작가는 상당히 중요한 인물임에 틀림없다. 그는 누구일까? 우리는 필경사들 중의 한 명인 이집트인 노예에게 가까이 다가간다. 이 필경사는 깔끔하고 정성스런 글씨체로 등불 빛에 의지하여 글을 적어 내려가고 있다. 그의 손과 손가락 그림자만 보면 춤을 추는 것처럼 거의 날아가듯이 쓰고 있다. 그의 앞에 있는 독서대에는 아주 조심스럽게 다뤄지고 있는 원본 원고의 한 페이지가 펼쳐져 있다. 바로 옆의 책상 위에는 날아가지 않도록 나무판 2개로 눌러놓은 원본 원고들이 놓여 있다.

    우리는 고개를 숙여 작품의 제목을 읽어본다. 『연대기(*Annales*)』. 타키투스(55?-117?)이다! 그러면 지금 막 서점 밖으로 나가고 있는 회색 곱슬머리에 상대방을 꿰뚫어보는 듯한 날카로운 초록색 눈을 가진 저 남자가 바로 그 위대한 역사가이다! 사실 그는 우리가 둘러보고 있는 이 시대에 살고 있을 뿐만 아니라, 잘 생각해보면 몇 달 후인 116년에 그의 위대한 작품 『연대기』가 세상에 나올 것이다. 『연대기』는 로마 제국의 악과 쇠락을 근본적으로 다룬 그의 장편 역사 시리즈의 마지막 정점을 찍는 작품이다.

    그렇게 우리는 바로 눈앞에서 그의 작품이 세상에 태어나기 위해서 준비 중이고, 필경사 노예가 지금 베껴 적고 있는 책이 제10권임을 알게 된다. 현대에까지 전해지지 못한 바로 그 10권이다. 무슨 내용이 적혀 있는지 누가 알겠는가. 너무 놀란 우리는 꼼짝 못하고 멍 하니 서 있다. 타키투스가 모퉁이를 지나 트리포네에게 인사를 건넨 뒤 가마에 올라탄다. 지금 우리가 기억하는 그는 위대한 역사가일 뿐만 아니라 변호사이고 재무관, 치안판사, 집정관 그리고 지방 총독이기도 하다. 그를 수행하는 병사들의 존재가 이를 설명해준다. 가마가 움직이더니 사람들 사이로 미끄러지듯이 앞으로 나아가며 멀어진다.

바로 이 순간 몇백 미터 떨어진 곳에서 한 남자가 생애 마지막 숨을 막 몰아쉬고 있다. 그 모든 과정이 수천여 명의 사람들 앞에서, 콜로세움 한복판에서 벌어질 것이다.

12시 30분
콜로세움, 처형의 순간

도망칠까봐 걱정이라도 되는 듯이 간수가 그의 팔을 붙잡고 꼼짝달싹 할 수 없게 한다. 도망을 친다고 해도 어디로 갈 수 있겠는가? 이미 콜로세움으로부터 불과 몇 미터 거리에 있는 철창에 갇힌 죄인의 처지인데 말이다. 그의 주변에서 1만여 명의 사람들이 미친 듯이 시끄럽게 고함을 질러대고, 웃고, 박수를 치는 소리는, 이 어둡고 차가운 복도에 괴상하고 불쾌한 소음으로 들려온다. 빠져나올 구멍이 없는 거대한 함정에 빠진 것 같다. 단칼에 죽음을 맞이하는 편이 훨씬 더 나을 것이다. 그러나 아무도 그에게 그런 호의를 베풀지 않을 것이다. 반대로 그는 끔찍한 고통 속에서 죽어야 한다. 산 채로 잡아먹혀서 말이다! 지금까지 그의 머릿속에는 체념이 가득했다. 재판에서 판사들이 확정 판결을 내린 이후로 모든 집행 절차가 놀라울 정도로 신속하고 빈틈없이 진행되었다. 그는 간수한테 끌려나와 마차에 실려 감옥에 갇혔다. 여기까지 오는 내내 사람들은 그를 모욕하고, 그에게 돌을 던지고, 침을 뱉고 심지어는 오물까지 던졌다. 그는 온갖 종류의 모욕을 받았다. 그의 머릿속은 혼란스럽기만 했다. 상황을 파악하고 살아날 방도를 찾으려고 끊임없이 머리를 굴렸다. 그러나 너무 늦었다. 잘못된 방법으로 자신은 벼랑 끝으로 떠밀려가고 있지만 그것을 멈출 방법은 없는 것 같다.

굴욕이 형벌의 일부임을 죄수 역시 알고 있다. 다른 이들의 재판과정을 지켜보면서 자신도 이미 여러 차례 목격했다. 그 역시 다른 죄수들을 조롱하고 모욕하고 돌을 던졌다. 이제 자신이 그 죄수의 처지가 된 것이다. 불행하게도 어떤 최후를 맞이할지도 그는 잘 알고 있다. 며칠 전 그는 죽음을 맞이할 준비를 마쳤다. 그러나 막상 죽음이 코앞에 닥치자, 그의 가슴은 공포감, 참을 수 없는 정신적 고통과 절망으로 터질 것만 같다. 그의 호흡은 점점 더 가빠지고 얼굴은 새파랗게 질린다. 한편 철창이 그의 몸에 짙은 쇠창살 그림자로 장막을 드리운다. 그는 술이 달린 허름한 짧은 치마만 걸치고 있다. 그의 마음이 지금 어떤 상태인지 알아챈 간수는 미소를 지으며 그를 잡은 손에 더욱 힘을 준다. 간수는 사형을 받은 죄수들을 다루어본 경험이 많다. 그래서 바로 지금이 가장 위험한 순간임을 알고 있다.

죄수에게는 담나티오 아드 베스티아, 즉 맹수에게 잡아먹히는 형벌이 선고되었다. 그 말에 죄수의 세상은 한순간에 무너졌다. 물론 그런 최후를 맞이하게 될 것임을 예상했어야 했다. 몇 년에 걸친 착취와 타락은 벌을 받지 않을 것이라는 오만함을 그에게 안겨주었다. 현재의 알제리인 북아프리카에서 쇠사슬에 묶여 로마로 자신을 끌고 온 제도권보다 자신이 더 강하다는 착각을 안겨주었다. 수 년간 그는 노예 신분이었다. 그러다가 일단 해방노예로 자유시민이 되자, 그는 신분 상승을 하기 시작했다. 그리고 그는 빚을 진 당사자에게 그치지 않고 일가족 전체를 하루아침에 길거리로 쫓아냈다. 고리대금업자인 그는 아무도 봐주지 않았다. 돈을 빌린 사람들이 그에게 돈을 갚을 시기를 늦추어달라거나 자비를 베풀어달라고 여러 차례 간청하러 왔다. 그러나 그는 그런 사람들에게 안 된다고 말하면서 강렬한 기쁨을 느끼곤 했다. 그는 악랄해지고 자기 이익만 생각하게 되었으며, 굴욕적으로 폭력을 쓰기도 했다. 돈을 갚지 못하는 사람에게는 몽둥이찜질을 했다. 게다가 부패한 관리와 결탁하여 그들의 재산을 몰수하여 공범자들과 나누어 가지기도 했다. 그 희생자의 아내와 딸은 종종 이자 대신 성상납으로 대가를 치러야 했다. 부, 연회, 저명한 손님들이 점점 늘어나면서 그의 권력은 한계가 없는 것 같았다. 그는 자신이 이미 로마 사회의 상류계층에 도달했다고 생각했다. 그러던 어느 날 아침 갑자기 모든 것이 무너졌다.

그의 공범자들 중 단 한 명의 관리의 자백으로도 충분했다. 새벽에 경비병들이 횃불을 들고 그의 집으로 들이닥쳤다. 그를 감옥에 가두고 심문하고 고문했다. 그리고는 소심한 첫 증인들이 증언했다. 많은 사람들이 부끄러워서 증언을 피했지만 더 많은 증인들은 기꺼이 증언했다. 그렇게 이 해방노예 출신인 자유시민이 로마 시민들에게 저지른 산더미 같은 사악한 짓거리의 일부가 드러났다. 도저히 관대하게 봐줄 수 없는 것이었다. 다른 판결은 나올 수 없었다. 이제 그는 몇 초 후에 맞이할 자신의 최후에 몸을 떨면서 무릎을 꿇는다. 간수가 한 걸음 뒤로 물러섰다. 그리고 단단한 가죽으로 만든 묵직한 옷으로 몸을 가린 두 남자가 그 자리를 대신했다. 그들은 머리에 투구를 쓰고 그 위에 역시 두꺼운 가죽으로 만든 이상한 모양의 두건을 썼다. 그들의 모습은 어렴풋이 아이슬란드의 어부를 떠오르게 한다. 사형 집행에 적합한 차림새이다. 그들은 사형을 선고받은 죄수를 맹수를 향해 밀어내는 일을 하는 노예들이다. 사실 일종의 보호복인 그들의 이상한 옷은 엉겨붙은 피로 얼룩져 있다. 현재 경비견 조련사들이 끼는 보호 장갑과 비슷하게 그들의 보호복 전체에도 안에 두꺼운 솜을 덧댔다.

갑자기 철창문이 활짝 열리자, 거센 힘이 죄수를 원형투기장 안으로 밀어넣었다. 갑작스런 태양 빛에 눈이 부셔 순간 아무것도 보이지 않는다. 죄수는 얼굴을 찌푸린다. 두 손이 등 뒤에 묶여 있기 때문에 손으로 얼굴을 가리지도 못한다. 사람들이 사납게 떠들어대는 소리가 아득하게 들려온다. 그는 콜로세움에서 이런 광경을 수없이 보았다. 그러나 어느 날 원형투기장 한복판에 서서 사형을 당하는 사람이 자신이 될 줄은 꿈에도 생각하지 못했다.

두 명의 사형 집행인은 그가 달리도록 뒤에서 그를 밀어댄다. 문이 열리기 직전에 그들은 서로의 눈을 바라보고 이런 식으로 들여보내기로 결정했다. 어느 정도는 관중들의 이목을 끌고 또 어느 정도는 재미를 위해서 말이다. 한편 수 년간 지속된 게으른 생활로 해방노예인 그의 몸집은 비대해졌다. 눈은 공포에 질려 커다래지고 발을 뗄 때마다 배를 출렁이는 달리기에 영 소질이 없어 보이는 남자를 보고 관중석에서 조롱의 휘파람과 시끄러운 웃음소리가 터져나온다. 관중 속에는 그의 희생자들도 많이 있다. 그들 중 몇몇은 수 년간 모욕을 당하며 쌓인 불만을 터뜨리고 있고, 다른 몇 명은 조용히 지켜보고 있다.

　이제 죄수와 집행인 두 명은 속도를 줄였다. 그리고 짙은 색 갈기가 달린 거대한 사자를 향해 간다. 사자는 몸을 돌려 그들을 노려본다. 우연의 일치인지, 이 사자도 죄수와 똑같은 북아프리카 지역에서 왔다. 사자는 원형투기장에서 하는 이런 종류의 식사가 처음이 아니다. 그런데 왠지 오늘은 뜸을 들이는 것 같다. 적절하게 조련사는 긴 봉으로 사자를 자극한다. 사자는 이 성가신 자극에 포효하며 펄쩍 뛰어오른다. 다시 한번 봉으로 찌르자 사자는 사형을 당할 남자를 향해 곧장 나아간다. 걸음을 옮길 때마다 사자의 강한 근육이 가죽 아래에서 움직인다.

　남자는 자신을 맞으러 오는 자신의 최후를 본다. 사자는 머리가 거대하다. 그러나 더 무시무시한 것은 마치 불길에 휩싸인 것 같은 연한 밤색 눈이다. 그 시선에는 무자비한 잔혹함만이 있을 뿐이다.

　죄수는 시끄럽게 비명을 지르며 발을 굴러댄다. 그러나 두 명의 집행인들이 그보다 더 힘이 세다. 그들 중 노련한 한 명이 죄수의 곱슬머리를 붙잡고 거의 맹수를 유인하는 미끼처럼 죄수의 머리를 앞으로 밀어댄다. 또다른 한 명은, 밀고 들어오는 것을 막기 위해서 문에 등을 기대고 버티는 사람처럼, 죄수의 등 뒤에 숨어 있다. 이런 자세로 죄수를 앞으로 밀어낸다. 죄수를 꽉 붙잡은 그는 두건을 쓴 머리를 낮추고 일촉즉발의 순간을 기다린다.

　사자는 아무런 소리도 없이 마지막 걸음을 재촉한다. 죄수는 비명을 질러대고 마지막 순간에 눈을 감은 채 고개를 돌린다. 관중은 사자가 땅에서 높이 뛰어오르는 찰나 침묵한다.

　모든 일이 전광석화처럼 지나갔다. 집행인들은 죄수를 내팽개치고 내뺐다. 사자가 허연 이빨을 드러낸다. 죄수는 자신의 얼굴에서 뜨거운 사자의 입김을 느낀다. 그리고 거대한 포식자에 의해서 쓰러진다.

　관중은 환호한다. 그러나 공연은 소름끼친다. 사자는 죄수의 목과 얼굴 사이를 세게 문다. 사자의 이빨이 얼굴과 코를 받치고 있던 뼈를 산산조각내고 얼굴을 박살내면서 깊이 파고든다. 단 한 번의 일격으로 그의 얼굴 반이 사라졌다. 얼굴 피부가 너덜너덜해지고 코, 뺨, 광대뼈 그리고 눈도 사라졌다. 남자의 얼굴은 무시무시하게 피를 흘리는 가면을 뒤집어 쓴 것처럼 보인다. 맨 앞에 앉은 관중들은 얼굴이 반만 남은 사람을 보면서 순간 어리둥절해진다. 그가 아직 살아 있다. 비명을 지르고 땅에서 꿈틀댄다. 사자는 검투사처럼, 그의 가슴과 어깨에 깊숙이 발톱을 박아 그가 움직이지 못하게 땅바닥에 고정시킨다. 그리고 피로 붉어진 주둥이를 반쯤 벌리고 관중들을 바라본다. 마치 허락을 구하기라도 하는 것 같다. 조련사가 또다시 봉으로 찌르자, 사자는 자신의 작업을 마쳐야 함을 확신한다. 지체할수록 더 고통스러워하는 희생자의 고통을 덜어주려는 것 같다. 그의 목을 물고 사납게 휘둘러댄다. 남자의 몸은 더 이상 움직이지 않는다. 목이 두 동강이 났다. 머리는 부자연스럽게 한쪽이 움푹 들어갔다. 다리가 단말마의 경련으로 잠시 떨린다. 이제 사자는 배를 채우기 시작한다.

탐구 || 공연과 같은 죽음

우리가 방금 지켜본 공연은 로마 제국의 모든 도시에서 벌어지는 일반적인 공연이다. 이를 본 이상, 고대 로마인들이 비인간적으로 잔인하다는 통설이 맞을 것 같다는 생각이 든다. 그러나 두 가지 사실을 잘 기억해야 할 필요가 있다. 무엇보다도 그들이 살던 시대에 주목해야 한다. 당시에는 모두가 그렇게 살았다. 에트루리아인들은 인간 제물을 바쳤다. 당시 켈트인들은 프랑스인들과 마찬가지로 승리한 적의 머리를 베어 마치 승리의 트로피인 양 그 목을 집의 대들보에 걸어두는 관습이 있었다. 적이 중요 인물일 경우에는 머리에 향나무 기름을 발라 여러 세대에 걸쳐 보관했다.

머리와 두개골은 마을 입구에 걸리거나 혹은 프랑스 남부 앙트르몽에서처럼 성스런 장소에 전시되었다. 엑상프로방스의 서쪽에 있는 로크페르튀즈에서 발굴된 켈트 성지의 유명한 문틀 돌이 전시되어 있는 마르세유의 지중해 고고학 박물관에서, 매우 충격적인 그 사실을 확인해볼 수 있다. 그곳에는 가장 위험한 적에게서 떼어낸 두개골을 전시하던 수많은 벽감들이 전시되어 있다.

대략 비슷한 시대에 중국에서는 베어낸 적군의 머리수에 따라서 군사적, 사회적 경력을 쌓았다. 실질적인 이유로 인해서 머리 대신에 전장에서 베어온 귀로 그 업적을 증명했다. 중앙 아메리카에서 아스텍인들은 생포한 적을 제물로 쓰기 위한 노예로 팔았다. 그 시대의 사람들은 모두 이러한 경향을 보였다.

한마디로 말해서 로마인들은 현재의 세계와는 무척 다른 세계의 일부였다. 콜로세움은 공개 처형 장소였다. 공개 처형은 비교적 현대에 가까운 시기까지도 우리 사회에 존재했다. 프랑스에는 단두대가, 영국에는 교수대가 있었다. 처형은 경각심을 불러일으키기 위해서 모든 사람이 지켜보는 가운데 공개적으로 이루어져야 했다. 가톨릭 체제하의 로마에서는 처형 방식에 따라서 다양한 처형 장소가 존재했다. 캄포 디피오리 광장에서는 이단자를 화형 시켰고, 트라스테베레에서는 죄인의 손을 잘랐고, 산탄젤로 성(城)으로 이어지는 다리에서는 교수형, 학살 그리고 참수형이 집행되었다. 포폴로 광장에서는 반대로 사육제를 위한 축제의 일부로 종종 전율스러운 방식으로 공개 처형이 거행되었다. 사형선고를 받은 죄수는 죽을 때까지 관자놀이에 망치질을 당했다. 1826년부터 시작된 단두대는 덜 비인간적이라고 평가될 정도이다. 우리는 로마 시대보다 훨씬 더 현대에 가까운 시대에 거행되던 처형에 대해서 이야기하는 중이다.

물론 로마인들은 이전에는 그 누구도 한 적이 없는 짓을 저질렀다. 이것은 사실이다. 즉 그들은 처형을 일종의 구경거리로 만들었다. 이와 같은 현상을 드러내는 현대적인 관점은, 살인자를 추적하는 실화에 근거하여 재구성된 시청자를 사로잡는 구경거리와 같은 고통 혹은 죽음과 유혈이 낭자한 텔레비전 프로그램에서 드러난다.

더 나아가 어느덧 텔레비전에서 매시간 방영되는 폭력, 죽음 그리고 총잡이가 등장하는 영화와 드라마도 콜로세움의 공연과 유사하게 대체된 셈이다.

콜로세움에서 벌어지던 이러한 공연은 어떻게 구성되었을까? 많은 종류의 구경거리들이 있다. 그중 일부는 경악스러울 정도이다. 우리가 지켜본 죽음은 그나마 단순한 구경거리에 해당했다. 그밖에 사형선고를 받은 죄수를 작은 전차와 비슷하게 생긴 외바퀴 손수레의 고정된 봉에 매달아 맹수를 향해 밀어버렸다. 모자이크에 묘사된 그림에서 볼 수 있듯이 솟구쳐 흐르는 피가 강물이 되어 흐르는 끔찍할 정도로 잔인한 공연이었다.

관중은 종종 전혀 예상치 못한 공개 처형 장면이 연출되기도 한다는 사실을 알고 있었으므로 큰 기대감에 부풀곤 했다. 이런 이유에서 공연

기획자들은 이따금 극적인 무대장치를 준비하고, 신화나 역사의 장면을 이용하여 죄수들의 처형을 연출하기도 했다. 그래서 하늘을 날려고 시도하는 이카로스를 보여주는 장면을 연출하기도 했다. 죄수는 그 불운한 비행을 흉내내고 허공으로 추락한다. 죄수는 땅에 부딪쳐 박살이 나고 심지어 공연을 지켜보던 황제에게까지 피가 튀기기도 한다. 수에토니우스는 우리에게 그 공연들을 들려준다.

무키우스 스카이볼라(기원전 6세기경의 전설적 인물로 로마를 포위한 에트루리아 왕을 암살하려다가 붙잡혔을 때 오른손을 불 속에 넣고 참는 용기를 보여주자, 이에 감동한 왕이 그를 용서하고 포위를 풀었다. 이로부터 그를 스카이볼라[왼손의 사람]라고 부르게 되었다고 전해진다/역주)를 흉내내어 불 속에 한손을 바치거나 아티스처럼 스스로 거세한 채 다시 살아가거나, 혹은 불타는 바퀴에 묶이는 익시온의 처형을 받아야 했다.

한편 마르티알리스는 콜로세움의 개장식을 위해서, 에우리디케의 죽음 때문에 절망한 오르페우스가 노래를 불러서 맹수들을 진정시킨 전설이 재연되었다고 이야기한다. 그래서 죄수는 수많은 맹수들과 바위와 나무 배경에 둘러싸인 원형투기장 안에 등장해야 했다. 투기장의 바닥 아래에서 천천히 솟아오른 이 무대장치 속에는 맹수들도 뒤섞여 있었다. 안타깝게도 그 죄수는 곰 한 마리를 달래지 못했다. 그리고 재미있어 어쩔 줄 몰라하는 관중들 앞에서 "노래를 부르던 이는 기껏 노래 불러준 공도 모르는 괘씸한 곰에게 갈기갈기 찢겼다"라고 마르티알리스는 적고 있다.

또다른 극적인 처형은 프로메테우스 신화에서 영감을 받아 연출되었다. 인간에게 불을 가져다준 벌로 바위에 묶인 그는 신들로부터 독수리에게 자신의 간을 쪼아 먹히는 형벌을 받았다. 이 장면을 연출한 죄수는 바위에 묶인 채 현재의 스코틀랜드에 해당하는 칼레도니아에서 들여온 곰에 찢겨 죽음을 맞이했다.

네로 황제가 집권하던 시기에 크레타의 황소와 짝을 이룬 파시파에를 흉내내며 미노타우로스의 탄생을 연기해야 했던 한 여인의 운명이라고

해서 앞의 죄수들에 비해서 덜 잔혹하지 않았다. 우리는 이런 유형의 공개 처형이 악명 높은 티투스 시대에 여러 차례 재연되었음을 알고 있다.

동물과 함께 위험한 공연을 보여주며 관중을 즐겁게 하는 이들도 있었다. 그들은 죄수라기보다는 곡예사인 셈이었다. 그들은 돌아가는 문 뒤에 숨거나 혹은 봉 주변에 회전하는 바구니 안에 숨거나 하면서, 능력껏 곰과 사자로부터 살아남기 위해서 안간힘을 썼다. 그들을 공격하는 곰을 장대의 도움을 받아 뛰어넘거나 힘없는 나뭇가지 위로 기어오르는 이들도 있었다.

다양한 형태의 판결 중에는 소위 담나티오 아드 글라디움, 즉 검투사 판결이 있었다. 죽을 때까지 싸우도록 양날 단검을 가진 두 명의 죄수가 서로 대적하는 참으로 악랄한 공개 처형이었다. 승자는 또다른 죄수와 다시 싸워야 했다.

관중의 이목을 끌기 위해서 이용된 끔찍한 처형 목록 중에 마지막으로 화형도 덧붙여야겠다.

화형을 시키기 위해서 죄수는 불이 붙기 쉬운 물질로 흠뻑 젖은 옷을 입어야 했다. 그 옷을 입는 목적은, 나중에 비극으로 바뀌는 춤을 추도록 하기 위해서였다. 옷에 불을 붙이면 죄수들은 어쩔 줄 몰라하며 춤을 추듯이 껑충대다가 불길 속에서 타 죽어가며 고통으로 몸부림쳤다.

네로 황제 치하에서는 수많은 기독교인들이 화형을 당했다. 그들은 움직이지 못하도록 장대에 목이 묶였다. 그리고 수지가 많은 나뭇가지, 파피루스, 밀랍으로 만든 묶음을 덧붙이고 마지막으로 불을 붙였다.

여기에서 이전의 속설과는 반대로, 네로의 기독교 박해 기간 중에 콜로세움에서 살해당한 기독교인은 한명도 없다는 사실을 짚고 넘어가야 할 것 같다. 당시에 콜로세움은 아직 세워지지도 않았다. 네로의 처형은 다른 장소에서 거행되었다. 전차 경주를 위한 그의 개인 경기장에서 기독교인의 처형이 이루어졌다. 오늘날 그 자리에는 바티칸 교황청이 서 있다. 많은 기독교인들이 다양한 처형방식으로 숨을 거두었다. 동물 가죽을 뒤집어 쓴 채 개에게 물어 뜯겼고, 십자가형에 처해지거나 산 채로 화형을 당했다. 전통적인 방법에 따라서 성 베드로 역시 살해되고 매장되었다. 그리고 이런 이유에서 이곳 바티칸에 그에게 헌정된 바실리카가 세워졌다. 기독교 박해는 다른 시대에도 수없이 많은 기독교인을 죽음으로 몰아갔다. 그러나 콜로세움에서 기독교인의 처형이 이루어졌다는 자료는 전혀 없다. 그들은 제국 이곳저곳에 흩어져 있는 원형극장에서 처형당했다.

13시
바에서 간단한 간식으로 때우는 점심

우리는 로마의 거리로 돌아온다. 각자 어깨 위에 항아리를 지고 일렬종대로 걸으며 물건을 나르는 세 명의 노예들을 무심코 쫓아가고 있었다. 그들은 자신들의 임무를 수행하는 중이다. 항아리의 무게에도 불구하고 그들은 회랑을 오가는 군중들 사이를 쉽게 움직인다. 사람들은 그들이 지나가도록 길을 비켜준다. 그리고 우리는 노예들이 지나가면서 만들어진 빈틈 사이로 재빨리 파고든다. 이런 얄팍한 방법으로 회랑 아래를 무척 신속하게 지나간다. 옆에는 상점과 인술라 등의 출입구가 있다. 갑자기 세 명 중 한 명이 걸음을 멈춘다. 그는 목적지에 도착한 것이다. 카우포나(여인숙) 앞이다. 관리인에게 신분 확인을 받은 뒤에 그는 안으로 사라진다. 다른 두 명의 노예는 숨을 좀 돌리려고 항아리를 땅에 내려놓고 그를 기다린다. 우리는 로마 시대의 여인숙이 어떤 모습인지 흘끗 안을 들여다본다. 현대의 호텔들을 몇 성급인지를 기준으로 구분하듯이, 고대 로마의 숙소 역시 다양한 수준별로 존재하지만, 기본적으로는 무척 가족적인 분위기이다.

예를 들면 현대의 호텔처럼, 이 카우포나는 아래층에 식당이 있고 객실은 위층에 있다. 손님용 차고, 즉 마구간까지 갖추어져 있다. 거리에서 우리는 침대의자가 붙은 식탁이 딸린 네 개의 식당을 들여다본다. 그중에 한 곳은 사용 중이다. 이 시간에 사용 중이라니 이상한 일이다. 대체로 침대의자가 달린 식탁이 놓여 있는 식당은 중요한 저녁식사를 위해서 저녁에 사용하고 낮 동안에는 사용하지 않기 때문이다. 어쩌면 무슨 축하연회가 벌어지거나 혹은 업무상 점심이리라. 여자 노예 한 명이 물 항아리를 들고 그 식당에서 나오더니 자주색 커튼을 내려 우리의 시야를 가린다. 이렇게 식사 중에 사생활이 보호받게 된다.

우리는 세 명의 노예들과 함께 다시 걸음을 옮긴다. 우리는 로마의 전형적인 얼룩말 무늬의 보행자용 횡단보도를 가로지른다. 횡단보도를 따라 커다란 돌들이 놓여 있다. 이 돌들은 비가 내리는 날을 대비한 것이다. 흐르는 빗물에 포장도로가 씻기도록 경사가 져 있는 길이 개천으로 변할 때, 이 돌을 밟고 발을 적시지 않고도 한쪽 보도에서 다른 한쪽 보도로 길을 건너갈 수 있다. 흐르는 개천에 나란히 놓여 있는 징검다리와 똑같이 사용된다.

우리가 가로지른 고대 로마의 거리는 현대 이탈리아의 도로와 많이 닮아 있다. 보도 양쪽으로 상점들이 늘어서 있다. 보도 위에 사람들이 더 많이 멈춰 서 있는, 그래서 세 명의 노예들이 지나가는 데에 한층 어려움을 느끼는 지점이 간이식당이 있는 곳이다. 사실 점심식사 시간이라 이런 장소에는 현대와 마찬가지로 사람들이 붐비기 시작한다.

그들이 두 번째로 걸음을 멈춘다. 이번에는 포도주 상점 앞이다. 구석에 항아리를 기대어놓은 긴 선반이 있고 출입구 쪽에 매달아둔 긴 청동막대에는 여러 개의 작은 물 항아리가 걸려 있다. 여기에서는 포도주와 간단히 먹을 수 있는 음식을 판다. 특히 서서 빨리 먹는다. 이 모든 광경은 우리에게 익숙한 뭔가를 떠올리게 한다. 즉 현대의 스낵 바와 비슷하다. 점심시간에 현대 이탈리아인들은 샌드위치와 음료수를 먹는다. 이곳에서도 마찬가지로 포도주 한 잔과 포카치아를 주문한다. 현대와 다른 점은 현대의 이탈리아인들이 간단한 식사를 거의 항상 커피로 마무리하지만 로마인들은 그렇지 않다는 것이다. 이미 눈치를 챘겠지만, 로마 제국에서는 아무도 커피를 주문하지 않는다. 커피는 아직 존재하지 않는다.

이 식당에서 놀라운 것은 벽을 따라 천장에 매달려 있는 일종의 나무

선반 위에 늘어놓은 8개의 암포라들이다. 현대에 바텐더의 어깨 너머로 진열되어 있는 병들과 마찬가지이다. 식당을 운영하는 사람이 빈 항아리 하나를 치우고 우리가 뒤쫓던 노예 두 명의 도움을 받아 그들이 운반해온 항아리들 중 하나로 바꾸어놓는다. 포도주를 마신 탓에 얼굴은 창백하고 눈은 불그스레하고 고개가 한쪽으로 기울어진 사람이 섞여 있는 단골손님들의 호기심 어린 시선을 받으며 작업이 진행되는 동안, 우리는 이 간이식당이 보통의 주점과 같은 크기임에 주목한다. 이런 유형의 상점이 타베르나 비나리아(taberna vinaria), 즉 포도주 상점이라고 불리는 것은 우연이 아니다. 이 단어에서 로마인들이 알고 있던 뜻 그대로, 현대 이탈리아어의 타베르나(taberna), 즉 선술집이라는 단어가 유래한다. 빈 항아리를 어깨에 지고 삼인조는 이제 길을 나서고 우리도 그들과 함께 간다. 전해주어야 할 마지막 항아리가 남아 있다. 우리를 어디로 데리고 가는지 따라가보자.

우리는 리비아 회랑을 지나 사거리에 다다른다. 이곳에서 세 명은 걸음을 멈춘다. 그들은 목적지에 도착했다. 앉아서 식사를 할 정도의 커다란 가게가 사거리 한 모퉁이를 차지하고 있다. 가게는 분명히 목이 좋은 지점에 위치했다. 두 개의 출입문은 두 방향의 길이 만나는 지점에 나 있다. 우리가 방금 살펴본 "바"와 달리 이곳에서는 앉아서 식사를 할 수 있다.

여러분이 현대에 고대 로마의 유적지를 방문한다면, 안내원은 이러한 구조의 가게를 테르모폴리움이라고 설명할 것이다. 사실 여러분이 지나가는 고대 로마인에게 테르모폴리움이 어디에 있는지를 묻는다면, 그 로마인은 영문을 몰라 눈이 휘둥그레질 것이다. 실제로 그리스어 단어인 이 말을 로마 제국에서는 아무도 사용하지 않는다. 그 대신에 즉석요리를 파는 음식점을 의미하는 포피나(popina)라는 다른 말을 쓰고 있다.

많은 사람들이, 지나다니는 사람들을 크게 방해하지 않으면서 가게의 외벽을 따라 길게 늘어놓은 등받이 없는 의자에 앉아서, 식사를 하고 있다. 현대의 시내에 있는 바 혹은 음식점이 야외에 테이블을 늘어놓는 것과 마찬가지이다. 이 음식점 주인은 이런 방식으로 더 많은 사람들에게 음식을 팔 수 있고 더 많은 돈을 벌 수 있다는 점에서 이익이다. 손님들은 마치 한 편의 다큐멘터리를 보듯이 지나다니는 사람과 거리에서 벌어지는 모든 광경을 구경하며 식사를 할 수 있다는 점에서 이익이다.

가게 안을 구경해보자. 가게 안으로 들어가기도 전에 벌써 요리된 음식 냄새가 진동한다. 가게 안은 넓고 식사 중인 사람들이 앉아 있는 테이블들이 놓여 있다. 여자 손님도 있고 남자 손님도 있다. 출입구 쪽에 가게의 안과 밖을 연결하는 기다란 L자형 카운터가 설치되어 있다. 푸른 돌무늬가 있는 대리석 석판으로 만든 카운터이다.

약간은 현대의 아이스크림 가게의 판매대처럼 보이는 카운터는 더 짧은 면이 바로 길가로 나 있고, 젊은 여성 점원이 줄을 서 있는 손님들에게 접시와 컵을 제공한다. 그녀는 무척 예쁘다. 가게 운영자 역시 이를 잘 알고 있다. 그래서 지나다니는 손님들을 끌어모으도록 그녀를 이 자리에 채용한 것이다. 그녀는 굉장히 신속하게 일하고, 종종 카운터의 오른쪽으로 벽과 맞닿아 있는 곳에 세워진 작은 대리석 계단같이 생긴 선반 위에 있는 물 항아리와 물 잔을 꺼낸다. 그런데 남자 손님들이 정말로 관심을 가지는 것은 그녀가 카운터 아래로 몸을 숙일 때이다. 그럴 때마다 손님들은 그녀의 드러난 가슴을 감탄하며 흘끔거린다.

그녀는 자주 몸을 굽히는데, 구경거리가 되려고 그러는 것이 아니라, 카운터 가운데에 접시를 신속하게 헹굴 수 있는 싱크대 같은 기능을 하는 물대야가 있기 때문이다. 파이프를 통해서 최소한의 물이 계속 흐르게 해서 이 싱크대에 물을 댄다. 그런데 그 물에는 음식물 찌꺼기, 채소, 기름 덩어리 같은 정말 온갖 것들이 둥둥 떠다닌다.

카운터 정면에 아치 형의 구멍이 있어서 밖에서도 이 대야를 볼 수 있다. 그리고 작은 계단같이 생긴 대리석 선반은 제국 전역의 포피나에서 볼 수 있는 전형적인 카운터이다. 멀리서도 첫 눈에 알아볼 수 있게 하는 이 가게들만의 특징이다.

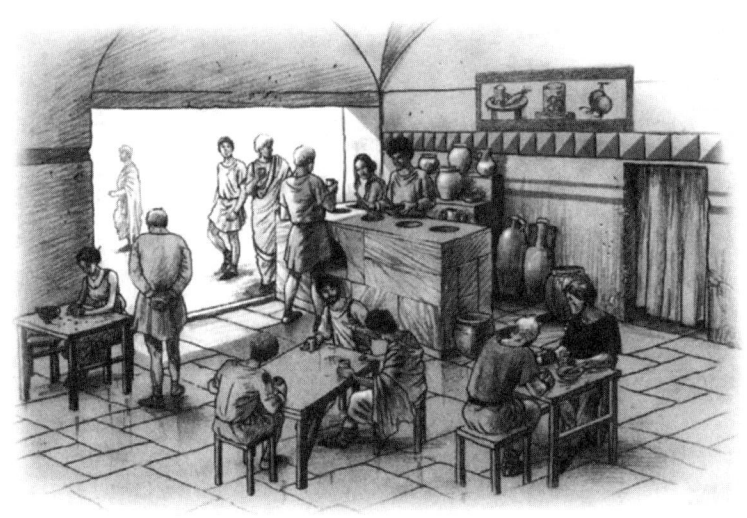

지금은 점심시간. 전형적인 L자형 카운터가 놓여 있는 로마의 간이음식점 포피나의 모습이다. 카운터 위쪽에 뚫린 구멍으로 점원들이 경우에 따라서 음식이나 포도주를 퍼서 담는다. 로마인의 점심식사는 간소하다. 달걀, 올리브 열매, 치즈, 무화과 등을 먹는다.

계속해서 안을 살펴보자. 카운터는 가게 내부를 향해 뻗어 있고 그 위에는 넓고 둥근 구멍이 파여 있다. 이 구멍은 카운터 안에 들어 있는 커다랗고 둥근 암포라의 입구이다. 무엇이 담겨 있을까? 젊은 여자의 옆에 있는 또다른 점원은 무심코 우리에게 그 답을 알려준다. 일종의 국자 같은 것으로 한 쪽 암포라 입구에서 올리브 열매를, 다른 쪽에서는 스펠트 밀(고대부터 중세까지 유럽의 주요 작물이었다/역주) 같은 곡류를 퍼낸다. 그는 제각기 다른 두 개의 접시에 이것들을 담아서 사라진다.

몇 초 후에 또다른 점원이 오더니 세 번째 구멍에서 포도주를 꺼낸다. 그는 카운터 가장자리에 있는 화덕 위에 올려놓은 냄비를 가득 채운다. 포도주는 데워질 것이다. 고대 로마인들은 포도주를 따뜻하게 해서 마신다. 포도주를 따르는 과정에서 포도주 몇 방울이 대리석 위에 떨어졌지만 스며들지 않는다. 왜냐하면 이미 다른 손님들이 덤벼들어 마시기 때문이다. 바로 파리들이다. 이 가게 안에 꽤 많은 파리들이 날아다닌다.

우리는 가게 안으로 좀더 들어간다. 한 모퉁이에 포카치아, 빵 그리고 다른 음식을 요리하는 오븐이 보인다. 가게 안을 한번 둘러본다. 벽 위에는 프레스코 화, 장식무늬 그리고 빠질 수 없는 손님들의 낙서가 보인다. 의자와 테이블은 현대의 것과 똑같다. 침대의자가 붙은 식탁은 보이지 않는다. 로마인들은 저녁에만 혹은 연회가 베풀어질 때에만 그 침대의자에 드러누워 식사를 한다. 가게의 안뜰도 보인다. 많은 포피나에는 손님들에게 최고의 한가로움을 제공할 수 있는 안뜰이 딸려 있다.

이 가게 안의 손님들은 다양하다. 구석 테이블에 앉아 서로의 눈을 바라보며 낮은 목소리로 대화하는 남녀 한 쌍이 보인다. 저쪽에는 오븐에서 구운 닭다리를 답답할 정도로 느리게 잘라내며 식사를 하는 한 남자가 있다. 뒤로는 주먹으로 테이블을 치며 웃어대는 두 명의 병사가 있는데, 그들 중 한 명은 앞니 두 개가 빠져 있다. 우리 옆에는 남자 두 명과 여자 한 명이 주문한 음식을 기다리며 잡담을 나누고 있다. 개 한 마리가 테이블 주변을 돌아다닌다. 가게 주인의 개임에 틀림없다. 개는 무척 쓸모가 있다. 땅에 떨어진 버려지는 음식을 주어먹어 말끔히 청소한다.

식사는 간소하다. 콩류, 삶은 달걀, 올리브 열매, 양이나 염소 치즈, 소금에 절인 멸치, 양파, 꼬치 요리, 생선 구이, 무화과 등으로 준비된 식사이다. 양을 얼마나 먹는지에 따라서 로마인들은 무척 가벼운 식사일 경우에는 이엔타쿨룸(간식)이라고 말하고, 속이 든든할 정도로 잘 먹었을 경우에는 프란디움(정찬)이라고 말할 것이다.

한쪽 벽 위에 그려진 프레스코 화 한 점이 흥미롭다. 콩류가 담긴 접시, 올리브 열매가 담긴 컵 그리고 두 개의 둥근 물체가 보인다. 그 둥근 물체는 석류 같기도 하고 접시와 비슷하게 생긴 악기인 심벌즈 같기도 하다.

실제로 고고학자들은 고대 오스티아 유적지의 한 포피나에서 이것과 똑같은 프레스코 화를 발굴했다. 발굴 당시 많은 연구자들은 이 프레스코 화는 모든 손님들이 볼 수 있도록 벽에 그려진 일종의 메뉴라고 해석했다. 오늘날 패스트푸드점에서 볼 수 있는 메뉴판처럼 말이다. 혹은 이 가게에서 음식, 음료수 그리고 아름다운 음악을 제공할 수 있음을 의미하는 상징적인 그림일 가능성이 조금 더 높을 수도 있다.

리드미컬한 소리가 우리의 주의를 환기시킨다. 우리는 몸을 돌린다. 카운터 옆에서 남자 점원이 회반죽으로 만든 절구로 뭔가를 찧고 있다. 궁금해진 우리는 가까이 다가간다. 따뜻하게 덥혀서 손님들에게 내주던 포도주는 더 이상 화덕 위에 없다. 그는 지금 포피나에서 무척 인기 있는 다른 음료수를 준비하는 중이다. 후추가 들어간 음료수라는 뜻의 피페라툼 혹은 양념된 음료수라는 뜻의 콘디툼이라는 음료수이다. 후추와 다른 향신료를 꿀, 포도주 그리고 따뜻한 물과 섞어서 만든다.

이제 칵테일이 완성되었다. 남자 점원이 이 음료를 카운터 위에 올려진 두 개의 잔에 따른다. 여자 점원이 잔들을 들고 두 명의 남자가 앉아 있는 테이블로 향한다. 그녀의 검은 눈은 옆으로 길고, 긴 곱슬머리는 어깨 위에까지 내려온다. 상당한 지중해적인 매력을 뽐낸다. 그녀는 엉덩이가 넓고 무척 다부진 몸매이다. 그녀가 나무 테이블 위에 두 잔을 내려놓고 가려는데 손님 중의 한 명이 그녀의 팔을 붙잡고 자신에게 잡아당긴다. 건장한 체격의 그 남자는 뒷목덜미만 빼고 머리를 완전히 다 밀었다. 이는 검투사의 표식이다. 친근한 몇 마디 말이 오간다. 남자가 무엇을 원하는지 금방 알 수 있다.

여자가 미소를 지으며 동의하는 눈치이다. 그녀는 어느새 자신의 가슴을 더듬는 남자의 손을 떼어내고는 계산서 목록을 들여다보느라 정신이 없는 주인을 흘끔 본다. 그는 동의의 표시로 잠깐 시선을 들었다가 다시 계산에 열중한다. 검투사와 여자가 자리에서 일어나 커튼이 쳐진 곳으로 걸음을 옮긴다. 커튼을 젖히자, 고대 로마의 가게에서 빼놓을 수 없는 고미 다락방으로 올라가는 나무 계단이 보인다.

가게의 여성 점원과 성관계를 가지는 것은 정상적인, 아니 지극히 평범한 일이다. 간통으로 간주되지도 않는다. 이를 통해서 이런 곳에서 일하는 여성들이 사회적으로 어떤 위치였는지 이해할 수 있다. 그리고 점원들만 이런 일을 한 것은 아니다. 가게 주인이 여자라면 그녀 역시 점원처럼 모든 사람들에게 쉬운 여자로 여겨졌을 것이다.

고미 다락방에 들어가자 남자는 옷도 채 벗지 않고 여자를 침대로 밀었다. 그는 여자를 돌려 그녀의 튜닉을 걷어 올렸다. 삐걱거리는 침대가 벽을 향해 부딪친다. 계단에서 가장 가까운 테이블에 앉아 있던 두 명의 병사들이 위층에서 들려오는 소리에 미소를 짓는다. 앞니 빠진 병사가 고개를 들고 우우거리며 부엉이 소리를 내더니 한바탕 웃음을 터트린다.

잠시 후에 남자와 여자가 내려오면, 손님은 점심 값과 서비스 요금을 지불해야 할 것이다. 이 별도의 요금은 작은 포도주 한 병 가격에 해당하는 8아스를 넘지 않을 것이다. 그나마 싸구려 포도주 한 병 가격이다.

그런데 아스는 무엇을 나타내는 단위일까? 1세스테르티우스의 값어치는 얼마일까? 고대 로마에서는 그 돈으로 무엇을 살 수 있을까?

탐구 || 세스테르티우스의 가치는 얼마일까?

매우 일반적인 질문이지만 대답은 쉽지 않다. 수 세기를 지나는 동안 반복되는 화폐 위기와 인플레이션 때문에 세스테르티우스의 가치가 바뀌었기 때문이다.

어쨌든 값어치를 환산해보기로 하자.

로마 제국 전역에서 통용되는 동전은 그 값어치 순서대로 정리하면 다음과 같다. 아우레우스(금화), 데나리우스(은화), 세스테르티우스(청동화), 두폰디우스(청동화), 아스(구리화), 세미스(구리화) 그리고 청동으로 된 가장 가치가 낮은 콰드란스가 있다.

따라서 세스테르티우스는 매일 사용하기에 편리한 중간 값어치의 동전이다. 기원전 23년에 아우구스투스 황제에 의해서 제정된 화폐제도에 근거하여 정해진 화폐 단위의 엄격한 서열에 따르면, 다음과 같이 정리할 수 있다.

1세스테르티우스 = 2두폰디우스 = 4아스 = 8세미스 = 16콰드란스

이외에도 장보기 규모가 커질 경우에는, 0이 더 많이 붙은 현대의 고액권에 해당하는 다른 동전이 사용되기도 한다.

1데나리우스 = 4세스테르티우스
1아우레우스 = 100세스테르티우스

이제 우리는 1세스테르티우스로 무엇을 살 수 있는지 알 수 있다. 고대 문서와 폼페이와 같은 유적지에서 발굴된 벽에 쓰인 글을 살펴봄으로써 그 단서를 찾을 수 있다.

많은 가격들이 적혀 있다. 종종 아스로 표시되지만 동전 단위 사이의 값어치를 알고 살펴보면 시민의 주머니 속에 든 1세스테르티우스로 실제로 구입할 수 있는 물가 수준을 파악할 수 있다.

1세스테르티우스는 대략 현재의 2유로화에 해당하는 값어치가 있다. 기원후 1세기 내내 가치는 유지된다. 그리고 정복전쟁 덕분에 얻게 된 제물로 경제가 번성하던 시기인 기원후 2세기 초, 즉 지금 우리가 둘러보는 기원후 115년 트라야누스 황제 시대의 로마에서도 변화가 없는 것으로 평가할 수 있다.

다음과 같이 물건 값을 나열하여, 현대의 유로화와 비교해보면 놀라운 사례도 눈에 띈다.

올리브유 1리터 = 3세스테르티우스 = 6유로
저렴한 가격의 식사용 포도주 1리터 = 1세스테르티우스 = 2유로
고급 포도주 1리터 = 2세스테르티우스 = 4유로
최상등급의 팔레르노 포도주 1리터 = 4세스테르티우스 = 8유로
빵 1킬로그램 = 2분의 1세스테르티우스 = 1유로
밀 1킬로그램 = 2분의 1세스테르티우스 = 1유로
수프 1접시 = 4분의 1세스테르티우스(1아스) = 0.5유로
공중목욕탕 입장료 = 4분의 1세스테르티우스(1아스) = 0.5유로
튜닉 한 벌 = 15세스테르티우스 = 30유로
노새 한 마리 = 520세스테르티우스 = 약 1,000유로
노예 한 명 = 1,200-2,500세스테르티우스 = 2,500-5,000유로

고대의 자료를 들여다보면 수많은 궁금증이 생겨난다. 중산층의 로마 시민은 대체로 60유로에 해당하는 30세스테르티우스를 가지고 다닌 것으로 보인다.

반면에 다른 자료는 부유층과 극빈층 사이에 엄청난 차이가 있었음을

보여준다. 하루에 6세스테르티우스면 3인 가정의 식비로 충분하다. 반면에 트라야누스 황제 시대에 로마의 부유층은 1년에 필수 생활비를 위해서 최소한 2만 세스테르티우스, 즉 하루에 55세스테르티우스의 소득을 산출해야 한다.

이 이상 나아가지 않는 것이 더 나을 듯하다. 사실 시대별로 전해져 내려오는 다양한 자료들은, 로마 제국을 괴롭혔던 극심한 인플레이션과 반복적인 경제 위기에 영향을 받았다. 가장 인상적인 사례는 밀 가격이다. 기원후 1세기에 밀 1모디우스(6.5킬로그램)의 가격은 3세스테르티우스였다. 2세기가 흐른 뒤인 3세기 말엽에는 240세스테르티우스였다!

이 사실은 다양한 위기로 인해서 세스테르티우스가 이전 가치에 비해서 80분의 1로 평가절하 되었음을 의미한다. 결과적으로 그 가치는 유로화로 2.5센트에 불과하다.

동전에는 항상 황제의 옆얼굴이 새겨졌다. 이따금 여왕의 얼굴도 볼 수 있다. 텔레비전, 신문 그리고 사진이 없는 시대에, 조각상과 조각품과 더불어 동전은 통치하는 사람의 얼굴을 신하와 백성들에게 알려주는 활용 가치도 있었다. 새로운 황제가 즉위하면 제국의 화폐 제조국은 새로운 세스테르티우스, 데나리우스, 아우레우스 등의 동전을 즉시 만들어낼 정도로 효율적인 시스템을 갖추고 있었다. 그 제조기술도 굉장히 높은 수준이었다. 왕좌에 오르고 불과 몇 시간 안에 새 동전들이 제국의 파발꾼들에 의해서 제국의 구석구석으로 운반된다. 이 동전들은 왕실의 변화를 증명하고 새로운 최고 통치자의 얼굴을 알려준다.

13시 15분 – 14시 30분
모두 공중목욕탕으로

간단히 점심식사를 마친 뒤에 우리는 다시 길을 나선다. 고개를 들어 클리부스 수부라누스를 올려다보니, 몇 군데 굴뚝에서 하늘로 피어오른 연기가 순식간에 바람에 날려 사라지는 광경이 눈에 띈다. 모든 연기가 같은 장소에서 나온다. 화재가 난 것일까? 그런 것 같지는 않다. 화재가 났을 때처럼 화염에 휩싸인 짙은 연기 기둥은 보이지 않는다. 그저 가늘고 일정한 연기 기둥에 불과하다. 대형 공중목욕탕에서 나오는 연기이다.

사실 우리의 머릿속에 있는 고대 로마의 모든 건축물들의 이미지는 깔끔하다. 실제로는 중요한 세부 사항이 하나 빠져 있다. 바로 연기이다. 대형 공중목욕탕에서는 금방 눈에 띄는 연기 기둥이 뿜어져 나온다. 그 연기는 바람에 날려 순식간에 흩어진다. 매일 엄청난 양의 땔감을 쉬지 않고 태워서 돌아가는 거대한 보일러에서 나온 연기이다. 이 역시 그다지 염두에 두지 않았던 사실이다. 100만이 넘는 주민이 살고 있는 도시에 필요한 목재의 양은 어마어마하다. 요리용, 겨울 난방용, 장인들의 작업용, 사망한 이들의 화장에 쓰일 땔감, 건축 자재용, 침대, 테이블, 손잡이, 마차 등 가구를 만들 때도 필요하다. 게다가 목재는 대형 공중목욕탕의 연료이다. 하루도 쉬지 않고 나무를 태우는 것은 환경학적으로 상당히 위험하지만, 지난 수 세기 동안 거의 매일 벌어진 일이다.

나무 타는 냄새는 겨울과 난로 혹은 나무 화덕에서 요리하는 음식점을 연상시킨다. 그러나 로마인들에게는 그 이상의 것을 의미한다. 즉 가까운 곳에 씻을 수 있는 장소가 있다는 의미이다. 고대 역사상 그리고 인류 역사상 가장 공학적, 건축학적으로 뛰어나고 예술적인 것이다. 바로 진정한 걸작, 트라야누스 공중목욕탕이다.

공중목욕탕은 적어도 200년 전부터 로마인들에게 익숙한 것이 되었다. 기원전 1세기가 시작될 무렵부터, 부유하고 기획력이 뛰어난 사업가인 카이우스 세르지우스 오라타라는 사람이 다음과 같은 경위에 따라서 최초의 공중목욕탕 시설을 만들었다. 베수비오 화산에서 얼마 떨어지지 않은 캄피 플레그레이 해안가에서 사는 사람들은 늘 솟아오르는 온천수에서 나오는 증기로 병을 치료하는 관습이 있었다. 섭씨 60도의 온도로 솟아나오는 온천수를 작은 방 안으로 끌어들인 뒤에 사람들이 그 안에 들어가 땀을 뺐다. 그 장소를 땀을 뺀다는 의미의 라코니카라고 부르는 것은 우연이 아니다. 로마인들은 땀을 배출함으로써 약한 몸이 회복된다고 믿었다. 카이우스 세르지우스 오라타는 땅 아래에 불을 피우고 그 열기를 바닥 아래와 벽 안으로 통과시킴으로써 자연이 만든 효과를 흉내낼 수 있음을 알아냈다. 더 이상 땀을 빼기 위해서 땅 아래에서 솟아오르는 온천수가 있는 곳으로 갈 필요 없이 어느 장소든 상관이 없었다. 이렇게 공중목욕탕이 만들어졌다.

수많은 공중목욕탕 시설이 만들어졌고, 심지어 황제도 만들었다. 지금 우리가 살펴보려는 공중목욕탕은 로마에서 가장 규모가 크다. 우리가 지금 둘러보는 기원후 115년까지 사람에 의해서 만들어진 공중목욕탕 중에서도 가장 크다. 이보다 더 큰 공중목욕탕들은 후에 세워질 것이다.

우리가 걷는 이 길은 트라야누스 공중목욕탕 출입구로 이어진다. 바로 옆 오피오 언덕 위에는 콜로세움이 서 있다. 거리 끝에서 옆으로, 기둥들도 서 있고 심지어 지붕에는 넓은 창문도 달린 거대한 수직의 건물이 보인다. 지금까지 본 그 어떤 건축물과도 닮지 않았다. 점점 다가갈수록 그 건물 옆 벽이 끝이 보이지 않을 정도로 길게 이어진다. 무척 긴 순백의 벽이다. 이러한 특징을 가진 벽 너머로 여러 건물들이 삐죽 솟아 있다.

이 거대한 성벽은 트라야누스 공중목욕탕의 외벽이다.

우리는 안으로 들어가는 사람들의 뒤를 따른다. 그리고 우리도 줄을 서서 기다린다. 남녀노소, 장인들과 병사들, 부자와 노예들이 다 모여 있다. 로마의 공중목욕탕은 모든 이들을 구별하지 않고 하나로 만든다. 마치 현대의 기차역에 서 있는 것 같은 느낌이 든다.

줄이 빠르게 줄어든다. 한 사람씩 제각기 노예에게 동전 하나를 건네준다. 노예는 작은 나무 돈궤 안에 동전을 집어넣는다. 공짜는 아니지만 입장료는 정말로 서민적이다. 1콰드란스이다. 대략적으로 비교해보면 1콰드란스는 4분의 1아스에 해당한다. 그리고 1아스 반으로 여러분은 포도주 한 병과 작은 빵 한 덩어리를 살 수 있다. 따라서 공중목욕탕의 입장료는 정말로 싼 편이다. 어쨌든 일단 안으로 들어가면 우리는 매번 필요한 서비스를 이용할 때마다 돈을 내야 한다. 목욕료, 옷 보관료, 그밖에도 여러 가지 명목의 금액이 추가된다.

트라야누스 황제의 대형 공중목욕탕

입구를 지나자, 처음 마주치는 시설은 굉장히 인상적이다. 사실 입구는 넓은 공간을 액자처럼 감싸고 있는 긴 회랑을 향해 열려 있다. 모든 것이 물에 잠겨 있다!

한마디로 대형 풀장이다. 광장 전체가 물에 잠겨 있는 것 같다. 베네치아의 사례가 여기에도 적용된다. 여러분은 물에 잠겨서, 거울 같은 수면 위에 회랑의 모습이 비치는 베네치아의 산마르코 광장을 본다고 상상하면 된다. 이 나타티오(풀장)는 1미터 깊이의 수영장으로, 공중목욕탕 안으로 들어가는 코스 중 한 곳이다. 많은 사람들은 이곳을 휴식을 취하고 잡담을 나누고 여름의 무더위 속에서 시원한 냉수욕을 하는 장소로 활용하기도 한다. 사실 기둥 받침대에 앉아서 혹은 풀장 가장자리에서 물속에서 다른 이와 잡담을 나누는 사람들도 있다. 우리는 회랑 안쪽에서 그들 뒤로 지나간다. 우리와 함께 남자와 여자, 옷을 입은 사람, 제대로 옷을 걸치지 않은 사람들이 있다. 물이 반사되어 벽에 어른거리는 모습은 빛의 장막 같다. 손으로 만질 수 없는 비단 같은 이 빛의 장막은 회랑의 우아한 프레스코 화 위를 스치고 치장벽토를 은은하게 비춘다. 색깔이 칠해진 커다란 대리석 조각상이 벽감 안에 자리하고 있다.

넓은 수영장 안에는 물장난을 치는 사람이 있는가 하면, 그냥 빙빙 돌아다니는 사람도 있고 아이들과 함께 있는 아버지도 있고, 노예들한테 둘러싸인 귀족도 있고 뭔가 토론을 벌이는 손님들도 있다. 수영을 하는 사람은 단 한사람도 없다. 사실 로마 시대에는 수영을 할 줄 아는 사람이 거의 아무도 없다. 수영은 존재하지 않는다. 수영을 스포츠로 즐기는 이도 없고 배우는 이도 없다. 그저 바다, 강 혹은 호수에서 익사하지 않도록 각자 자신만의 방법으로 허우적댈 줄 아는 사람만 있을 뿐이다.

이 회랑 아래에서 빠져나온 우리는 넓은 안뜰로 들어선다. 왜 다들 이 공중목욕탕에 감탄하는지 이해가 된다. 공중목욕탕 시설은 대개 그 거대한 크기 때문에 금방 알아볼 수 있다. 한편 트라야누스 공중목욕탕은 너무나 거대하고 한눈에 다 들어오지 않을 정도로 넓기 때문에 주변을 둘러싸고 있는 것 같은 느낌이 들 정도이다. 거의 한 구역의 부지를 몽땅 차지하고 있는 것 같다! 일반 공중목욕탕과 트라야누스 공중목욕탕의 차이는, 외곽에 있는 작은 놀이동산과 디즈니랜드의 차이에 버금간다. 이 비교는 억지가 아니다. 왜냐하면 트라야누스 공중목욕탕은 정말 기쁨, 휴식 그리고 재미를 제공하는 일종의 도시와 같기 때문이다. 도시 속의 또다른 도시인 셈이다.

공중목욕탕에서 돌아다니기

우리는 공중목욕탕 내부의 거대한 공간을 거닐며 이런 생각에 잠겨 있다. 마치 거대한 군대 병영 안에 있는 것 같다. 중앙에는 미온탕, 온탕 등 다양한 욕탕으로 이루어진 대형 복합 시설물이 솟아 있는 반면에 주변에는 정원, 나무, 조각상 그리고 분수가 있다. 드디어 단 하나의 회랑으로 지어진 "성곽"이 보인다. 회랑의 네 모퉁이 위로 "반쪽짜리 둥근 지붕"이 높이 솟아 있다. 그 모습이 마치 하늘을 향해 입을 벌리고 선 거대한 조가비를 닮았다. 얼핏 시드니의 오페라 하우스를 연상시킨다.

건축 설계는 놀라울 정도로 현대적이다. 거의 초현대적일 정도인 이 이상한 구조물은 무엇일까? 정원 속으로 난 길, 꽃길 그리고 산책하고 한가하게 유유자적 노는 사람들 무리를 헤치고 가장 빠른 길을 찾으면서 우리는 그것을 향해 걸음을 옮긴다. 이곳의 분위기는 오늘날 현대 도시의 중심가에 있는, 즉 로마 시내에 있는 빌라 보르게세나 뉴욕의 센트럴 파크와 같은 공원에서만 다시 느낄 수 있다. 그리고 이러한 사실은 공중목욕탕이 목욕을 위한 장소일 뿐만 아니라 더 나아가 휴양지 역할까지 하고 있음을 확인시켜준다. 심지어 누군가는 공중목욕탕을 서민들의 별장이라고 정의했다.

우리는 조가비 하나에 가까이 다가가서야 이곳이 도서관임을 알아차린다. 조가비 모양의 반원형의 돔은 잘 짜인 격자로 지탱되는 커다란 창문으로 막혀 있다. 움푹 들어간 육각형의 격자장식으로 된 커다란 둥근 지붕, 대리석으로 만들어진 곡선의 벽과 기둥으로 된 판테온을 상상해보라. 그리고 그 판테온을 커다란 케이크를 자르듯이 반으로 잘라보라. 그러면 바로 이 도서관의 모습이 된다. 한가운데에는 사람들이 책을 읽을 때 사용하는 흰 대리석으로 만든 대형 탁자가 있다. 많은 사람들이 당대 지식의 보고인 작품을 읽고 있다. 이 도서관은 수많은 라틴어 작품과 다른 언어권 작품을 보유하고 있다. 300미터 앞에 솟아 있는 쌍둥이 껍질에는 반대로 그리스어 작품이 보관되어 있다.

한마디로 공중목욕탕은 신체의 즐거움뿐만 아니라 정신의 즐거움을 위한 곳이기도 하다. 글자 그대로 건강한 신체에 건강한 정신이 깃든다.

광장 주변에 있는 다른 2개의 조가비를 흘끗 보자, 주변을 둘러싼 아치에 만들어진 많은 틈새에서 흘러나오는 물과 함께, 대리석과 모자이크로 만들어진 님프의 모습이 보인다. 그런데 이 많은 물은 어디서 오는 것일까? 물은 수로에서 그리고 아폴로도로스가 디자인하고 오늘날에도 여전히 볼 수 있는, 7개의 방이라는 특이한 이름이 붙은 거대한 물탱크에서 흘러나온다. 사실은 9개의 방이다. 오늘날에도 여전히 그 물탱크를 방문하는 사람은 누구나 깜짝 놀라게 된다. 거대한 크기의 방으로 수십 미터에 달하는 길이의 수많은 문들이 나란히 나 있다. 이따금 천장이 건물 3층 높이에 해당하는 높이일 때도 있다. 이 물탱크는 총 700만 리터의 물을 담을 수 있고 특별한 수로를 통해서 물을 공급받았다.

우리는 다시 작은 길과 나무들 사이에 있다. 이 공중목욕탕은 얼마나 많은 인원을 수용할 수 있을까? 현대적인 방법을 동원하여 계산해보면, 약 3,000명의 사람들을 수용할 수 있다. 이 공간을 보면 충분히 그리고도 남을 것이라는 생각이 든다. 한쪽 벽면은 직선으로 쭉 뻗어 있지 않고, 원형투기장의 반원형의 그랜드 스탠드, 즉 지붕이 있는 관람석처럼 변하면서 곡선으로 휘어져 있다. 이곳에서 공연과 시합이 펼쳐진다.

로마의 일부인 이 세계에는 정말로 모든 것이 다 있다. 당연히 음식을 파는 곳도 있다. 우리가 회랑 아래에서 식사하는 사람들을 구경하는 동안에, 즐거워하며 구경하는 소규모의 사람들 앞에서 저글링을 하는 사람이 눈에 띈다. 기둥에 기대어 선 젊은 여자 한 명은 분명히 호객행위 중이다. 한정된 공중목욕탕이라는 작은 세계는 도시의 많은 측면을 고스란히 투영하고 있다. 속임수도 있기 마련이다. 훔친 것이 분명해 보이는 튜닉과 토가를 팔 아래에 끼고 출구를 향해 급히 걸음을 옮기는 남자가 보인다.

튜닉과 속옷

트라야누스 공중목욕탕의 실내 분위기는 어떤지 알아보러 가자. 우리는 확 트인 공간의 중앙을 차지하고 있는 큰 건물의 입구를 향해 간다. 지붕

마루를 따라 수많은 작은 연기 기둥이 뿜어져 나오고 있다. 우리가 멀리 길에서 보았던 그 연기 기둥이다. 실내는 큰 화재가 나기 시작한 대저택을 보는 것만 같다. 사실 공중목욕탕의 중앙부를 데우는 증기를 빼내도록 지붕 위에 나란히 뚫어놓은 환기구이다. 정확하게는 난로에 불을 때는 것과 같은 원리이다.

이곳은 이제 아포다이테리움(탈의실)이다. 튜닉과 토가를 맡기지 않고 그냥 벗어둔 사람에게 무슨 일이 벌어지는지 보았으므로, 입구에서 우리는 종업원에게 옷을 지켜주는 대가로 다시 1쾨드란스를 준다. 이것이 유일하게 지불하는 돈은 아닐 것이다. 공중목욕탕 안으로 들어가고 목욕을 하는 데에는 약 2배 정도의 금액이, 즉 2분의 1아스가 더 필요할 것이다. 마사지를 받는다면 오일도 바르고 말리고 등을 하는 데에 다시 돈이 든다. 여자들이 남자들보다 더 많은 돈을 지불해야 한다는 사실이 충격적이다. 여자들은 목욕을 하려면 1아스를 내야 한다! 어쩌면 그 반대일 수도 있다. 즉 남자들이 더 단골이기 때문에 돈을 덜 낸다. 어찌되었든 공짜로 출입하는 사람도 있다. 아이들, 병사들 그리고 노예들은 무료 입장이다.

탈의실은 색깔이 있는 대리석과 치장벽토로 잘 꾸며진 넓은 홀이다. 바닥 한가운데에 반인반어(半人半魚)인 트리톤을 형상화한 커다란 모자이크 무늬도 보인다. 홀의 가장자리를 따라 긴 벤치가 놓여 있고 그 벤치에 앉아 있는 남자들은 서로 잡담을 나누거나, 샌들을 묶거나 옷을 개고 있다. 그중 한 명의 옷을 마치 어린아이처럼 노예들이 벗겨주고 있다. 분명히 그는 부자이다. 그들 머리 위에 벽감이 줄을 지어 만들어져 있다. 입구에서 종업원에게 옷을 맡기지 않았다면, 그 안에 옷 뭉치를 집어넣어야 한다.

옷을 다 벗어야 할까? 꼭 그렇지는 않다. 튜닉을 입은 사람도 있다. 헬스클럽에서 운동할 때 감기에 걸리지 않으려면 튜닉을 입고 있는 편이 유용할 것이다. 타잔의 의상과 얼핏 비슷해 보이는 별난 검은색 속옷만 걸친 이도 있다. 마르티알리스는 이 속옷을 부드러운 가죽으로 된 검은 옷이라는 의미의 니그라 알루타라고 정의했다. 그러나 거의 모든 사람들은 허리춤에 일종의 삳바와 비슷한 수블리가쿨룸을 두른다.

　우리 옆으로 온갖 체형의 사람들이 지나간다. 뚱뚱한 남자와 대머리인 남자, 피부가 창백할 정도로 하얀 남자와 아마 천 위로 삐져나온 눈에 띄는 뱃살을 출렁이는 남자도 지나간다. 반대로 다른 남자들은 비쩍 마르거나 쇄골이 튀어나와 있거나, 어깨뼈가 앙상하거나 구릿빛 피부를 하고 있다. 이곳에서 나체는 부끄러운 일이 아니다. 놀라운 것은 서로 몸이 닿을 정도로 너무 복작거린다는 점이다. 서양 문화에서는 다른 사람과 그렇게 나란히 특히 옷을 벗은 채 복작거리며 붙어 있는 것이 익숙하지 않다. 고대 로마에서 소위 사람 사이의 거리는 현재의 유럽보다는 동양의 몇몇 나라들을 떠올리게 한다. 게다가 이 탈의실은 남성 전용이며, 당연히 여성 탈의실은 따로 있다.

스포츠와 누드

걸음을 옮겨 첫 번째 공중목욕탕 코스에 다다른다. 바로 운동장이다.
　트라야누스 공중목욕탕에는 야외에 두 개의 운동장이 있다. 기둥으로 둘러싸인 넓은 뜰이다. 우리 눈앞에 펼쳐진 광경은 정말로 범상치 않다. 어디를 봐도 사람들이 달리고 뛰고 몇몇은 레슬링을 하느라 땅바닥에 구르고 있다. 이 장소의 주요 정신은 아주 단순하다. 즉 운동은 체형 유지뿐만 아니라 특히 땀 배출에 효과적인데, 땀을 내는 것이야말로 공중목욕탕에 있는 다른 방들에서 주로 할 일이다.
　이곳에는 이제껏 보이지 않던 여자들도 많이 보인다. 그녀들은 일종의 배구와 흡사한 놀이를 남자들과 함께 하거나 굴렁쇠 놀이를 한다. 바로 10여 년 전까지 아이들이 하던 굴렁쇠 놀이와 똑같다. 트로쿠스라고 불리는 굴렁쇠에는 사람들에게 길을 비켜달라는 음향 신호를 보내는 작은 금속 고리가 달려 있다.

공놀이를 구경하는 것은 흥미롭다. 두 개의 봉 사이에 줄이 매어져 있고 비치발리볼의 조상격인 공놀이가 우리 눈앞에서 벌어진다. 적어도 세 가지 종류의 공이 존재한다. 깃털로 속을 채운 필라 파가니카, 모래로 속을 채운 필라 하르파스타 혹은 동물의 내장에 공기를 채워넣은 것과 상당히 유사한 공기로 속을 채운 필라 폴리스가 있다. 물론 공의 종류에 따라서 공놀이는 달라진다. 소(小)세네카는 소위 피구 경기와 똑같은 공놀이인 루데레 다타팀에 대해서, 공이 땅에 떨어지지 않도록 잡고 재빠르게 다시 날려보낼 태세를 갖출 필요가 있다고 적고 있다.

게다가 일종의 테니스와 흡사한 것으로 루데레 엑스풀심이 있는데, 라켓 없이 손바닥으로 공을 쳐낸다. 그리고 마지막으로 그 유명한 트리곤이 있다. 땅 위에 그려놓은 삼각형의 꼭짓점에 선 세 명의 선수들은 상대방이 알아챌 틈도 주지 않고 공을 날린다. 선수 각자는 공을 잡지 않고, 어떤 방식으로든 손으로 공을 되받아쳐서 상대편에게 보내야 한다. 그리고 종종 두 선수가 세 번째 선수를 목표로 하여 연속공격을 하기도 한다. 주변에 서 있는 노예들은 공들을 모아 점수로 환산한다.

구석에 있는 두 남자는, 그들을 둘러싼 소규모의 군중이 지켜보는 가운데 레슬링에 열중하고 있다. 그들은 상대편이 쉽게 움켜잡을 수 없도록 몸에 기름을 발랐다. 시합하는 선수들에게 훈수를 두며 조언하는 이들은, 대체로 운동 코치라고 불리는 운동장에 자주 드나드는 노인들이다. 뜰을 가로지르던 우리는 여자 세 명이 납이나 돌로 만든 아령같이 생긴 할테레스를 이용하여 운동하는 모습을 본다. 너무나도 현대적인 이 광경은 당황스러울 정도이다. 이 운동의 목적은 팔을 튼튼하게 하고 가슴을 북돋우기 위한 것이다.

남자들 몇 명이 유쾌한 코멘트를 속삭이며 그녀들을 구경하고 있다. 사실 운동을 하면서 몸을 비틀고 상체에 힘을 줄 때마다 여성적인 몸매가 드러난다. 종종 엉덩이와 넓적다리가 훤히 드러나기도 한다. 공놀이를 하는 여자들은 튜닉을 입고 있지만, 다른 여자들은 진짜 비키니만 입고 있다. 그런데 결과는 매한가지이다. 가슴은 위아래로 움직이고, 앞뒤로 흔들리고, 갑자기 튀어나오면서 남자들의 시선을 사로잡는다. 공중목욕탕에서 여성들의 존재는 수 세기에 걸쳐 신랄한 주요 논쟁거리였다.

초기(대략 기원전 2세기)에 공중목욕탕에서 여성과 남성을 분리하기 위한 별도의 사용 규약이 실행되었다. 그런데 일찍이 키케로 시대(기원전 106-43)에 이 규약은 유명무실해졌다. 오래된 규약을 포기한 것에 대한 그의 신랄한 비난은 역사에 기록되었다. 지금으로부터 몇 년 후에 하드리아누스 황제가 다른 일정표와 다른 시간대로 남녀의 공중목욕탕 사용을 분리하도록 명령했다는 것을 우리는 알고 있다. 여자들은 일곱 번째 시간인 새벽부터 오후 1시까지 목욕하러 갈 수 있고, 여덟 번째 시간부터 두 번째 야간 시간인 오후 2시부터 9시까지는 남자들 차례가 될 것이다. 아무튼 이 제한은 실질적으로 지켜지지 않게 될 것이다.

우리가 지금 둘러보는 이 시대에는 혼욕(混浴)이 일반적이다. 여자들은 어떻게 행동할지 선택할 수 있다. 전통을 지킬지 혹은 관습을 거스를지, 그리고 남자들과 목욕을 함께 할지 등을 선택할 수 있다. 앞으로 보게 될 것처럼 많은 여자들은 두 번째 방식을 선택했다.

단지 여자가 남자들과 함께 공중목욕탕 안으로 들어가거나 욕탕 안에 들어갔다는 사실만으로 간통을 범한 것이라고 본, 대(大)플리니우스부터 퀸틸리아누스에 이르기까지 많은 이들은 이러한 "가치의 하락"을 수십 년간 비판해왔다. 추문은 셀 수 없을 정도로 많다. 이 모든 것은 현대 해변가에서 상의를 입지 않고 돌아다니는 여성들의 모습을 어느 정도 떠올리게 한다. 사실 오늘날 독일의 일부 헬스클럽은 남성 탈의실과 여성 탈의실이 공용임을 밝혀두겠다. 그리고 이탈리아 북부 알토 아디제에 있는 수많은 호텔의 사우나에서는 모든 공간이 남녀 공용일 뿐만 아니라 샤워 시설도 공용이다. 뿐만 아니라 경우에 따라서 수건으로 몸을 가리거나 수영복을 입고 돌아다니는 것이 금지된다.

우리의 샌드백과 똑같은 밀가루 혹은 모래로 속을 채운 자루에 대고 주먹을 날리는 남자들과 특히 근육질의 두 여자가 레슬링 시합을 벌이는 것을 보고 놀란 우리는 이제 이 운동장 구경을 마친다.

나가기 전에 우리는 레슬링과 운동 연습을 끝내 남자들이 마사지 잔여물인 기름과 범벅이 된 땀을 노예들이 닦아주는 동안, 서서 잡담을 나누고 있는 모습을 본다. 시중을 드는 노예들이 매우 부드러운 모래를 남자들의 몸에 펴 바른다. 이 모래는 기름기와 땀을 흡수하는 최고의 방법이다. 식탁에서 옷에 기름이 묻어 얼룩이 생겼을 때 전용 파우더를 바르는 것과 똑같은 이치이다. 그리고 그들은 몸을 긁는 도구를 이용해서 모래를 털어낸다. 재미있게 생긴 도구이다. 작은 낫같이 생겼지만, 날이 있는 자리에 구부러진 일종의 홈통 같은 것이 달려 있다. 땀과 기름 그리고 때를 모으는 데에 사용한다. 셔츠에 떨어진 잼 한 방울을 스푼으로 모을 때처럼 이 도구를 피부에 대고 민다.

우리는 뚱뚱하고 대머리인 한 남자에게 다가간다. 그는 부유한 귀족임이 분명하다. 그는 노예에게 자신의 땀과 기름을 닦도록 시킨다. 노예의 행동은 섬세해서 이발사의 움직임을 떠올리게 한다. 정말 흔히 볼 수 없는 광경이다. 이 귀족은 노예들 무리에 둘러싸여 있다. 그리고 그 귀족이 공중목욕탕에 들어서면서부터 받는 온갖 시중을 처음부터 지켜보고 있던 손님들 역시 그를 에워싸고 구경하고 있다. 노예들이 그에게 향수를 바르고 마사지를 하고 수건과 향료를 가져다주는 모습을 지켜본다. 거의 급유를 하거나 타이어를 교체하기 위해서 피트 스톱 중인 경주용 자동차를 보는 것 같다. 어쩌면 노예들도 목욕을 할 것이다. 귀족이 마지막으로 그들에게 목욕할 시간을 남겨준다면야.

테피다리움과 칼리다리움

우리는 트라야누스 공중목욕탕의 심장부로 들어가는 중이다. 테피다리움(미온탕), 칼리다리움(온탕) 그리고 프리지다리움(냉탕) 구역을 포함한 커다란 건물이 공중목욕탕 복합단지 중앙에 우뚝 서 있다. 대성당과 맞먹는 크기로 넓은 창문이 달려 있는 건물이다. 우리를 처음 맞이하는 공간은 미온탕이다. 중간 크기로 천장은 무척 높고 적당히 따뜻한 물이다. 많은 사람들은 운동으로 이미 어느 정도 몸에 열이 나는 상태이기 때문에 이곳은 그냥 지나친다.

진짜 놀라운 것은 그 다음 홀인 온탕이다. 성당의 거대한 출입문으로 들어가는 모습을 상상해보라. 이 공간은 성당만 한 크기이다. 이 장소의 웅장함과 기둥의 높이 탓에 우리 자신은 아주 작은 볼품없는 존재처럼 느껴진다. 이 온탕은 우리와 천장 사이에 막처럼 아주 부드러운 베일을 펼쳐놓은 것 같은, 초현실적인 분위기를 자아내는 수증기로 가득하다. 누군가 막 샤워를 하고 난 바로 뒤에 욕실에 들어갔을 때처럼 말이다.

둥근 아치로 된 높은 천장은 색깔 있는 치장벽토로 장식되어 있다. 신화 속 장면이나 에로틱한 장면, 나무 장식, 기하학적 무늬가 그려져 있다. 높은 곳에 그려져 있지만 색깔을 적절하게 잘 사용한 덕분에, 각 그림의 세세한 특징까지 구별할 수 있다. 몇 개 안 되지만 명확하게 잘 보인다. 붉은색, 푸른색, 노란색, 흰색, 초록색. 평범한 창문틀에 끼어 있는 커다란 유리창으로 햇볕이 들어온다.

그래서 우리는 가장 중요한 세부사항을 알아챈다. 공중목욕탕 복합단지 전체가 이 따뜻한 장소에 가장 많이 해가 비치도록 자리를 정한 것이다. 또다른 특징은 창문이다. 휑하니 넓은 유리창이 달려 있다. 그런데 아래에서 올려다보니 유리창이 온탕의 단열 효과를 높이기 위해서 이중유리로 만들어져 있음을 알게 된다. 제국의 사방팔방에서 가져온 형형색색의 대리석으로 만들어진 그리고 아주 멋진 상감장식을 한 석판을 훑어보며 시선이 아래로 내려온다. 북아프리카의 누미디아에서 가져온 노란색 대리석이나 소아시아의 프리지아에서 가져온 자주색 대리석은 값이 비싸고 무척 희귀한 것으로 이 장소의 고급스럽고 화려한 느낌을 강조한다.

흰색 대리석을 정교한 코린트식으로 조각한 거대한 기둥머리는, 세로

로 홈이 파인 굵직한 노란색 대리석 기둥을 압도한다. 기둥을 따라 내려오던 시선이 드디어 바닥에 닿는다. 그리고 우아한 기하학적 무늬와 대리석이 펼쳐진 바닥 위를 훑는다. 바닥은 노란빛을 띠는 바탕에 흰색 정사각형과 커다란 둥근 원반으로 만들어진 거대한 체스판 같다.

이제 귀에 들리는 청각 효과를 살펴보자. 우리의 머리는 사방에서 울리는 목소리와 끊임없이 바닥을 쿵쿵 울리는 소리만 지각한다. 쿵쿵 소리는 많은 이들이 신고 있는 나막신에서 나는 소리이다. 사실 바닥은 발이 데일 듯이 뜨겁다. 많은 사람들이 벤치나 대리석 판 위에 앉아 땀을 비오듯 흘리고 있다. 몇몇 사람들은 코와 뺨을 지나 턱에서 떨어지는 땀방울에는 신경도 쓰지 않고 바닥무늬만 뚫어져라 쳐다보고 있다. 다른 이들은 신경은 쓰이지만 자신들 몸 위로 떨어지게 내버려둔다. 저 위쪽의 수증기에 가려진 온탕의 멋진 천장을 관찰하면서 그들은 그냥 앉아 있다.

이 열기를 고려할 때, 겨울에는 이 공중목욕탕이 추위를 피하기 위한 방책으로도 쓰이리라는 것을 짐작할 수 있다.

몇몇 비좁은 통로에서 일정하게 남자와 여자가 끝없이 나온다. 그들은 자리에 앉았다가 다시 몸을 추스르러 들어간다. 우리도 들어가보자. 이곳은 공중목욕탕에서 가장 뜨거운 곳인 라코니쿰(열탕)이다. 여기에 비하면 온탕은 시원하게 여겨질 정도이다. 이곳 말고도 공중목욕탕에는 열탕이 더 있는 것이 틀림없다. 우리가 들어온 이곳은 원형의 욕탕으로 사람들이 번갈아가며 앉을 수 있는 많은 자리들이 가장자리에 죽 놓여 있다. 이곳의 온도는 섭씨 60도에 가깝다. 정말로 뜨겁고 건조한 풍욕이 가능한 곳이다.

열기는 이중 구조의 벽 사이 공간을 통과하는 고온의 바람에서 발생한다. 흡사 수십 개의 굴뚝이 벽 안에 감추어져 있는 것 같다. 샌들이나 나막신 혹은 피부가 벽이나 바닥에 직접 닿지 않도록 해줄 수건 같은 별다른 보호장비 없이 이곳에 머물다가는 화상을 입을지도 모르겠다.

우리는 오래 버티지 못하고 나온다. 온탕으로 돌아오자 시원한 산들바람을 맞는 느낌이 든다! 이 시점에 우리는 물이 있는 욕조를 찾는다. 벽의 커다란 벽감 부분을 이용하여 무척 멋진 3개의 욕조가 있다. 욕조는 현대 이탈리아의 광장에 있는 분수만 한 크기로 한꺼번에 많은 인원이 들어갈 수 있다.

욕조에 발을 담그자 가장 먼저 물이 너무 뜨겁다는 느낌이 든다. 하지만 우리는 이를 악물고 몇 개의 계단을 내려간다. 우리 앞에 앉아 있는 여인이 서툴게 들어서는 우리를 보고 미소를 짓는다. 꽤 짙은 검은 눈의 그녀는 머리를 묶고 있다. 땀 때문에 화장은 지워졌다. 우리는 높은 수온에 어느 정도 익숙해졌을 때에야 비로소 그녀가 반나체인 사실을 알아챈다. 우리의 반대편에 있는 물에 잠긴 계단 위에 앉아 있는 그녀의 배꼽 언저리까지는 물에 잠겨 있고 풍만한 가슴은 다 드러나 있다. 그녀가 나가려고 일어서자 그녀의 엉덩이를 감싸고 있는 얇은 옷이 물에 흠뻑 젖어 거의 훤히 속이 다 비친다. 여인은 나막신을 신고 대형 수건으로 몸을 감싼다. 그리고는 전형적인 여성스런 걸음걸이로 출구로 향한다.

이 홀에서 우리는 열기를 만들어내는 모든 기계를 직접 눈으로 볼 수가 없다. 마치 우리가 극장의 무대 위에 있어서 무대 배경을 움직이는 장치를 볼 수 없는 것 같다. 사실 주변 벽과 우리의 발아래에는 온통 더운 공기를 뿜어내는 뜨거운 증기가 순환하고 있다. 실제로 발아래에는 인간 개미굴이 있다. 연기로 가득 찬 지하 갱도 안에서 노예들이 기침을 하며 지나다니고 있다. 그 노예들은 거대한 용광로에 나무를 넣어 불을 지핀다. 이 용광로는 두 가지 기능을 한다. 한 가지는 이미 언급했듯이, 용광로에서 데워진 물이 만들어내는 따뜻한 공기와 수증기가 작은 기둥 안으로 타고 올라가 벽이나 바닥의 미궁 같은 틈새로 스며나오게 한다. 이 용광로의 또다른 기능은 냄비처럼 온탕의 물을 데우는 것이다.

욕탕에서 나온 우리는 그 다음 장소로 간다. 벤치에 꼼짝 않고 앉아 다른 남자와 사업 이야기를 하는 남자 앞을 지나간다. 우리는 잠시 멈추어 그를 바라본다. 눈썹 옆으로 비오듯 쏟아지는 땀과 열기에도 불구하고 그에게는 귀족적인 몸짓이 배어 있다.

우리는 그를 알아본다. 오늘 아침 동틀 무렵 우리가 구경했던 도무스의 주인인 도미누스이다. 그는 매일 공중목욕탕에 들른다. 그가 더운 열기에 단련된 듯이 별로 힘들어 보이지 않는 이유가 그 때문이다. 물론 그는 이곳에 씻으러 온다. 하지만 사업상의 만남도 이곳에 오는 또다른 이유이다. 사실 공중목욕탕은 오늘날 우리가 업무상 마련하는 정찬 모임처럼, 유익하고 유쾌한 만남이 이루어지는 장소 중의 한 곳이다. 누군가 자신을 뚫어져라 쳐다보고 있다는 것을 알아챈 그는 대화를 중단하고 잠시 우리를 바라본다. 그는 무척 기품 있는 미소를 살짝 지어 보인 뒤에 다시 이야기를 계속한다. 그는 우리를 자신의 수많은 고객들 중 누군가로 혼동했을 것이다.

뜨거운 것은 충분하다. 이제 냉탕으로 가자! 나가면서 우리는 욕탕 안에서 보았던 나체의 여인과 다시 마주친다. 지금 그녀는 수건으로 몸을 감싸고 서서 친구와 잡담을 나누고 있다. 두 여인이 모두 냉탕을 건너뛰고 우리와 다른 방향으로 간다. 왜일까? 온도가 급격하게 내려가는 이곳의 추위에 노출되는 것은 그녀들에게 권할 만한 것이 못된다.

냉탕의 엄청난 냉기

드디어 프리지다리움(냉탕) 안에 들어왔다. 대리석이나 장식은 온탕과 거의 똑같지만 분명한 차이점이 하나 있다. 이곳이 한층 더 크고 웅장하다는 점이다. 고대 로마에서 기념물들은 끝이 없는 듯하며, 늘 보는 이를 깜짝 놀라게 한다.

예를 들면, 로마의 테르미니 기차역 근처에 있는 디오클레티아누스 공중목욕탕의 홀은 현재 로마 국립박물관으로 사용되고 있다. 심지어 그 안에 있던 냉탕은 커다란 산타마리아 델리 안젤리 성당이 되었다. 그 안에 들어가는 것은 정말 감동적인 경험이다. 대리석은 바뀌지 않았고, 이집트에서 가져온 화강암으로 만들어진 거대한 기둥은 여전히 그 모습 그대로

이다. 엇갈려 있는 둥근 아치 모양의 대형 창문은 이곳에 들어서면서 보게 되는 건축물의 규모를 더욱 실감나게 한다. 눈을 감고 주변에 귀족, 병사, 노예들의 말소리와 오가는 발자국 소리를 상상하는 것은 아주 쉬운 일이다. 이 놀라운 무대 세트에서는 로마 제국의 웅장함에 빠져드는 듯한 기분을 느낄 수 있다.

우리는 냉탕 안의 사람들을 훑어본다. 구석에서 큰 소리로 책을 읽고 있는 남자가 눈에 띈다. 그는 파피루스를 담아놓은 가죽 용기인 카스파 안에 다른 읽을거리를 가지고 있다. 그는 아마 주인에게 책을 읽어주는 비서 노예일 것이다. 40여 년 전 유명한 박물학자가 공중목욕탕에 갔을 때 대(大)플리니우스의 비서가 하던 일과 똑같다.

사실 이곳에서는 온갖 계층의 로마 사람들이 함께 어울리는 모습을 볼 수 있다. 신기하게도 집 안에 개인 목욕탕이 있는 부자들이 오히려 이곳의 단골손님인 셈이다. 그 이유는 금방 알 수 있다. 이곳에서는 사람들을 만나고 사업을 결정하고 손님과 함께 어울릴 수 있기 때문이다. 이곳은 금방 눈에 띌 가능성이 가장 높은, 사회의 구심점이 되는 장소 중의 한 곳이다.

황제들 역시 사람들과 뒤섞여 자주 공중목욕탕에 갔다. 그러나 어느 정도까지 사람들과 직접 접촉했는지는 알 수 없다. 아마도 성가신 일을 피하고자 수행원들에게 둘러싸여 있었을 것이다.

우리는 몸을 돌린다. 모든 이의 관심이 냉탕에서 나와 몇 걸음을 걷자마자 바닥에 쓰러진 한 남자 주변에 몰려 있는 사람들에게 쏠렸다. 공중목욕탕에서 일하는 의사가 분명한, 튜닉을 입은 한 남자가 사람들 무리를 향해 달린다. 의사는 쓰러진 사람의 정신을 차리게 하려고 애를 쓰면서 팔 힘으로 그를 일으켜 세운다. 그리고 이 물의 도시 어딘가에 있는 간호사에게 그를 데려가기 위해서 사라진다. 쓰러진 남자는 분명 실신했거나 어쩌면 심장마비를 일으켰을 수도 있다. 계속해서 온탕과 냉탕을 번갈아 오가는 공중목욕탕에서는 드문 일이 아니다.

우리는 많은 이들에 매일 이곳에 온다는 사실을 안다. 그들 중 일부는 심할 정도로 공중목욕탕 코스를 두세 차례 계속해서 왕복한다. 그렇다 보니 유명한 일화들이 나오게 되었다. 고르디아누스 황제는 매일 다섯 번 목욕을 했고, 마르쿠스 아우렐리우스 황제의 아들인 코모두스 황제는 심지어 일고여덟 번 목욕을 했다는 이야기가 전해진다.

심장마비로 쓰러지는 것 말고도, 물 때문에 그리고 사람들이 끊임없이 밟고 지나다니기 때문에도 위험할 정도로 미끄러운 대리석에 넘어지기라도 하면 뇌진탕이 일어나거나 골절상을 입는 경우도 생긴다.

오랫동안 공중목욕탕에 머물면 청력에도 해를 끼칠 수 있다. 마치 우리 앞에 있는 저 신사처럼 말이다. 그는 수 년째 저기에 있다. 그는 노인이 아니지만 다들 그에게 거의 고함을 치듯이 큰 소리로 말해야 한다. 그는 물속에 있다. 친구들과 함께 공놀이를 하며 냉탕 안에 있다. 그는 한쪽 귀의 청력이 떨어진다고 불평했다. 그리고 얼마 지나지 않아 나머지 한쪽 귀도 문제를 일으키기 시작했다. 이제 양쪽 귀 모두가 거의 들리지 않는 단계로 진행 중이다. 그 이유는 19세기에 걸친 시간이 흐른 이후 현대의 뼈를 연구하는 인류학자가 밝혀낼 것이다.

파도타기를 즐기는 사람은 서퍼 증후군, 요트를 모는 사람은 세일러 증후군이라고 하는 증상이다. 오랫동안 습하고 추운 환경에서 보내는 데에 익숙해진 사람이 걸린다. 달팽이관 안에 뼈가 자라서 점진적으로 통로가 닫히게 된다. 마치 귀가 외부의 주변 지역과 귀 안의 특정한 좁은 지역의 급격한 온도 차이를 견디다 못해 추위와 습기의 끊임없는 공격에 반하여 방어막을 구축하는 셈이다. 오늘날에도 어부나 해양 스포츠 마니아들이 달팽이관 비대증으로 알려진 이 병에 걸린다.

로마 시대에 이 병은 여자들보다 남자들에게 더 흔했다. 그 이유는 우리가 이미 보았듯이, 공중목욕탕 안에 있는 다양한 코스에 있다. 사실 여자들은 추위와 습기를 피해 냉탕에는 거의 들어가지 않는다. 그리고 공중목욕탕의 귀머거리가 되는 것도 피하기 위해서 말이다.

로마식 마사지

냉탕의 추위 다음에는 거의 모든 사람이 우리가 들어오면서 보았던 거대한 나타티오, 즉 공중목욕탕의 대형 풀장 안으로 뛰어든다. 물은 따듯하게 느껴진다. 긴장이 풀어지는 기분 좋은 순간이다. 우리는 반대로 공중목욕탕의 마지막 코스인 마사지에 대해서 알아보러 가기 위해서 이 대형 풀장을 건너뛴다. 우리가 도착한 곳에는 많은 대리석 테이블들이 죽 늘어서 있다. 그리고 그 위에서 많은 사람들이 마사지를 받고 있다. 다른 사람들은 기둥이나 벽에 기대어 서서 자기 차례를 기다리고 있다. 대리석 위에 축 늘어져 있는 몸뚱이를 보는 것이 거북하다. 극지의 만년설 위에 누워 있는 물개를 떠올리게 한다.

마사지 실에서 더욱더 충격적인 것은 소리의 차이이다. 입구에 일종의 소리 경계선이 존재하는 듯하다. 냉탕은 시끄러운 소리에 파묻혀 있다. 고함소리와 웃음소리가 사방에서 울려퍼진다. 반대로 여기에서는 몸을 마사지하면서 손가락으로 톡톡 두드리고, 손바닥으로 쳐서 피부를 출렁이게 하고, 기름을 바른 손바닥으로 피부를 문지르는 소리만 들릴 뿐이다.

우리가 보는 사람들의 얼굴은 다들 상념에 빠진 듯이 멍한 시선을 하고 있다. 기름의 사용은 몸의 미용적인 측면에서뿐만 아니라 감기를 예방할 수 있기 때문에 건강면에서도 권장된다. 그래서 기름으로 마사지하는 것은 특히 겨울철에 공중목욕탕에서 나가기 전에 항상 권장되었다.

마사지사는 제국 전역에서 온 공공 노예이다. 그들은 말없이 자신의 일에 매진한다. 그들 모두가 제국의 공중목욕탕 소속인 것은 아니다. 일부 손님은 집에서 자신의 노예를 데리고 온다. 주로 부자들이 그렇게 한다. 구석에 노예들에게 둘러싸인 한 사람이 있다. 한 노예는 마사지를 하고 다른 노예는 향료를 들고 서 있고 또다른 한 명은 그에게 수건을 내밀고 있다. 심지어 이 팔자 편한 로마인은 일단 목욕을 끝내고 나면, 공중목욕탕의 마지막 코스에서 걸어나가는 수고를 피하기 위해서, 가마가 있는 곳까지 노예들의 손에 들려 옮겨지는 광경을 연출하기도 한다.

작은 기름병은 유리나 청동으로 만들어졌다. 그중 하나는 노예의 상반신 모양으로 머리 끝에 마개가 달려 있다. 곱슬머리에 아몬드 모양의 눈으로 볼 때 이것은 동양 출신의 노예를 모방해서 만든 기름병이다. 뺨에 이상한 수염이 나 있는 정체를 알 수 없는 얼굴이다. 그런데 입 양쪽과 위아래에도 수염이 나 있다. 잘 들여다보니 수염이 아니라 흉터이다. 어느 민족인지 누가 알겠는가? 훈족은 이와 비슷해 보이는 흉터가 생기도록 칼로 얼굴을 베는, 품격이 떨어지는, 아니 오히려 무시무시한 관습을 가지고 있었다. 우리는 더 이상 존재하지 않는 민족에 대한 정보를 간직한 이 물건이 언젠가는 박물관의 유리 진열장 뒤에 전시되리라는 것을 알고 있다. 누군가의 손이 이 동양 노예의 상반신 모양으로 만들어진 기름병의 마개를 잠그고 기름병을 가져간다. 마사지가 끝났다.

탐구 II 로마 최대의 공중목욕탕은 어떻게 만들어졌을까?

고전적인 공중목욕탕의 개념을 혁신시킨 사람은 다마스쿠스의 아폴로도로스였다. 그는 우리가 트라야누스 포룸에서 만난 건축가이다. 그의 이 작품은 로마와 제국에서 계속해서 만들어질 제국의 모든 대형 공중목욕탕의 모델이 될 것이다. 카라칼라 황제(188-217)의 그 유명한 공중목욕탕도 마찬가지이다. 그런데 이 거대한 작품을 건설하려면 로마 심장부에 터를 닦을 넓은 부지가 필요했을 것이다. 어떻게 했을까? 그의 작업에 도움을 준 것이 있다. 바로 네로 황제의 호화스런 궁전인 도무스 아우레아를 심각하게 파손시킨 끔찍한 화재가 그것이다. 아폴로도로스는 향후에 공중목욕탕의 기초(基礎)로 쓰일 1층의 홀만 일부 남겨놓고, 남아 있던 상층부를 전부 허물었다. 그러나 이것으로도 충분하지 않았다. 더 많은 공간이 필요했다. 그래서 인접지역의 공공건물이나 사유건물 할 것 없이 다 허물고 흙으로 덮었다. 일정한 높이, 즉 해발 47미터 이상의 주변 건물들을 샅샅이 선별하여 허물었다. 이런 방식을 통해서 315미터 × 330미터의 거대한 평지가 조성되었다. 그리고 그 위에 자신의 황제를 위한 공중목욕탕을 지었다. 100만이 넘는 주민이 살고 있는 도시 한복판에 10헥타르의 대지를 닦는 것은 쉽게 해낼 수 있는 일이 아니었고, 정말로 기적에 가까운 결실이었다.

　어떤 의미에서 우리는 아폴로도로스에게 감사한다. 왜냐하면 그가 예상치 못한 큰 선물을 준 셈이기 때문이다. 그가 흙으로 덮어버린 도무스 아우레아와 근처의 모든 건물들은 현대에까지 보존되었다. 고고학자들이 연회를 베풀 때에는 천장에서 장미꽃잎이 비오듯 떨어졌다는 일화가 전해져오는 그 유명한 팔각형 방을 포함해서 네로 황제의 궁전 일부를 발굴했다. 또한 최근에 이루어진 발굴 덕분에 제국의 도시를 묘사한 프레스코화와 추수 장면을 묘사한 모자이크가 그려진 새로운 방이 빛을 보게 되었다. 이 모자이크는 고대 로마에서 가장 오래된 채색 모자이크이다. 현재 이 모든 것에 대한 연구와 복원작업이 진행 중이다.

15시
콜로세움에 들어가자

오후가 시작된다. 많은 로마인들이 콜로세움의 경기를 관람하기에 최적의 시간으로 꼽는 시간대이다. 사실 아침에 있었던 사냥과 점심의 공개 사형 집행 이후 지금 이 시간대에 사람들이 가장 기다리는 프로그램인 무네라, 즉 검투사들의 시합이 시작된다.

콜로세움의 인상적인 겉모습을 마주할 때에 어떤 느낌이 드는지 말로 표현하기는 어렵다. 오늘날의 관광객들과 로마의 주민들은 잘려나간 콜로세움의 모습에 익숙하다. 그러나 현재의 콜로세움은 파손된 잔해이자 온전하지 못한 퇴락한 모습이다. 밖에서 보면 둥근 외벽 부분이 거의 절반밖에 남아 있지 않고 안에서 보면 아치 모양의 벽돌 골조만 남아 있다. 흰 트래버틴으로 만든 빛나는 그랜드 스탠드, 원형투기장 바닥, 아치가 이어진 회랑에 있는 조각상들, 높은 꼭대기에 있는 마지막 줄 너머의 최상층 관람석을 볼 때 느껴지는 충격적인 감동을 더 이상 느낄 수 없다. 휘날리는 깃발, 관중들의 다양한 피부색, 고함소리가 자아내는 분위기에 대해서는 말하지 않더라도 말이다. 오늘날에는 그저 이 거대한 원형투기장의 골격에만 감탄할 뿐이다. 아직도 매년 400만 명에 이르는 관광객이 적어도 다른 장소나 박물관을 지나치면서까지 콜로세움을 보고 싶어하고 이 안으로 들어온다. 이곳의 잔인한 매력은 고스란히 남아 있다. 그런데 당시에는 콜로세움이 어떻게 보였을까? 이제부터 파헤쳐보자.

빵 굽는 사람이 콜로세움으로 가는 길을 일러주었다. "클리부스 플리우스 길로 가시오. 클리부스 오르비우스에 있는 사거리를 지나서 왼쪽으로 돌면, 거기 모퉁이에 간이 음식점인 포피나가 있소. 비쿠스 산달리아리우스로 접어들어 곧장 가면 콜로세움이 나올 거요. 찾기 쉽소." 그리고는 밀가루를 뒤집어 쓴 그는 축축한 행주로 손을 닦고 빵을 더 굽기 위해서 자신의 상점 안으로 다시 들어갔다.

그가 일러준 방향은 맞았다. 지금 우리는 비쿠스 산달리아리우스로 접어들었다. 높은 건물들 사이에 난 좁은 길이다. 갑자기 그림자가 져서 또렷하게 보이지는 않지만, 멋진 골목 풍경이다. 이 어두운 건물들이 만든 도심의 협곡 같은 길 끝에, 믿기지 않을 정도로 대조적인 태양의 금빛으로 빛나는 거대한 건물이 반짝거린다.

우리가 앞으로 나아갈수록, 액자처럼 주변을 감싼 건물의 어두운 벽이 무대의 막처럼 열리는 것 같다. 저 빛나는 건축물은 광장에서 가장 큰 거대한 조각상이다. 금박을 입힌 네로 황제의 청동 조각상인 콜로수스 네로니스(Colossus Neronis)이다. 그 너머에 거의 산처럼 우뚝 서 있는 콜로세움이 모습을 드러낸다. 당연히 우리는 건물 협곡에 시야가 막혀 그 일부밖에 보이지 않지만 형언하기 어려운 것이라는 점은 알 수 있다. 지평선의 일부처럼 거대하며, 주변 건물들을 압도한다.

비쿠스 산달리아리우스를 벗어난 우리는 너무 놀라 걸음을 멈춘다. 콜로세움이 저기 우리 앞에 있다. 환하게 빛나는 흰색이다. 끝이 없어 보이는 아치가 이어진 회랑이 달려 있고, 벽에는 위대한 방패들이 매달려 있으며, 색색의 띠들이 바람에 날린다. 그리고 꼭대기는 장대들이 빼곡하게 에워싸고 있다.

우리가 알고 있던 모습과는 무척 다르다. 전혀 손상되지 않고 온전한 탓에 훨씬 더 높아 보인다.

각각의 아치 중앙에 보이는 조각상들은 멋지다. 신, 영웅, 전설적인 인물 혹은 로마 역사의 실존인물들의 조각상이다. 심지어는 독수리 조각상도 있다. 조각상에는 모두 색깔이 칠해져 있고, 마치 보초를 서는 경비병처럼 보일 정도이다. 이 때문에 요새나 신전 앞에 있는 것 같은 느낌이 든다. 공연을 위한 장소인지 의심스러울 정도이다.

거리의 사람들은 콜로세움을 보는 데에 익숙해졌는지 그 존재를 신경 쓰지 않는 듯하다. 로마 역사상 무척 근래에 지어진 것인데도 말이다. 우리는 로마가 최대로 영토를 확장한 순간인 기원후 115년에 있다. 이때는 콜로세움이 지어진 지 겨우 35년이 지났을 뿐이다. 율리우스 카이사르는 콜로세움을 보지 못했다. 아우구스투스도, 티베리우스(기원전 42-기원후 37)도, 클라우디우스(기원전 10-기원후 54)도, 네로 황제도 본 적이 없다. 콜로세움을 원했던 이는 베스파시아누스였다. 그런데 여러분은 그가 이 콜로세움을 어디에 지었는지 알고 있는가? 도시 한복판에 네로가 지은 유명한 궁전, 도무스 아우레우스 안이다.

유명한 대화재 이후 네로는 개인 용도로 쓸 거대한 궁전을 짓기를 원했다. 로마의 심장부에 지어진 네로의 화려한 목장이라고 부를 수 있으리라. 여러 채의 건물, 다양한 정원들, 사슴이 뛰노는 숲 그리고 심지어는 백조가 헤엄치는 넓은 호수까지 포함되었다. 네로가 죽자, 베스파시아누스는 이 지역을 로마인들에게 되돌려주기를 원했다. 그리고 기발하고 독창적인 생각을 해냈다. 로마의 백성들에게 헌정하는, 이전에 지어진 것보다 훨씬 더 큰 원형투기장인 콜로세움의 토대를 세우기 위해서 호수의 물을 퍼내고 텅 빈 바닥을 개척하는 것이었다.

그 결과 트라야누스 시대에까지 남아 있던, 네로의 저택을 기억하는 유물은 금박을 입힌 거대한 청동상뿐이다. 지금 우리는 그 조각상의 발치에 서 있다. 운동선수 같은 몸을 과감하게 드러낸 누드 조각상이다. 한때 이 청동상은 네로의 얼굴이었지만 네로가 죽은 이후 대대적인 성형수술이 감행되었다. 지금은 태양광선으로 된 왕관을 쓴 태양의 신 헬리오스의 얼굴을 하고 있다.

우리 눈에 보이는 모든 것들은 그리스 조각가 제노도로스의 작품이다. 대단한 걸작이다!

조각상의 높이는 30미터에 달한다. 10층짜리 건물보다 더 높다. 로마인들은 이 조각상을 "네로 황제의 거상(巨像)"으로 알고 있었다. 거대하다라는 뜻의 단어 콜로수스(Colossus)에서, 옆에 우뚝 서 있는 이 거대한 원형투기장의 이름이 유래되었음을 생각해보는 것도 재미있다. 로마인들이 너무 무미건조할 수도 있는 플라비우스 원형극장이라는 공식 명칭 대신에 이런 이름을 붙인 것은 매우 적절한 별칭의 사용이라고 할 수 있다. 솔직히 말해서, "콜로세움(Colosseum)"이라는 단어가 중세에 이르러서야 처음으로 기록으로 남기 시작했을지라도 말이다.

우리 주변에 있는 건물들 대부분은 콜로세움의 용도와 관련이 있다. 원형투기장 내부기관의 업무용 부속건물들이다. 검투사들의 무기 보관소나 무대 세트와 버팀목 등의 도구를 보관하는 창고로 사용된다. 동물을 일시적으로 맡아두는 작은 동물원도 있고, 부상자들이 치료를 받는 곳인 일종의 병원도 있다. 게다가 검투사들을 위한 막사도 있다. 현대에도 여전히 볼 수 있는 이 막사에는 많은 작은 감방들과 연습을 할 수 있도록 작은 원형투기장도 갖추어져 있다. 이 건물은 로두스 마뉴스라고 하는데, 지하 복도를 통해서 콜로세움과 연결되어 있다. 한마디로 말해서 원형투기장 일대가 콜로세움을 운영하기 위한 부대시설이라고 말할 수 있을 것이다.

콜로세움 안에서 관중들의 함성이 들린다. 꼭대기에 앉아 있던 비둘기 떼가 날아오른다. 관중들을 흥분시키는 뭔가가 원형투기장 안에서 시작되었다. 우리는 원형투기장을 향해서 걷기 시작한다. 골짜기에 솟아오른 빙하를 향해 다가가는 것 같다. 온통 트래버틴 대리석으로 뒤덮여 새하얗다.

우리 앞에 거의 50미터 정도 되는 높이의 콜로세움이 우뚝 서 있다. 이것은 4층으로 구분된다. 1층에는 80여 개의 아치가 이어진 거대한 회랑이 있다. 이 회랑 안에는 사람의 키를 훌쩍 넘는 조각상들이 서 있다. 이것들을 만드는 데에 10만 세제곱미터의 트래버틴 대리석이 족히 쓰였다. 이 재료는 로마 교외의 티볼리 근처 알불라에 채석장에서 옮겨왔다. 이것을 옮기느라 6미터 폭의 길을 닦아야만 했다.

2,000년 동안 서 있는 콜로세움은 10년이 채 못 되는 기간에 지어졌다! 어떻게 가능했을까? 일종의 속임수가 이용되었다. 베스파시아누스의 기술자들은 자신들이 아주 잘 만들 줄 아는 것, 즉 아치를 끊임없이 반복해서 만들었다. 여러 개의 아치 형 수로를 겹쳐 쌓아올리는 것과 마찬가지 방식이었다. 이런 방식으로 위의 건물 무게가 아래의 지면에 완벽하게 분산된다.
    한마디로 말해서, 피라미드가 틈새 없이 석재로 가득 찬 것이라면, 반대로 콜로세움의 골격은 실질적으로 아치를 섞어서 건설함으로써 비어 있는 공간인 셈이다. 콜로세움은 중세의 약탈과 지진에도 불구하고 아직 굳건히 버티고 있을 정도로 잘 설계되고 건설되었다.
    가까이 다가간 우리는 로마의 건축가들이 활용한 책략을 알아챈다. 트래버틴은 사실 섬세하게 세밀한 조각을 하기에는 적합하지 않다. 왜냐하면 구멍이 많이 뚫려 있는 탓에 미세한 세부를 묘사할 수 없기 때문이다. 그래서 건축가들은 트래버틴으로 만든 기념물들을 절대 끝내지 않았다. 예를 들면 콜로세움의 기둥들은, 미완성의 특징을 드러내며 얼핏 스케치만 해놓은 것 같다. 그래서 눈이 즐거우려면 멀리서 작품을 감상하고 이 기념물의 거대한 크기에 감동을 받아야 할 필요가 있다. 어떤 의미에서는 질은 보잘것없지만 양만큼은 엄청나다. 콜로세움뿐만 아니라 마르켈루스 극장 등도 마찬가지이다.
    우리는 걸음을 서두른다. 해변에 가까이 다가갈 때 들리는 파도소리와 비슷한 관중들이 내는 낮고 느린 함성이 끊임없이 울린다. 콜로세움은 활기찬 에너지가 박동치는 살아 있는 장소라는 느낌이 든다. 우리는 고함소리에 사로잡힌 것 같다. 거의 최면에 걸린 듯이 앞으로 나아간다. 가까이 다가갈수록 콜로세움의 높이는 하늘 높이 치솟는다.
    갑자기 먹구름이 끼면서 콜로세움의 환한 대리석이 빛을 잃는다. 음침한 콜로세움의 위압적인 모습이 우리 앞에 나타난다. 아래에서 보니 죽음을 지켜보며 으르렁대는 사람들 소리가 안에서 흘러나오는 콜로세움이 마치 하늘로 오르려는 바벨탑 같다. 콜로세움과 비슷한 장소는 이 세상 어디에도 없을 것이다.

입장료를 내지 않는다. 무료 입장이다. 그러나 일종의 출입증 카드가 필요하다. 그것 없이는 들어갈 수 없다. 그것은 뼈로 만들어졌으며, 앉을 좌석 번호뿐만 아니라 드나들 출입문과 구역이 새겨져 있다. 사실 밖으로 열려 있는 각 아치 위에 I(1)부터 LXXVI(76)까지의 숫자가 적혀 있다. 우리가 가진 카드는 LV(55)번이다. 관리인이 카드를 검사하고 우리를 들여보낸다.

이제 우리는 넓은 통로에 서 있다. 밖의 아치를 통해서 자연 채광이 비춘다. 둥근 아치의 천장은 색깔 있는 치장벽토로 온통 장식되어 있다. 사람 형상, 신화 속 인물, 기하학적 무늬 그리고 건축 외장으로 장식된 형형색색의 아주 멋진 만화경이다. 공공장소라기보다는 제국의 궁전에 와 있는 것 같다. 고함소리, 웃음소리, 싸우는 소리가 들린다. 사실 우리 주변은 많은 사람들로 북적인다. 끊임없이 오가는 관중들 이외에, 계단 스탠드에 깔고 앉을 쿠션이나 포카치아, 올리브 열매, 복숭아, 자두, 체리, 잣(하수시설 유적지에서 견과류가 고스란히 발굴되었다) 등의 간식을 파는 상인들도 있다.

콜로세움의 가장 안쪽에는 당연히 이런 곳에 있기 마련인 다른 사람들도 있다. 그들은 어떤 의미에서는 현대적인 인물이기도 하다. 즉 도박업자이다. 사람들 무리가 모퉁이에서 서성이고 있다. 누군가는 숫자를 가리키며 손을 들고, 누군가는 고함을 지르고, 누군가는 숫자가 너무 높다는 표시를 하고, 다른 이들은 이 작은 무리에 끼어들어 다음에 벌어질 검투사들의 시합에서 승자를 점치기 위해서 난리들이다.

가볍게 보아 넘길 현상이 아니다. 시합에 내기를 하는 것은 이 공연에서 중요한 오락거리이다. 오늘날 권투 시합이나 경마 그리고 거의 모든 스포츠에서 내기를 걸듯이 말이다. 챔피언과 도전자도 있다. 그리고 십중팔구 부정행위도 저지른다.

두 개의 기둥 사이에 사람들이 올라가는 계단이 눈에 띈다. 우리가 들어갈 구역이다. 우리는 다른 사람들을 따라간다. 콜로세움의 구조는 정말로 인상적이다. 효율적인 출구와 통로 구조 덕분에 많은 사람들이 신속하게 드나들 수 있게 설계되었다. 우리와 함께 남자들만 올라온다. 이곳은 여자들의 출입이 금지된 구역이다.

마지막 계단 꼭대기에 밝은 하늘이 보인다. 그랜드 스탠드로 통하는 계단이다. 이 출입구에 붙은 이름은 정말로 특별하며, 실제로 그 출구를 통해서 사람들이 끊임없이 밀려나가는 모습이 보인다. 방출구라는 의미의 보미토리아라고 불린다.

이제 거의 다 왔다. 터널에서 빠져나오는 것 같다. 관중의 함성소리는 점점 강해진다. 저음의 으르렁대는 소리가 점점 커진다.

어느 순간 우리는 밖으로 나온다. 눈이 부셔서 잘 보이지 않는다. 우리 앞에 깔때기 모양의, 넓고 깊은 인공 계곡이 펼쳐진다. 사람으로 완전히 뒤덮여 있다. 5만에서 7만 정도의 사람들이 함성을 지르고 환호하고 잔뜩 흥분해 있다. 온갖 인종의 관중은 마치 인간 색종이를 보는 것 같다. 우리가 떠올릴 수 있는, 이 장소와 비슷한 이미지는 단테가 쓴 「지옥 편」에 나오는 장소가 유일할 것이다.

우리는 우리 뒤에 있던 아버지와 아들에게 떠밀린다. 트래버틴에 새겨진 숫자 덕분에 우리의 자리를 찾는다.

마지막 공개 처형이 집행되고 있다. 한 남자가 곰에 쫓겨 달아나고 있다. 그는 묶여 있던 봉에서 자유로워졌다. 이 갑작스런 상황에 관중들은 무척 즐거워한다. 남자는 지그재그로 달린다. 그리고 원형투기장 둘레에 쳐진 울타리를 향해 뛰어오른다. 곰이 거의 남자를 덮치기 직전이지만 그는 높이 뛰어 울타리 위로 올라가 목숨을 구한다. 이를 지켜보던 관중들은 커다란 웃음을 터뜨린다. 남자에게 힘을 준 것은 절망이다. 그는 미끄러지고 다시 오르기를 반복하며 울타리 위로 간신히 기어올라 울타리 꼭대기까지 오른다. 그 너머로 뛰어내릴 수 있을까?

거의 원통형의 쿠션에 가까운 우아한 흰색 보강물이 위에 달린 울타리가 우뚝 솟아 있다. 그런데 바로 거기에서 목숨을 구하기 일보 직전에 남자는 도망치기를 멈추고 당황한다. 여러 차례 이 대형 소시지를 잡으려고 시도하지만 곧바로 뒤로 물러난다. 무슨 일이 벌어지고 있는 것일까? 자세히 살펴보던 우리는, 원통형의 보강물을 단단히 붙잡지 못하도록 자체에 상아로 만든 롤이 달려 돌아가고 있음을 알아챈다. 동물이나 사람이 탈출하는 것을 막기 위한 안전장치 중의 하나이다. 그는 계속 시도한다. 필사적으로 그러나 아무런 소용도 없는 시도를 계속한다. 그럼에도 불구하고 그의 발치에 서 있는 곰은 그에게 닿지는 못한다. 관중들이 웃어댄다. 교착상태에 빠져 승자 없이 끝나는 것처럼 보인다. 남자는 행동을 멈추고 울타리에 그리고 기둥에 불쑥 솟아나온 코끼리 상아 이빨 중의 하나에 매달려 있다. 그런데 그의 몸이 갑자기 활 모양으로 구부러진다. 한 번 이어서 두 번 구부러진다. 그리고 그의 등 뒤로 화살 두 대가 삐져나와 있다. 정 위치에서 대기 중이던 경비병이 쏜 화살이다. 정확하게 정조준된 그들의 화살은 남자의 폐를 뚫었다. 남자는 손의 힘이 빠진다. 팔 한쪽은 매달려 있다. 그는 단지 한 손으로만 매달려 있다. 세 번째 화살은, 관중들의 함성소리와 더불어 그를 원형투기장 안으로 되돌려 떨어뜨린다. 곰이 바로 그에게 달려들어 한 발로 쳐서 목숨을 빼앗는다. 관중은 기뻐 날뛴다.

우리 옆에 있던 남자도 환호하며 막 자리에 앉은 우리에게 몸을 돌려 그가 무슨 죄를 지었는지 말해준다. 남자는 15세스테르티우스를 훔치기 위해서 상점 주인을 살해했다. 튜닉 한 벌 값에 그는 목숨을 잃은 것이다.

이 시신을 마지막으로 오늘의 처형 집행은 막을 내린다. 곰은 조련사들에게 이끌려 옆에 나 있는 작은 문으로 다시 들어갔다. 다른 진행요원들은 피 웅덩이로 뒤덮인 투기장을 청소하는 중이다. 바로 우리 아래에서 역겨운 장면이 벌어지고 있다. 사자에 갈기갈기 찢긴 여자의 잔해를 모으고 있다. 작은 수레 위에 신체 일부들을 마구잡이로 쌓아 담는다. 몇 미터 앞에 떨어진 팔 하나 그리고 그 앞에 일부 살점이 떨어져 나간 다리 한 짝. 좀더 멀리 있던 다른 진행요원은 뭔가를 주워들고 수레를 향해 돌아온다. 가방 같아 보인다. 아니, 그것은 여자의 머리카락이다. 그는 마치 배낭이라도 던지듯이 포물선을 그리며 그것을 수레 위에 던진다. 잠시 동안 우리는 마지막으로 휘날리는 그녀의 금발 머리를 본다. 우리 옆에 있던 남자도 공포로 얼굴을 찡그린다.

4세기에 살았던 신학자 나지안주스의 그레고리우스(329?-389)가 썼듯이, 온갖 형태의 인간성이 사라진 곳에서나 볼 수 있는 광경이다. 비록 평범한 사람들로 이루어진 관중일지라도 저절로 활성화되는 사디스트적인 쾌락이 불러일으키는 일종의 광분에 휩싸여 있다. 여기에 참석한 대부분의 사람들이 그들의 일상생활 중에 틀림없이 엄수하는 윤리적 제한이, 이 장소와 공개 처형이 집행되는 상황에서는 부재하는 것 같다.

나지안주스의 그레고리우스는, 한 사람이 맹수로부터 목숨을 구하기라도 하면 관중은 거의 사기를 당한 것처럼 그리고 시간 낭비라도 한 것처럼 항의한다고 말한다. 그는 "그렇지만 한 사람이 맹수에 물리기라도 하면 관중은 고함치고 발을 굴러 먼지가 인다. 그리고 그들의 눈에서는 일말의 자비라곤 찾아볼 수 없다. 그들은 피가 튀기는 것을 보면 그저 기뻐하며 손뼉을 쳐댈 뿐이다"라고 말한다.

원형투기장에 이제는 즐거움을 선사하기 위해서 몇 가지 재주를 선보이는 곡예사들이 등장한다. 그러나 대부분의 사람들은 별로 관심을 보이지 않는다. 사실 막간 휴식 시간인 셈이다. 그래서 많은 이들이 자리에서 일어나 잡담을 나누고 몇몇은 콜로세움 층마다 있는 음수대에 물을 마시러 가기도 한다. 다른 사람들은 보미토리아라는 이름의 출입구를 통해서 아래층에 있는 화장실로 내려가기도 한다.

우리는 이 시간을 좀더 기술적인 관점에서 콜로세움을 관찰하는 일에 활용하기로 하자. 콜로세움은 애초부터 오로지 공연을 위한 용도로 작정하고 지어진 건축물이다.

탐구 II 콜로세움의 비밀

콜로세움은 더 많은 사람들을 수용하기 위해서 타원형으로 지어졌다. 이외에도 그랜드 스탠드는 어느 자리에서든 최고의 시야를 확보하기 위해서 37도 경사져 있다. 대리석으로 만든 그랜드 스탠드는 눈부신 흰색이지만 아무데나 앉을 수 있는 것은 아니다. 어느 정도는 우리네 경기장처럼 다양한 구역으로 나뉜다. 원형투기장에서 가장 가까운 아래층 좌석은 원로원 의원, 베스타 신전의 여사제, 사제, 판사처럼 주요 인물들을 위한 자리이다. 위로 올라가면 전사들을 위한 구역이 나온다. 그 위로는 최고 수준의 장인, 상인, 일반 내빈 등을 위한 구역이다. 조각상이 놓여 있는 벽감을 설치하여 통로를 분리해놓은 위쪽 자리는 서민용이다. 그들은 콜로세움에서 가장 높은 곳에 앉는다. 이곳에는 그들 표현에 의하면, 난잡함을 피하기 위해서 여성용 구역이 따로 있다. 드디어 가장 마지막 구역은 콜로세움의 가장자리 전체를 따라 빙둘러가며 나무로 만들어진 최상층의 맨 뒷좌석으로, 이것 역시 서민들을 위한 자리이다. 한마디로 말해서 이 원형투기장은 로마 사회의 역피라미드 단면을 상징적으로 보여준다. 내려갈수록 사회적 위치는 더욱더 중요해진다.

관중을 위한 서비스 중에 규칙적인 휴식시간에 사용할 수 있도록 일부 내부 통로에 설치된 100여 개의 음수대 이외에 특이하게도 향수, 장미 향수, 샤프란 등을 뿌려주는 뜻밖의 장치들도 갖추어져 있다.

콜로세움의 덮개 방식은 놀라운 특징을 보여준다. 꼭대기에 240개의 굵직한 봉이 왕관처럼 세워져 있다. 이 봉에서 뻗어나간 긴 줄은, 지면에서 40미터 높이에 있는 대형 중심 고리에 연결되어 고리가 매달려 있도록 지탱한다. 꼭대기에 있는 이 거대한 거미줄 같은 줄 위에, 가벼운 아마

섬유로 만든 대형 천막이 중심 고리를 향해서 마치 양탄자처럼 펼쳐진다. 이런 방식으로 기다랗고 둥근 지붕 같은 베일 덮개가 만들어진다. 로마에서 정말이지 견디기 힘들 정도인 태양빛으로부터 관중을 보호하기 위한 장치이다. 중앙에는 커다랗고 둥근 공간이 가려지지 않고 열린 채로 그대로 남아 있다. 이 때문에 판테온의 지붕과 유사해 보인다. 그런데 이 열린 중앙 공간은 오락의 신전을 위해서 만들어졌다.

이 베일 덮개의 크기를 생각해볼 때, 윈치로 꼭대기에서부터 줄을 따라 덮개를 위아래로 움직이게 하는 데에 쓰이는 고리는, 최근에 산출된 계산에 의하면, 총 무게가 24톤 정도이다. 즉 봉 1개당 100킬로그램을 지탱하는 셈이다. 따라서 고대 로마의 해군 기지인 미제노에 있는 해군 함대 소속의 선원 1,000여 명이 이 모든 것을 직접 손으로 조종한다는 사실에 놀라지 않을 수 없다. 사실 계절에 따라서 로마에 부는 바람 이외에, 사람들로 꽉 찬 콜로세움 같은 일종의 분지에서 발생할 수 있는 강한 상승 기류에도 맞설 정도로 숙련된 기술이 필요하다. 이런 의미에서 원형투기장은 어느 정도 대형 범선을 연상시킨다.

배에 대한 비유는 원형투기장에도 딱 맞아떨어진다. 그러나 방식은 전혀 다르다. 원형투기장의 길이는 75미터, 너비는 44미터이다. 잘 알려진 바대로 원형투기장의 모래 바닥 아래에는, 6미터 깊이로 땅을 파내려가며 만든 여러 층의 지하층이 있다. 원형투기장을 나무 바닥으로 가리기 위해서 로마의 기술자들은 배의 선체와 상당히 유사한 서까래, 덧감기(serving), 늑재 방식을 고안했다. 이 나무 바닥재는 하수구와 배수구 시설이 설비된 투기장 옆으로 빗물이 흘러내리도록 살짝 볼록하게 만들어졌다. 뒤집어진 배에 비유하면 원형투기장의 구조와 견고함을 잘 설명하는 것이리라.

이 바닥재 아래에는 콜로세움의 진정한 혼이 숨어 있다. 사실 극장에는 무대 양옆으로 좁고 긴 막이 있다. 그런데 콜로세움에는 무대 양옆에 있는 대신 무대 아래에 있다. 그래서 원형투기장 위로 갑자기 가짜 고래를 등장시키는 정말 기발한 특수효과를 가능하게 한다. 고래가 입을 벌리자 50마리의 곰이 밖으로 나왔다. 혹은 많은 바위와 나무로 꾸민 무대가 차츰차츰 솟아오르며 등장하기도 했다.

사실 모래와 나무 바닥 아래 두 층의 지하층에는 복도, 계단과 방, 무기, 사자 우리, 사형수 등이 들어가 있다. 특별하게 경사진 층 덕분에, 정확하게 의도하는 지점에 윈치를 활용하여, 온갖 종류의 무대장치를 위로 올릴 수 있다. 또한 특별한 승강기를 이용하여 검투사와 맹수를 원형투기장 위로 올려보낼 수도 있다. 이 모든 장치들이 대단히 극적인 장면을 연출하는 데에 사용된다. 예를 들면, 콜로세움의 모든 관중을 잠시 동안 침묵하게 할 정도로 무시무시하게 포효하는 사자 100마리의 동시 입장이 연출되기도 했다.

지하층에 설치된 회색 응회암으로 된 방화벽은, 희미한 등불 아래에서 노예, 소도구 담당자, 조련사, 검투사 교관 등이 힘겹게 일하는 이 어두운 장소의 위험성 중의 하나를 드러낸다.

처음에 이 지하층은 존재하지 않았다. 그리고 거의 확실하게 원형투기장은 소규모의 해상 전투를 벌이거나 얕은 물속에서 경마와 전차 경주를 할 수 있을 정도로 물에 잠길 수 있었다.

공연 기획은 항상 철통 같은 규율 속에서 진행되었다. 그래야만 수천 명의 출연자들이 등장하는 대규모 공연이 가능하기 때문이다. 기원후 80년에 베스파시아누스의 후계자이자, 아들인 티투스에 의해서 콜로세움이 개장되었을 때, 100일에 걸쳐 5,000마리의 맹수들이 죽임을 당했다!

반면에 우리가 지금 둘러보고 있는 시대에 가까운 것으로는, 다키아인들에 대한 트라야누스의 승전을 축하하는 기념식을 들 수 있다. 이때 콜로세움은 120일 동안 쉬지 않고 공연을 벌였다. 이 기간 중에 족히 1만 1,000마리의 맹수와 1만 명의 검투사들이 목숨을 잃었다.

15시 30분
검투사들이 도착하다!

한편 원형투기장의 가장자리를 따라서 마차들이 지나가고 있다. 그 마차에서 생화로 만든 화환을 쓴 몇 명의 노예들이 관중들에게 빵이나 동전 등의 선물을 던진다.

선물 때문에 잠시 흥분하여 들뜬 시간이 지난 뒤에 다들 다시 스탠드에 앉는다. 원로원 의원과 콜로세움의 가장 앞줄에 앉은 주요 인물들을 포함하여 모두들 자리를 잡는다. 로마에서 가장 부유한 집안 출신의 귀족인 공연 기획자 역시 자리에 앉는다. 그는 꽤 높은 지위에 있을 것이다. 판사인 그는 아직 공적 생활에서 경력을 쌓는 초반인지라 명성을 얻고 유명해질 필요가 있다. 이 공연 비용을 댄 그는 우리가 지켜보고 있는 이 공연의 스폰서로 로마인들은 그들을 에디토르라고 부른다. 그는 콜로세움에서 벌이는 3일간의 공연을 위해서 꽤 많은 비용을 들였을 것이다. 한편으로는 이런 행사를 기획해야 하는 법적 의무도 있다. 어쨌든 그에게 이익이 되는 투자인 셈이다. 그는 원로원의 인정을 받게 되고 시민들의 존경을 얻게 될 것이다. 그리고 이를 바탕으로 그는 향후 정치, 사회 혹은 경제 분야에서 경력을 쌓게 될 것이다. 한마디로 말해서 파넴 에트 치르첸세스, 즉 빵과 서커스라고 풍자시인 유베날리스는 말했다.

그리고 소소하지만 개인적인 기쁨도 있다. 이 3일간, 검투사와 맹수의 삶과 죽음을 결정하고 군중의 칭송을 받으며, 어느 정도 황제가 된 듯한 기분을 느낄 수 있다는 사실이다. 이 3일은 그의 경력을 시작하는 중요한 출발점이고 그의 후손들에게도 분명히 기억될 것이다. 어쩌면 그가 살아 있는 동안에 로마 밖에서 그가 기획한 검투사와 사형 집행인의 긴장된 순간을 표현한 새롭고 멋진 모자이크가 만들어질지도 모른다. 이런 이유에서 박물관이나 고고학적 유적지에서 그렇게 잔인한 모자이크를 보게 되는 것이다.

그는 정교하게 조각이 새겨진 대리석 벤치 위에 앉아 있다. 그는 로마의 권력자들이 가지고 있는 일반적인 이미지와는 전혀 다르다. 뚱뚱하지 않고, 대머리도 아니고 반지를 잔뜩 끼고 있지도 않다. 반대로 키가 크고, 운동선수 같은 균형 잡힌 몸매에, 짙은 머리카락과 푸른 눈을 가지고 있다. 그의 옆에는 무척 젊은 그의 아내가 앉아 있다. 그녀는 로마의 권세 있는 귀족의 딸이 분명하다. 그녀와의 결혼은 그에게 화려한 경력을 쌓도록 수많은 기회의 문을 열어주었을 것이다. 인술라의 꼭대기 층만큼 시끌벅적한 귀족들끼리의 연회에서도 많은 추문거리를 제공하는 한 쌍이다.

그들 뒤에 경비병들이 정렬하고 있다. 그들이 쓴 투구에 달린 붉은 깃털을 가볍게 흔들며 금으로 수를 놓은 무거운 커튼에 닿는다.

관중이 자신들이 선호하는 검투사를 불러내고 싶은 듯이 함성을 지르고 손뼉을 치기 시작한다. 결전의 순간이다! 남자가 손으로 신호를 한다.

원형투기장의 가장자리에 몇 명 되지 않는 작은 오케스트라가 개선가를 연주한다. 콜로세움의 관중들이 한 목소리로 함성을 지르기 시작한다. 갑작스런 천둥소리처럼 원형투기장에 울리는 함성은 메아리가 되어 도시 전체로 퍼져나간다.

개선문 아래의 문들이 웅장하게 활짝 열린다. 문에서 이 시합을 주선한 귀족의 휘장을 높이 치켜든 두 명의 간수가 이끄는 행렬이 나온다. 그 귀족은 사형을 언도할 권한이 없는 판사라서 휘장에 도끼는 그려져 있지 않다. 긴 나팔인 부치나에를 든 연주자들이 뒤를 따르고 시합 일정표가 적힌 커다란 종이를 실은 마차가 뒤를 잇는다. 이는 일종의 움직이는 광고판인 셈이다. 로마에 입성하는 많은 승전 황제들의 행렬에도 종종 등장하는 마차이다. 이때 수레 위에는 전투와 전력을 묘사한 커다란 그림이 달려 있다. 승리자의 공적은 모든 이들이 이해할 수 있도록 이런 방식으로 공개된다. 뭔가 시칠리아의 우마차와 음유시인의 중간에 해당하는 역할을 한다. 그 뒤에는 승리자가 쓸 종려나무 가지를 상징적으로 들고 있는 한 남자가 있다.

이 시점에 검투사의 도구인 투구와 검을 든 노예들이 나온다. 이 도구들은 검투사들의 시합에서 사용될 것이다. 비록 그중 많은 무기들이 행진에만 사용될 것일지라도.

드디어 검투사들이 모습을 드러낸다. 관중이 열광하는 소리가 너무 시끄러워서 귀를 막아야 할 정도이다. 순간 콜로세움이 수만 명의 관중들의 함성과 발 구르는 소리에 무너질 수도 있다는 느낌이 든다. 분위기가 최고조에 이른 순간에 관중과 투기장을 내려다보자, 원형투기장의 가장 위대한 이미지가 눈앞에 펼쳐진다. 그런데 이 모든 것이 죽음을 공연하기 위해서 만들어진 것에 불과하다는 생각이 들자 섬뜩해진다.

4세기 반에 걸친 공연으로 콜로세움이 지구상에서 가장 좁은 지면에서 가장 많은 사망자를 낸 장소가 되었다는 생각에 전율이 인다. 히로시마도 나가사키도 이곳만큼 사망률이 높지 않았다. 저 평범한 투기장 위에서 수십만의 사람들이 심지어 혹자에 의하면 100만 명의 사람들이 죽임을 당했다.

우리가 지금 둘러보고 있는 시대로만 제한해도 계산은 단순하고 끔찍하다. 이미 언급했듯이, 8년 전인 기원후 107년에 트라야누스는 1만 명의 검투사들끼리 시합을 붙였다. 그들 모두가 거의 전쟁포로들이었다. 6년 전에는 족히 117일 동안 계속된 다른 시합 중에 9,800명이 넘는 검투사들이 투기장 위에서 숨을 거두었다. 2년 전인 기원후 113년에는 겨우 3일 동안, 몇 명이 죽었는지 모르지만, 2,400명의 검투사들이 투기장에 나섰다. 이런 수치가 예외적인 사건에 해당한다는 것은 짐작할 수 있지만, 또한 투기장에서 얼마나 쉽게 목숨을 잃었는지도 알 수 있게 한다. 물론

이 수치에 사형 선고를 받은 죄수들은 포함되지 않는다.

검투사와 사형 선고를 받은 죄수까지, 매달 50-100명이 목숨을 잃었다고 추정한다면 총 합계는 27만 명에서 50만 명에까지 이른다. 이는 수 세기가 흐르는 동안 맞이한 위기의 순간을 참작한 것으로, 이렇게 큰 공연 규모에 비하면 실제 수보다 적게 평가한 수치이다. 일부 학자들은 이 수치가 실제로는 훨씬 더 높을 수 있고 어쩌면 두 배가 될 수도 있다고 본다.

섹스 심벌과 전사 : 검투사들은 누구인가?

검투사들이 멈추고, 관중은 환호한다. 그리고 검투사들은 관중에게 감사의 표시로 두 팔을 벌려 큰 몸짓으로 인사한다. 거칠게 칼을 뽑아 전광석화처럼 공격하는 자신들의 능력을 보여주려고 그들은 천천히 몸을 풀기 시작한다. 그들의 행동 하나하나에 관중석에서는 함성이 터져나온다.

현대에 유명한 축구선수들 혹은 유명한 가수나 영화배우만이 이런 종류의 흥분을 불러일으킬 수 있다. 그리고 여성들에게 자신의 매력을 과시할 수 있다. 사실 우리는 검투사들이 여성 관중에게, 서민층의 부인뿐만 아니라 상류층의 귀부인에게도 무척 사랑받는다는 것을 알고 있다.

폼페이에서 발굴된 낙서 등에서 검투사가 소녀들의 짝사랑 상대였음이 드러났다. 유베날리스도 세르지올루스라는 유명한 검투사와 도망친 어느 원로원 의원의 아내인 에피아에 대한 일화를 이야기한다. 오늘날에는 파파라치들의 세계에서 재미있는 이야깃거리나 추문이 되었을 이 사랑의 도피는 십중팔구 모든 사람들의 입에 오르내렸을 것이다. 그리고 유베날리스는 미소년 아도니스와는 절대 비교될 수 없는 검투사의 외모에 대해서 냉소적으로 놀라움을 표시하며 다음과 같이 언급했다. 그의 몸 전체에는 흉터가 있고 다크서클이 짙은 눈과 투구 때문에 코의 중간 뼈가 움푹 들어가고 코가 비뚤어져 있다. 그는 한마디로 다음과 같이 적었다. "여자들이 사랑하는 것은 검투사들의 검이다."

그런데 투기장에서 전투를 벌이는 검투사들은 실제로 누구일까? 그들은 어떤 사정으로 검투사가 되었을까? 그들 각자는 살아오면서 다양한 일을 겪었다. 그중에서 가장 많은 검투사들이 주인이 벌로 검투사 학교에 팔아버린 노예들을 포함한 노예들이다. 그리고 사형 선고를 받은 전쟁 포로들도 있다. 트라야누스의 군대가 다키아를 정복한 이후 적어도 5만 명의 포로가 끌려온 로마 제국의 원형투기장에는, 구부러진 긴 칼날이 달려 있는 자신의 무기로 단칼에 적군의 머리를 박살내는 데에 능숙한 키가 크고 수염이 덥수룩하고 난폭한 전사들이 분명히 넘쳐났을 것이다. 게다가 검투사가 되려는 자유시민도 있다. 네로의 명령에 의해서 400명의 원로원 의원과 600명의 기사들 사이에 벌어진 전투와 같은 특별한 경우를 제외하고 말이다. 예를 들면 과거에 일종의 직업으로 간주되던 전사의 신분이었던 많은 이들, 그리고 몰락한 귀족, 위험한 모험과 돈을 쫓는 사람 등이 검투사가 되었다. 후에는 투기장에 가끔씩 여자들도 등장하게 된다. 심지어는 좋은 집안 출신의 여자들도 검투사 시합에 출전했다. 예를 들면, 4명의 여자들이 자신들끼리 쌍을 이루어 시합을 벌인다. 여자 검투사들의 시합은 다음 황제인 하드리아누스에 의해서 금지될 것이다.

검투사들 중에는 절망적인 상황에 내몰린 사람도 있다. 즉 빚을 지고 제때에 갚지 못하자, 빚쟁이가 돈을 돌려받기 위해서 검투사 학교에 팔아버린 보통 사람들이다.

이탈리아와 제국 전역에는 굉장히 많은 검투사 학교가 있다. 가장 유명하고 부유한 학교는 당연히 제국의 검투사 학교이다. 하지만 이외에도 원로원, 귀족 혹은 단순히 유복한 사람이 소유주인 많은 검투사 학교들이 있다. 검투사를 훈련시키는 것은 라니스타이, 즉 검투사 교관으로, 사람들은 그를 증오했지만 이 대중의 오락을 위해서는 반드시 필요한 인물이다. 훈련은 무척 고되다. 검투사의 삶은 무술을 연마하는 소림사의 승려들을 떠올리게 할 정도이다. 그러나 대조적으로 상투적인 할리우드 영화에서처럼 온갖 자유가 허용되었다. 고대 문서와 고고학적 발굴을 통해서 우리는 많은 검투사들이 검투사 활동의 기쁨과 고통을 함께 나눌 배우자와 함께하기도 했고, 결혼해서 자식을 낳기도 했음을 알고 있다. 종종 그들의 배우자가 무덤 묘비에 이러한 내용을 비문으로 쓰기도 했다.

40여 차례의 승리를 거두고 기원후 1세기를 풍미했던 막시무스처럼 많은 승리를 거두며 경력을 마칠 때까지 살아남은 검투사들도 적지 않다. 최후의 시합까지 승리한 그들에게는, 그들의 악몽의 끝을 상징하는 단순한 나무 검인 루디스가 수여된다. 그 순간부터 그들은 자유이다. 더 이상 전투를 벌이지 않아도 된다. 그리고 검투사 교관과의 인연도 끝이다.

급소를 찔러!

소개가 끝난 뒤에 검투사들은 투기장 밖으로 물러나, 콜로세움의 대기실로 돌아왔다. 지금은 젊은 시중들이 검투사들에게 정강이 보호대, 팔 보호대, 투구를 입히는 중이다. 관중은 이상할 정도로 조용하다. 눈에 보이지 않는 긴장감이 원형투기장 안을 휘감고 있다. 모든 것이 슬로 모션으로 움직이는 것 같다.

놀랍게도 이 시합의 주최 측 앞에 가서, "아베 카이사르, 모리투리 테 살루탄트(카이사르 만세, 막 죽으려는 자가 당신에게 인사합니다)"라는 의례적인 인사말을 큰소리로 외치는 검투사는 아무도 없다.

이것 역시 검투사에 대해서 전설처럼 전해오는 이야기 중의 하나에 불과하다. 검투사들 중 아무도 이 인사말을 하지 않는다. 단지 수십 년 전 클라우디우스 치하에서 모의 해전을 치르기 전에 딱 한번 언급되었을 뿐이다. 희비극적인 측면을 가진 문장이다. 이 인사에 클라우디우스는 적절하게 단 한마디 "어쩌면"이라고 대꾸했다. 즉 전투 중에 어쩌면 죽을 수도 있을 것이라는 대답이었다. 그러나 이 말을 어쩌면 죽지 않을 수도 있다는 의미로 알아들은 병사들은, 자신들에게 자유를 주는 명령으로 이해하고 전투를 벌이지 않기로 결정했다. 클라우디우스는 다시 정정하여 무장한 병사들이 해전을 시작하도록 납득시켰다.

현대인들이 스포츠 시합 전에 둥둥 울리는 북소리처럼, 트럼펫인 티비아와 피리인 코르누아 소리가 울려퍼진다. 갑자기 콜로세움 안에 먼지바람이 인다. 마치 모래의 분수 같다. 관중석에서 사나운 고함소리가 터져나온다. 먼지가 잦아들면서 동시에 마법처럼 사람의 윤곽이 드러난다. 검투사들이다. 거의 무(無)에서 만들어진 것같이 홀연히 모습을 드러낸다. 사실은 여러 대의 승강기를 타고 콜로세움 지하에서 솟아오른 것이다. 투기장의 모래 아래에 감추어져 있던 승강기가 갑자기 엄청난 먼지 폭발을 일으키며 열렸던 것이다. 이는 관중이 가장 열광하는 특수효과 중의 하나이다. 검투사들은 둘씩 짝을 지어 바로 싸우기 시작한다.

적어도 12가지 유형의 상이한 검투사들이 존재한다. 심지어 말이나 전차를 탄 검투사들도 있다. 우리 앞에 있는 두 명의 검투사들은, 사람들이 가장 좋아하는 고전적인 싸움의 짝패이다.

그 유명한 레티아리우스가 그의 전통적인 적수 세쿠토르를 상대로 시합을 하고 있다. 상대방에게 상처를 입히기 전에 먼저 포획을 시도하는 레티아리우스는 그 유명한 그물망과 삼지창을 들고 있다. 이에 맞서는 세쿠토르는 장방형의 커다란 방패를 들고 팔 보호대를 차고 있다. 무엇보다 그가 쓴 단순하게 눈구멍 두 개만 뚫려 있는 달걀 모양의 특이한 투구가 눈에 띈다. 그 투구의 매끌매끌한 형태는 상대편의 그물망에 잡히는 것을 피하기 위해서 고안된 것이다. 실제로 첫 번째 그물 던지기는 허탕이다. 그물망은 세쿠토르 너머로 미끄러지며 땅에 떨어진다. 두 검투사는 싸움을 계속한다.

짝을 이룬 각각의 검투사 바로 옆에는 심판관이 한 명씩 붙어 있다. 그 심판관들은 사실 전직 검투사들이다. 그들은 수직으로 빨간 줄 두 개가 그려진 하얀 튜닉을 입고 있다. 그리고 어느 정도는 권투 경기의 심판처럼 규칙에 따라서 시합이 진행되는지 지켜본다.

한번은 심판이 긴 방패, 검과 목 보호대가 달린 투구로 무장한 두 명의 프로보카토레스 사이의 싸움을 중지시키는 장면이 목격된다. 둘 중의 한 명이 방패를 놓치자, 그에게 방패를 다시 주울 시간을 주는 것이다.

사람들은 베르베라, 이우굴라, 우레(채찍, 급소를 찔러, 태워버려) 같은 말을 외쳐댄다. 사실 싸우려고 하지 않는 검투사들을 채찍질이나 펄펄 끓는 쇠로 자극할 준비가 된 진행요원들이 대기 중이다.

투기장 가장자리에서 공연에 맞추어 연주하는 오케스트라는, 마치 무성영화에 나오는 피아니스트처럼 전투 중 가장 극적인 순간이 돋보이도록 반주를 계속한다. 특이하게 생긴 오르간을 연주하는 여자도 한 명 있다. 세로로 달려 있는 여러 개의 파이프가, 훨씬 더 작기는 하지만 교회의 오르간과 무척 비슷하다. 그녀는 자신의 악기를 연주하기 위해서, 벽을 따라서 투기장 바로 위에 솟아올라 있는 작은 연단 위로 올라선다.

영화 속에서 보던 것과 달리 검투사들 중 누구도 갑옷을 입지 않았다. 그들은 맨 몸으로 싸운다. 단지 프로보카토레스만 두 개의 흉갑을 걸치고 있을 뿐이다.

또다른 특징은 깃털이다. 거의 인디언이 머리에 꼽은 깃털처럼 투구마다 많은 깃털이 꼽혀 있다. 그들의 외모를 돋보이게 하는 작은 특징이다. 이는 로마인들보다 더 먼저 생겨난 이탈리아, 지중해 그리고 대체로 유럽 전역의 많은 민족의 전사들 사이에 퍼진 아주 오래된 전통이다. 오늘날에는 사냥꾼과 알프스 지역의 산악 군인들만이 이 전통을 지키고 있다.

사람들의 고함소리가 중요한 순간에 긴박감을 더한다. 이미 부상자가 한 명 나왔다. 검투사의 또다른 유형인 오플로마코가 트라체에게 타격을 가했다. 가까이에서 싸움을 하도록 둘 다 작은 방패와 커다란 호신용 투구 그리고 짧은 검을 가지고 있다. 그러나 오플로마코는 비장의 카드가 한 장 더 있다. 적의 가장 약한 급소인 얼굴과 눈을 공격할 수 있는 창으로 무장하고 있다. 트라체는 휘청거리며 엄청난 양의 피가 흘러내리는 얼굴을 가리고 있는 투구의 격자 부분에 손을 가져다댄다. 타격은 정확했다. 오플로마코는 이제 공격을 멈추고 기다린다. 그는 심판과 공연 기획자를 향해 몸을 돌렸다. 트라체는 검지를 위로 치켜들며 왼손을 올렸다. 관용을 요청한다. 관중석이 떠들썩하다. 그를 살리고 싶은 사람도 있고, 죽이고 싶은 사람도 있다. 공연 기획자가 신호를 보낸다. 그는 사면되었다. 그는 잘 싸웠다.

검투사에게는 관용을 요청할 수 있는 다양한 방법이 있다. 무릎을 꿇거나, 왼손 검지를 올리거나, 방패를 떨어뜨리거나 혹은 검을 등 뒤로 붙이고 서서 가슴을 내놓기도 한다. 그러면 상대편은 싸움을 멈춰야 한다. 검투사들은 사실 노예들이다. 다른 사람을 죽일 권한이 없다. 시합의 경비를 댄 공연 기획자가 생사 여부를 결정한다. 그만이 결정을 내릴 수 있다. 트라체는 사람들의 박수를 받으며 실려나갔다.

이것이 끝은 아니다. 투기장 안에는 또다른 검투사들이 있다. 자리에 앉아 있는 수많은 관중들처럼 우리는 타원형의 모래판 한복판에서 벌어지는 잔혹할 정도로 치열한 전투에 넋을 빼앗겼다.

또다른 전투방식의 두 적이 마주하고 있다. 한 명은 느리고 다른 한 명은 민첩하게 움직이며 무척 재빠르다. 그들은 단순히 시합에 열중한 것이 아니라 두 사람 사이에 뿌리 깊은 증오가 자리하고 있음이 감지된다. 어쩌면 서로 아는 사이일지도 모른다. 한편은 미르밀로네이고 다른 한편은 트라체이다. 미르밀로네는 바위처럼 단단하고, 몸을 거의 다 가릴 정도로 큰 방패로 방어한다. 거대한 몸집에 힘이 엄청나다. 오른쪽 팔에 보호대를 차고 얼굴을 감싸 보호하는 격자 모양의 가리개가 달린 커다란 투구를 쓰고 있다. 희한하게도 챙이 넓은 카우보이 모자를 연상시키는 투구이다. 그의 투구 위에는 화려한 색상의 깃털로 만든 갈기 장식이 달려 있다. 그는 마치 전차처럼 별다른 움직임이 없다. 그러나 적이 가까이 다가오기만 하면 자신의 날카로운 검 끝을 겨누는 것으로 충분하다.

그의 적대자인 트라체는 정반대이다. 훨씬 더 키가 작고 말랐다. 하지만 믿기지 않을 정도로 움직임이 민첩하다. 정방형의 작은 방패, 무척 긴 정강이 보호대, 허벅지 위에 감은 가죽 보호대, 그리고 그 또한 얼굴을 감싸 보호하는 격자 모양의 가리개와 깃털로 만든 갈기가 달린 커다란 투구를 쓰고 있다. 트라체임을 구별할 수 있는 특징은 투구 꼭대기에 두드러지는 히포그리프의 머리이다. 히포그리프는 신화 속에 등장하는 동물로 반은 독수리이고 반은 말이다. 이 동물에 고무된 트라체는 맹렬한 전투를 벌인다. 거의 앉듯이 무릎을 굽히고 뱀처럼 재빠르게 이리저리 몸을 움직인다.

그의 무기는 치명적인 시카이다. 시카는 짧고 낫처럼 휘어진 검이다. 옆구리, 목, 다리에 치명상을 입히며 상대편의 옆에서 공격하기에 아주 적합하다.

전투력이 뛰어난 트라체는 정말로 가공할 만한 적이다. 그리고 미르밀로네는 이 사실을 알고 있다. 그래서 그 어떤 실수도 해서는 안 된다는 것도. 트라체는 자신의 적 앞에서 고양이처럼 몸을 웅크리고 갑자기 멈추어서 타격을 가하고 좌우로 끊임없이 민첩하게 움직인다. 그리고 검을 깊숙이 박아 치명상을 입히기 위해서, 갑자기 앞으로 껑충 뛰어 미르밀로네의 방패 위로 올라서서 목에 타격을 가하려고 시도한다. 미르밀로네가 머리를 굽히자 금속성의 쇳소리를 내며 그의 투구 옆으로 타격이 빗나간다. 관중들이 호크 하베트, 호크 하베트(이제 그를 공격해라, 이제 그를 공격해라)라고 외치며 미친 듯이 열광한다.

트라체가 내려서더니 몇 미터 뒤로 재빨리 물러서서 다시 공격 채비를 갖춘다. 미르밀로네는 무기력해 보인다. 그는 천만다행으로 치명적인 공격을 피했다는 것을 알고 있다. 다음번에는 무릎을 꿇을 수도 있다는 사실도. 놀라게 하려고 순식간에 적을 향해 앞으로 나아간다. 그런데 균형을 잃으며 방패가 살짝 흔들린다. 트라체는 기다리던 순간임을 알아채고 적의 거대한 방패 위에 올라서기 위해서 다시 앞으로 뛰어오른다. 이번에는 적을 쓰러뜨릴 타격을 가할 수 있음을 확신한다.

그런데 이것은 함정이다. 미르밀로네는 트라체가 뛰어오르도록 유도하

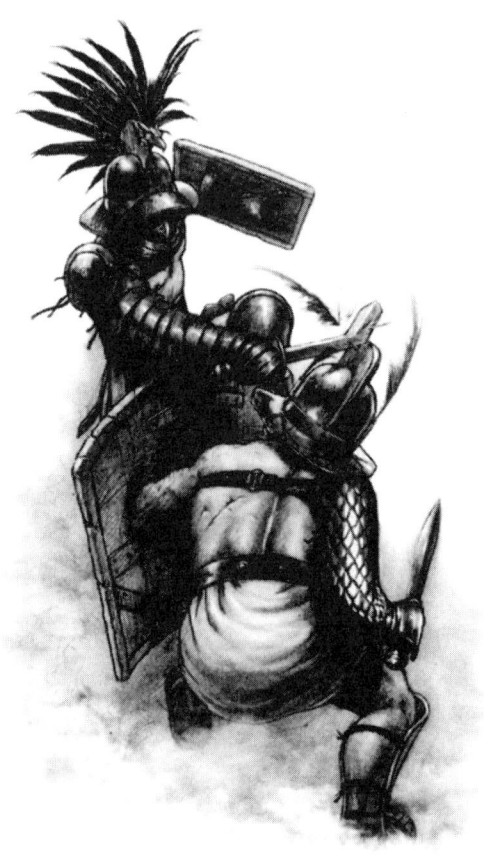

"갑자기 앞으로 껑충 뛰어 미르밀로네의 방패 위로 올라서서 목에 타격을 가하려고 시도한다. 미르밀로네가 머리를 굽히자 금속성의 쇳소리를 내며 그의 투구 옆으로 타격이 빗나간다. 관중들이 호크 하베트, 호크 하베트(이제 그를 공격해라, 이제 그를 공격해라)라고 외치며 미친 듯이 열광한다."

기 위해서 실수를 저지르는 척했다. 몸집이 작고 재빠른 검투사가 그의 위에 뛰어오르는 사이 그는 상대편보다 빠르게, 차고의 문인 양 방패를 거칠게 들어올린다. 트라체는 깜작 놀란다. 적의 방패 위에 올라선 순간 적이 자신을 두 손으로 움켜잡는다. 순식간에 트라체는 높이 날아오르더니 땅에 내동댕이쳐진다. 관중들은 앞에서 벌어진 갑작스런 멋진 공격에 기뻐서 어쩔 줄 몰라한다. 트라체는 다시 일어서려고 시도한다. 그러나 미르밀로네가 육중한 몸을 재빨리 움직여 적의 옆구리에 검을 겨눈다. 시합은 심판에 의해서 중단된다. 다들 공연 기획자가 있는 방향을 바라본다. 그는 천천히 극적으로 고개를 돌려 콜로세움의 관중을 바라본다. 그는 사람들이 무엇을 원하는지 이해할 수 없다.

우리가 그러하리라고 믿는 것과 반대로, 엄지를 올리거나 내리는 방식은 그다지 널리 사용되지도 않고 보편적이지도 않다. 예를 들면 여기에서는 아무도 이 방법을 쓰지 않는다. 패자의 운명을 결정짓기 위해서 정확하게 또박또박 큰소리로 말한다. 미테(그를 풀어줘라) 혹은 이우굴라(급소를 찔러라) 하고 말할 뿐이다.

공연 기획자는 죽음을 결정한다. 미르밀로네는 적을 향해 돌아선다. 트라체는 믿기지 않을 정도의 자제력으로 목을 드러내 보이고 기다린다. 우리는 죽음 앞에서도 거의 아무 일도 아닌 것처럼 두려움을 드러내지 않는 검투사의 용기와 전문가다운 태도에 어안이 벙벙할 정도이다. 미르밀로네는 검을 가까이 가져다대고는 단호한 동작으로 검을 깊숙이 찌른다. 관중이 흥분한다. 승자는 투구를 벗고 달려온 아이들로부터 승리의 상징인 종려나무 가지와 수북하게 금화가 쌓여 있는 두 개의 은 쟁반을 받는다. 또다른 쟁반 위에는 다른 선물들이 들어 있다. 이 선물을 들고 그러나 무엇보다 가장 큰 선물로 목숨을 구한 그는 콜로세움 전체를 뒤흔드는 환호 속에서 출구를 향해 멀어져간다. 시합 중에 보여준 그의 극적이고 완벽한 솜씨에 관중들은 감동받았고 그를 오랫동안 기억하게 될 것이다. 그는 몸을 돌려 마지막으로 관중들에게 인사를 하고는 주요 출입구의 아치 아래로 사라진다. 승자들은 그 아치를 지나 이곳을 떠나간다.

그리고 그의 적인 트라체는 어떻게 될까? 그는 피 웅덩이 속에 생명을 잃고 쓰러져 있다. 카론의 가면을 쓰고 특별한 복장을 한 진행요원 몇 명이 다가온다. 그들은 피부조차 보랏빛으로 칠했다. 그들은 고리와 쇠사슬을 이용하여, 승자가 나간 방향과 정반대쪽에 있는 리비티나의 문을 향해 트라체를 옮긴다. 리비티나는 죽음의 여신이다.

패자는 쉽게 얼룩을 씻어낼 수 있도록 각진 모퉁이가 없는 따로 마련된 방으로 옮겨져 무기와 옷이 벗겨질 것이다. 만일 검투사가 아직 숨을 거두지 않았다면, 그에게 마지막 치명타를 주는 것은 단검을 이용하는 카론의 형상을 한 이들이다.

그런데 여기서 끝이 아니다. 몇 명은 검투사의 피를 받아낼 것이다. 사실 검투사의 피를 원하는 사람들이 많다. 고대 로마인들은 검투사의 피가 간질과 같은 병을 치료한다고 믿었으며, 환자에게 마시게 하거나 몸에 문질러 바르도록 처방했다. 이외에도 검투사의 강건한 신체 탓에 마치 비아그라와 같은 강장제로도 간주되었다! 많은 이들이 이 비도덕적인 상행위로 부를 축적한다. 마지막으로 검투사의 몸뚱이는 도시 밖에 있는 공동묘지에 버려질 것이다.

검투사 체험

지금까지 우리는 관중석에 앉아 죽음의 공연을 보았다. 그런데 사람들이 함성을 질러대는 콜로세움의 투기장 안에서 투구를 쓰고 전투를 벌인다는 것은 정확하게 무슨 의미일까? 무시무시한 적수인 레티아리우스와 맞대결을 펼치고 있는 미르밀로네의 투구 속으로 들어가 상상해보자. 누구와 상대하여 전투를 벌일지는 뽑기로 정해진다. 대체로 레티아리우스는 또다른 검투사 유형인 세쿠토르의 상대이다.

따지고 보면 상대는 전통에 따라서 결정된다. 사실 상대는 그물망을 가지고 있어서 어부를 상징적으로 나타낸다. 삼지창과 단도는 물고기인 셈이다. 미로밀로 혹은 무르밀로라고도 불리는 미르밀로네라는 이름은 사실 그리스어로 물고기를 의미하는 모르밀로스에서 혹은 곰장어를 의미하는 무라에나에서 유래했다고 한다. 지나가는 먹잇감을 한번에 낚아챌 준비를 하고 바위 틈에 숨어 있는 것으로 유명한 곰장어는, 이 검투사가 거대한 방패 뒤에 몸을 숨긴 채 싸우는 모습과 딱 맞아떨어진다.

반면에 레티아리우스는 그물망으로 포획할 기회를 노리면서 상대편의 주위를 끊임없이 뛰어다니는 자신만의 전략을 구사한다. 미르밀로네는 싸우기에 만만한 상대가 아니다. 미르밀로네의 투구는 사실 정면만 볼 수 있고 측면은 볼 수 없다. 이외에도 얼굴을 보호하려고 얼굴 전체를 가린 격자 모양의 가리개 때문에 시야가 좁다. 그리고 숨 쉬기도 불편하다. 얼굴을 완전히 감싸며 뒤집어쓰는 마스크 같은 투구이다. 얼마나 힘들게 전투를 벌일지 상상해보라. 투구 안의 공기가 부족한 탓에 호흡은 거칠어진다. 게다가 덥기까지 하다. 작열하는 태양 아래에서 금속 투구는 머리가 뜨거워질 정도로 달구어진다. 게다가 그 무게도 만만치가 않다. 이런 유형의 투구는 3.5킬로그램이나 나간다. 세쿠토르의 투구는 심지어 4.3킬로그램이나 된다! 머리 위에 돌을 얹고 있는 셈이다.

또한 5만-7만 명의 사람들이 질러대는 고함소리에 둘러싸여 있다. 투구를 쓰고 있어도 참을 수 없을 정도로 엄청난 소음이다. 심판의 명령이나 가까이 있는 검투사들의 고함 또한 말도 못할 정도로 시끄럽다. 신참 검투사가 극복해야 할 어려움 중의 하나는 바로 감정이다. 이렇게 적대적이고 어려운 상황에서 전투시합을 벌이려면 굉장한 자기 조절능력이 필요하다.

물론 우리는 아직 검투사의 마음 상태에 대해서는 말하지 않았다. 매순간 자신의 목숨을 걸고 시합을 벌여야 한다는 사실을 검투사는 알고 있다. 단 한번의 실수나 잘못된 행동으로도 그의 목숨은 끝이다.

그러나 이 모든 것에도 불구하고 아스티아낙스라는 이름의 미르밀로네는 전혀 동요하지 않는다. 시야에서 적을 놓치지 않는다. 칼렌디오이라는 이름의 유능하고 냉소적인 레티아리우스의 명성을 익히 알고 있다. 투구의 마스크 가장자리를 잘 맞추고, 얼굴을 다 가리고 있는 망 한가운데를 통해서 그의 움직임을 쫓는다. 레티아리우스는 그의 주변을 돌면서 뛰어다닌다. 그리고 그는 모퉁이에 몰린 게처럼 제자리에서 뱅뱅 돈다.

여러분에게 전하는 이 이야기는 실화이고, 그들 역시 실존인물이다. 레티아리우스가 갑자기 멈춘다. 마치 방향을 바꾸려는 듯이 몸을 굽힌다. 그러나 속임수이다. 공격할 준비를 하는 중이다. 갑자기 레티아리우스가 자신의 그물망을 펼쳐 던진다. 순식간에 아스티아낙스는 뭔가 무거운 것이 자신을 덮치는 듯한 느낌을 받는다. 거의 누군가가 자신 위로 떨어져 꽉 붙잡는 것 같다. 그러더니 눈앞에 거친 그물망이 보인다. 특별한 그물망이다. 물론 낚시용이 아닌, 검투사를 압박하고 움직임을 저지하기 위해서 고안된 것이다. 죽음이 포옹을 하듯이, 마치 살아 있는 무엇인가가 자신의 몸을 옥죄고 있는 것 같다.

그물망이 투구도 옴짝달싹 못하게 잡고 있어서 아스티아낙스는 머리가 점점 더 숙여지지 않도록 하기 위해서 엄청난 힘으로 버텨야만 한다. 갑자기 누군가 공기를 없애기라도 한 듯이, 그의 호흡은 가빠지고, 투구 안의 공기는 부족한 것 같다. 칼렌디오는 상대편이 헐떡이는 소리를 아득한 소음처럼 듣는다. 그러나 아직 공격하지 않는다. 적어도 당장은 아니다. 몇 초 더 기다리는 편이 더 낫다는 것을 경험상 그는 알고 있다. 그러면 속아 넘어간 상대편은 빠져나오려고 움직이다가 점점 더 그물망에 얽혀들거나 넘어지기 마련이다. 정확한 순간에 타격을 가할 필요가 있다. 아스티아낙스는 함정에 빠졌음을 깨닫고, 그 순간 과거에 미르밀로네 검투사였던 그의 교관이 했던 말이 머릿속을 스치고 지나간다. 무릎을 굽히고 방패를 살짝 들어올려, 레티아리우스의 삼지창이 공격할 면적을 최소화하는 것이다. 그렇게 하려고 시도해보지만 사방에서 잡아당기는 그물망 때문에 쉽지 않다.

레티아리우스의 첫 번째 공격은 높다. 어깨와 목 사이를 겨눈다. 왜냐하면 미르밀로네가 그물 때문에 방패를 조금 내리려고 한다는 것을 알고 있기 때문이다. 아스티아낙스는 어깨에 불타는 듯한 충격을 느낀다. 뾰족한 삼지창이 그물망과 옷 사이를 번개처럼 지나가며 그에게 찰과상을 입혔다. 교관이 일러준 낮은 자세가 그를 살렸다. 걸치고 있는 팔 보호대 역시 공격을 최소화했다. 비록 팔 보호대의 금속 비늘 밖으로 피가 흘러나오기는 하지만, 심판은 대결을 멈출 정도로 충분한 공격으로 평가하지 않는다.

관중은 뭔가 선홍색으로 반짝이는 것을 알아채고 흥분하기 시작한다. 그러나 너무 집중한 두 검투사는 사람들의 함성이 들리지 않는다. 레티아리우스는 집중을 흩트려놓기 위해서 다시 미르밀로네의 주변을 돌기 시작한다. 아스티아낙스는 시야 확보를 위해서 투구의 가장자리를 똑바로 하려고 끊임없이 애쓴다. 그는 처음 공격을 피했음을 알고 있다. 하지만 어깨에서 느껴지는 통증과 그물망의 압박을 얼마나 버틸 수 있을까? 레티아리우스는 상대편의 느린 움직임을 역으로 이용하여 또다른 치명적인 술수를 쓴다. 미르밀로네의 방패가 위로 올라가도록 높이 공격하는 척한다. 그리고는 삼지창으로 낮게 공격하여, 정강이 보호대가 없는 부위를 찌를 것이다. 예상했던 대로 미르밀로네가 양쪽 측면 중 한쪽을 무방비로 노출시키면서 방패를 올리자 공격이 시작된다. 레티아리우스는 아래를 공격하기 위해서 삼지창을 번개같이 다시 잡는다. 이를 알아챈 미르밀로네는 옆으로 방향을 튼다. 그물망 탓에 투구를 쓴 머리와 몸의 움직임이 쉽지 않다. 그러나 방향을 바꾸었다. 삼지창은 허공을 가른다! 갑작스런 반전이다. 미르밀로네인 아스티아낙스는 뭔가 잘못되어간다는 것을 직감한다. 레티아리우스는 앞뒤로 움직이며 여러 차례 공격을 시도한다. 순식간에 아스티아낙스는 타격을 받고 두려움에 사로잡히지만 긴장으로 아무런 통증도 느껴지지 않는다. 반면에 레티아리우스는 상대방의 살을 계속해서 찔러댄다.

이것이 끝이 아니다. 사방에서 그물망을 잡아당기는 것이 느껴진다. 완벽한 공격을 하려고 시도하면서 레티아리우스인 칼렌디오는 그물망 사이로 삼지창을 박아넣었지만 그는 움직일 수가 없다. 오히려 자신의 그물망에 공격이 막힌 희생양은 필사적으로 삼지창을 다시 뽑아내려고 애를 쓴다. 그러나 삼지창을 뽑아내지 못한다. 애를 쓰면 쓸수록 상황은 오히려 더 악화된다. 어부는 자신의 그물망에 걸려 넘어진다. 아스티아낙스는 이것이 어쩌면 자신의 목숨을 구할 수 있는 유일한 기회임을 알아차린다. 그는 긴 삼지창을 다시 빼낼 생각에만 열중한 레티아리우스를 질질 끌며 완력으로 두세 걸음 뒤로 물러난다. 그리고는 허파에 공기를 잔뜩 집어넣고 전력을 다해 그에게 몸을 던진다. 방패가 칼렌디오의 몸과 맞부딪치자마자 아스티아낙스는 검을 휘두른다. 방패에 부딪치며 질러대는 상대편의 비명소리를 듣고 어림짐작하여 순간적으로 행동한다. 수 년간의 훈련이 그에게 보상을 해준 셈이다. 은도금한 발톱처럼 검이 그물망을 뚫는다. 관중은 짧은 순간 은빛 섬광을 보았지만 그 이상은 아무것도 없다. 모든 사람의 눈앞에 펼쳐진 다음 광경은, KO패를 당한 사람처럼 레티아리우스가 땅에 누워 있는 믿기지 않는 광경이다. 팔로 버티며 일어나려고 하지만 해내지 못한다. 오른쪽 넓적다리를 깊이 찔려 엄청난 피가 뿜어져 나온다. 피 색깔은 더 이상 붉은색이 아니라 어두운 흑색이다. 투기장 위에 커다란 피 자국이 퍼져나간다.

아스티아낙스는 다시 타격을 가할 준비가 되어 있다. 다시 공격을 하려는 그에게는 더 이상 그물망의 무게가 느껴지지 않는다. 그의 근육이 이끄는 생존의 순간에 더 이상 이성은 존재하지 않는다. 심판 중의 한 명이 그를 멈추게 하려고 지르는 고함소리를 간신히 듣는다. 그는 행동을 멈추고 가쁘게 숨을 몰아쉰다. 모든 사람들의 눈에, 주변의 모든 공기를 말 그대로 들이마시려고 움직이는 그의 머리가 보인다. 호흡이 안정되면서 그의 눈에 땅에 있는 상대편이 들어온다. 그를 노려보고 있다. 평생 잊지 못할 불신에 가득 찬 시선이다. 그런데 그의 눈 속에는 다른 뭔가가 있다.

거의 명령하듯이 요구하고 있다. 레티아리우스가 그에게 검을 내어준다. 어쩌면 관용을 얻기 위한 절망적인 시도일 것이다. 그러나 결정을 내리는 사람은 아스티아낙스가 아니다. 엄지를 위로 향한 손을 편 채 두 팔을 벌린 심판관들도 아니다. 그들은 시합을 조직한 사람에게 어떻게 해야 할지를 묻는다. 죽음이 결정된다. 아스티아낙스가 가까이 다가간다. 지금에서야 상대편은 완전히 패배했음을 받아들이고 위로 목을 쳐든다. 가벼운 바람이 거의 삶의 마지막 애무인 양 그의 머리카락을 흩날린다. 그리고 참을 수없는 날카로운 통증이 느껴지고 모든 것이 어둠 속으로 사라진다.

이 에피소드는 아피아 거리에서 발굴되어 지금은 마드리드의 국립 고고학 박물관에 보관 중인 모자이크에 상세히 묘사되어 있다.

그런데 늘 이렇게 끝이 났을까? 사실 원형투기장 안에서의 죽음은 검투사들에게 그다지 흔한 일은 아니었던 것 같다. 다양한 이유가 있지만, 무엇보다도 한 명의 검투사를 양성하는 데에 많은 시간이 걸리기 때문에, 바로 죽음을 맞이하게 하는 것은 몇 년이 걸린 일을 허비하는 셈이다. 이외에도 검투사들은 몸값이 비싸서, 검투사를 판매하는 상인이나 시합을 주선하는 공연 기획자는 사망 시에 더 많은 비용을 다시 지불해야 했다. 그래서 엄지손가락을 위로 쳐들기로 결정하는 것은 공연 기획자에게 힘든 일이 아니었음을 알 수 있다.

이외에도 수많은 챔피언들을 둘러싼 승자를 점치는 내기 도박사업과 팬들의 지지 역시 그들이 계속 살아 있어야 할 분명한 이유임을 잊어서는 안 된다. 간략히 말해서 우리가 지금 묘사하고 있는 시대에, 시합의 대다수가 패자에게 자비를 베푸는 결말로 끝이 났고, 마지막 피를 흘리는 순간까지 시합을 벌이는 경우는 상대적으로 빈번하지 않았다.

16시
연회에 초대받다

저녁시간이 다가오고 있다. 지금 로마에서는 무슨 일이 벌어지고 있을까? 점심시간부터 상점들은 이미 거의 다 문을 닫았다. 포룸은 텅 비었다. 바실리카에는 바닥을 청소하는 몇몇 노예들만 남아 있고, 원로원 안에 높은 창문 너머로 들어오는 빛은 길게 열을 지어 늘어서 있는 빈 의자를 비춘다. 공중목욕탕에서 휴식을 취하고 긴장을 푼 사람들이 느린 걸음으로 나오는 중이다. 콜로세움 역시 가장 기대되던 마지막 시합 이후 사람들이 빠져나가고 있다.

이 시점에 로마와 제국의 모든 주민들은 하루 중 가장 큰 마지막 약속을 향해 가는 중이다. 바로 저녁식사이다. 왜 이렇게 빨리 저녁을 먹을까?

근본적으로 두 가지 이유 때문이다. 전기가 없는 탓에 모든 활동을 태양빛 아래에서 마무리하는 편이 훨씬 더 낫다. 어떤 의미에서 일상생활은 태양의 움직임에 따라서 진행된다. 동틀 무렵에 기상해서 석양이 지고 나서 조금 후에 자러 간다. 저녁식사 역시 태양이 사라지면 다 끝낸다. 이는 길이 어둡고 위험해지기 전에 집으로 돌아가려는 손님들에게도 마찬가지이다. 비록 많은 연회들이 깊은 밤까지 계속되기는 하지만 말이다. 네로의 연회는 자정까지 계속되었고, 트리말키오의 연회는 심지어 동틀 무렵까지 계속되었다.

두 번째 이유는 무척 실질적이다. 앞에서 살펴보았듯이, 로마 제국에서 식사는 아침, 점심, 저녁, 세 끼를 먹는다. 첫 끼는 양이 많고, 두 번째 식사는 가볍게 먹는다. 그렇다 보니 첫 끼를 먹고 약 9시간이 지난 뒤인 늦은 오후에는 시장기를 느끼기 마련이다. 맛있는 저녁식사는 남은 긴 밤을 속이 든든한 상태에서 보낼 수 있게 해준다. 그래서 로마인들의 저녁식사는 계절에 따라서 바뀐다. 하절기에는 동이 트고 나고 9번째 시간에, 동절기에는 8번째 시간에 먹는다.

로마에서는 매일 저녁식사를 어떻게 먹을까? 우리의 머릿속에는 몇몇 영화 속 연회 장면에서 본 식탁이 떠오른다. 정말로 그렇게 먹을까? 알아보러 가보자.

로마인들은 우리가 친구들과 더불어 저녁식사를 하는 것보다 훨씬 더 자주 연회를 베푼다. 관습, 아니 오히려 거의 사회적 규칙이다. 물론 그렇게 할 수 있는 사람에 한해서이다. 서민들의 공동주택 인술라에서 사는 사람들에게는 전혀 관계없는 이야기이다.

본능적으로 우리는 친구들과 어울리고, 웃으며 편안한 시간을 즐기기 위해서 연회를 베푼다는 생각을 하게 된다. 사실이지만 이와 더불어 편안한 삶을 누리는 것을 과시하며, 보고 보여주고 사회적 인맥을 쌓는 방법이기도 하다. 종종 중요한 인물들과 좋은 관계를 유지하기 위한, 정치적인 유대나 사업 관계를 돈독히 하기 위한 그리고 기타 등등을 위한 연회를 베푼다. 한마디로 말해서, 연회는 저녁식사라기보다는 일종의 진정한 사교 모임을 위한 살롱이다.

이 모든 것을 생각하는 동안 우리는 이제 오후의 부드러운 태양빛으로 빛나는 길에 서 있다. 우리는 아침의 번잡함이 지난 뒤에 이상할 정도로 텅 비어 있는 인술라의 회랑 아래에 있다. 모든 상점들은 무거운 덧문으로 닫혀 있다.

회랑 구석에서 움직이는 사람들의 모습이 눈에 띈다. 태양이 그들의 등 뒤에서 비치고 있어서 그들 주변에 금빛으로 빛나는 부드러운 분위기가 만들어진다. 짧은 튜닉으로 보아 노예임을 그리고 폭이 넓은 토가를 입고 있는 사람은 부인을 대동한 주인 도미누스임을 짐작할 수 있다. 이 부부는 노예들의 부축을 받으며 따로 분리된 두 대의 가마에 오르는 중이다. 태양빛에 거의 불타는 것 같은 남자의 붉은 머리가 잘 보인다.

여자의 차례가 되자, 그녀의 몸을 덮고 있는 긴 숄을 통해서 빛이 통과한다. 부유한 집안임을 드러내는 과시용 비단만이 이렇게 햇빛을 투과한다. 어깨 위에서 반짝거리는 금 핀도 보인다. 이 부부는 상당히 우아하게 옷을 차려입었다. 우리가 찾던 이들, 즉 초대받은 누군가를 발견했다. 두 대의 가마를 따라가기만 하면 된다. 고대 로마의 연회의 비밀을 밝혀보자.

작은 행렬이 밧줄을 풀고 출항하는 두 범선처럼 공동주택의 회랑을 떠난다. 보도 위의 벤치에는 남은 노예들이 멀어져가는 주인들을 주의 깊게 바라보며 앉아 있다. 그리고 다들 집 안으로 들어간다. 단 한 명만이 문지방에 멈추어 앉는다. 그는 등불지기인 란테르나리우스이다. 한손에는 뭔가 먹을 것이 담긴 그릇을 들고 다른 한손에는 등불을 들고 있다. 그는 집주인이 돌아올 때까지 집 출입구에서 기다리고 있을 것이다. 그러다가 집주인을 보면 불을 밝혀 집 안으로 마중할 것이다. 우리는 로마 거리의 이 등대지기 관리인을 남겨두고 두 가마의 뒤를 쫓는다.

도시의 대부분을 지나는 동안 우리는 도시의 면모가 바뀌었음을 알아챈다. 거리는 이제 현대 대도시의 외곽 도로처럼 보인다. 귀가 시간이고 다들 집으로 돌아가는 중임을 그들의 발걸음이나 시선에서 알 수 있다.

오늘 아침에 본 생생한 활기는 더 이상 찾아볼 수 없다. 심지어 공기도 변했다. 나무 타는 냄새가 진동한다. 우리 주변에 있는 수천 개의 화로에다 요리를 하기 위해서 불을 지피고 있다는 신호이다.

공기의 순환이 더딘 골목길에는 심지어 옅은 안개가 끼어 있고 이따금 눈이 약간 따끔거린다. 소위 가난한 이들의 장작인 말린 동물을 태운다는 증거이다.

두 명의 남자가 가마 행렬의 선두에 있다. 한 명은 몽둥이를, 다른 한 명은 환한 등불을 들고 있다. 구석에는 거리를 순찰하는 야경꾼이 있다.

드디어 도착했다. 작은 무리가 무척 우아한 현관문 앞에 선다. 이곳에서 연회가 열리고 있음에 틀림없다.

연회

연회가 열릴 이 도무스 안으로 들어가기 전에 한 가지 분명히 해야 할 것이 있다. 로마인들이 술과 폭식을 하며 대부분의 시간을 식탁에서 보낸다는 것은 사실이 아니다. 널리 퍼져 전해지는 잘못된 이야기에 불과하다. 로마인들은 소식을 하는 단순한 사람들이다. 오히려 그들은 음식을 절제할 줄 알았다.

물론 예외는 있다. 일부 사회계층은 화려한 저녁식사를 할 수 있는 충분한 여력이 있다. 소수에 해당하는 로마의 지배계층이다. 그들은 온갖 방법으로 권력, 정치, 상업, 재정 등을 독차지하고 있다. 귀족가문, 원로원 서열상 윗자리에 있는 인물들 그리고 호민관뿐만 아니라 부를 축척한 자유시민들도 로마를 이끌고 있다.

이미 언급했듯이, 이 저녁 연회는 지배계층의 사람들에게는 중요한 사회 체계의 일부이다. 그러나 로마 전체 거주민 중 90퍼센트에 해당하는 나머지 서민들의 저녁은 무척 소박하다.

도무스 출입구의 복도에는 현관문을 두드리는 문고리 소리가 울려퍼지고 다시 넓은 중정으로 울린다. 문지기 노예가 이미 문을 열 채비를 하고 있다. 현관문의 양쪽을 밀자 우리 눈앞에 손님이 타고 온 화려한 가마 두 대가 땅에 기대어 서 있다. 가마에서 내리는 남자와 여자를 무척 정중하게 맞이할 준비를 한다. 발을 디딜 수 있는 받침대가 준비되고 양탄자가 깔린다. 부부는 서두르지 않고 우아하게 가마에서 내린다. 일단 중정 안으로 들어선 두 사람은 길을 안내하는 노예를 따른다. 도무스 안이 늘 그렇듯이 이곳에도 출구부터 중정까지 긴 복도가 이어져 있다. 중정에는 빗물을 받아 모으는 물통이 놓여 있다. 그런데 이곳에 있는 모든 것은 훨씬 더 크다. 사실 이 도무스는 정원을 빙 둘러싼 기다란 기둥들이 나란히 서 있는 거대한 주랑으로 유명한, 로마에서 가장 넓은 도무스 중의 한 곳이다. 정원에는 넓은 정자, 여러 개의 분수, 진짜 그리스 청동상들은 물론이고 심지어 여러 쌍의 공작들이 거니는 작은 숲까지 있다.

중정에 도착한 두 손님은 에티켓에 따라서 그들의 냅킨을 받아들고 자리에 앉는다. 집주인의 노예들이 그들의 신발을 벗기고 향기가 나는 물로 그들의 발을 씻긴다. 이 모든 일이 진행되는 동안 여성 손님은, 나중에 친구들과 떠들어댈 만한 무슨 실수라도 발생하는지 그리고 흉내낼 만한 거리가 있을지 궁리하며, 물을 받아놓은 수반인 임플루비움을 지켜본다. 기둥 사이에는 거의 스카프처럼 우아하게 묶인 기다란 커튼이 쳐져 있다. 수반 안에는 물의 흐름에 따라서 이리저리 움직여 뭉쳤다가 흩어지는 장미 꽃잎이 둥둥 떠다닌다. 그리고 백조 모양의 등불이 물 표면에 떠다니며 물에 불빛을 반사하고 있다. 여자 손님은 다음에 자신의 집에서 열 연회에서 시도해볼 만한 매우 독창적인 아이디어라고 생각한다.

반대로 그녀의 남편은 허공을 멍하니 바라보고 있다. 어쩌면 집주인에게 건넬 몇 마디 인사말을 생각하고 있으리라. 이 집주인은 마지막 초대 손님으로 그를 지목하면서까지 갑자기 그를 보기를 청한 원로의원이다. 마지막 초대 손님이라는 영광 뒤에는 십중팔구 재정적인 지원이나 정치적인 협조가 감추어져 있기 마련이다. 중동 지역으로부터 들여온 맹수를 거래하며 호랑이나 코뿔소 같은 희귀 동물을 취급하는 것으로 이미 명성이 자자한 그의 위치상, 집주인이 호의적인 가격에 맹수들을 사들여 콜로세움에서 공연을 벌일 의도를 가지고 있을 수도 있다.

두 사람은 연회가 열리고 있는 홀로 안내된다. 구불구불하고 복잡한 길은 손님들이 그 집의 가장 값진 물건들을 볼 수 있도록 나 있다. 두 사람은 거대한 집 안의 금고 앞을, 그리고 역사적인 유물이 보관된 이 집의 서재 안에 장식된 정교한 모자이크 앞을 지난다. 스키피오 장군과

부유한 로마인들은 6-8시간 동안 계속되기도 하는 연회를 무척 자주 열었다! 정치적 혹은 사업상 유대관계를 돈독히 하고 과시하기 위해서였다. 연회는 단순한 저녁 식사라기보다는 일종의 사교 모임을 위한 진정한 살롱이다. 굴 요리, 홍학 구이 같은 귀한 음식과 엄청난 양의 포도주를 즐기는 사교 모임이다.

함께 있던, 원로의원이었던 조상 중 한 명이 카르타고 서남쪽에 있는 고대 도시 자마의 전장에서 가져온 그 유물은 한니발 부대 소속인 어느 장교의 검이거나 어쩌면 한니발 자신의 검이었을 수도 있다. 길을 안내하는 집사 노예인 노멘클라토르는 매번 거의 알아채지 못할 정도로 잠시 멈추어서 간략하게 설명하지만, 철저히 계산된 그의 말은 큰 효과를 불러일으킨다. 이 도무스 안에는 항아리와 은 접시가 놓인 테이블이 마치 예술작품의 전시회처럼 곳곳에 배치되어 있다.

처음에는 멀리서 들려오다가 점점 가까이 들리는 음악은, 침대의자가 딸려 있는 식탁이 마련된 연회장, 트리클리니움에 거의 다 왔음을 이 손님들에게 알려준다. 드디어 아직은 태양빛으로 환하게 빛나는, 그 유명한 기둥들로 둘러싸인 장소에 그들이 모습을 드러낸다. 그들은 그 모든 멋진 장식품들을 바라본다. 여인은 정원 한복판에 꼼짝 않고 서 있는 멋진 남성미가 넘치는 소년의 모습에 충격을 받는다. 알몸인 것 같다. 연회를 위한 재미난 깜짝 선물일까? 몇 걸음 다가간 뒤에 실제로는 물결치는 머릿결, 빛나는 하얀 치아 그리고 붉은 입술을 가진 그리스 영웅의 청동 조각상임을 알아챘다. 의심할 여지없이 원로의원의 또다른 유명한 조상이 그리스에서 가져온 구리합금으로 만들어진 조각상이다.

이 독특한 회랑의 마지막 모퉁이를 돌자, 드디어 트리클리니움이 모습을 드러낸다. 한눈에 잘 보이도록 중앙에 조각상이 세워진 평화로운 녹음의 오아시스를 향해서 완전히 트여 있는 홀이 정원 한쪽에 있다. 신화 속 장면, 전원 풍경 그리고 벽에 촘촘히 그려져 있는 가짜 건축물이 가득한 이 홀은 정말 넓다. 향기가 진동하는 형형색색의 화환들도 있다. 중앙에는 이미 은잔과 다른 손님들이 야금야금 먹기 시작한 식전 간식거리들이 아주 낮은 둥근 테이블 위에 가득하다.

손님들은 테이블 주변에 말편자 모양으로 배치된 트리클리니움의 유명한 침대의자에 드러누워 있다. 자리마다 커다란 노란색의 쿠션이 딸려 있는 우아한 푸른색의 의자이다. 테이블 쪽으로 향한 부분은 사람들이 요리를 편하게 집어 먹을 수 있도록 살짝 높다.

바닥의 모자이크는 수많은 트리클리니움의 전형적인 장면으로 장식되어 있다. 물고기, 바다가재, 조가비, 생선 뼈. 한마디로 말해서 연회의 음식들이 상징적으로 바닥에 장식되어 있다.

트리클리니움은 단순한 식당이 아니다. 다양한 면에서 세계 전체를 묘사한다. 천장은 하늘을, 침대의자와 함께 테이블 그리고 손님들은 땅을, 바닥은 죽은 자들의 세상을 의미한다. 홀 밖에 서 있는 기둥의 한 모퉁이에서 5명의 음악가들이 플롯, 리라, 탬버린으로 아름다운 배경음악을 연주한다.

집사 노예의 신호에 따라서, 거의 결혼 행진곡 같은 승리의 행진곡풍의 음악이 연주되며 손님 부부의 도착을 알린다. 젊은 아내와 함께 한가운데에 있는 침대의자에 드러누워 있던 원로의원이 환한 미소를 지으며 손을 든다. 모든 손님들이 대화를 멈추고 그들을 바라본다. 다양한 연령대의 사람들이다. 남편은 도시 행정관의 비서를 알아본다. 그는 콜로세움의 공연 허가권을 좌우하는 중요 인물로, 도시 행정관보다 더 큰 영향력을 행사하고 있다. 그의 아내는 북유럽 출신의 아름다운 여인이다. 그녀의 머리카락은 금발이다. 그러나 진짜 금발이 아닐 수도 있다. 한창 유행하고 있는 맹렬히 타오르는 불꽃 같은 모양의 머리 스타일로 보아 가발일지도 모른다. 검은 머리, 짙은 화장, 육감적인 입술 그리고 입 위에 가짜 점을 찍은 뚱뚱한 여인은 혼자서 침대의자의 거의 절반을 차지하고 있다. 그 옆에 누워 있는 중요한 귀족의 아내이다. 아까 본 북유럽 출신 여인의 머리보다 훨씬 더 웅장하게 치장한 그녀의 머리는 충격적이다. 금으로 만든 별 그리고 심지어 약간의 보석이 흩뿌려져 있는 것이 교황의 작은 삼중관(三重冠) 같다. 그녀는 짧고 뾰족한 손가락으로 목에 걸린 커다란 금목걸이 장식을 만지작거리고 있다.

집사 노예인 노멘클라토르는 손님들의 이름과 그들의 직함을 읊어댄다. 많은 이들은 진심이라기보다는 형식에 가까운 인사와 반가움을 표시할 뿐이다.

원로의원이 손짓하자, 두 명의 노예가 두 손님을 위해서 마련된 침대의자의 자리를 안내한다. 그나마 반가운 것은 남자의 자리가 명예로운 자리로 원로의원의 왼쪽에 있는 침대의자라는 점이다. 그러나 몸집이 거대한 여인의 육중한 덩치 옆이라는 사실이 씁쓸하다. 벌써부터 편하게 움직일 수 있는 공간이 별로 없으리라는 것이 뻔해 보인다. 옆에 있는 여자의 몸에서 뿜어져 나오는 열기가 불편하다. 그리고 이것으로 충분하지 않은 듯이 땀 냄새가 나는 것을 감추기 위해서 과하게 뿌린 향수 냄새도 진동한다. 남자는 음식의 냄새와 맛을 느낄 수조차 없을 것이다.

그의 아내는 그나마 사정이 좀 낫다. 친근해 보이는 얼굴의 여자와 잘생긴 남자 사이에 있는 자리이다. 원로의원의 조카임이 밝혀질 잘생긴 남자는 동양의 국경지대에서 트라야누스 황제와 함께 싸우다가 휴가차 로마에 왔다. 그는 전쟁 일화와 모든 이들이 듣고 싶어하는 가십 거리 등 할 이야기가 많을 것이다.

자리에 눕자마자 노예들이 두 손님 곁으로 다가와서 장미 꽃잎을 띄워 향기가 나는 물로 손님들의 손을 씻겨주고 아름답게 수를 놓은 린넨 천으로 물기를 닦아준다.

연회에서 사람들은 무슨 이야기를 할까? 정치 이야기는 적절치 못한 소재로 간주된다. 어느 정도 현대인들이 식탁에서 주고받는 이야기처럼, 정치 이외에 농담이나 우스갯소리를 포함한 모든 주제는 괜찮다. 그리고 시를 읊기도 한다.

흰 수염을 기르고 옷을 아주 잘 차려입은 노예 한 명의 등장으로 저녁 식사가 시작된다. 그는 원로의원의 아이들을 가르치던 선생님으로 교육을 받은 노예인데, 나이가 든 지금은 저녁 시간대에 문화적 손길이 필요한 다양한 순간에 라틴어나 그리스어로 시를 읊으며 자기 역할을 다하고 있다. 가끔은 유명한 시를 그리고 가끔은 주인과 손님들을 칭송하는 자작시를 읊는다. 그리스 출신임을 드러내는 어조로 음악가들의 리라 연주를 반주삼아 시를 낭송한다.

그의 시 낭송은 노예들에게 전채요리 혹은 당시 부르던 대로 입맛을 돋우는 요리를 접대하라는 신호이다.

순식간에 모든 손님들은 통통한 원뿔형의 찜 요리를 커다란 쟁반 위에 담아 내오는 노예들에게 집중하느라 시 낭송 듣기를 중단한다. 거의 작은 화산이 놓여 있는 듯이 보인다.

다양한 코스 요리를 총괄하는 책임자 노예가 눈썹을 치켜올리고, 가슴을 잔뜩 앞으로 내민 채 전채요리가 무엇으로 만들어졌는지 열변을 토한다. 성게로 속을 채운 수퇘지 유방! 손님들은 만족스러워하며 수군거린다. 수도의 저녁식사에서 가장 맛있기로 소문난, 다들 먹고 싶어하는 요리 중의 하나이다. 성게 알의 바다 맛에 돼지고기의 달콤한 맛이 잘 어울린다. 노예들이 테이블 위에 접시와 잔을 내려놓는다.

손님들이 이 맛난 음식을 음미하는 사이에 다른 노예들이 포도주 잔을 내려놓고 잔을 채운다. 항상 전채요리와 함께 마시는 포도주는 무척 특별한 것으로 물숨이라는 꿀이 섞인 포도주이다.

로마인들의 저녁식사는 특별한 요리 메뉴의 선택으로 인해서 어느 정도는 콘서트의 프로그램과 흡사하다. 모든 초대 손님들은 오늘 저녁에 맛보게 될 연회의 음식들이 기억에 남을 만한 것임을 알고 있다. 사실 원로의원은 세련되고 환상적인 저녁식사를 대접하는 것으로 유명하다.

지난번 저녁식사 초대에서 원로의원은 풍족한 양의 굴, 동면쥐류, 홍학 요리를 대접했다. 게다가 물고기 모양의 암퇘지 음문과 꿀에 절인 왜가리 혀 요리도 있었다. 언젠가는 밀가루 반죽으로 우유를 빨아먹는 새끼 돼지들을 만들어 주변을 장식하고 살아 있는 개똥지빠귀로 속을 채운 거대한 야생 암퇘지 요리로 모든 사람들을 놀라게 한 적도 있다.

고대 로마의 연회에서는 적어도 일곱 가지 코스 요리를 손님들에게 대접했다는 사실이 밝혀졌다. 전채요리 이외에 세 가지 종류의 첫 번째 코스 요리가 나오고, 두 가지 구이 요리와 디저트가 있다. 그리고 각 코스 요리마다 엄청난 은(銀) 식기들이 사용된다.

　연회는 6-8시간 정도 계속되기도 한다. 현대에 이와 비교할 만한 것은 결혼식 피로연 혹은 우리의 조부모님 세대에 시골에서 벌이던 잔치가 유일하다. 일주일에 두세 번씩 결혼식 피로연에 가야 한다고 상상해보라. 여러분이 로마의 상류계층에 속한다면 1년 중 일정한 기간 동안은 그런 연회에 참석해야 한다!

　이 모든 코스 요리를 어떻게 다 먹을까? 역사적으로 전해지는 방식으로 먹으면 가능하다. 쿠션에 기대어 왼쪽 팔꿈치를 괴고 드러눕는다. 오른손으로 식사를 하는 동안 왼손으로는 접시를 잡고 있다. 연회에 초대된 사람은 신발을 벗고, 씻은 맨발로 서로 나란히 옆에 눕는다.

　불편하지 않을까? 어쩌면 그런 자세로 식사를 하는 일에 익숙하지 않은 우리는 식사를 제대로 하지 못할 것이다. 팔이 저릴 테고 그런 자세로 굽은 등은 얼마 지나지 않아 아파올 것이다. 또한 배가 부르다는 거짓 신호로 위는 금방 꽉 찰 것이다.

　그런데 로마인은 이런 자세로 식사하는 데에 익숙하다. 이런 방식의 식사는 우아함과 우월감의 표시이다. 원래 부인은 누워서 식사하지 않고 누워서 식사하는 남편 옆의 의자에 앉아 있었다. 그러나 지금은 부인도 같이 누워서 식사를 한다. 여전히 아버지 옆에서 작은 의자에 앉아 식사하는 이들은 아이들이다.

　최근 연구에 따르면 위를 특이한 형태로 만드는 이런 방식의 식사는 소화에 도움이 된다고 한다. 흥미로운 자료이지만 어쩌면 이런 자세는 실용성의 결과일 뿐이라고 추정하는 것이 훨씬 더 논리적이다. 사실 왼쪽으로 누워 있으면 오른손을, 즉 더 많이 사용하는 손을 자유롭게 쓸 수 있다. 나머지는 결국 습관의 문제일 뿐이다.

　첫 번째 요리가 도착한다. 캐비아로 속을 채운 바다가재가 담긴 커다란 접시이다. 바다가재 옆에는 얼음을 갈아서 만든 화산 모양의 장식이 보인다. 커다란 잔같이 생긴 얼음 화산의 분화구에는 엄청난 양의 굴이 담겨 있다. 핫소스에 절인 곰장어가 이 해산물 화산 주변을 묶어주는 역할을 하고 있다.

로마인들의 연회 음식은 약가 싸구려 티가 나는 화려하게 장식된 승리의 화환과 닮아 있다.

더 많은 노예들의 울력이 소요되는 높이가 거의 1미터에 달하는 이 묵직한 구조물이 도착하자, 손님들은 탄성을 내뱉는다.

이 다양한 음식을 무엇으로 먹을까? 로마인들은 포크를 알지 못한다. 포크는 프랑스에서 만들어져 이탈리아 전역에 퍼진 르네상스 시대의 발명품이다. 그들은 모든 것을 손으로 먹는다. 한편 제롬 카르코피노는 근대에 이르기까지 프랑스인들도 계속 그렇게 먹었다고 말한다.

사실 포크는 아직 존재하지 않지만 각자가 다양한 종류의 칼과 스푼을 가지고 있다. 그중에 국자 모양의 스푼인 트룰라, 전통적인 형태의 스푼 그리고 유아용 스푼과 비슷한 리룰라가 있다. 달걀이나 조개류의 속을 파내는 데에 주로 사용하는 손잡이 끝이 뾰족한 코클레아르도 그중의 하나이다.

포크가 없기 때문에 고대 로마의 요리 관습은 음식을 한입에 먹을 수 있도록 조각조각 잘라서 내놓는다. 이런 이유에서 어느 음식점에서나 많은 종류의 미트볼, 케밥, 한입에 먹을 수 있는 음식 등을 보게 된다. 어떤 의미에서 이러한 전통은, 인도나 북아프리카 등 손으로 음식을 먹는 전통 음식을 가지고 있는 모든 나라들에 변함없이 남아 있다. 예를 들면 모로코의 한 가정에서 쿠스쿠스 요리가 담긴 커다란 접시 하나를 가운데에 놓고 다 함께 둘러앉아 먹는 것을 볼 때면, 로마인들의 저녁식사 분위기를 떠올리지 않을 수 없다.

이런 방식으로 식사를 하다 보면 소스나 조미료 등으로 손이 금방 더러워진다. 그래서 은잔에 담긴 깨끗하고 향기 나는 물로 손님들의 손을 씻겨주고 깨끗한 헝겊으로 물기를 닦아주는 노예가 손님의 침대의자 주변을 계속해서 돌아다닌다.

우리가 이 책의 첫머리에서 이야기했듯이 다용도로 사용되는 이쑤시개를 빼놓을 수 없다. 지금 손님 한 명이 그 이쑤시개의 사용법을 우리에게 보여준다. 아주 짧게 머리를 자른 남자가 이쑤시개의 뾰족한 끝으로 치아 틈새를 쑤신다. 이제 이쑤시개의 방향을 바꾸어 끝이 둥그런 다른 끝을 귀 안으로 집어넣는다. 시원하게 귀를 판 뒤에 다시 끄집어낸다. 그는 자신이 파낸 귀지를 흘끔 보고는 손가락으로 집어 바닥에 떨어지도록 손가락을 문지른다.

손님들이 원로의원이 이야기하는 저속한 농담을 듣는 동안 연회의 다양한 요리는 계속해서 제공된다. 그리고 그들은 원로의원의 농담을 다 듣고 난 뒤에는 웃어야 할 의무도 있다. 노예 한 명이 다음 요리 접대를 시작한다. 춤을 추듯이 끊임없이 요리를 나르는 그의 모습은 스트룩토르, 즉 무용가를 떠올리게 한다. 그리고 농담이 끝나자, 주인이 우스갯소리를 하는 동안 그쳤던 연주가 다시 시작되고 이 연주와 함께 또다른 코스 요리가 나온다.

손님들은 아직 입 안에 음식이 가득하지만 또다른 코스 요리의 등장을 반갑게 맞이한다. 의기양양하게 입장하는 이 요리는 샤프란과 달걀을 기본으로 한 노란 소스로 버무려져 있다. 모래사막을 흉내낸 이 요리의 한가운데에는 거무스름하게 그슬린 이상한 형체가 우뚝 솟아 있다. 이것은 낙타의 다리이다! 로마 요리의 진정한 델리카트슨(delicatessen, 조리된 육류나 치즈, 흔하지 않은 수입 식품 등을 파는 가게/역주)은 연회에서 많은 지지자들을 만들어낸다. 정확하게 말하면 그냥 낙타의 다리가 아니라 페르시아의 캄비세스 2세(기원전 ?-522)가 이집트를 침략한 덕분에 북아프리카에서 근래에 들어 도착한 단봉낙타의 다리이다. 그런데 어느새 연회에 그리고 로마인들의 레시피에도 당당히 한자리를 차지했다.

로마인들의 미각

초대 손님들이 맛있게 먹기 시작하자 노란색 소스가 손목을 따라 흘러내리는 이 요리는, 로마인들의 미각에 대해서 생각해보는 계기를 마련해준다. 눈에 띄는 전형적인 특징은, 마치 디저트처럼 단맛(꿀)과 짠맛을 계속해서 번갈아 맛볼 뿐이라는 점이다. 그리고 이따금 이 두 맛이 뒤섞이기도 한다. 그런데 더욱 충격적인 것은 조미료, 향신료 그리고 양념을 너무 많이 넣은 지나치게 짠 음식도 있다는 점이다. 이런 음식의 반향은 오늘날 인도나 중동 요리에서도 여전히 찾을 수 있다. 그리고 지금 연회에 등장하는 로마의 요리는 현대의 이탈리아인에게는 낯설어 보일 수 있다. 그러나 로마 요리를 현대와 상당히 동떨어진 무엇인가로 간주하는 것은 옳지 않다. 사실 기본 재료는 오늘날의 이탈리아 요리와 똑같기 때문이다.

현대의 이탈리아 요리에 거의 전적으로 부족한 차원은 반대로 맛의 혼합이다. 우리는 요리 예술을 다양한 맛의 요리가 서로 잘 어우러지는 것으로 이해한다. 로마인들에게는 더 높은 차원도 있다. 만약에 여러분이 맛을 하나 정하고, 그것에 다른 맛을 더하면, 앞의 두 가지 맛과는 전혀 다른 제3의 새로운 맛을 만들어낼 것이다.

나는 로마 시대의 전채요리, 구스투스를 맛볼 기회가 있었다. 로마 시대의 요리를 연구하고 개발하는 아르스 콘비비알리스라는 단체가 있다. 그 단체에 소속된 로마 시대의 음식과 식습관을 연구하는 "고고학자들"이 음식을 재현해주었다. 마늘이 들어간 리코타 치즈를 발라 구운 빵 한 조각을 맛보자 아주 색다른 맛이 났다. 차가운 백포도주에서는 신기하게도 이전에 먹어본 적이 없는 또다른 맛이 느껴졌다.

이렇게 미세한 맛의 차이를 만드는 요리법에 의해서, 요리는 어떤 면에서 수많은 악기들로 음악을 만들어내는 오케스트라와 흡사하다. 그중에서도 선호도가 높은 악기 중 하나의 이름은 그 유명한 가룸이다.

가룸은 무엇일까? 마요네즈 혹은 케첩처럼 사용되던 연회에서 가장 인기 있는 소스이다. 사실 맛, 희귀함 그리고 가격 면에서 볼 때, 현대 이탈리아의 값진 발사믹 식초에 비교하는 편이 더욱 적절할 것이다. 그런데 그 맛과 생산방식은 전혀 다르다. 가룸이 어떻게 만들어지는지 듣다 보면 코를 찡그리며 인상을 쓰게 된다. 멸치, 고등어 등 생선의 내장이나 생선을 통째로 모아, 적당하게 며칠 동안 소금물 안에 전부 담가둔다. 소금에 절인 가룸의 원재료를 건져낸 뒤에 다양한 모양의 체로 곱게 걸러낸다. 로마 시대의 가장 훌륭한 요리사인 아피키우스가 가룸에 꿀과 신선한 포도즙을 넣고 월계수와 사이프러스로 다시 훈제를 할 것을 권할 정도로, 가룸은 전혀 식욕을 당기지 않는 냄새를 풍긴다.

그런데 가룸은 어떤 맛일까? 오늘날 그것을 다시 만들어보면, 올리브 유보다 살짝 더 걸쭉한 농도이고 그 맛은 멸치 페이스트를 떠올리게 한다. 로마 시대에 그 자극적인 짠맛이 왜 그렇게 인기가 있었는지를 간파하려면, 오늘날 안초비 파스타 혹은 안초비 자체를 사용한 요리를 생각하는 것으로 충분하다.

로마 요리의 또다른 특징은 튀긴 음식보다는 부드러운 음식을 압도적으로 선호한다는 점이다. 예를 들면 굽기 전에 반드시 고기를 삶았다. 삶은 고기를 조금 세련되지 못한 음식으로 치부한 그리스인들은, 거칠고 세련되지 못한 민족이라는 의미로 삶은 고기를 먹는 이들이라며 로마인들을 멸시하는 어조로 부르는 관습이 있었다.

고기는 로마 요리의 주재료 중 하나이다. 꼬치와 구이 이외에도 잘게 썰어 다양한 종류의 속 재료들과 버무려 먹었다. 그리고 고기 완자도 있었다. 혹은 소시지를 떠올리게 하는, 요리에 쓰고 남은 것이나 내장 등으로 속을 채운 돼지 창자 요리도 있다. 로마 제국에서 현대 이탈리아인에게 무척 익숙한 요리를 보면 깜짝 놀라게 될 것이다. 루가니가 혹은 고대 로마인들이 부르던 대로 루카니카가 그러하다. 훈제한 고기 혹은 돼지고기를 잘게 썰어 미나릿과의 식물인 쿠민, 후추, 파슬리 혹은 식용인 층층이꽃과 같은 향신료와 섞어서 준비한다. 그리고 여기에 돼지비계를 걸러

하얗게 굳힌 라드와 잣을 첨가한다. 완성된 요리는 정말 맛있다. 또다른 요리로는 포이에 그라스, 즉 거위 간 요리로 이미 로마 시대에 꽤 사랑을 받았다.

원로의원 요리의 비밀

자신의 견해를 밝히거나, 농담을 주고받거나, 수수께끼를 풀거나 혹은 사소한 내기 도박을 하며 연회는 계속된다. 이 모든 일이 유쾌한 배경 음악이 깔리는 가운데 진행된다. 그런데 연회를 베푸는 사람은 초대 손님들을 놀래주어야만 한다. 주인이 손가락을 튕기자 오케스트라가 탬버린 소리가 요란한 무척 흥겨운 음악을 연주한다. 갑자기 중정을 둘러싼 기둥 옆에서 두 명의 서커스 단원이 튀어나와 정말 놀라운 균형 잡기와 여러 가지 재주를 선보이자 손님들이 즐거워하며 손뼉을 친다. 이어서 두 명의 광대가 등장한다. 그들은 만담, 개그 그리고 일종의 마술을 보며주며 분위기를 돋운다.

누워 있는 사람의 자리에서 보니 정원은 기둥, 식물 그리고 조각상이 무대의 막과 무대 장치 역할을 하는 소극장처럼 느껴진다. 현대에 재미있는 프로그램이 나오는 대형 텔레비전 화면 같다고도 할 수 있을 것이다.

한편 부엌에서는 무슨 일이 벌어지고 있을까? 누가 일하고, 특히 누가 이 최고로 맛있는 요리들을 준비했을까? 광대 중 한 명의 몸짓에 웃고 있는 손님들과 집주인을 내버려두고 부엌을 보러 가자.

모든 도무스에서와 마찬가지로 이곳의 부엌도 멀리 떨어져 있지 않고 넓지도 않다. 이 때문에 일시적으로 복도의 일부 공간을 점유하여 사용 중이다. 분위기는 연회장처럼 즐겁지 않다. 이곳에는 팽팽한 긴장감이 감돈다. 요리들이 완벽하게 준비되어야 하고 무엇보다도 주인을 만족시켜야 한다.

노예 한 명을 관찰하자. 그는 연회에 내갈 두 가지 구이 중 하나를 마무리하는 중이다. 홍학 구이이다. 이 요리에 마지막 손질을 하는 동안, 부엌에 살짝 들어온 원로의원의 조카 중 한 명에게 자신의 요리비법을 이야기한다. 아무도 감히 그를 내보낼 엄두를 내지 못한다. 물론 우리에게는 요리비법을 알 수 있는 절호의 기회이다. 그렇게 우리는 홍학의 털을 뽑고 씻고 묶었음을 알게 된다. 그것을 간간한 소금물을 담은 깊은 스튜 냄비에 넣는다. 그리고 미나리와 식초 한 방울을 넣고 약한 불로 익힌다. 고기가 부드러워지기 시작하면, 밀가루를 푼 물을 첨가하여 일종의 소스처럼 걸쭉해질 때까지 주걱으로 휘젓는다. 그리고 걸쭉해지면 향신료를 넣고, 그 위에 소스를 붓고 대추야자 열매를 첨가한다. "이것이 제국 전역의 연회에 내놓는 그 유명한 홍학 요리법입니다." 노예가 계속해서 말을 잇는다. "똑같은 방법으로 앵무새 요리도 하죠." 원로의원의 조카인 아이의 눈이 휘둥그레진다.

노예가 연회 테이블에 홍학 요리를 내갔다. 감탄의 환호성이 여기까지 들린다.

그러나 부엌의 긴장감은 풀리지 않는다.

"풀루스 파르실리스! 레푸스 마디두스! 파티나 피쉬움!" 즉 속을 채운 닭 요리, 토끼고기 스튜, 생선 튀김이라고, 우리 뒤에 있는 남자 노예가 냄비 뚜껑을 열면서 소리친다. 이것은 저녁식사에서 예상하지 못한 다른 요리가 필요할 때를 대비하여 미리 준비해놓은 요리들이다.

예상치 못한 요리의 첨가는 부엌에서 진정한 오븐의 대가로 일하는 요리사의 솜씨를 발휘하게 한다. 그는 그리스어로 마지루스라고 불리는데, 단어 뜻 그대로 부엌의 최고 제사장이라는 의미이다. 그는 부 요리장을 수하에 거느린 아르키마지루스, 즉 수석 요리장인 셈이다.

사실 부유한 사람은 누구든지 포룸에서 조수 요리사들과 함께 요리장을 직접 빌릴 수 있다. 그런데 원로의원과 같은 유력인사의 부엌에 들어오면 이야기는 달라진다. 이들과 같은 유력 가문의 도무스에는 케이크 만드는 사람과 제빵사와 같은 개인 요리사가 있다.

원로의원의 유명한 요리사가 지금 자신의 조수들에게 명령을 내리고 있다.

그런데 이 마술 같은 미각을 내는 비밀은 무엇일까? 요리장의 통솔은 완벽하고 부엌의 모든 움직임과 위치는 배운 것을 정확하게 따르고 있는 것 같다. 우리는 어느 작업장에 와 있는 것 같다는 인상을 받게 된다.

테이블 위에 박하, 고수, 마늘, 파슬리, 캐러웨이, 월계수 등의 향신료가 담긴 많은 그릇들이 놓여 있다. 그리고 아피키우스의 요리비법에 따라 완벽한 맛을 내기 위해서 이 향신료들을 다진 고기에 첨가한다. 이 향신료들은 또다른 쓰임새로 사용되기도 한다.

사실 로마인들의 부엌에서 향신료와 양념은 부패하는 고기와 생선의 악취를 감추는 데에 필수적이다. 냉장고와 방부제가 없는 까닭에 식재료들은 어쩔 수 없이 상하기 마련이다. 이는 우리가 어느새 잊고 사는 불편함이다.

요리 재료들을 계속 관찰하다가 현대 이탈리아 요리에서는 필수적인 요리 재료가 빠져 있는 것을 발견한다. 예를 들면 토마토, 감자, 콩 종류, 옥수수, 초콜릿 등이 보이지 않는다. 이것들은 콜럼버스 덕분에 신대륙에서 들여온 재료이다. 타조 역시 그러하다. 아직 이탈리아에 아무도 들여오지 않은 아시아 물소의 우유로 만든 모차렐라 치즈 역시 그들은 알지 못한다. 중세 절정기에 이탈리아 반도를 침략한 롬바르드족이 이것을 들여올 것이다. 중세에 아랍인들에 의해서 퍼져나간 식용 가지 역시 고대 로마의 부엌에서는 찾아볼 수 없다.

이 많은 재료와 전형적인 요리가 빠진 이탈리아 요리는 어딘지 조금 이상하다.

토마토와 모차렐라가 없는 까닭에 아무도 피자를 만들지 못한다. 아직 스파게티와 중세부터 이탈리아에서 발달한 다양한 종류의 파스타 요리도 없다. 스파게티는 마르코 폴로의 『동방견문록』이 나오기 훨씬 이전에 이탈리아에서 만든 요리임을 몇몇 자료에서 밝히고 있다. 중국에서는 이탈리아의 스파게티와 상관없이 지역에 따라서 다양한 국수 요리가 발달하게 된다.

우리는 아르키마지루스(수석 요리장)에게 다가간다. 그는 손님들을 깜짝 놀라게 해주려고 주문받은 정말 특별한 요리를 준비 중이다. 장미 꽃잎을 넣은 꾀꼬리 요리이다. 다른 모든 이들은 뒤로 물러서고 요리하는 사람은 그 혼자이다.

그는 1인당 새 두 마리를 준비했다. 물에 담가둔 장미 꽃잎을 넣는다. 그리고 새고기에 조심스럽게 꿀을 바른다.

그의 조수가 속을 채울 재료를 준비하자, 그는 이를 점검한다. 다진 내장 재료는 완벽하다. 그러나 충분하지 않다. 이 요리의 성공은 속을 채우는 것에 달려 있다. 그래서 그는 박하와 야생 파슬리를 잘게 다져 첨가한다. 부엌에는 그의 조심스런 칼질 소리만 울린다. 몸을 돌린 그는 대리석으로 만든 막자사발을 집어 들고 거기에 많은 양의 마늘, 정향, 후추, 고수 그리고 올리브유를 넣고 찧는다.

향이 좋은 허브 한 다발을 첨가하고, 거장의 비법인 포도즙 엑기스, 데프루툼 한 방울도 넣는다.

이제 속을 채울 재료는 완성되었다. 이 속 재료를 맛있는 자두와 같이 새 안에 채워넣는다. 조수에게 몸을 돌려 그는 낮은 불에 익히고 다 익으면 쟁반 가장자리를 장미 꽃잎으로 장식하여 새고기 요리를 내가도록 지시한다. 팔레르노 포도주와 함께 내놓게 될 이 요리는 대환영을 받게 될 것이 확실하다.

소수의 손님들만이 이 요리가 사실은 몇 세대 전에 살았던 아피키우스의 요리법 중의 하나임을 알고 있다. 이 요리로 아피키우스는 티베리우스 황제의 아들인 드루수스(기원전 11-기원후 23)의 미각을 사로잡았다. 그런데 그다지 놀랄 일은 아니다. 큰 가문의 요리사들은 항상 유명하고 신기하고 이국적인 요리를 만들려고 시도한다. 그리고 우리의 수석 요리장 역시 아피키우스의 추종자들 중의 한 명이다. 그것을 어떻게 알 수 있을까?

세세한 부분에서 알 수 있다. 즉 포도즙 엑기스인 데프루툼의 첨가는 거장의 전형적인 요리비법이다.

사실 아피키우스에 의하면 음식의 미각을 일깨우는 데는 확실하게 오래가는 달콤한 맛을 첨가하는 것으로 충분하다.

또다른 아피키우스 특유의 비법은 장미 꽃잎의 사용이다. 그의 요리를 근사하게 장식하는 데에 필수적이다. 그리고 이러한 요리 장식은 수많은 현대의 요리사들의 경향을 거의 2,000년이나 앞선 것이다.

식사 예절

우리는 연회장으로 돌아온다. 어느새 홍학 요리가 치워지고 그 자리에 화려한 색상의 또다른 요리가 도착한다. 두 번째 구이 요리이다. 일종의 수레에 싣고 내올 정도로 크다. 삶은 소고기로 만들었는데 두 개의 뿔 사이에 투구를 씌워놓았다. 고기를 자르는 담당 노예는 그리스 신화에 나오는 아약스처럼 옷을 차려입고 손님들에게 고기를 잘라줄 검을 차고 있다.

갑자기 검은 머리의 뚱뚱한 부인이 손님들이 깜짝 놀랄 정도로 큰 트림 소리를 낸다. 이 소리에 놀란 손님들은 마시던 포도주를 땅에 흘리기까지 한다. 원로의원은 그녀를 바라보고 거의 감사하다는 듯이 미소를 짓는다. 처음 터져나온 트림에 이어 여기저기서 트림 소리가 터져나온다. 원로의원은 트림 소리가 들릴 때마다 매번 미소를 짓는다. 아니 무슨 연회가 이 모양일까? 로마인들의 식사 예절은 어떠했을까?

우리가 말할 수 있는 최소한의 사실은 고대 로마인의 식탁 예절은 현대인과는 무척 다르다는 것뿐이다. 심지어 황제조차 현대의 레스토랑에서 이렇게 이 시대의 예절에 따라서 행동한다면 쫓겨나고 말 것이다. 고대 로마인들의 식탁 예절은 가관이다. 계속해서 손을 더럽히면서 손으로 음식을 집어먹는다. 뜯고 남은 뼈다귀, 바다가재 껍질, 조개 껍질, 돼지 뼈 등 온갖 쓰레기는 바닥에 버린다. 연회장 침대의자 앞이나 옆의 바닥에

다 떨어져 있다. 게다가 트림도 전혀 거리낌 없이 엄청 해댄다. 심지어는 놀라지 마시라, 이것은 고귀한 행동으로 간주된다! 오히려 문명인다운 행동이기까지 하다. 사실 철학자들에 의하면 이런 방식으로 트림을 하는 것은 자연스런 현상이다. 그래서 진정한 현명함의 최고의 증거라고 평가되기까지 한다.

이러한 관습의 잔재는 아랍과 인도에도 남아 있다. 이 지역에서는 트림을 요리를 잘 먹었다는 솔직한 표시라고 여기며 심지어 집주인은 그 소리를 기다리기까지 한다.

북아프리카에서도 마찬가지이다. 나는 그곳 지인의 집에서 저녁식사를 하는 중에 정말 난처한 경험을 했다. 행여 저녁식사가 내 입맛에 맞지 않을까 혹은 음식 준비가 소홀했을까 염려하여 긴장된 분위기마저 감돌았다. 결국 내가 지역 전통에 굴복하고 말았을 때, 방 안 전체에 큰 만족감이 번졌다.

그리고 이것이 끝이 아니다. 우리가 지금 지켜보는 것 같은 연회에서는 방귀도 허용되었다. 무례하게 소리를 내도 상류층의 저녁식사에서는 아무도 추문거리로 삼지 않는다. 오히려 방귀는 법으로 식탁에서 허락된 것에 살짝 못 미치는 정도이다! 클라우디우스 황제는, 자신 앞에서 저녁식사를 하던 한 손님이 방귀를 참다가 생명의 위험을 무릅쓴 사실을 알게 된 이후 방귀가 나올 때 자연스럽게 뀔 수 있도록 방귀 칙령을 구체적으로 논의하기까지 했다.

로마인들의 식탁 예절에 대해서 계속 알아보던 우리는 현대의 식탁 예절과 분명히 다른 또다른 규칙을 발견한다. 어느 순간 한 손님이 손가락을 튕긴다. 노예가 유리로 만든 불룩한 요강을 들고 다가온다. 그는 토가를 들어올려 손님이 과도하게 축적된 액체를 편하게 비워낼 수 있도록 가려준다.

연회 중 먹은 것을 토하는 관습에 대해서는 많이 언급되었다. 받아들이기 힘든 사실이다. 유베날리스는 연회가 끝날 무렵에 바닥에 토하는 것에 대해서 솔직하게 전한다. 그러나 일종의 관습인지 혹은 과도하게 먹은 결과 우발적으로 벌어지는 사건인지는 분명하지 않다. 반대로 소(小)세네카는 손님들이 계속 먹기 위해서 위를 비우려고 다른 방으로 가서 토하려고 가끔씩 자리에서 일어난다고 더욱 정확하게 언급한다.

마지막으로 무척 현대적으로 보이는 관습도 눈에 띈다. 냅킨에 싸서 음식을 가져가는 것도 허락된다. 자신의 노예에게 줄 음식을 가져가는 것처럼 행동하지만 사실은 그 다음 날 다시 먹으려는 심산이다. 아포포레타라고 불리는 이 관습은 일반적으로 미국의 레스토랑에서 흔히 하는 남은 음식을 싸가지고 가는 행동과 놀라울 정도로 비슷하다. 이 경우에도 역시 이론적으로는 남은 음식을 개에게 가져다주는 것이지만 실제로는 개 주인을 위한 것이다.

후식, 과일 그리고 ……

노예가 중앙 테이블을 치우고 바닥에 붉은 톱밥을 뿌린다. 연회의 주요 코스가 끝났다는 신호이다. 이제 후식과 과일을 대접하는 소위 세쿤다에 멘사에, 즉 식사의 제2부가 시작된다.

사실 케이크를 만드는 장인이 심혈을 기울여서 만든 여러 개의 크고 작은 작품들이 담긴 그릇들이 등장한다. "꿀벌은 수도의 케이크 장인을 위해서 일할 뿐이다"라고 한 마르티알리스의 말이 옳았다. 케이크에 사용된 엄청난 양의 꿀을 보고 있자니 수많은 벌집과 양봉가가 필요하다는 말이 이해된다. 포도주에도 꿀을 넣었다. 사실 로마 시대에 꿀은 주요 감미료이다.

그 뒤에 내오는 과일은 주로 사과, 포도와 무화과이다. 트라야누스 황제와 함께 동양으로 뻗어나가기 시작하면서, 고대 로마인들이 사족을 못 쓰는 복숭아와 살구가 식탁 위에 등장했다. 사실 복숭아(pesca)라는 이탈리아어는 페르시카(persica, 페르시아의)라는 형용사가 어원이며, 페르시아의 사과를 가리키는 말룸 페르치쿰(malum percicum)이라는 단어에서 유래되었다. 로마와 북이탈리아의 일부 지역에서는 아직도 복숭아를 페르시아의 사과라고 부른다.

손님 중 한 명이 접시에 있는 무화과 하나를 집어 들고 뚫어져라 쳐다보더니 "카르타고는 멸망되어야 한다"라고 소리친다. 그리고 그것을 베어 문다. 다른 사람들은 미소를 지으며 동의한다. 역사에 대한 그의 언급은 정확하고 이 순간에 딱 맞아떨어진다. 특히 모든 이들은 원로의원이 트라야누스 황제의 열렬한 지지자이자, 황제의 정복사업의 최대 수혜자들 중의 한 명임을 알고 있기 때문이다. 다른 상황이라면 큰 실수일 수도 있다. 그런데 로마 역사와 무화과가 무슨 연관이 있을까?

기원전 150년에 카토(기원전 234-149)는 카르타고의 부활 때문에 무척 근심했다. 어느 날 그에게 한 가지 묘안이 떠올랐다. 그는 신선한 무화과를 가득 채운 양동이 하나를 들고 원로원을 찾아가 동료들에게 말했다. "이 과일이 언제 수확되었다고 생각하시오? 카르타고에서 불과 3일 전에 수확한 것이요. 우리의 성벽과 우리의 적 사이의 거리가 3일에 불과하단 말이오." 카토는 이보다 더 극적인 효과를 생각해낼 수 없었다. 원로의원들은 무화과의 신선함에 무척 놀랐다. 이 이야기는 가득 채운 양동이의 물을 흘러넘치게 하는 한 방울의 물처럼 작용하여, 원로의원들이 카토의 바람을 받아들여 카르타고인들에 대항한 제3차 포에니 전쟁에 투표하게 만들었다고 전해진다. 이렇게 카토의 "카르타고는 멸망되어야 한다"는 말이 유명해졌다. 단순한 과일 하나 뒤에 이렇게 큰 역사적 의미가 숨겨져 있다니 놀랍다.

갑자기 오케스트라가 무척 이국적인 새로운 멜로디를 연주하기 시작한다. 그리고 연회장 옆에서 여자 무용수들이 등장한다. 그녀들은 캐스터네츠 소리에 맞추어 움직이기 시작한다. 이런 종류의 춤은 로마 전역에서 유명하다. 이는 스페인 안달루시아의 가데스, 즉 카디스에서 유래된 전형적인 여성 무용이다. 오늘날에도 캐스터네츠를 사용하는 이 춤과 닮아 있는 아주 유명한 플라멩코를 스페인의 이 지역에서 여전히 구경할 수 있다는 사실이 놀랍다.

로마의 연회에서 여자 무용수들의 움직임은 무척 관능적이고, 이런 저녁 시간에는 모든 우발적인 가능성의 문이 열려 있다. 우리의 머릿속에 모든 연회가 이렇게 진탕 먹고 마시는 난잡한 잔치로 끝나리라는 생각이 스친다. 그러나 그렇지 않다. 로마인들은 사회적인, 정치적인, 특별한 이유에서 혹은 단순히 친구들과 저녁식사를 하고 싶어서 사람들을 초대한다. 우리가 그러하듯이 말이다. 연회의 마지막이 난잡하게 끝난다는 기록은 그 어디에서도 찾아볼 수 없다. 이렇게 말하지만 연회가 끝날 무렵에 성(性)이 완전히 배제되는 경우는 드물다.

탐구 II 로마인들의 금 장신구

이 시점에서 잠시 음식을 제쳐두고, 저녁식사를 하는 사람들이 걸치고 있는 값진 보석을 살펴보는 것도 가치가 있을 것이다. 사회적 인맥을 쌓는 자리인 만큼 다들 가장 아름다운 장신구들을 뽐내고 있다.

남자들은 두 가지 종류의 장신구를 착용하고 있다. 핀과 반지이다. 우리의 눈에 띄는 반지는 두툼하고 손가락 위에 부분이 넓고 두툼해지는 결혼반지를 떠올리게 한다. 그리고 바로 그 부분에 보석이나 값진 돌 혹은 그림을 새겨넣은 홍옥수가 박혀 있다. 대체로 신화 속 인물을 새기거나 아니면 영웅의 옆모습을 홍옥수에 새긴다.

이 반지는 밀랍에 찍어 봉인용으로도 사용된다. 드물지만 남자들도 팔찌를 한다.

엄청난 양의 금을 자랑하는 것은 여자들이다. 이따금씩 거의 천상의 우아함을 흉내내듯이 아주 얇은 금으로 망을 만들어 머리 주변을 감싸기도 한다. 혹은 금방 눈에 띄게 팔뚝에 납작한 팔찌를 끼기도 한다.

눈에 에메랄드 보석이 박혀 있고 서로 마주보고 있는 두 마리의 사자 머리나 혹은 두 마리의 뱀 머리가 달린 팔찌가 유명하다.

귀걸이도 무척 화려하다. 가늘고 길쭉한 삼각형이나 천칭(天秤) 모양으로, 끝에는 진주가 달려 있다. 걸을 때마다 짤랑짤랑 소리가 나서 캐스터네츠라고 불린다. 귀걸이의 다양한 모양은 금세공업자의 상상력의 결실이다.

연회에 참석한 한 여자는 가슴팍까지 늘어지는 굵은 고리들이 달려 있는 특이한 목걸이를 하고 있다. 두 개의 탄약대처럼 보일 수 있는 이 목걸이는 두 가슴 사이에 모인다. 연회에서는 가능한 한 가장 많은 양의 금을 자랑해야 할 필요가 있다. 그래서 결혼한 부인의 손가락은 굉장히 많은 다양한 크기와 스타일의 반지들로 덮여 있다.

우리는 별로 말을 많이 하지 않은 무척 점잖은 부인의 반지에 깜짝 놀란다. 손가락에 굉장히 두껍고 커다란 반지를 끼고 있다. 반지 정중앙에 값진 돌이 박혀 있는데, 아주 투명하게 훤히 들여다보이는 수정이다. 투명한 수정은 그 아래의 틈을 덮고 있는 둥근 창처럼 보일 정도이다. 그 안에는 흉상이 새겨져 있다. 수정의 미미한 렌즈 효과 덕분에 그리고 금세공업자의 뛰어난 세공 실력 덕분에 흉상의 모습을 구별할 수 있다. 한 여자의 흉상이다. 더 이상 젊지 않은 그리고 후덕해 보이는, 한마디로 말해서 그녀의 어머니일 것으로 추정되는 진정한 마나님의 흉상이다.

이 시대의 목걸이는 현대에도 흔히 볼 수 있는데, 아이들이나 부모님의 사진을 넣어 만든 여자들의 목에 걸린 로켓 목걸이가 바로 그것이다. 로마 시대까지 거슬러올라가는 오래된 관습이다.

20시
흥청대는 파티 시간이다

믿기 힘들겠지만 아직 연회는 끝나지 않았다! 이제 연회의 후반부인 흥청대며 마시고 노는 파티인 코미사티오가 시작된다. 이것을 어떻게 정의해야 할까? 간단히 말해서 일종의 유쾌한 내기 건배가 아주 늦게까지 계속되고 끝날 무렵이면 거의 항상 고주망태가 된다. 포도주는 원산지와 수확 시기가 적힌 라벨이 붙어 있는 암포라에 들어 있다. 포도주를 체에 걸러, 술과 물을 섞는 데 쓰는 단지인 크라테르(krater) 안에 붓는다. 그 포도주에 물을 넣어 희석한다. 경우에 따라서 그 양이 달라진다. 그러나 대체로 3분의 1에서 5분의 4까지 물을 섞는다. 그런 다음 크라테르 안에 직접 컵을 담가 포도주를 뜬다.

    이 시점에서 집주인 혹은 장으로 뽑힌 사람은 어떤 방식으로 포도주를 마실지 결정한다. 거의 항상 단숨에 마셔야 하는 잔들이 죽 늘어서 있기 마련이다. 그럼 이 잔들을 어떻게 마실까? 예를 들면 둥글게 둘러앉아 각자 한 번에 잔을 비우고 그 잔을 옆에 있는 사람에게 전달한다.

    혹은 초대 손님들 중의 한 명을 선택하고 다른 사람들은 그의 이름의 각 철자마다 잔을 들어올려 단숨에 마시며 그를 위해서 건배한다. 로마 시민의 전형적인 이름은 세 개의 이름으로 조합되도록 정해져 있으므로, 이 길고 복잡한 이름에 대한 건배가 몇 차례 돌고 난 뒤의 결과를 쉽게 상상할 수 있다.

    포도주는 다양한 종류가 있다. 싸구려부터 정말 이것저것 마구 섞인 것까지 있다. 섞인 포도주에는 최고급 마르세유의 포도주부터 바티칸의 싸구려 포도주까지 한데 뒤섞인다. 물론 탁월한 맛의 최고급 포도주를 음미하는 것도 빠지지 않는다. 대(大)플리니우스와 호라티우스에 의하면 가장 맛있는 최고의 포도주는 이탈리아 북부 캄파냐 지방에서 만들어지는 팔레르노 포도주이다. 마르티알리스는 오늘날 유명한 카스텔리 포도주 산지와 동일한 로마 남쪽 지역에서 만들어지는 알바노 포도주를 선호한다. 호라티우스는 라치오 남부에 있는 폰디 근처에서 생산되고 부드러우면서도 아주 강한 맛이 나는 것으로 정평이 난, 부자들을 위한 포도주로 알려진 칼레노와 마시코 그리고 체쿠보를 최상의 포도주 목록에 첨가한다. 오늘날에는 박물관에서나 볼 수 있는 각 지역에서 만들어진 가장 아름다운 암포라에, 이 포도주들이 여러 세대 동안 담겨 있었다는 사실이 신기하다. 포도주가 담긴 암포라는, 가늘고 긴 목과 손잡이가 달린 길고 우아한 드레셀 2유형(하인리히 드레셀이 분류한 고대 로마에서 사용되던 암포라 유형으로 드레셀 2유형은 기원전 16-기원후 29년에 만들어졌다/역주)의 항아리이다. 최고의 음식을 담기 위해서, 손으로 만든 최고의 항아리이다. 이 포도주를 어떻게 음미해야 할까? 최고의 알바노 포도주가 9년 정도 숙성된 것이라고 주장하는 호라티우스는 우리에게 넌지시 알려준다. 연인과 함께 포도주를 홀짝거릴 필요가 있다고 말이다.

로마 요리의 기원

로마는 유럽 최초로 위대한 식문화를 만들었다. 거의 패스트푸드점과 같은 빨리 먹을 수 있는 식당을 궁리했다. 그러나 풍부함과 다양함으로 세계에서 가장 높이 평가받는, 세련된 이탈리아 요리법의 기초를 세우며 훌륭한 요리사들의 전성기를 맞이하는 데에도 공헌했다. 이탈리아 요리는 요리의 양이 부족하고 요리할 때 지나칠 정도로 버터를 남용하여 음식의 다양성을 한정시키고 위에 부담을 주는 프랑스 요리보다 더 높은 평가를 받는다.

로마 세계에서 음식은 단순히 먹는 것 이상의 의미를 가진다. 로마인들은 제의식과 성스런 의식 중에 신에게 음식을 바친다. 그리고 묘비부터 무덤 속까지 뻗어내려가 있는, 심지어 시신의 얼굴 높이까지 오는 특별한 테라코타 관 안으로 꿀과 포도주를 부으며, 고인에게 존경의 표시로 술과 함께 음식을 바치기도 한다. 그런데 로마 역사의 초기에 상황은 전혀 달랐다. 초기 로마인들은 달걀, 올리브 열매 그리고 빨리 먹지 않으면 상할 위험이 있는 신선한 생 치즈가 들어간 풀스라고 불리는 일종의 옥수수 죽을 주로 먹었다. 이외에도 많은 양의 콩과 채소를 먹었다. 고기는 아주 드물었다. 돼지고기와 닭고기만 있었다. 사실 기원전 3세기까지, 농사일에 쓰고 제단에 제물로만 바칠 수 있었던 소를 도살하거나 소고기를 먹는 것은 금지되었다. 로마의 정복으로 인해서 맛있고 새로운 생산품들이 수도 안으로 유입되면서 호화스런 연회가 시작되었다.

그래서 로마의 식문화는 아득히 먼 뿌리를 가지고 있지만, 제2차 포에니 전쟁 후에 특히 발달한다. 그때 이후로 세련된 음식의 발달이 최고조에 달하게 된다. 오늘날에도 텔레비전 덕분에 볼 수 있는 것처럼, 많은 요리사들이 로마인들의 가정에 성공적으로 등장하기 시작했고 요리책을 쓰기 시작했다. 로마 시대에 가장 비범한 요리 설명서는 의심할 여지없이, 고대의 가장 유명한 요리사로 티베리우스 황제 치하에 활동하던 아피키우스가 쓴 『데 레 코퀴나리아(De re coquinaria)』이다. 사실 그의 요리책은 우리에게 전해지지 않는다. 오늘날 우리가 가진 요리책이라고는, 300년 뒤에 다른 로마의 요리사가 족히 468가지 정도 되는 아피키우스의 요리법을 편집한 묶음에 불과하다. 아피키우스는 요리사라기보다는 인생을 즐기며, 맛있는 음식을 굉장히 좋아하고, 요리를 삶의 이유로 삼은 부유한 로마인이었다.

그는 호화스런 저녁식사를 대접하여 자신의 유산을 낭비했다고 전해진다. 심지어 그는 큼직하고 맛있는 바다가재가 있다는 리비아 해안으로 바다가재를 잡으러 갈 배까지 갖추고 있었다. 중세에 들어오면서 사라지게 될 요리법인, 단맛과 짠맛을 섞는 요리법으로 로마 요리에 혁신을 가져온 그였다. 야망이 크고 쉽게 만족하지 않는 그는 우울증을 앓게 되었다. 소(小)세네카는 그가 독을 마시고 자살했다고 우리에게 전해준다. 파산 직전에 몰린 그가 자살을 택했을 것으로 추정된다. 아무튼 그에게는 1,000만 세스테르티우스, 즉 2,000만 유로가 남아 있었다.

그의 요리법은 많은 요리법의 기본과 최신 경향을 내던져버리며 고대의 요리법을 완전히 뒤엎었다. 그러나 그의 요리를 다시 만들려고 시도하는 것은 무척 어려웠다. 다양한 요리의 위대한 마술사처럼 아피키우스는 재료를 기록했지만 양을 적어놓지 않았고 종종 첨가할 몇몇 양념 역시 빠트리기 일쑤였다. 단지 수없이 반복해서 시도하고 실험해보면서 정확한 요리와 거의 비슷한 맛을 낼 수 있다. 그러나 정말로 아피키우스가 요리했던 방식 그대로인지는 결코 알 수 없을 것이다.

로마 시대에 물론 다른 위대한 요리사들 그리고 심지어 유명하기까지 한 요리사들이 있었다. 예를 들면, 카토와 베르길리우스도 우리에게 요리법을 남겼다. 그리고 키케로 역시 요리를 즐겨 했음을 우리는 알고 있다. 아울루스 비텔리우스(15-69) 같은 황제도 이에 뒤지지 않는다. 로마의 역사가이자 전기작가인 수에토니우스에 의하면, 비텔리우스는 그 유명한 미네르바의 방패 요리를 만들었다. 이 요리는 홍학의 혓바닥, 대서양산 열대어 비늘돔의 간, 공작과 꿩의 뇌 그리고 먹장어에서 추출한 지방 성분 등을 재료로 하는 진정한 미각의 최고봉이다.

맛있는 식탁은 몸뿐만 아니라 문명에도 죄가 되는지, 로마의 요리 세계는 5세기에 이민족의 침략으로 사라지게 된다.

탐구 II 재료, 특색 그리고 레시피 몇 개

그런데 부자들의 화려한 연회와는 별도로, 평범한 로마인들은 무엇을 먹을까? 그들이 먹던 대부분의 음식이 먹을 만한 것이 아니었다는 말이 사실일까?

물론 우리가 내버리는 생선 내장과 대부분의 부위를 소금에 절여 코를 찌르는 냄새가 날 때까지 며칠 동안 양념에 절여둔 가룸이 고대 로마인들이 가장 선호하는 소스였다는 사실을 생각하면 충격적이다.

그럼에도 불구하고 로마 요리는 재료가 풍부했다. 다양한 식재료가 맛의 건반 역할을 하여 현대인의 입맛에도 맞는 "교향곡"을 만들어냈다.

고대 로마의 부엌 찬장을 살펴보고 선반 위의 단지들을 열어본다고 상상해보라. 그러면 당신이 찾고 싶어하는 몇 가지 신기한 것이 눈에 띈다. 먼저 샤프란, 후추, 쿠민, 생강, 정향, 참깨와 같은 향신료이다.

냄새를 맡아보니 로즈마리, 샐비어, 민트 그리고 향나무 향이 진하게 난다. 이것들은 양파, 마늘, 호두, 아몬드, 자두 그리고 개암과 섞여 있다.

대추, 건포도, 석류, 잣도 빠지지 않는다. 당연히 샐러드용 채소와 콩은 상당히 광범위하게 사용된다. 그런데 지중해산 샐러드용 일년초 식물인 아르굴라가 최음제로 사용되었다는 사실은 충격적이다. 몇 가지 재료는 현대 이탈리아 부엌에서보다 훨씬 더 중요하게 취급되기도 했다. 로마인들은 요리마다 거의 빠지지 않고 사용된 야생 아스파라거스와 특히 무를 선호했다. 어쩌면 이미 언급했듯이, 콜럼버스 이후에야 비로소 유럽에 전해진 토마토와 감자를 아직 몰랐기 때문이리라.

로마 요리의 또다른 주재료는 치료 효능이 있는 약으로 간주되던 양배추이다. 양배추는 현대 이탈리아인의 조리법과 똑같이 삶아 먹었다.

요리사들의 또다른 동맹군들은 담황색의 병아리콩, 제비콩 그리고 잠두콩이다. 이를 끓이고 소금으로 간을 하고 혹은 굽기도 한다.

있는 그대로 사용하거나 잼으로 만든 스트로베리 트리 열매와 블랙 라즈베리는 매일의 요리 재료에 들어갔다.

로마인들이 먹는 빵의 종류는 무척 다양했다. 우리는 딱딱한 비스킷 같은 빵과 포카치아 이외에 20여 가지가 넘는 다양한 빵 종류가 있었음을 알고 있다. 올리브유를 넣은 빵과 포도주에 적셔 먹는 빵부터 겨로 만든 빵까지 있었다. 심지어 동물사료로 이용되는 빵도 있었다.

고기, 생선, 과일 그리고 후식은 어떠했을까? 이 요리들에 대해서 간략히 살펴보자.

돼지고기는 가장 많이 소비되는 고기였다. 낮은 불에서 천천히 익힌 스튜나 미트볼로 만든 아직 젖을 떼지 않은 새끼 돼지는 정말로 맛있는 요리로 평가받았다. 그리고 우리가 이미 살펴보았듯이 속을 채운 돼지 유방, 돼지 주둥이 그리고 꼬치 요리도 있었다. 족발과 훈제 소시지 역시 무척 즐겨 먹었다. 특히 비탈리스에 있는 유명한 정육점의 소시지 제품이 인기가 있었다.

생선은 일반적으로 고기보다 두세 배 더 비쌌고, 시장에서 다양한 생선을 고를 수 있었다. 숭어, 도미, 감성돔, 붕장어, 참치, 문어, 넙치, 가자미, 먹장어, 뱀장어 그리고 철갑상어를 살 수 있었다. 크고 멋진 먹장어나 농어가 잡힌 경우에는 경매로 팔기도 했다.

연체동물과 갑각류를 살펴보면, 속을 채운 달팽이부터 굴까지도 항상 전채요리로 내놓을 수 있었다. 바다가재, 새우, 참새우는 오늘날과 마찬가지로 굉장한 인기 재료였다.

새 요리로는 개똥지빠귀부터 홍학까지, 두루미부터 앵무새까지 있었다. 수많은 전채요리를 만드는 데에 사용한 달걀도 귀한 재료였다. 이미 그 당시에 거위에 무화과를 잔뜩 먹여 살을 찌웠다. 오늘날과 같이 거위 간으로 푸아그라(거위 간 요리)를 만들곤 했다. 거위 간 요리의 로마 이름은 피쿠스(무화과)에서 유래한 피카툼이었다.

과일 중에 바나나, 파인애플, 키위는 없었다. 로마인들이 알던 과일로는 당시 식탁 위에서 흔히 볼 수 있는, 사과, 건포도, 말린 무화과, 군밤뿐이었다. 후에 체리, 배, 대추, 신선한 포도, 석류, 모과, 호두, 개암, 아몬드, 잣이 유입되었다.

후식을 살펴보면 후식을 만드는 다양한 방법이 눈에 띈다. 폼페이 근처 오플론티스 별장의 프레스코 화에 표현된 카사타가 유명하다. 이 카사타는 오늘날 현대의 이탈리아인들이 먹는 것과 똑같다. 그러나 그 맛은 알 수 없다. 가장 많이 사용되는 감미료는 값이 비싼 꿀이었다. 단맛을 내는 다른 대체 감미료는 자당으로, 원산지가 동양인 끓인 무화과로 만들거나 혹은 오늘날 일부 지역에서 하는 방법대로, 응고된 설탕 덩어리 모양이 될 때까지 발효되지 않은 포도즙을 끓여서 만들었다.

아이들을 위한 케이크로는, 집에서 종종 딱딱해진 빵을 재활용하여 만드는 것이 있었다. 굳은 빵을 얇게 잘라 우유에 담근 뒤에 튀긴다. 그리고 튀긴 빵 위에 꿀을 발랐다. 아이들 사이에서는 인기 있는 후식이었을 것이다.

요리사의 추천요리

식초 및 포도주에 향신료를 넣은 마리네이드 양념에 재운 토끼 요리
토끼고기를 다음과 같은 방법으로 준비한 소스에 재운다. 양파, 상록다년초인 루타, 백리향 그리고 후추를 잘게 썬다. 약간의 가룸을 첨가한다. 잘 씻은 토끼고기에 소스를 골고루 바른 뒤, 양철 그릇에 담아 오븐에 넣는다. 고기가 익는 동안 올리브유, 포도주, 가룸, 양파, 루타, 후추 그리고 대추 4개를 넣어 미리 만들어둔 또다른 소스를 고기 위에 반복해서 끼얹는다.

보리 수프

완두콩, 병아리콩, 제비콩을 섞는다. 껍질을 벗겨서 빻은 보리와 이 콩들을 넣고 끓인다. 다 끓으면 그릇에 쏟아붓고 올리브유, 식초, 고수, 회향, 근대, 아욱, 양배추, 큰 부추같이 생긴 녹색 리크를 첨가한다. 이 모든 것을 잘게 썰어서 넣는다. 또다른 용기에 회향 씨, 오레가노, 지금은 사라져서 샐러리로 대체된 야생 파슬리의 일종인 리수스티코, 국화과의 다년초인 실피움 혹은 라세르피치움(오늘날에는 사라진 냄새가 독한 북아프리카의 키레네산 식물로 로마인들은 그 즙을 약처럼 사용하기도 했다)과 함께 양배추를 삶는다. 이 모든 재료를 잘게 다지고 가룸을 첨가한다. 식탁에 내놓기 직전에 잘게 썬 양배추 조각을 집어넣고 잘 섞는다.

속을 채워 삶은 돼지고기

시장에서 작은 돼지 한 마리를 구입한다. 내장을 제거하고, 씻어서 굽는다. 한편 속 재료를 준비한다. 후추, 오레가노, 라세르피치움을 곱게 간다. 그 위에 가룸을 첨가한다. 속을 채우기에 충분한 양의 뇌를 요리한다. 요리한 소시지를 둥글납작하게 썬다. 달걀을 오므라이스를 만들 때처럼 풀고 거기에 가룸을 넣는다. 이 모든 재료를 잘 섞고 가룸을 발라놓은 돼지고기 속에 넣어 채운다. 작은 돼지를 다시 잘 꿰맨 뒤에 좁은 바구니나 혹은 자루 안에 넣어, 물이 끓고 있는 냄비 안에 넣는다. 요리가 다 되면 물기를 빼고 나서 식탁에 내놓을 수 있다.

특별한 염소 요리

육질이 좋은 염소를 잘 고른다. 염소를 손질해서 오븐에 넣는다. 양파, 루타, 식용 사보리 꽃, 후추, 라세르피치움, 씨를 뺀 다마스쿠스산 자두를 다져 소스를 만든다. 올리브유, 포도주 그리고 가룸을 소스에 첨가한다. 불 위에 올려놓고 조리한다. 염소고기가 익어 오븐에서 꺼냈을 때, 고기 위에 소스를 발라 식탁에 내놓는다.

샐러드 드레싱인 허브소스 히포트림마

후추, 박하, 미나릿과 식물인 러비지, 건포도, 잣, 대추를 빻는다. 신선한 치즈에 꿀, 식초 그리고 발효되지 않은 포도즙을 넣어 끓인다.

집에서 만든 디저트

대추의 씨를 제거하고, 곱게 빻은 후추, 호두 혹은 잣으로 속을 채운다. 소금을 약간 뿌리고 꿀에 넣어 익힌다. 식탁에 내놓는다.

로마의 성(性) 혁명

기원

로마인들은 다른 민족들보다 더 자유분방하거나 더 타락하지는 않았다. 그들은 시대에 따라서 진정한 고유의 혁명을 거치며, 다양한 규칙과 원칙을 단순하게 따랐다. 전통을 엄격하게 고수하고 따르던 초기 로마 사회에서는 무엇보다 남자를 중심에 두었다. 가부장은 가정을 지키는 수호자이자 집안의 주인이었다. 성(性)에서도 세상은 그를 중심으로 돌아간다. 항상 남편에게 충실해야 하는 아내 이외에, 여자가 되었든 혹은 아이가 되었든지 간에 그의 파트너들은 그를 즐겁게 해주어야 했다. 초기에 남편은 부정을 저지른 아내나 정부를 죽일 수 있었다. 로마 시대 내내 변함없이 유지되는 반드시 지켜야 하는 유일한 규칙은, 남자가 결혼생활 밖에서 성생활을 함께 하는 상대는 더 낮은 계층의 사람이어야만 한다는, 즉 그와 같은 로마 시민이어서는 안 되고, 남자 노예나 여자 노예여야 한다는 것이다.

자유분방한 성, 부권으로부터의 여성 해방 그리고 이혼

커다란 변화는 기원전 2세기부터 시작된 그리스-중동 세계에 대한 군대의 정복사업과 더불어 발생한다. 로마에 그리스의 관습이 유입되면서, 도덕은 새로운 성을 체험하는 방식을 용인하게 된다. 그리스에서 들어온 동성애가 허용되고, 이러한 성 관행이 퍼져나간다. 여성들 역시 매우 독립적이 되어가면서 남성을 유혹하기에 이른다.

동양에서 유래한 이러한 변화와 더불어 여성의 상황을 크게 동요시키는 일련의 사건들이 벌어진다. 에바 칸타렐라 교수를 필두로 하여 몇몇 학자들이 다룬 주제이다. 기원후 1세기의 여성들은, 현대 여성들이 1970년대 이후에야 비로소 얻게 될 독립과 자유의 수준에 이르렀다. 경제적으로 독립했으며 특히 이혼이 더욱 쉬워졌다. 로마 여성의 이러한 부권으로부터의 독립은 어떻게 시작되었을까?

수 세기 동안 법률은 여성에게 재산, 부동산, 현금에 대한 이론상의 상속권을 부여했을 뿐이다. 실제로 이 모든 재산은 아버지, 형제, 남편과 같은 남성들이 관리했다. 기원전 1세기에 벌어진 유명한 내전으로 상황이 바뀌었다. 사실상 원로의원들은 이 내전 중에 로마의 엘리트 계층에 속하는 대부분의 남성들이 목숨을 잃으면서 이들의 돈과 재산이 루키우스 술라 혹은 율리우스 카이사르와 같은 진정한 독재자인 소수의 부도덕한 남성들의 손아귀에 들어가게 되는 현실적인 위험을 알아차렸다. 어떻게 해야 할까? 여성들에게 방향을 돌려 그녀들에게 개인적으로 유산을 상속할 수 있는 가능성을 부여한다. 그리고 원로원이 이 새로운 법안에 동의하면서 그 가능성은 실현되었다.

여성을 남편의 완벽한 소유물처럼 취급하던 전통적인 결혼관계도 바뀌었다. 여성이 남편의 지배하에 들어가는 것이 아니라 여전히 부친의 금전적 영향력 아래에 있는 상태로 남녀가 결합하는 형태가 생겨났다. 그래서 부친의 사망 시에 여성은 힘과 경제적 독립을 획득하면서 자동적으로 영지와 금전을 상속받았다. 이혼 역시 바뀌어서 훨씬 더 쉬워졌다. 결혼을 끝내기 위해서 남성 혹은 여성이 증인들 앞에서 더 이상 결혼생활을 계속하고 싶지 않다고 말하는 것으로 충분했다.

이 모든 추이의 결과로 여성의 입지가 강화되었다. 사실상 이혼한 여성은 이미 금전과 재산의 합법적인 주인으로써 남편을 떠나 독립적인 경제력을 유지할 수 있었다.

　그러면서 종종 역할이 뒤바뀌게 되었다. 단순히 여성의 돈만 보고 결혼했던 남성은 모든 것을 잃고 길거리에 나앉는 처지가 될 위험이 있었다.

　물론 이 법은 가난한 서민들보다 로마 사회의 엘리트, 즉 부자들에게 더 많은 영향을 끼쳤다. 따라서 결혼과 유산 상속 영역에 대한 로마 법은 모두에게 평등하지 않았다. 특히 자유시민과 부자들에게만 유리했고, 노예, 해방노예, 외국인과 같은 다른 사람들에게는 그렇지 못했다.

　기원전 50년경부터 기원후 3세기 사이의 3세기 반에 걸쳐서 남성과 여성 사이의 관계에서 많은 것이 변화되었다. 초기에는 마치 오늘날의 인도에서처럼, 두 신랑과 신부가 아직 어릴 때 집안끼리 혼인이 결정되었다면, 이제는 두 사람의 사랑이 혼인을 결정하는 주요 이유가 되었다. 종종 동거는 하되 결혼식을 올리지 않기도 했다. 사회계층과 연관된 자산 규모에 따라서, 형식적인 결합부터 단순한 동거에 이르기까지 결합의 형태는 다양했다. 심지어 출생률이 급격히 저하되는 위기도 있었다. 이에 아우구스투스 황제는 특별법을 제정하여 출산율 저하를 막아보려고 했으나 그의 시도는 수포로 돌아갔다.

　오늘날 결혼이 줄고 이혼율은 증가하고, 출생률이 심각할 정도로 줄어드는 서구 사회, 특히 이탈리아에서 벌어지는 현상과 비교해볼 때에 정말로 충격적이다. 비록 현재에는 이러한 현상의 이유가 예를 들면, 젊은 부부의 경제적인 어려움처럼 실질적인 다른 요인들 때문이기는 하지만 말이다.

　로마 역사상 이 시기의 특징으로 성적 해방을 꼽는 것은 놀랄 일이 아니다. 이 시기 이후 로마인들의 성생활은 사실 점점 더 개방된다. 그리고 수 세기에 걸쳐 로마인들을 유명하게 만든 그 모든 행동을 유발시키며, 남성이건 여성이건 성에 대해서 지나치게 자유방임적이 되어간다.

좀더 절제하는 관습으로의 회귀

기원후 3세기 중반 이후인 약 260년경에, 제국에 들이닥친 이방인들의 최초의 침략으로 인한 경제적 불안정과 위기는 성에 관한 영역도 포함하여 로마 사회 전반에 변화를 야기한다. 상당히 자유롭던 부부 관계가 재조정된다. 신랑과 신부로 결합되고 한층 더 절제된 생활을 하게 된다. 상호 충실의 의무를 부과하고, 동성애를 비난하고 자식을 낳는 것을 성생활의 주목적으로 확립하는 새로운 부부 윤리가 자리를 잡는다. 이러한 윤리는 여전히 이교도였지만 콘스탄티누스 황제에 의해서 길이 열린 기독교를 중심축으로 한다. 이 새로운 윤리는 성직자들이 성스런 형벌을 받게 될 것이라고 위협하며 영혼들을 다스리는 데에 아주 유용한 도구가 된다. 한편 새로운 윤리는 모든 사람에게 적용되고 가정과 사회 안에서 여성의 중요한 역할을 회복시켜준다. 다른 한편으로 혼인할 때까지 처녀성을 간직하고, 부부의 결합 안에서 정숙하며 남편이 죽을 때까지 혼인관계를 유지하는 등의 행동을 강요하던 가장 오래된 로마의 전통방식대로 여성의 역할이 다시 후퇴하게 된다.

21시
로마인의 성(性)

우리는 리라와 탬버린의 연주를 뒤로 하고 거리로 돌아왔다. 사방은 이미 어둡다. 도무스로부터 술에 취한 집주인과 손님들의 노랫소리와 웃음소리가 들려온다. 그 소리들은 점점 희미하고 아득해진다. 도무스 앞에는 주인이 나오기를 기다리는 두 대의 가마가 여전히 놓여 있다. 그리고 가마꾼 노예들은 보도 위에 앉아 잡담을 나누고 있다. 잠시 후에 우리가 이미 알고 있는, 훨씬 더 시끄러운 다른 이동수단과 마주치게 될 것이다. 도시 외곽에서 대기 중인 배달 마차이다. 마차 위에는 팔아야 할 항아리, 음식, 온갖 잡동사니, 동물, 기와, 나무기둥, 벽돌, 직물, 접시, 냄비 등이 실려 있다. 매일 로마에서 살아가는 데에 필요한 온갖 물건들이다. 마치 매일 밤 도시를 다시 가득 채우는 듯하다.

이 거리에서 우리는 도박장에 놀러 가거나, 정부를 찾아가려고, 혹은 강도에게 털리는 사고 없이 그저 집에 돌아가기 위해서 걸음을 서두르는 몇몇 사람들을 마주친다. 혹은 성(性)을 찾아서 서둘러 발걸음을 옮기는 사람들도 있다. 그런데 그들은 어디로 갈까? 늑대굴이라는 뜻의 루파나리(lupanari, 사창가)로 가거나 로마의 특별한 구역에 간다. 몇몇 구역에서는, 창문 밖으로 몸을 내밀고 미소를 지으며 호객행위를 하는 여성들이 가득한 건물이 늘어서 있는 인도 봄베이의 홍등가를 지나가는 듯한 느낌마저 든다. 다른 곳의 상황은 현대의 홍등가 이상이다. 예를 들면, 키르쿠스 막시무스(아벤티누스 언덕과 팔라티누스 언덕 사이에 있었던 고대 로마 최대의 전차경기장/역주)의 아치 앞에는 시리아 출신의 여성들이 서비스를 팔기 위해서 몰려든다. 오늘날 슬라브 혹은 나이지리아 출신의 여성들이 이탈리아도시 근교의 거리에 열을 지어 서 있는 것과 마찬가지이다. 그녀들은 성의 노예들이다. 그때나 지금이나 전혀 바뀐 것이 없다. 그러나 고대 로마의 사창가는 밖에 걸린 빛으로 구별이 가능하다. 등불 두 개가 더 길게 빛을 드리우고 있을 뿐 특별한 것은 없다. 성의 나방을 유혹하는 등대처럼 보인다.

이러한 사창가 루파나리의 수와 왕성한 활동을 고려할 때, 우리는 로마인들이 성의 진정한 "패스트푸드"화를 실현하는 데에 성공했다고 말할 수 있다. 이 또한 무척 현대적인 특징이다.

가까이 다가가자 잡담을 나누고 있는 세 명의 남자들이 보인다. 매일 저녁 현대의 술집 출입구에 모여 있는 손님들을 보는 듯하다. 그들은 머리카락 색깔이 굉장히 이상한 한 여자와 농담을 주고받고 있다. 등불에 비치는 그녀의 머리는 푸른색 같기도 하다. 십중팔구 그녀는 매춘부일 것이다. 그런 머리색을 하고 있어야 금방 눈에 띄기 때문일 것이다. 주황색으로 염색한 머리도 보인다. 그녀가 매춘부임을 드러내는 또다른 특징은 옷이다. 부유한 여성들이 더 많은 옷을 걸친 반면, 매춘부들은 빠른 성행위를 용이하게 하기 위해서 얇은 옷만을 걸치고 있다.

우리는 신중하게 지나간다. 입구에 걸린 천막을 들추면 바로 안을 들여다볼 수 있는 아주 간소한 사창가 출입구 앞에 여성 한 명이 서 있다. 그 안에는 천장에 걸린 등불로 환하게 빛나는 좁고 긴 복도가 있다. 긴 벽을 따라 천막으로 가려진 작은 방들이 있다. 돈과 맞교환된 성행위가 이루어지는 밀실임에 틀림없다. 폼페이의 유명한 사창가 덕분에 이를 알 수 있다. 천막 하나가 걷히더니 튜닉의 벨트를 고쳐 매며 한 남자가 밖으로 나온다. 바로 뒤에 벽을 한 손으로 짚고 있는 한 여성의 모습이 보인다. 그녀는 벌거벗고 있다. 머리를 둥글게 뒤로 묶은 그녀는 지중해 출신으로 보인다. 오늘날 우리는 그녀를 터키인이나 중동 지역 출신이라고 생각할 것이다. 그녀는 엉덩이가 크고 배는 조금 불룩하고 가슴은 작은 유노 여신과 흡사한 체형이다.

이런 특징은 로마인의 미적 취향을 우리에게 알려준다. 물론 우리 시대의 모델들은 큰 키, 균형 잡힌 몸매, 흉터나 다크서클 없는 완벽한 얼굴 그리고 고른 치아로 인정받는다. 그러나 로마인은 그녀들을 풍만한 여성에 비해서 성적 매력이 떨어지고 너무 말랐다고 생각할 것이다.

고대 역사 내내 성생활을 하거나 혹은 출산에 이상적인 여성의 미의 규범은, 오늘날 여성들이 대체로 줄이거나 빼고 싶어하는 그러나 수천 년 동안 남성들에게 임신, 출산, 수유 능력 등을 보장하는 것으로 평가받아온, 통통한 살을 포함한다. 따라서 통통한 살은 매력의 요인이 된다. 이 매력이 현대의 여명기까지 계속되었음을 알려면 과거의 여성 누드화를 보는 것으로 충분하다. 그리고 이러한 전통이 아직 통용되는지를 알아보려면, 제3세계의 많은 나라들이나 지중해 서쪽 끝 지역의 미의 규범을 관찰하는 것으로 충분하다. 서양 국가들의 더 수준 높은 삶에 대한 기준은 여성의 풍만함을 겉보기에 쓸모없는 것으로 만들었다. 그러나 많은 남성들의 머릿속에는 거의 각인의 수준으로 고대 로마의 미의 규범이 남아 있다.

여성이 급히 씻기 위해서 구석으로 사라진다. 세 명의 남성 중 한 명이 안으로 들어온다. 그의 차례이다. 그런데 푸른 머리의 여성이 그를 불러 세우더니 돈을 내라며 손을 내민다. 그녀의 말에 우리는 깜짝 놀란다. 그녀는 이름과 가격 목록을 읊어대는 중이다. 이름은 여성들의 이름이다. 아티카, 아네디아, 미르탈레 등. 미르탈레는 우리가 방금 본 여성으로 그녀는 진정한 펠라티오 전문가이다. 일반적으로 싸구려 포도주 한 잔의 가격이 2아스 정도인데, 미르탈레에 대해서는 더 높은 가격인 4아스를 요구한다. 남성은 미소를 짓는다. 돈을 지불하고 망토를 벗고 작은 방 안으로 들어간다. 잠시 후에 미르탈레가 도착한다. 그녀는 앞의 고객이 흥분하여 헝클어트린 매듭을 다시 묶으며 머리를 매만진다. 그녀는 출입구 쪽에 서 있는 다음번 고객이 될 두 명의 남자를 흘끗 바라보고는 작은 방 안으로 들어가 천막을 내린다. 이곳은 분명 가난한 계층의 사람들을 위한 저가의 사창가이다.

사창가는 로마인들의 성의 단면을 보여주는 것에 불과하다. 새로울 것도 없다. 사창가는 모든 시대에 존재했다.

반대로 우리와 비교해도 그리고 다른 시대와 비교해도 정말 색다른 것은 성생활을 하는 방법이다. 예를 들면 바로 이 순간 우리 등 뒤에 있는 도무스 안에서 남성이 여성과 성행위를 하고 있는데, 어째서 옆방에 있는 그 남성의 아내는 이를 알면서도 아무 말도 하지 않을까? 그리고 왜 거리 끝에 있는 또다른 도무스에는 서로 사랑하는 데도 불구하고 아내와 오럴 섹스를 하기를 거부한 남성이 있을까?

로마인들에게는 성의 규칙이 있을까? 그들이 금기로 여기는 것은 무엇일까? 수많은 부정확한 고정관념이 난무하는 주제이다. 그런데 앞으로 우리가 보게 될 것은 일반적으로 생각하던 것과 전혀 다르다.

우선 말해두어야 할 것은 이따금 사람들이 생각하듯이, 로마인들은 타락하지도 천하지도 부도덕하지도 않았다는 점이다. 오히려 그들은 현대인들이 성생활을 너무 복잡하게 만들고 정신적으로 부담을 지우고 역할 운운하며 저하시키고 있다고 평가할 것이다. 그들은 우리가, 남성은 무엇을 할 수 있고 여성은 무엇을 할 수 있는지, 사춘기의 성은 어떠해야 하는지, 무엇이 음란하고 무엇이 그렇지 않은지, 이성애자의 행동은 어떠해야 하고 동성애자의 행동은 어떠해야 하는지에 대해서, 너무 많은 규칙을 세워놓고 있다고 생각할 것이다.

한 로마인은 우리에게 스스로가 성적으로 자유롭다고 생각할지라도 사실 우리의 머릿속은 금지 목록으로 가득하다고 말할 것이다.

로마 제국에서 성생활의 핵심인 정말 중요한 사항부터 시작하자.

로마인들에게 그 어떤 형태로든 성은 신의 선물, 특히 베누스 여신의 선물이다. 그래서 즐기는 것이 마땅하고, 하는 것 역시 중요하다. 삶의 즐거움 중의 하나일 뿐만이 아니라, 로마인들은 서로가 만족하는 성행위를 해야만 건강한 자식을 가지게 된다고 믿는다.

이런 관점에서 성행위가 죄나 혹은 잘못된 것이 아니라는 것은 분명하다. 한마디로 말해서 베누스 여신의 축복이라면, 왜 성행위를 하는 사람을 비난하고 죄를 묻는가?

그런데 주의할 점이 있다. 로마인들은 프리 섹스를 언급하지 않는다. 그들 나름대로 규칙이 있기 때문이다. 역시 신의 선물인 포도주처럼 말이다. 포도주를 마시는 것이 죄는 아니다. 그러나 어떻게, 얼마나 마실지를 일러주는 사회규범은 존재한다. 그렇지 않은 사람은 요주의 인물로 낙인 찍혔을 것이다. 성에서도 똑같다. 규칙이 있다. 단지 현대인들과 다를 뿐이고 그렇기 때문에 로마인들의 잠자리 행동이 그렇게 악습에 젖은 것처럼 보일 뿐이다.

우리의 모든 규칙을 잠시 잊고 로마 세계에 하나가 되려고 애쓸 필요가 있다. 그들의 규칙에 동의할 수도 혹은 부정할 수도 있다. 그러나 로마인들은 무척 단순한 논리를 가지고 있다.

첫 번째 규칙은 다음과 같다. 자유시민 계급에 속하는 남성은 잠자리에서 항상 지배자여야 한다. 그는 사회적으로 더 낮은 계급에 속하는 온갖 파트너와 성행위를 할 것이다. 여자, 여자 노예, 젊은 남자 노예 등과 말이다.

두 번째 규칙은 오럴 섹스이다. 로마 남성은 즐겨야 하고 상대방을 즐겁게 하지 않는다. 로마인들은 입에 대한 일종의 집착을 가지고 있다. 사실상 그들에게 입은 고귀하고 성스러운 것이다. 말을 하고, 누군가의 이름을 부르고, 정보를 교환하기 때문에 입은 사회적인 도구이다. 따라서 입은 순수하고 깨끗해야만 한다. 그리고 원로원에서는 정치적인 도구이기도 하다. 로마의 성행위를 연구하는 존 클라크가 언급한 바에 따르면 오럴 섹스를 한 원로원 의원을 고소하는 것은, 다수를 위한 활동에 그렇게 중요한 역할을 하는 입을 더럽혔다는 배신행위로 고소하는 것과 같다.

그래서 오럴 섹스에서 능동적인 역할을 하는 사람은 수동적인 입장의 사람보다 더 경멸받는다. 그런데 이러한 로마인들의 정신세계에 비추어볼 때 빌 클린턴과 모니카 르윈스키의 추문은 물의를 빚지 않았을 것이라는 사실은 흥미롭다. 왜냐하면 그들은 따지고 보면 베누스 여신의 선물을 받아들인 것에 불과하다고 여기기 때문이다. 게다가 힘 있는 자가 자신보다 낮은 위치에 있는 사람과 관계를 맺었고 더욱이 여성이었기 때문에, 사회 규범에 의해서 받아들여질 만한 것이다. 대중들로부터 더 많은 비난을 받았을 사람은 클린턴이 아니라, 능동적인 역할을 한 르윈스키였을 것이다.

정확히 오럴 섹스 영역에서 로마인들에게는 세 가지 금기사항이 있다. 이 세 가지는 일어나서는 안 된다. 남성 로마 시민이 다른 남성에게 오럴 섹스, 즉 펠라티오를 해서는 안 된다. 그리고 억지로 강요받는 것은 더 나쁘고, 여성에게 오럴 섹스, 즉 쿤닐링구스를 해서도 안 된다. 이러한 면에서 여성과 함께 오럴 섹스를 한다고 코라치누스를 비난하는 마르티알리스의 신랄한 공격은 유명하다. 펠라티오를 하는 사람이라고 로마 남성을 비난하는 것은 심한 모욕임을 알 수 있다. 오늘날에도 모욕적인 의미를 가지고 있지만 당시만큼 심한 것은 아니다.

그렇다면 고대 로마인들은 그룹 섹스를 어떻게 생각했을까? 그런 경우에는 위에서 언급한 금기를 깰 위험이 있기 때문에 그다지 좋게 보지 않았다.

물론 우리가 지금까지 언급한 모든 내용은 이론일 뿐이고, 글자 그대로 따를 필요는 없다. 은밀한 순간에 로마인들은 하고 싶은 대로 행동하고 많은 이들이 터부와 규칙을 깬다. 그런데 그 차이는 아주 미묘하다. 바로 추문에 휩싸이면 꼴사나워지기 마련이므로, 공공연하게 이런 행동을 한다고 인정하는 로마인은 단 한명도 없다.

그 이유는 무엇일까?

본능적으로 머릿속에 많은 설명들이 떠오른다. 이렇게 정확한 규칙들은 로마 사회에서 하위계층의 남녀에 대한 성적 착취를 정당화하고, 상위계층의 여성들을 감시하고 정적을 공격하는 데에 쓸모가 있기 때문이다.

사실 일부 역사가들이 간파했듯이, 오늘날에도 여전히 정부, 종교 그리고 도덕은 혼전관계, 간통, 동성애와 같은 일부 성 행태를 금지한다. 이러한 금기를 깨뜨린 경우에는 사회와 지역에 따라서 감옥에 가두거나 사형 선고를 받는다. 공간과 시간을 아우르며 아주 널리 퍼져 있는 공동체 감시 형태이다.

어쩌면 다른 설명이 있을 수도 있다. 결국 따지고 보면 이 규칙들은 로마 엘리트 계층의 권력 유지에 사용된다. 다음 질문에 대해서 생각해보자. 왜 노예나 해방노예와 같은 더 낮은 계층의 사람과는 괜찮고, 자신과 같은 계층의 누군가와 성관계를 맺으면 간통으로 간주되었을까? 그것은 경제적인 이유 때문이다. 같은 계층과의 간통으로 낳은 자식은 합법적인 자식의 상속권을 위협할 수 있다.

이외에도 노예와 함께 터부와 규칙을 깨트리며 성행위를 하는 것은 비난받지 않고 피할 여지가 있다. 왜냐하면 노예의 말은 아무 가치가 없기 때문이다. 따라서 이 모든 규칙은, 특히 귀족과 부유한 계층에게는 효력이 없다. 그리고 로마의 다른 거주민들은 어떠할까? 우리가 거리에서 만난 대부분의 사람들은 터부를 거의 가지고 있지 않다. 그들에게 성은 소소한 제한이 많은, 베누스 여신 그리고 번식과 다산의 신인 프리아포스가 주는 즐거운 삶을 위한 아주 멋진 선물일 뿐이다. 아무튼 인구의 많은 구성원들에게, 즉 남녀 노예들에게 성은 선택하는 것이 아니라 강요당하는 것이었음을 기억해야 한다. 로마인들의 사고방식에 의하면 모든 노예와 길에서 마주치는 해방노예는 주인의 관심 때문에 고통을 받았거나 혹은 여전히 고통 받고 있다. 아무도 이를 문제 삼지 않는다. 일상적인 것이다. 노예와 해방노예들은 모두 성적 노리개가 될 수 있다. 이 모든 것은 그들의 주인이나 마나님이 어떤 결정을 내리는지에 달려 있다.

로마인들의 카마수트라

고고학자들이 유적지에서 발굴한 벽화, 고대 문서, 묘비를 통해서 로마인들의 당시 성생활에 대한 많은 세부사항들이 드러났다. 예를 들면 트라야누스 시대에 로마에서 "성관계를 가진다"를 어떻게 말할까? 바로 포투에레(Fortuere)이다. 수 세기를 거치면서도 거의 변하지 않고 현대 이탈리아어뿐만 아니라 프랑스어에도 여전히 남아 있으며 늘 좋지 않은 의미로 쓰이는 말이다.

남성 성기는 파쉬누스(fascinus)라고도 정의하는데, 멘튤라, 비르가, 하스타, 페니스 등 많은 동의어가 있다. 반대로 여성 성기는 쿤누스(kunnus)이다. 파쉬누스라는 단어는 호의적이라는 의미를 가진 파스(pas)에서 유래한다. 이는 생식력과 번성의 증여자이기도 하다. 바로 이 때문에 불운과 사악한 영들을 쫓아낼 수 있다고 믿는다. 또한 이로 인해서 거리와 상점 그리고 로마 제국의 집에 있는 수많은 그림이나 조각상에서 이 이미지를 흔히 볼 수 있다.

우리의 궁금증과 상상력을 불러일으키는 그림이 있다. 폼페이 발굴 초기부터 벽면에 성적인 장면을 묘사한 작은 그림들이 많이 출토되었다. 많은 그림들은 발굴 순간에 의도적으로 파괴되었다. 당시의 사회적 기준에서는 너무 외설적이라고 평가되었기 때문이다. 폼페이에서 발굴된 대부분의 소장품은 나폴리 국립고고학 박물관에서 전시 중이지만, 이 유물들은 박물관의 유명한 비밀 금고나 외설 금고 안에 숨겨놓았다. 일반적인 인식과는 반대로 그러한 그림은 사창가가 아니라 일반 가정집에서 발견되었다. 성적인 장면을 묘사한 그림은 부유한 사람의 전형적인 수집품으로, 세련되고 귀족적인 예술품으로 간주되었다. 마치 오늘날 거실에 클래식한 누드 조각상을 세워두기로 결정하는 것처럼 말이다. 로마의 시인 오비디우스는 부유한 사람들의 집 안에 걸린 이 그림들에 대해서 언급한 바 있다. 로마의 역사가 수에토니우스는 티베리우스 황제가 침실에 이런 그림들을 많이 걸어놓았다고 밝힌다. 이런 의미에서 놀라운 재발견은 1879년 로마에서 파르네지나 저택 유적을 발굴하던 중에 이루어졌다. 테베레 강의 침전물에 파묻힌 덕에 보존된 별장의 유물들이 빛을 보게 되었다. 4개의 방과 2개의 복도만 발굴되었지만, 아주 유명한 부부인 아우구스투스 황제의 딸 율리아와 그녀의 남편인 유명한 아그리파의 저택 유물이었다. 프레스코 화에는, 옷을 벗은 한 남자가 아직 옷을 입은 채 침대 가장자리에 앉아 분명하게 확신이 서지 않은 한 여인을 설득하려고 시도하는 장면이 그려져 있다. 심지어 그녀는 머리에 베일도 쓴 채이다. 그 다음 그림에서 상황은 뒤집어졌다. 성적인 황홀감에 빠진 반쯤 벗은 여인이 깜짝 놀란 듯한 남자를 포옹하고 있다. 프레스코 화에는 침실 시중을 드는 노예로 보이는 노예들이 가장 은밀한 순간에조차 그곳에 자리하고 있다.

이러한 성애 장면을 묘사한 그림을 아이들과 어린 소녀들도 볼 수 있다는 점이 우리를 당황스럽게 한다. 그런데도 외설물로 간주되지 않는다. 로마인들은 일상생활 중에 성에 대해서 개방적으로 이야기한다. 심지어는 베누스와 프리아포스와 같은 성의 신을 숭배한다. 그리고 이런 그림은 집의 벽뿐만 아니라 등잔이나 손님들에게 식사 대접을 할 때 사용하는 화려한 식기류에도 그려졌다. 우리가 이미 언급했듯이 이러한 것을 보여주는 것은, 뭔가 죄스러운 부분을 드러내는 일이 아니라 이 집에 있는 화려함, 문화 그리고 부유함을 환기시키기 위한 목적에서였다.

종종 그 이상의 의미가 있다. 그룹 섹스를 과장해서 표현한 그림은 유쾌함을 불러일으킬 수 있고 그 덕분에 사악한 기운을 멀리 쫓을 수 있다. 또한 과장되게 큰 남근을 가진 프리아포스의 이미지는 부와 풍요를 상징한다.

조각상과 등불 장식과 더불어 이 그림들은 우리에게 로마 시대의 진정한 카마수트라를 보여준다. 박물관의 진열장이나 유명한 수부르반 공중목욕탕을 포함하여 폼페이와 헤르쿨라네움의 수많은 침실, 중정 그리고 복도에 걸린 프레스코 화는 당시의 모든 성행위 자세를 보여준다.

그중에 기마 자세의 여성과 뒤로 할 준비를 한 여성이 침대 위에 무릎을 굽힌 상태로 엎드려 있는 모습도 보인다. 로마인들은 이를 여성의 받아들이는 자세 때문에 암사자 자세라고 부른다. 그밖에 고전적인 정상 체위 등 다양한 자세가 그려져 있다.

등불 장식이나 그림에는 남성에 대한 펠라티오, 여성에 대한 쿤닐링구스 혹은 남녀가 서로에게 하는 온갖 오럴 섹스 장면도 빠지지 않는다.

몇몇 장면들은 충격적이다. 정상 체위인 두 명의 여성 사이의 성행위 장면으로 둘 중의 한 명이 거짓 남근이 달려 있는 벨트를 매고 있다. 이런 것에 대해서 대(大)세네카(기원전 54-기원후 39)는 자신의 글『논쟁 문제집(Controversiae)』I, 2, 23에서 한 남자의 이야기를 들려준다. 자신의 아내가 다른 사람과 침대에 있는 현장을 발견한 그는 먼저 아내의 정부가 진짜 남자인지, 가짜 남자인지를 밝히고 나서 둘 다 살해했다. 그는 아주 가벼운 처벌을 받은 것 같다. 진정한 명예 살인이었다. 여성의 독립적인 생각에 깜짝 놀란 마르티알리스 역시 남성 역할을 하던 이와 함께 있던 여성에 대해서 이야기한다.

물론 그룹으로 하는 장면도 빠지지 않는다. 두 명의 남자와 한 명의 여자가 있는 경우, 두 명의 남자와 두 명의 여자가 있는 경우 등 노골적으로 뒤엉켜 있거나 혹은 죽 연결되어 있는 장면들이다. 이런 경우 몇몇 참가자들은 로마 귀족의 성에 대한 터부를 더 이상 지킬 수 없었음이 분명하다. 이런 의미에서 미완성의 남자로 정의되어, 보통 경멸적으로 치나에두스, 즉 미소년 가니메데스라고 불린 남성은 여성들에게도 확실한 매력을 불러일으켰던 것 같다.

의도적으로 코믹한 장면도 빼놓지 않았다. 예를 들면 아령을 들고 남성 위에 올라탄 자세로 성행위를 하는 여성의 그림 같은 것이 있다. 혹은 약간 곡예를 하듯이 포옹하고 있는 여성을 끌어올리도록 남자를 밀어대는 큐피드의 모습도 보인다.

양성애자와 동성애자

동성애에 대해서는 어떻게 생각했을까? 동성애자라는 것은 로마인들에게 문제가 되지 않는다. 우리가 사용하는 게이나 레즈비언에 해당하는 단어조차 존재하지 않는다는 기록이 흥미롭다. 그들이 동성애에 대한 선입견이 없었음을 가리킨다.

오늘날 우리는 다음과 같은 범주로 나눈다. 남성 혹은 여성은 이성애자이거나 동성애자이거나 혹은 양성애자이다. 그런데 로마 사회에서는 그렇지 않다. 로마 시민은 원한다면 여성의 몸만큼 남성의 몸에서도 많은 미와 즐거움을 찾는다.

그러나 근본적인 조건은 있다. 다른 남자와 함께 잠자리에 든다면 수동적이 아니라 능동적인 역할을 한다고 말한다. 이외에도 이러한 그의 열정(어쩌면 이렇게 정의해야 할 필요가 있기 때문이다)의 대상은 더 낮은 계급에 속해야만 한다. 이것이 남성의 동성애 규칙이다.

그래야 아무도 추문으로 삼지 않는다. 심지어 하드리아누스와 같은 황제조차, 그가 사망하자 나일 강에 몸을 던짐으로써 그를 신격화하며 최후를 맞이한, 그 유명한 자신의 연인 안토니우스와 함께 대중 앞에 모습을 드러낸다.

로마인들의 사고방식이 인정하지 않는 것은 남성이 성관계에서 수동적인 역할을 자유롭게 선택하는 것이다. 이는 파렴치한 짓이다.

이런 역할을 좋아하는 로마 남성들은 치나에두스 혹은 타락한 자라는 의미의 파티쿠스라고 경멸조로 불렸다. 심지어 그들은 마치 매춘부, 검투사 그리고 배우처럼 법적으로 다른 지위였다. 즉 투표를 할 수 없고 스스로 재판에 나설 수도 없다.

우리를 당황하게 만드는 로마 동성애의 또다른 특징은 바로 어린 소년과 성행위를 하는 것이다. 현대의 소아성애에 해당하는 것으로, 오늘날에는 있을 수 없는 행동이다. 그러나 로마인들에게는 아니다. 지켜야 할 단 한 가지 규칙은 늘 그렇듯이 상대가 다른 사회계층이어야 한다는 점이다. 수동적인 역할의 금지는 잘 알려져 있고 당연히 나이 차도 있어야 한다.

이런 관습은 어디서 생겨났을까? 기원전 2세기와 1세기 사이에 로마 제국이 그리스-중동 지역에까지 확장되었을 때에 음식부터 의약품까지, 철학부터 예술까지 다양한 그리스의 관습이 로마에 유입되었다. 그리고 성까지도. 그 순간부터 그리스 세계를 흉내내면서 부유한 남자들 사이에 집 안에 젊은 미소년이나 미소녀를 두는 것이 거의 유행이 되었다. 아내가 살고 있는 똑같은 집 안에 다함께 있었다. 트라야누스의 로마에서도 상황은 바뀌지 않았다. 우리에게는 충격적이지만, 한 로마인에게 성은 동등하지 않은 계층의 두 사람 사이에 혹은 주인과 그의 성적 대상인 남자 노예나 여자 노예 사이에 할 수 있는 것에 불과하다는 사실을 기억할 필요가 있다.

그때 이래로 필요에 따라서 자신의 성적 즐거움을 위해서도 부려먹을 수 있는 남자 노예들을 구입하는 관습이 부유한 로마인들 사이에 퍼져나갔다. 여자 노예와 달리 성 노리개용으로 특별하게 구입된 남자 노예는 없었다. 그러나 일부 학자들에 의하면 12세에서 18세 사이에 용모가 뛰어난 남자 노예의 주역할은, 거의 자신의 주인을 성적으로 만족시키는 것이었다고 한다. 혹은 자신의 여주인을. 부유하고 독립적인 상류계층의 여성들도 마찬가지이다. 이는 왜 노예와 해방노예가 항상 경멸을 받았는지를 설명한다. 그들의 주인으로부터 성적 학대를 받았기 때문으로 추정된다.

이 시점에서 한 가지 질문을 던질 수 있다. 로마 제국 안에 여자 매춘부가 존재하듯이 남자 매춘부도 존재할까? 물론 존재한다. 그들은 자신의 벌이에 따라서 세금을 내고 여성 매춘부처럼 쉬는 날도 있다. 주요 차이점은 여성 매춘부가 거의 다 노예 신분에 모든 연령대가 다 있고 아주 낮은 가격에 매춘을 한다면, 남성 매춘부는 반대로 젊은이만 있고 비싼 가격을 지불하게 한다. 높은 상류계층의, 여성 고객보다는 남성 고객을 위한 진짜 제비족으로 그들을 정의할 수 있을 것이다. 그들 대부분은 아주 부자가 되었다.

가끔씩 인간과 성관계의 얽힘은 더욱 복잡해진다. 존 클라크에 따르면, 정말로 삼각관계에 대해서 생각하게 하는 묘비와 함께 무덤 몇 개가 오스티아에서 발굴되었다. 한 묘비에 "루치우스 아틸리우스 아르테마스 그리고 클라우디아 아피아스가, 티투스 플라비우스 트로피마스에게 이 석관 혹은 무덤을 바친다. 이렇게 해서 세 명이 다함께 평안히 휴식을 취한다"라고 적혀 있다. 다른 사례에서는 알리우스라는 남자가 또다른 남자와 함께 공유하던 여자 노예 알리아 포테스타스를 매장했다. 그녀의 죽음으로 두 남자는 더 이상 의견이 맞지 않게 되었다고 묘비는 전하고 있다. 오늘날에는 도덕과 종교의 계율에 따라서 죄로 선고될 만한 관계를 공공연히 밝히는 이러한 내용을 자신의 무덤에 적을 이는 아무도 없을 것이다.

거울 속의 여인

이 여행을 마무리하며, 우리가 보았듯이 로마의 성은 현대와는 무척 다른 세계로, 유일한 수혜자는 로마의 남성 시민임을 언급해야겠다. 어쨌든 로마 여성, 특히 부유한 여성이라면 부권으로부터의 해방 덕분에 새로운 역할을 일구어내고 자신의 자족감을 획득할 수 있다. 당시 시대와 상이한 문화, 문명 그리고 민족 특징 등의 상황을 고려할 때 이것은 소소한 성취가 아니다. 게다가 이와 비슷한 상황을 다시 맞이하려면 거의 20세기를 기다려야 했다는 점을 생각하면 더욱 그러하다.

그리고 지금 우리 눈앞에서 펼쳐지는 장면의 분위기는 이러한 특징을 드러낸다. 시와 사랑으로 가득한 장면이다. 그녀는 꽃다운 나이에 무척 아름답다. 부드러운 비단 시트가 깔려 있고 정교하게 장식된 침대 위에 누워 있다. 무척 잘생기고 곱슬머리인 그녀의 남성은 뒤에서 열렬한 포옹으로 그녀와 결합하고 있다. 그녀는 몸을 돌려 팔로 그를 안고 손으로 그를 부드럽게 애무하면서, 두 사람은 서로를 바라본다. 그들은 옷을 걸치고 있지 않고 그녀가 걸친 유일한 옷은 금 장신구뿐이다.

그녀는 발목에 발찌를, 손목에는 팔찌를, 목에는 비싼 보석이 달린 아름다운 목걸이를 하고 있다. 물방울 모양의 금장식은 그녀의 목을 감싸며 쇄골 위에 늘어져 있다. 뿐만 아니라 굵은 고리로 연결된 체인 형태의 아주 멋진 금 장신구를 하고 있다. 이 아름다운 장신구는 목에서부터 늘어져서 젖꼭지를 가리고 배꼽 위에서 엇갈려, 마치 군인들이 몸에 탄약대를 맨 것처럼 등 뒤로 계속 연결되어 있다. 이 모든 귀금속은 우리가 부유한 여인의 도무스 안에 있다는 사실을 알려준다. 침대 옆에 놓아둔 송진을 태우는 화로에서는 방 안 전체를 휘감은 소나무 향이 뿜어져 나온다. 등받이와 팔걸이가 없는 작은 의자 위에서 쉬고 있는 강아지 한 마리도 보인다. 강아지는 작은 대야에서 물을 마시려고 다가오는 생쥐를, 놀라서 지켜보는 것 같다. 벽에는 여주인이 원하는 사람을 위해서만 열어서 보여줄 수 있도록, 덧문이 달린 액자에 관능적인 그림이 그려져 있다.

그녀는 여주인이다. 그녀를 바라보며 우리는 그녀의 헤어스타일이 살짝 유행에 뒤쳐진 것을 알아챈다. 긴 머리는 목덜미에서 커다랗고 둥글게 말아 묶여 있고 앞머리로는 일종의 후광 모양을 만들어 올렸다. 이런 헤어스타일은 트라야누스 시대에는 이미 지나간 유행이 아닌가? 사실 20여 년 전 플라비우스 왕조(베스파시아누스-티투스-도미티아누스, 3명의 황제 치하의 69-96년/역주)에서, 그리고 그 전까지도 계속해서 유행한 스타일이다. 우리는 더 이상 젊지 않은 여성의 손이 우리 앞을 지나 이 관능적인 이미지를 가려는 바람에 이 생각을 미처 끝낼 시간이 없다.

사실 우리가 지금까지 본 것은 실제 장면이 아니라, 청동거울 뒤에 새겨진 장식이다. 부권에서 벗어난 젊고 관능적인 여성을 중심으로, 두 연인을 새긴 멋진 장식이다. 지금 거울을 들어올린 손은 반대로 나이가 지긋한 여인의 손이다. 이 물건의 소유주의 손임에 틀림없다.

로마 귀부인의 소유물인 청동 거울 뒷면에 묘사된 장식이다. 여주인이 자신의 연인과 자신의 금 장신구와 함께 묘사되었다. 로마인들은 성을 베누스 여신의 선물이라고 생각했다.

우리는 그녀의 얼굴을 볼 수 없다. 왜냐하면 거울이 그녀의 얼굴을 가리고 있기 때문이다. 우리는 옆으로 물러서서 주름이 가득한 그 얼굴에 시선을 고정한다. 거울 장식 속 여인의 얼굴과 닮은 듯하다. 바로 그녀이다!

상류층의 여성들은 청동거울의 장식을 의뢰하는 것을 무척 좋아한다. 이 여주인은 몇십 년 전에 당시 가장 아름다운 시절의 자기 모습을 있는 그대로 표현하도록 이 거울 장식을 의뢰했다. 이제 시간은 흘러 청동거울 장식 속의 그 젊은 구혼자는 곱슬머리가 빠지고 주름진 얼굴을 하고 얼마 떨어지지 않은 곳에서 코를 골며 자고 있다. 여기 에스퀼리누스 언덕에 있는, 그들이 평생 살아온 호화스런 도무스의 침실 중 한 곳에서 말이다.

이제 여인은 청동거울 속에 비치는 자신의 얼굴을 바라본다. 주름과 시녀가 정성을 다해 빗질한 긴 흰머리를 바라본다. 그후에 황도 십이궁도의 상징이 새겨진 틀로 둘러싸인 거울의 가장자리를 바라본다. 그녀는 우두커니 그것들을 들여다본다. 사수자리, 염소자리, 물병자리, 물고기자리. 이 별자리들의 목적은 거울을 들여다보는 이에게 시간의 흐름을 일깨워준다. 젊고 아름다울 때 즐겨라, 순간을 잡아라, 베누스 여신의 선물을 즐겨라라고 말하는 것 같다. 호라티우스가 말했듯이, 카르페 디엠(carpe diem), 즉 현재를 잡아라. 여인의 눈이 웃는다. 그녀는 생애 최고의 나날을 하나하나 전부 음미했다.

지름 13센티미터 정도인 이 청동거울은 수 세기가 흐른 뒤에 에스퀼리누스 지역에서 고고학자들에 의해서 재발견될 것이다. 지금은 로마 시립 민속박물관에서 물품 목록번호 13,694호로 보관 중이다. 이것은 무미건조한 숫자이지만, 그 거울에는 한 시대를 풍미한 사연을 간직한 삶이 비춰진다.

어느새 로마 거리에 밤이 내려앉았다. 지나가는 작은 등불만 보일 뿐이다. 소수의 일행에게 길을 밝혀주는 노예들이 들고 있는 등불이다. 눈에 띄는 또다른 고정된 불빛은 사창가처럼 늦은 밤에 본격적으로 사람들이 찾는 도박장을 밝히는 불빛이다. 숙박을 할 수 있는 선술집인 카우포나에는 내기를 하고 돈을 잃으며 주사위 놀음을 계속하는 이들이 있다. 카드놀이는 아직 존재하지 않지만, 야바위꾼이나 싸움꾼은 있다. 우리는 갑작스레 터져나온 고함소리에 이끌린다. 바로 카우포나에서 들려오는 소리이다. 의자가 부서지고 잔이 박살나는 소리가 들린다. 한 여인이 고함을 지르며 뛰쳐나온다. 그 선술집에서 일하는 매춘부이거나 그곳의 주인일 것이다. 그녀의 고함소리는 헛되지 않았다. 그녀는 얼마 떨어지지 않은 곳을 지나던 야경꾼 순찰대를 부른다. 곧이어 소방관이자 경찰관인 야경꾼 순찰대가 선술집 안으로 들어간다. 또다른 고함소리가 들리더니 갑자기 조용해진다. 거의 동시에 선술집에서 두 명의 야경꾼이 한 남자를 끌고 나온다. 그들은 남자의 손을 등 뒤로 돌려 꼼짝 못하게 붙잡고 있다. 그러나 그는 계속 꿈틀거리며 저항한다. 그의 저항을 멈추기 위해서 갑작스런 몽둥이세례가 퍼부어진다. 그리고 발길질도 이어진다. 이곳의 경찰은 미적거리지 않는다. 우리는 그곳으로부터 멀리 떨어진다.

선술집의 주정뱅이, 어둠 속의 살인자, 로마의 밤거리에는 도처에 위험이 도사리고 있다. 그리고 위험은 위에서부터 올 수도 있다. 여러분이 주의해야 하는 것이 창밖으로 쏟아버리는 소변만이 아니다. 사실 내던지는 무거운 물건, 예를 들면 깨진 항아리, 의자 그리고 이미 쓸모가 없어진 물건에 정통으로 맞을 수도 있다. 한때 이탈리아의 일부 도시에서 새해에 물건들을 창밖으로 내던졌던 것과 마찬가지이다. 창밖으로 물건을 버리는 것은 법에 의해서 금지되었지만 무척 빈번히 일어나는 일이었다.

어느 길모퉁이에 청소를 담당한 노예의 모습도 보인다. 그는 희미한 불빛 아래에서 일하고 있다. 밤과 해질녘은 쓰레기로 가득 찬 거리를 청소하기에 가장 적합한 순간이다. 사람으로 붐비는 낮 동안에는 청소가 현실적으로 불가능하다.

악령을 쫓기 위한 의식

우리는 샛길로 접어든다. 이 밤의 적막 속에 이상한 기도 소리가 우리의 주의를 끈다. 우리는 어디서 들리는 소리인지 알아내려고 두리번거린다. 건물 1층에서 들리는 것 같다. 제대로 닫히지 않은 나무 덧창문 사이로 희미한 한줄기 빛이 새어나온다. 우리는 조용히 다가가 부서진 나무 틈 사이로 눈을 가져다댄다. 우리의 눈앞에 고대 로마의 신기한 의식의 한 장면이 펼쳐진다.

등불 몇 개가 희미한 빛을 내는 가운데 한 남자가 죽은 자의 영혼을 쫓기 위한 의식을 치르고 있다. 로마인들은 미신에 상당히 사로잡혀 있었다. 식구 중에 세상을 떠난, 마니 혹은 유령이라고 불리는 고인의 그림자가 자식이나 손자의 방 안을 끊임없이 헤매고 다닌다고 믿었다. 만일 공물을 바치고 제사를 지내서 죽은 자의 영혼을 달래준다면, 그 영혼은 일상의 사건사고로부터 산 사람들을 도와준다. 그렇지 않으면 밤중이나 꿈속에 나타나는, 라르바에 혹은 죽은 자의 영혼이라는 뜻의 레무레스라고 불리는 악마의 모습으로 변신할 수 있다. 가끔씩 밤새도록 제대로 된 정화의 의식을 지낼 필요가 있다.

우리가 지켜보는 장면은, 이 의식에 대해서 오비디우스가 묘사한 설명과 놀라울 정도로 흡사하다. 남자는 침대에서 내려와 맨발로 방 안을 빙빙 돌고 있다. 완전한 침묵 속에서 높이 치켜든 손가락을 튕겨서 소리를 낸다. 그리고는 약삭빠른 상인에게 비싼 가격을 지불하고 구입해온 부패하지 않은 물이 담긴 대야에 손을 씻어 깨끗이 정화한다.

대야 옆에 있는 테이블 위에 검은 콩이 담긴 접시가 놓여 있다. 죽은 자의 그림자 마니에게 바치는 공물이다. 그 콩에 독이 들어가지 않았음을 증명하기 위해서 그는 콩을 한 움큼 집어 입 안에 털어넣는다. 그리고는 몸을 돌리지 않은 채 다시 손에 콩을 움켜쥐고 우리의 주의를 잡아끌었던 문장을 아홉 번 반복할 때마다, 한 알씩 어깨 너머로 던진다. "저는 이

콩을 던집니다. 그리고 이 콩으로 저와 저의 식구들을 자유롭게 합니다"라고 읊는다. 절대 뒤돌아보면 안 된다. 이론상 산 자의 어깨 뒤에 있는 죽은 자의 영혼이 콩을 받아서 적어도 상징적으로 먹는다. 워낙 늦은 시간이고 졸린 탓에 웅얼거리며 하는 말이지만 아직 알아들을 만하다.

그리고는 의식의 마지막 절차를 할 차례이다. 남자가 다시 손을 대야 물에 담근다. 그리고 아홉 번씩 고인의 영혼을 부르며 바로 이 집에서 떠나갈 것을 청한다. 그는 청동 접시를 서로 맞부딪치며 청하고 있다. 드디어 그는 정적 속에 숨을 헐떡이며 멈춘다. 그림자가 떠나갔는지 살펴보기 위해서 몸을 돌리는 일만 남았다. 확신이 서지 않은 그는 잠시 머뭇거린다. 그리고 갑자기 몸을 돌려 주변 방 안을 노려본다. 그의 얼굴이 펴지더니 미소를 짓는다. 의식이 효력이 있었던 것 같다.

24시
마지막 포옹

어느새 거리에는 우리뿐이다. 우리 주변의 로마는 잠들어 있다. 화려한 침실에서 이불로 몸을 감싸고 잠들어 있는 이도 있다. 인술라의 꼭대기 층에 있는 누추한 짚으로 만든 요에서 자는 사람도, 도무스의 복도 바닥에서 자는 사람도 있다.

우리 앞에 양쪽으로 상점이 죽 늘어서 있는 넓은 거리가 펼쳐져 있다. 늦은 밤 이 시각에 상점에는 바닥에 끼우는 무거운 나무 덧문이 내려져 있고, 튼튼한 열쇠로 잠겨 있다. 시선을 들자, 우리 주변에는 하늘 높이 치솟아 서 있는 인술라의 검은 윤곽이 보인다. 머리 위로 높이 치솟은 검은 계곡 안에 있는 것만 같다.

거리를 걷는 동안 초현실적인 정적만이 우리를 감싼다. 우리 앞에 10여 미터 떨어진 곳에 있는 동네 샘터에서 들리는 물소리가 정적을 깨뜨린다. 떨어지는 물소리만이 유일하게 우리를 배웅해준다.

이 정적이 신기하다. 무엇보다 정말 드문 일이다. 사실 우리는 150만의 주민들이 살고 있는 도시 한복판에 있다. 대체로 한밤중은 상점에 물건을 실어나르는 시간대여서 보도 위를 달리는 마차의 철 바퀴가 굴러가는 시끄러운 소리, 고함소리, 말 울음소리 그리고 욕설이 빠지지 않는다. 바로 이런 한밤중의 소음이 멀리 떨어진 다른 길가에서 아득하게 들려온다. 개 짖는 소리가 울려퍼진다. 로마는 절대 잠들지 않는다.

우리 앞에 펼쳐진 이 길은 교차로에서 갈라진다. 교차로 한가운데에 침묵 속에 우리를 지켜보는 사람이 있다. 밝은 색의 긴 옷을 입고 있는 맨발의 그 사람은, 우리를 환영하며 얼싸안으려는 듯이 팔을 반쯤 벌리고 있다. 너무나 궁금한 마음에 우리는 몇 걸음 더 다가간다. 그리고 비로소 그녀를 알아본다. 그녀의 시선은 우리를 향하고 있지 않다.

깊은 생각에 빠진 사람처럼 그녀의 시선은 아득히 먼 지평선을 바라본다. 어슴푸레한 달빛이 희미한 미소를 머금은 그녀의 창백한 얼굴을 비춘다. 이마 둘레에는 띠를 둘렀고 머리는 묶었다. 묶인 머리 몇 가닥이 어깨 위에 헝클어져 있다. 갑자기 불어온 바람이 그녀 주변에 먼지바람을 일으킨다. 그러나 그녀의 머리는 전혀 미동도 없다. 게다가 머리카락 한올 흔들리지 않는다니 그럴 리가 없다. 대리석 조각상이다. 맨살이 드러난 팔도, 옷자락에 잡힌 수많은 주름도 대리석으로 만들어졌다. 조각가는 가장 값비싼 대리석을 가지고 이 조각상을 만들었다. 로마인들이 가장 귀하게 숭배하는 여신의 모습을 돌 위에 새겨넣은 것이다. 자애로운 어머니이자, 풍요의 여신 그리고 하루의 시작을 알리는 여신, 즉 새벽의 여신인 마테르 마투타이다.

이렇게 로마 제국에서의 하루가 끝난다. 2,000여 년 전의 그 어느 날이.

감사의 말

로마 시대의 일상생활에 대해서 깊은 지식을 가진 로몰로 아우구스토 스타촐리 교수는 근래 몇 년간 끊임없이 나에게 소중한 조언과 도움을 베풀고 이 책을 주의 깊게 감수했다. 그에게 감사의 말을 전하고 싶다. 2,000년 전의 삶에 대한 스타촐리 교수의 저서와 설명은 로마 세계에 대한 나의 관심을 일깨웠다.

세상에서 그 어떤 다른 장소보다 고대 로마의 일상생활을 둘러싼 비밀을 더 잘 알아낼 수 있는 곳인 폼페이를 알고 사랑하도록 나를 이끌어준 안토니오 데 시모네 교수께 감사를 전한다.

물론 이 책은 고대 로마의 삶에 대한 세세한 내용을 파악할 수 있도록 흔쾌히 허락한 모든 분들의 도움 없이는 존재할 수 없었을 것이다. 특히 내가 고대 로마의 유적지를 방문하는 중에, 발굴한 특이하고 신기한 유물들을 나에게 보여주고 엄청난 궁금증에 일일이 대답해주며, 나를 도와준 고고학자 여러분 모두에게 감사한다.

이 책을 쓰기 시작한 처음부터 나를 믿고 이 책의 완성과 교정에 수고를 아끼지 않고 흥미롭게 지켜본 가브리엘라 웅가렐리와 알베르토 젤수미니에게도 감사의 인사를 전한다. 스케치 노트로 거의 그 당시의 거리에 있는 것처럼 로마의 일상생활의 틀을 놀라울 정도로 훌륭하게 그린 루카 타를라치와, 세심하고 정교한 컴퓨터 그래픽 작업으로 고대 로마의 모습을 재현하고 조언한 가에타노 카파소에게도 감사를 드린다.

마지막으로 다시 고대 로마에 관한 온갖 사진 자료에 파묻힐 때마다 혹은 고고학적 유적지를 방문할 때마다 혹은 로마인들의 삶에 대한 몇 권째인지 모를 정도로 많은 연구서를 읽고 났을 때마다, 매번 쏟아내는 고대 로마에 대한 나의 열의와 이야기를 한없는 인내심으로 묵묵히 견딘 아내 모니카에게도 감사의 뜻을 전하고 싶다.

역자 후기

40만 부 — 2,000년 전 최성기의 고대 로마 제국의 민중이 생활했던 하루 24시간을 시간대별로 추적하여 재구성한 이 책 『고대 로마인의 24시간』의 판매 부수이다. 이 놀라운 숫자가 그것도 "현지 이탈리아"에서 이루어졌다는 사실 자체가 이 책의 가치와 매력을 충분히 증명하고 있다.

고대 로마와 로마인의 이야기는 철저히 광범위하게 연구되었고, 그 결과는 책이나 영화, 기타 매체를 통해서 끊임없이 세계적으로 사람들의 관심을 사로잡아왔다. 따라서 이 책의 소재는 극히 친숙한, 어떤 측면에서는 진부한 소재이다. 그럼에도 불구하고 이 책이 로마 제국의 본토인 이탈리아에서 그토록 폭발적인 반응을 일으킨 매력은 무엇일까? 그것은 한마디로 이 책이 이때까지 고대 로마를 다루었던 그 어떤 책과도 차별화되기 때문일 것이다. 이 책을 읽은 나도 그들의 반응에 동감하게 되었고 결국 이 책의 매력에 빠져 번역을 작정하게 되었다. 이 책을 읽어가면서 독자들도 나와 함께 로마 제국의 수도에서 하루 24시간을 실제로 생활하는 것과 같은 착각을 할 수 있는 독서 체험을 할 수 있을 것이다.

이 책의 직접 배경이 된 것은 고대 로마 제국이 가장 번영을 누렸던 기원후 115년의 트라야누스 황제 시대의 고대 로마인들, 특히 제국 수도의 로마 시민들의 일상생활이다. 동이 틀 무렵부터 한밤까지의 하루 동안의 짧은 여정이지만, 이제 제국의 심장부 고대 로마 시를 샅샅이 살펴보는 여행을 떠나기로 하자.

독자들은 현대의 우리 일상생활에 직간접적으로 많은 영향을 미친 고대 로마인들의 생각과 건축과 문화에 대한 이해뿐만 아니라, 달력을 최초로 만든 로마인들의 실내장식과 패션 그리고 2,000년 전 그들의 화장법에 대한 상세한 설명도 들을 것이다. 나폴리에서 여전히 찾아볼 수 있는 빈민 공동주택이 고대 로마 시대부터 존재했음을, 그리고 고대 로마인들의 노예제도에서 피부색보다 사회적 신분에 따른 현대 이탈리아 인종차별 현상의 근거를 알 수 있다. 사실 고대 로마의 치명적인 단점 중의 하나인 노예제도에 대한 설명에서, 미국의 노예제도 및 현대 사회 곳곳에서 벌어지는 인신매매에 대한 언급으로 합리화시키려는 저자에게 아쉬움이 들기도 한다. 가축시장 보아리움과 그리고 포룸 등 로마 곳곳에서 마주치게 되는 유적지와 지명에 대한 이야기를 읽다 보면 지금 현재 로마에서 살고 있는 듯한 기분이 들 정도이다. 콜로세움에서 펼쳐지는 충격적인 공연에 놀라면서 동시에 그런 공연을 구경거리로 삼은 로마인들의 오만함과 폭력성에 대해서 생각에 잠기게 된다.

한편 고대 도시 로마에 상하수도 시설에 대한 설명 부분에서 알게 된 로마인들의 화장실 문화 역시 상당히 충격적이다. 광장 문화로 특징지을 수 있는 이탈리아 사회의 단면이 심지어 공중화장실에서까지 여전하리라곤 짐작도 할 수 없었기 때문이다. 한편 냉탕, 온탕 그리고 사우나 실에 운동시설까지 갖춘 공중목욕탕과 고대 로마를 떠올릴 때 빠지지 않는 문화 요소인 연회에 대한 탐구는 현대 사회와 비교해볼 때 많은 유사점이 있어 놀랍다. 그리고 음식에 대한 탐구는 요리를 공부하는 이들에게 나름 중요한 정보를 제공할 수 있을 정도로 정확하다. 마지막으로 밤이 찾아와 들여다보게 되는 로마인들의 성에 대한 이야기에서는 그 솔직함과 개방성에 놀라게 된다. 이와 같이 고대 로마인의 하루를 살아가며 마주치는 당시의 건축과 문화에 대한 직접적이고도 사실 그대로의 설명은 이전의 고대 로마에 대한 이야기를 잊게 할 정도로 새롭고 상세하고 정확하다.

오래 전 로마에서 처음 콜로세움을 방문하여 로마 제국의 거대한 영토 확장 정도를 돌에 새겨 표시해놓은 지도를 보았을 때 느꼈던 충격이 기억난다. 어떤 이유에서 고대 로마 제국이 그렇게 커다란 제국을 형성하고 유지되었는지 궁금했다. 그 의문점은 고대 로마에서 하루를 살아보며 탐구한 고대 로마에 대한 이 책을 통해서 해결될 수 있었다. 단순히 잘 닦아놓은 도로를 통해서 진격하는 군사력을 앞세워 다른 지역을 정복하는 데 그치지 않고, 정복 지역의 종교와 문화 등을 수용하고 또한 지배 지역의 주민들을 로마 시민으로 받아들이는 등의 개방성과 화합의 능력을 갖춘 로마 제국이었음을 이해할 수 있었다. 독자들은 로마 제국의 수도에서 하루를 보내며 로마인들의 생활을 탐구하는 이야기를 통해서 고대 로마에 대한 이해뿐만 아니라 현대 이탈리아를 이해하는 데에도 많은 도움이 되리라고 확신하게 된다.

2011년 가을
역자

인명 색인

가이우스 마이케나스 Gaius Maecenas 68
갈레노스 Galenos, Claudios 55

나지안주스의 그레고리우스 St. Gregorius of Nazianzus 308
네로 황제 Nero Claudius Caesar Augustus Germanicus 34, 58, 76, 100, 106, 126, 180, 253, 265-266, 298, 301-303, 316, 330
네르바 황제 Nerva, Marcus Cocceius 233

도미티아누스 황제 Domitianus, Titus Flavius 58, 116, 129
드루수스 Drusus Julius Caesar 348
디오니시오스 Dionysios 170
디오클레티아누스 황제 Diocletianus, Gaius Aurelius Valerius 130, 295

라파엘로 Raffaello Sanzio 204
람세스 2세 Ramses II 37
리시포스 Lysippos 170

마르쿠스 아우렐리우스 황제 Marcus Aurelius Antoninus 208
마르티알리스 Martialis, Marcus Valerius 164, 168, 172, 180, 210, 253, 265, 285, 351, 357, 374, 378
미켈란젤로 Michelangelo, di Lodovico Buonarroti 204

베다 베네라빌리스 Beda Venerabilis 153

베르길리우스 Vergilius Maro, Publius 144, 253, 359
베스파시아누스 황제 Vespasianus, Titus Flavius 58, 204, 217, 233-234, 241, 302, 304, 311
비트루비우스 Vitruvius 72

샤를마뉴 Charlemagne 146
대(大)세네카 Seneca, Marcus Annaeus 378
소(小)세네카 Seneca, Lucius Annaeus 71, 184, 190, 252, 287, 351, 359
세르비우스 술피키우스 갈바 Servius Sulpicius Galba 221
셉티미우스 세베루스 황제 Lucius Septimius Severus Pertinax 83
수에토니우스 Suetonius, Gaius Tranquillus 52, 217, 265, 359, 376
술라 Sulla, Lucius Cornelius 132
스키피오 아프리카누스 Scipio Africanus, Publius Cornelius 132, 216
스타촐리 Staccioli, Romolo Augusto 94, 179

아그리파 Agrippa, Marcus Vipsanius 245, 377
아우구스투스 황제 Augustus 52, 58, 66, 68, 71-72, 78, 127, 138, 193, 203, 206-207, 216, 233, 239, 245, 276, 302, 367
아울루스 비텔리우스 Aulus Vitellius 359
아일리우스 아리스티데스 Aelius Aristides 84

아폴로도로스 Apollodoros 237, 284, 298
아피아노스 Appianos 191
아피키우스 Apicius, Marcus Garvius 344, 347-349, 358-359
알렉산드로스 대왕 Alexandros the Great 170
엔니우스 Quintus Ennius 144
오비디우스 Ovidius, Publius Naso 49, 54-55, 376, 386
유베날리스 Juvenalis, Decimus Junius 92, 143, 153, 166, 180, 182, 312, 315, 350
유스티니아누스 1세 Justinianus I 50
율리오 2세 Julio II 204

제노도로스 Zenodoros 302
존 클라크 Clarke, John 373, 381

카라칼라 황제 Caracalla 298
카르코피노 Carcopino, Jérome 81, 83, 95, 117, 341
카이사르 Caesar, Gaius Julius 52, 106, 140, 179-180, 203, 208-209, 212, 216, 224-225, 231, 233, 302, 366
카토 Cato Censorius, Marcus Porcius 352
칸타렐라 Cantarella, Eva 366
캄비세스 2세 Cambyses II 342
콘스탄티누스 황제 Constantinus 22, 25, 126, 239, 368
콜럼버스 Columbus, Christopher 61, 347, 360
코모두스 황제 Commodus, Lucius Aelius Aurelius 230, 295
퀸틸리아누스 Quintilianus, Marcus Fabius 215, 288

클라우디우스 황제 Tiberius Claudius Nero Germanicus 302
키케로 Cicero, Marcus Tullius 95, 144, 220-221, 253, 359

타키투스 Tacitus, Publius Cornelius 256-257
트라야누스 황제 Trajanus, Marcus Ulpius 15-16, 25, 30, 59, 70, 76-78, 95, 125-126, 144, 147, 160, 193, 201, 211, 224, 233, 237-238, 311, 314, 316, 338, 351-352
티베리우스 황제 Tiberius Caesar Augustus 302, 348, 358, 379
티투스 황제 Titus Flavius Vespasianus 58, 126, 311

파볼리니 Pavolini, Carlo 38, 87, 95
페트로니우스 Gaius Petronius Arbiter 72
포카스 황제 Phocas Augustus, Flavius 204
폴리클레이토스 Polykleitos 170
플라우투스 Plautus, Titus Maccius 100
플로티나 황후 Plotina 59
대(大)플리니우스 Plinius Secundus, Gaius 55, 77, 79, 153, 169-170, 195, 208, 288, 294, 357
소(小)플리니우스 Plinius Caecilius Secundus, Gaius 193, 255

하드리아누스 황제 Hadrianus, Publius Aelius 77, 237, 288, 316, 379
호라티우스 Horatius Flaccus, Quintus 134, 143-144, 182, 357, 384
호메로스 Homeros 144

그림과 함께 읽는 로마 제국 쇠망사
The History of the Decline and Fall of the Roman Empire

에드워드 기번 지음, 데로 손더스 편집, 황건 옮김

200년도 더 전에 쓰인 기번의 『로마 제국 쇠망사』는 지금도 중요한 역사서로서 읽히고 있다. 그것은 이 책이 세계 역사상 다지역, 다민족을 통합하여 통치한 첫 세계 제국, 로마 제국을 학문적으로 종합하여 기술한 첫 역사서이기 때문이다. 더구나 영문학 역사에서도 기번의 문장은 한몫을 하고 있다. 그러나 네루와 처칠과 같은 세계사의 주역들이 이 오래된 책을 끊임없이 숙독한 것은 이 책이 로마 제국이라는 역사적 사실만을 다룬 것이 아니라, 국가와 사회와 개인에게 교훈서로서의 역할을 크게 했기 때문이었다. 그것은 오현제 시대로부터 시작하는 이 책의 서술 의도에서 명백하게 드러난다. 오현제 시대(트라야누스 황제[재위 98-117년]-마르쿠스 아우렐리우스 황제[재위 161-180년])는 자타가 공인하는 로마 제국의 최전성기였으되, 기번은 이 최전성기에서 쇠퇴의 징후를 발견하고 그 쇠퇴와 멸망의 과정에 역사 서술의 초점을 맞추고 있는 것이다. 우리가 로마 제국으로부터 배워야 할 것은 팍스 로마나의 거대함과 영광과 화려함이 아니라, 그러한 대제국이 왜 쇠망하게 되었느냐일 것이다. 특히 약소국일 수밖에 없는 태생적 한계의 한국에서는 대제국 로마의 영고성쇠의 원인과 과정이야 말로 반면교사의 역할을 할 것이다. 그런 점에서 『로마 제국 쇠망사』의 가치는 우리에게 더욱 의미가 클 것이다.

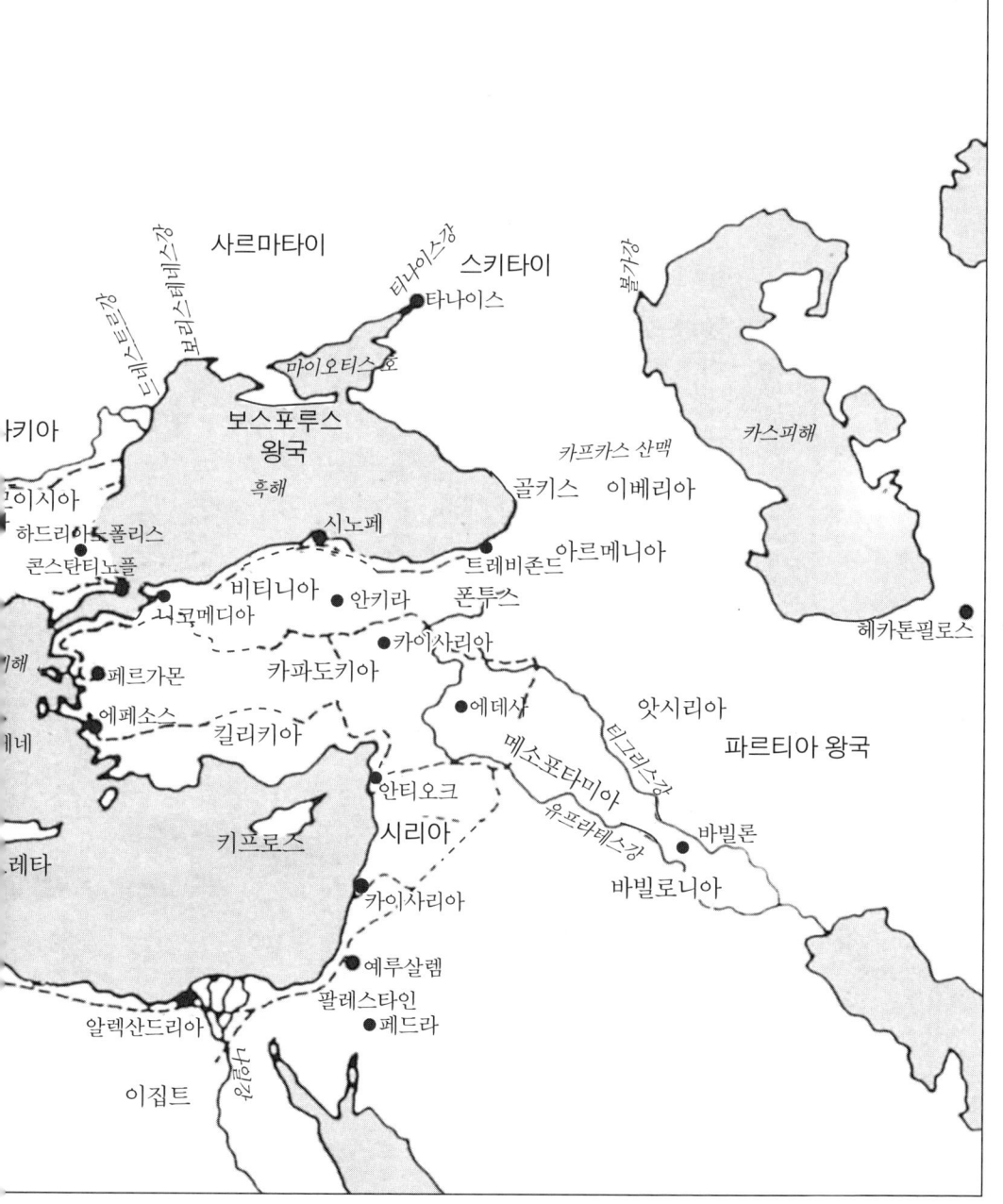